中山大学青年法律评论

第7卷

中山大学法学院　主办
国家级实验教学示范中心（中山大学法学实验教学中心）　协办

《中山大学青年法律评论》编辑部　组编
主编　巢志雄
执行主编　梁树森　张东妮

主编助理　苏　秘　张靖童
编辑组组长　李建欢　刘佳昕
编　　辑　（按姓氏笔画排序）
王瑞聪　尤文杰　甘　攀　田昕妍
白雨桐　邱继锋　陈雯婷　苗子悦
欧阳婧　罗　云　罗佩洋　赵　晖
秦至臻　夏　可

法律出版社
LAW PRESS · CHINA
北京

图书在版编目(CIP)数据

中山大学青年法律评论. 第7卷 /《中山大学青年法律评论》编辑部组编 ; 巢志雄主编. -- 北京 : 法律出版社, 2022
ISBN 978-7-5197-7161-4

Ⅰ. ①中… Ⅱ. ①中… ②巢… Ⅲ. ①法律-文集 Ⅳ. ①D9-53

中国版本图书馆 CIP 数据核字(2022)第184763号

中山大学青年法律评论(第7卷)
ZHONGSHAN DAXUE QINGNIAN FALÜ PINGLUN (DI-7 JUAN)

《中山大学青年法律评论》编辑部 组编
巢志雄 主编
梁树森 张东妮 执行主编

责任编辑 王 珊
装帧设计 臧晓飞

出版发行 法律出版社
编辑统筹 学术·对外出版分社
责任校对 王 丰
责任印制 陶 松
经 销 新华书店

开本 710毫米×1000毫米 1/16
印张 20.5 **字数** 355千
版本 2022年10月第1版
印次 2022年10月第1次印刷
印刷 三河市龙大印装有限公司

地址:北京市丰台区莲花池西里7号(100073)
网址:www.lawpress.com.cn
投稿邮箱:info@lawpress.com.cn
举报盗版邮箱:jbwq@lawpress.com.cn

销售电话:010-83938349
客服电话:010-83938350
咨询电话:010-63939796

书号:ISBN 978-7-5197-7161-4 **定价**:88.00元

目　录

专 题 研 讨

司法改革与法律适用问题研究

独任制与审判资源优化配置实效研究

——基于Z市两级人民法院数据的分析

罗　云*

摘要：

独任制适用范围改革直接指向审判资源的优化配置问题，而在探讨该问题的相关准备条件已经成熟的情况下，实证研究的开展恰逢其时。通过采集2020年Z市两级人民法院独任制适用范围改革实践的经验素材进行实证研究发现：独任制适用范围改革下优化审判资源的成效在两级人民法院呈现不同面相。但是，综合两级人民法院的整体情况来看，此次改革能够优化3.69%的审判资源，能够较好地实现改革者所期望的政策目标。审判资源的配置应遵循"将优化的审判资源配置至基层人民法院的审判业务部门"的路径，以《法官法》第25条第1款的相关规定作为法定制度空间，实现中级人民法院审判力量的下沉，其既能够呼应"司法制度改革与程序改革的配套性"的主命题的相关要求，也可以一并回答中国司法面临的整体性、结构性的严峻现实问题。

关键词：

独任制适用范围改革；审判资源优化配置；两级人民法院

一、问题的提出

2019年1月，习近平总书记在中央政法工作会议上指出，要深化诉讼制度改革，推进案件繁简分流、轻重分离、快慢分道。2019年12月28日，第十三届全国人大常委会第十五次会议做出《关于授权最高人民法院在部分地区开展民事诉讼程序繁简分流改革试点工作的决定》，在文件中明确指出要进一步深化民事诉讼制度改革，扩大独任制适用范围。在全国人民代表大会常务委员会的授权下，最高人民法院出台《民事诉讼程序繁简分流改革试点实施办法》（以下

---

* 罗云，中山大学法学院硕士研究生，研究领域为民事诉讼法、司法制度。

简称《实施办法》),其第16条第2款规定:基层人民法院审理的事实不易查明,但法律适用明确的案件,可以由法官一人适用普通程序独任审理。其第18条规定:第二审人民法院审理上诉案件应当组成合议庭审理。但事实清楚、法律适用明确的下列案件,可以由法官一人独任审理:(1)第一审适用简易程序审理结案的;(2)不服民事裁定的。至此,独任制适用范围改革正式进入试点实施阶段。2021年12月24日,新修正的《民事诉讼法》将第39条改为第40条,第2款修改为:适用简易程序审理的民事案件,由审判员一人独任审理。基层人民法院审理的基本事实清楚、权利义务关系明确的第一审民事案件,可以由审判员一人适用普通程序独任审理。将第40条改为第41条,增加一款,作为第2款:中级人民法院对第一审适用简易程序审结或者不服裁定提起上诉的第二审民事案件,事实清楚、权利义务关系明确的,经双方当事人同意,可以由审判员一人独任审理。独任制适用范围改革正式上升为立法制度成果,实现从点到面、从应然到实然的飞跃。

在本次独任制适用范围改革的制度设计中,"审判资源的优化配置"无疑是一个核心的关键词。这不仅体现在法院系统的内部认识上,周强院长在阐述试点的必要性时指出:"独任制适用范围不尽合理,不利于优化配置审判资源"。[1] 刘铮更是一针见血地指出,"司法资源是重要的公共资源,必须优化配置、精准匹配,不宜平均用力、空耗浪费。长期以来,独任制、合议制等审判组织形式与审理程序、审级设置严格绑定,无法根据案件类型、难易程度等因素灵活确定,严重制约了司法效能",[2] 从而确认了扩大独任制适用范围改革的政策目标是优化配置审判资源。从繁简分流改革试点的总体方案设计上看,《实施办法》的一般规定部分再次明确试点法院要通过繁简分流改革来"促进司法资源与司法需求合理有效配置",而独任制适用范围改革正是本次繁简分流改革试点的重要发展进路,其最终政策目标指向无疑也是促进审判资源的优化配置。

在既有的学术讨论中,学者对于独任制适用范围改革的法理正当性、现实

---

〔1〕 人民法院新闻传媒总社:《对〈关于授权在部分地区开展民事诉讼程序繁简分流改革试点工作的决定(草案)〉的说明——2019年12月23日在第十三届全国人民代表大会常务委员会第十五次会议上》,http://www.court.gov.cn/zixun-xiangqing-213101.html,2021年8月23日访问。

〔2〕 刘峥、何帆、李承运:《〈民事诉讼程序繁简分流改革试点实施办法〉的理解与适用》,载《人民法院报》2021年1月17日,第5版。

原因和优化路径均有相应的陈述。[3] 然而，相比于理论上的热烈讨论，对于独任制适用范围改革下审判资源优化配置的实证研究却一直没有开展。在当前独任制范围改革已经推行了约两年时间、各级试点法院也陆续公布了独任制适用范围改革阶段性成效的情况下，相关的经验素材储备已经足够，实证研究的开展恰逢其时。

事实上，对于独任制适用范围改革下审判资源优化配置这一面相而言，其在司法实务中的效果如何，就有两大问题需要被发现。首先，独任制适用范围改革的应然成效是促进审判资源的优化，但是，本次改革涉及的法院范围包括两级人民法院，即基层人民法院和中级人民法院，而两级人民法院在审级职能定位、诉讼程序设置等方面存在明显的差异性，一旦将独任制这种审判组织形式扩大适用至两级人民法院，其很有可能导致独任制适用范围改革在两级人民法院呈现不同的面相。因此，究竟独任制适用范围改革能在多大比例上优化两级人民法院的审判资源，这需要用实证研究去发现。其次，审判资源配置并不是一个孤立的命题，而是在司法改革整体推进的制度框架下的一个分命题。申言之，即使通过独任制适用范围改革优化了一定比例的审判资源，那该部分审判资源将如何配置这个问题仍有待解决，这同样离不开对司法实践现状的进一步分析。

为了探究上述两大问题，本文拟对独任制适用范围改革下审判资源优化配置这一命题开展实证研究。在样本选择上，本文选取 H 省 Z 市 2020 年独任制适用范围改革实践作为研究对象。一方面，Z 市作为全国首批 20 家民事诉讼程序繁简分流试点改革城市之一，在经过一年的改革试点实践后，积累了丰富的实践数据，有利于实证研究的展开；另一方面，Z 市位于我国的中部地区，相比于东部地区和西部地区的试点城市，其试点效果更能够代表全国广大法院的一般性情况。

二、审判资源优化配置的模型构建

在对独任制适用范围改革下审判资源优化配置这一命题开展实证研究之前，有必要对现有理论界和实务界对这一命题的学术成果进行简要回顾，以厘

---

〔3〕 参见赵旻：《民事审判独任制研究》，华中科技大学出版社 2014 年版，第 140 ~ 167 页；方鸿华：《独任制适用限制变化的逻辑与未来走向》，载《司法改革论评》2019 年第 2 期；龚成、张引千：《独任制改革试点的发展路径与思路探索》，载《法律适用》2021 年第 6 期。

清实证研究开展所必需的假定。

(一)审判资源的范围

《实施办法》的引言部分规定了此次繁简分流试点改革的政策目标之一是“进一步优化司法资源配置”,将其限缩至独任制适用范围改革这一层面后,因独任制适用范围改革直接指向审判资源的优化配置,故“进一步优化司法资源配置”即可表达为“进一步优化审判资源配置”。但是,对于“审判资源”这一关键词的范围,《实施办法》中并没有作出相关解释。而本文正是以审判资源为逻辑起点来开展实证研究,若无审判资源范围的明确界定,下文的研究也就难以继续推进。因此,有必要界定审判资源的范围。

通常意义上讲,审判资源就是审判机关在审判活动中所需的资源。但这一界定过于模糊而无法在学术讨论中使用,因而周迅法官在借鉴经济学对于资源的定义的基础上进一步明确了审判资源的范围,即“审判机关在诉讼活动中为解决纠纷所支付的人力成本、物力成本、财力成本等要素的总和”[4];王国侠法官也从管理学的视角出发将审判资源定义为“审判资源包括人力资源、物质资源、制度资源等等,表现为对组织运行过程中人力、物力、财力、时间、信息等各项资源的统筹配置”[5];上海闵行区人民法院课题组在接受周迅法官的观点的基础上,又认为人民法院最主要的审判资源就是“权”和“人”。[6]

本文认为,审判资源应当具有比“资源的总和”定义更为细化的含义。一方面,回顾上轮司法体制改革的实然成效,不难发现,在上一轮司法体制改革中,法院系统已经通过省以下法院人财物统管制度改革建立“省以下地方法院经费由省级政府财政部门统一管理机制”,完成了审判活动中所消耗的财力和物力成本的支撑建设,故财力和物力成本并不是本轮繁简分流试点实践的中心任务,因而财力和物力并不在本文所讨论的“审判资源”的语域内。另一方面,我国立法长期奉行“合议制 = 普通程序”“独任制 = 简易程序”的立法模式,未考虑审判人力资源与案件疑难程度相匹配的原则,导致基层人民法院形成“简单

〔4〕 周迅、钱锋:《论审判资源及其配置——以基层法院为视角》,载《中国审判》2010年第1期。

〔5〕 王国侠:《基层法院审判资源管理现状及优化路径》,载《上海政法学院学报(法治论丛)》2015年第4期。

〔6〕 参见上海市闵行区人民法院课题组、席建林:《员额制背景下审判资源有效配置研究》,载上海市法学会编:《上海法学研究》2019年第12卷,上海人民出版社2019年版,第18页。

案件适用简易程序、一般和疑难案件适用普通程序合议制"的案件分流机制，中级人民法院形成"二审案件均适用普通程序合议制审理"的案件分流机制。而此次独任制适用范围改革正是强调从审判组织形式这一视角来优化审判资源，也就是通过独任制适用范围改革，将独任制扩张适用至普通程序，让基层人民法院受理的一般一审案件和中级人民法院受理的法定（满足《实施办法》第18条规定的条件）二审案件从适用普通程序合议制审理转向适用普通程序独任制审理，让合议庭的适用范围限定在基层人民法院受理的一审疑难案件和中级人民法院受理的非法定（不满足《实施办法》第18条规定的条件）二审案件，进而实现扩大独任庭的适用、减少合议庭的适用、将合议庭的多名审判人员拆分成多个独任庭的改革成效，这实质上是在优化"人"这一部分审判资源。[7] 因此，本文将审判资源的含义细化为审判人力资源。

由于本次改革涉及两级人民法院，而该两级人民法院投入审判活动的人力资源又并不完全相同，所以有必要分开考察两级人民法院的审判人力资源的范围。对于基层人民法院来说，根据《民事诉讼法》和《人民陪审员法》的相关规定，可用于投入合议庭的审判人力资源包括两大类人群，即法官和人民陪审员。而人民陪审员并不是来源于法院内部的审判力量，而是从公民中选拔，其目的也是"保障公民依法参加审判活动，促进司法公正，提升司法公信"，[8] 严格意义上并不能算法院自身的审判人力资源，因此本文将人民陪审员剔除出基层人民法院审判人力资源的范畴，因而基层人民法院的审判人力资源只包括法官。对于中级人民法院来说，因其不能在合议庭中配置人民陪审员，所以其能够投入审判活动的人力资源只包括法官。也就是说，我们最终确定两级人民法院的审判资源都为一类人——法官。

（二）审判资源的量化

既然已经界定了两级人民法院的审判资源为法官，那么，接下来就是要研究法院审判资源的量化问题。关于如何量化法院的审判资源，还是要回归到法官的日常业务活动上。法官作为司法审判人员，其核心职能是审理案件，故法

---

[7] 三人合议庭对法官和人民陪审员的人数并无具体规定，实践中存在"一名法官＋两名人民陪审员"和"三名法官"两种人员构成的合议庭组成形式，由于人民陪审员不能从合议庭中拆分至独任庭，故此部分所讨论的审判资源优化只是"三名法官"组成的合议庭拆分至三个独任庭的过程中实现的。

[8] 《人民陪审员法》（2018年通过）第1条规定：为了保障公民依法参加审判活动，促进司法公正，提升司法公信，制定本法。

官投入案件的工作时间就是法院为诉讼活动所支付的审判资源。[9] 但法官投入案件的工作时间的量化仍存在一个问题需要解决:两级人民法院面临“案多人少”的矛盾,以至于法官加班成为常态,而该部分加班时间很难通过试点成效报告所反映出。因此,为了便于本文实证研究的展开,笔者做了以下假定:

法官的工作时间只包括正常工作日下8小时的工作时间,笔者将其设定为有效工作时间。[10] 值得专门指出的是,即使将法官的工作时间界定为有效工作时间,也不会影响下文所讨论的“审判资源优化”问题的结论的准确性,因为在界定有效工作时间的同时,法官投入个体案件的工作时间也会成比例地减少,故审判资源的优化比例保持不变。[11] 同时,虽然每个法官效率不同,不同工作时间完成的案件数也不同,但忽视加班时间也不会对最终结果产生影响,这是因为本文是从“平均”的视角出发,已经剔除了法官个体之间的工作效率差异。举例来说,对于法官年度审结案件这一指标,本文所采用的是“法官人均年审结案件量”来作为对应的具体数值。

据以上假定,我们可以得出法院审判资源的量化公式:一个法院的审判资源 = 民事庭法官的人数 × 个体法官的有效工作时间。

(三)优化的审判资源的来源

从学者的相关表述来看,此次改革中优化的审判资源应该是在破解两级人民法院存在的“形合实独”[12] 的实践困局中所产生的。“形合实独”带来的结果是庭审阶段和其他案件办理阶段呈现两种面相,即在案件的庭审阶段,是三名合议庭法官参加庭审,但在其他诉讼流程中,所有程序性和实质性事项都是由案件承办人来承担。而往往在庭审阶段,也可能出现合议庭虚化的情况。

---

[9] 关于审判资源量化的方式,本文部分借鉴了苏宁和彭迎春在研究社区卫生服务团队社区护士人力资源配置问题时所采用的方法,即“确定社区护理岗位可量化工作项目、一年工作量、工作时间、工作饱和度等,进而计算出一年工作时间”。参见苏宁、彭迎春:《基于工作分析的社区卫生服务团队社区护士人力资源配置研究》,载《中国全科医学》2013年第Z1期。

[10] 如2020年共有251个工作日,按照每天8小时工作时间算,一名法官该年度只有2008小时的有效工作时间。

[11] 比如,1/2和2/4,虽然这两个分式表现形式并不相同,但都是50%的比例。

[12] 所谓“形合实独”,是指尽管有合议庭,但绝大多数程序性事项和实质性审理活动都由案件承办人承担,承办人对案件的最终处理基本具有绝对性影响。参见荣明潇:《二审民事案件适用独任制审理的理性逻辑与进路探索》,载《法律适用》2017年第9期。

从实践样态来看,很多适用“三名法官”合议制组成形式审理的案件所消耗的审判资源就仅在庭审阶段与适用独任制审理存在差异。如果将这些案件转换为独任制审理,则可以节省两位合议庭法官参与庭审所消耗的有效工作时间,而该部分优化的审判资源也并不会影响案件的实质审理过程,进而也不会丧失判决的公正性。

据以上分析,我们认为:审判资源的优化来源是从“形合实独”的“三名法官”合议制组成形式转向独任制所节省的两位合议庭法官参与庭审所消耗的有效工作时间。

(四)虚拟人民法院的构建

1.基层人民法院

在此,笔者构建一个虚拟基层人民法院(见表1)。

表1　虚拟基层人民法院相关变量及其实际含义

变量	变量的实际含义
a	虚拟基层人民法院法官人均年审结案件量(单位:件)
X	虚拟基层人民法院民事审判庭法官的人数(单位:人)
n	适用简易程序审理的案件占案件总量的比例
n1	适用普通程序独任制审理的案件占案件总量的比例
c	从“三名法官”合议庭组成形式转成独任制审理的案件占适用普通程序独任制审理案件的比例
251×8×X	虚拟基层人民法院该年度有效工作时间(单位:小时)

假定在没有开展繁简分流的2020年,该法院民事庭共有法官X人,每名法官每年度平均审结a件案件,故该法院2020年共审结(a×X)件民商事案件。其中有比例为n的案件适用简易程序审理,那么,也就有比例为(1-n)的案件适用普通程序审理。同时,2020年共有251个工作日,以每天有效工作时间8小时计算,该法院2020年(未开展繁简分流)共有有效工作时间(251×8×X)小时。

在开展繁简分流的2020年,该法院民事庭法官人数仍有X人,每名法官每年度平均审结a件案件,故该法院该年度共审结(a×X)件民商事案件。其中仍有比例为n的案件适用简易程序审理,那么也就有比例为(1-n)的案件适用普通程序审理。其中,有比例为n1的案件适用普通程序独任制审理,比例为(1-

n－n1)的案件适用普通程序合议制审理。而在比例为n1的适用普通程序独任制审理的案件中,有比例为c的案件是从“三名法官”合议庭组成形式转成独任制审理,比例为(1－c)的案件是从“一名法官＋两名人民陪审员”合议庭组成形式转成独任制审理。同时,2020年共有251个工作日,该法院该年度(开展繁简分流)共有有效工作时间(251×8×X)小时。

从前文对于优化的审判资源的来源的讨论结果来看,当一件案件从“形合实独”的“三名法官”合议制组成形式转向独任制审理时,可以节省两名法官参与庭审的有效工作时间。那么,如果我们假定一名法官参与庭审的有效工作时间为K小时的话,当有[c×n1×(a×X)]件案件从“三名法官”合议制转向独任制审理时,共能节省[c×n1×(a×X)]×2K小时。相比于总的有效工作时间,基层人民法院能够节省的审判资源比例为[c×n1×(a×X)]×2K÷(251×8×X)＝[c×n1×a]×K÷1004。

2. 中级人民法院

在此,笔者构建一个虚拟中级人民法院(见表2)。

表2 虚拟中级人民法院相关变量及其实际含义

变量	变量的实际含义
a1	虚拟中级人民法院法官人均年审结案件量(单位:件)
X1	虚拟中级人民法院民事审判庭法官的人数(单位:人)
m	适用普通程序独任制审理的二审案件占案件总量的比例
251×8×X1	虚拟中级人民法院该年度有效工作时间(单位:小时)

假定在没有开展繁简分流的2020年,该法院民事审判庭共有法官X1人,每名法官每年度平均审结a1件案件,故该法院2020年共审结(a1×X1)件民商事案件,全部适用普通程序合议制审理。同时,2020年共有251个工作日,以每天有效工作时间8小时计算,该法院2020年(未开展繁简分流)的审判资源为(251×8×X1)小时。

在开展繁简分流的2020年,该法院民事庭法官人数仍有X1人,每名法官每年度平均审结a1件案件,故该法院该年度共审结(a1×X1)件民商事案件。其中有比例为m的二审案件适用独任制普通程序审理,那么也就有比例为(1－m)的民商事案件适用合议制普通程序审理。同时,2020年共有251个工作日,该法院该年度(开展繁简分流)共有有效工作时间(251×8×X1)小时。

当有[m×(a1×X1)]件二审案件从合议制转向独任制审理时,共能节省[m×(a1×X1)]×2K 小时,相比于总的有效工作时间,能够节省的审判资源幅度为[m×(a1×X1)]×2K÷(251×8×X1)=[m×a1]×K÷1004。

三、审判资源优化的实证研究

在对审判资源优化这一分命题下的相关问题进行梳理后,下文将开始对审判资源优化的实证研究。

本文实证研究的对象为 Z 市两级人民法院,故下文所要代入公式的数据如无特别说明,均来自《Z 市辖区人民法院 2020 年度　审判质效情况通报》[13]、《Z 市中级人民法院工作报告》[14]以及王韶华法官和李军波法官所撰写的《繁简分流改革背景下的民事诉讼程序设置研究》[15]一文。但对于 K 这个值,由于 Z 市中院并未公布,所以笔者通过"中国庭审公开网"[16]查询 2020 年 Z 市两级人民法院适用普通程序审理的案件的庭审录播,共采集到 73 件案件的庭审所耗时间,其平均耗时为 0.78 小时,故笔者认定 K 为 0.78。

同时,对于 c 的具体数值,笔者也无法从以上三文件中获得,因而笔者用另一种间接思路来获得该数据。具体获取过程如下:根据 Z 市中院公布的数据,2019 年,Z 市中院下辖的 14 个基层人民法院合议庭人民陪审员参与率为 90.09%;2020 年,Z 市中院下辖的 14 个基层人民法院合议庭人民陪审员参与率为 81.54%。笔者又通过"威科先行·法律信息库"检索了 2017 年和 2018 年 Z 市中院下辖的 14 个基层人民法院合议庭人民陪审员参与率,结果为 88% 和 89%。也就是说,在开展独任制适用范围改革前,Z 市中院下辖的 14 个基层人民法院合议庭人民陪审员参与率大体上保持在 90% 左右,因此我们可以大致认定为 2019 年到 2020 年人民陪审员参与率的下降,实质上就是多少比例的适用

---

〔13〕 Z 市中院:《Z 市辖区人民法院 2020 年度　审判质效情况通报》,http://zzfy.hncourt.gov.cn/public/detail.php? id=26838,2021 年 9 月 23 日访问。

〔14〕 参见陈晴、王桂林、夏令贤:《速看!一图读懂 Z 市中级人民法院工作报告》,https://mp.weixin.qq.com/s/JngmH04W-cX6ld9P8dCSiA,2021 年 9 月 23 日访问。

〔15〕 该篇文章是以 Z 市两级法院为研究对象,撰写该文的两位作者分别是 H 省高院法官和 Z 市 Z 区法院法官,所披露的相关数据可靠性较强,同时,该篇文章也披露了前面两文件所缺失的数据,故本文将该篇文章作为数据的来源之一。

〔16〕 中国庭审公开网,http://tingshen.court.gov.cn,2021 年 9 月 23 日访问。

普通程序“一名法官+两名人民陪审员”合议制组成形式的案件转成了独任制审理。故“c=1-合议庭人民陪审员参与率下降的比例×Z市中院下辖的14个基层人民法院一审审结的民商事案件数量×一审普通程序适用率÷适用普通程序独任制审理的案件数量=1-(90.09%-81.54%)×155445×7.11%÷4225=0.7763=77.63%”。

(一)基层人民法院

1.实证过程研究

从第二部分分析的结果来看,基层人民法院所能优化的审判资源的比例的计算公式为[c×n1×a]×K÷1004。c,n1,a和K的取值见表3。

表3 Z市基层人民法院优化审判资源比例计算公式变量取值

审判资源优化比例的计算公式	[c×n1×a]×K÷1004
c(从“三名法官”合议庭组成形式转成独任制审理的案件占适用普通程序独任制审理案件的比例)	77.63%
n1(一审普通程序独任制适用率)	2.84%
a(法官人均年审结案件量,单位:件)	539
K(一名法官参与庭审所消耗的有效工作时间,单位:件/小时)	0.78

我们将Z市中院公布的相关数据代入公式:

c=77.63%,n1=2.84%,a=539,K=0.78

优化的审判资源的比例=77.63%×2.84%×539×0.78÷1004≈0.0092=0.92%

2.结果分析

经过分析,在基层人民法院这一层级,优化的司法资源的比例只有0.92%,一审普通程序独任制的引入对于节约司法资源意义不大。

基层法院引入一审普通程序独任制后之所以节省的司法资源的比例如此之低,是因为适用一审普通程序独任制审理的案件的数量占一审民商事案件总数量的比例过低。相关数据显示,2020年,Z市辖区14个基层法院共审结民商事案件155,445件,其中普通程序独任制审结4225件,占全部民商事案件的2.84%。而过低的适用率又可归结于以下两个原因:一是基层人民法院长期存在的“独任制为主,合议制为辅”的审判组织形式格局;[17] 二是“一名法官 + 两名人民陪审员”的合议庭组成形式适用率过高。

针对“独任制为主,合议制为辅”的审判组织形式格局,学者早有论述。蔡彦敏学者指出:“在审判组织形式及其适用上,基层民事司法早已无所畏惧地甩开民事诉讼法关于普通程序及其适用的立法定位,而朝着简易程序和独任制的普通适用大步前行了。”[18] 而在此次繁简分流试点改革实践中,改革者又放开了对于小额诉讼程序适用范围的限制,以期基层法院能够提高小额诉讼程序的适用率,但这必然招致普通程序适用空间的进一步压缩。根据 Z 市中院的数据,2020 年,Z 市辖区 14 个基层法院共审结民商事案件 155,445 件。其中,适用简易程序(包括小额诉讼程序)审结 144,386 件,简易程序适用率达 92.89%,而适用普通程序审结的案件的比例仅有 7.11%。那么,优化的审判资源的比例如此之低也是题中应有之义。

既然适用普通程序的案件还余有 7.11% 的空间,那为何最终的适用率只有 2.84% 呢?究其根源,还是“一名法官 + 两名人民陪审员”的合议庭组成形式适用率过高。在民事诉讼活动中,由于当事人往往认为三人组成的合议庭较独任庭更具民主性和审慎性,不仅能从源头上防止人为的司法不公情况的出现,也能保障审判质量,所以更倾向于选择合议庭来审理案件。[19] 因此,即使某一案件符合适用普通程序独任制审理的条件,适用独任制也能提高审判效率,但法官担心一旦转向独任庭审理,会引发当事人对于程序正义的质疑,进而影响裁判的可接受性,故在实务中对独任制适用持谨慎态度,转而采取一种折中的处理办法,即既不由三名法官组成合议庭,也不采用独任庭审理,而是由法官和两名人民陪审员组成合议庭。根据 Z 市中院自己公布的数据,2020 年,即使其基层人民法院的合议庭人民陪审员陪审率有所降低,但还为 81.54%,这说明只有极少部分的合议庭是由三名法官组成。同时,对照一审案件服判息诉率来看,2020 年,Z 市中院辖区内的基层人民法院一审案件服判息诉率 88%,同比上升

---

〔17〕 就 Z 市中院下辖的 14 个基层人民法院而言,“长期存在的‘独任制为主,合议制为辅’的审判组织形式格局”这一结论是成立的。2018～2020 年,Z 市中院下辖的 14 个基层人民法院民事简易程序适用率分别为 74.59%、89.21% 和 92.89%,均超过 70%。2018 年和 2019 年的数据来源于 Z 市中院:《2019 年度全市法院审判质效情况》,http://zzfy.hncourt.gov.cn/public/detail.php?id=26276,2021 年 10 月 22 日访问。

〔18〕 蔡彦敏:《断裂与修正:我国民事审判组织之嬗变》,载《政法论坛》2014 年第 2 期。

〔19〕 参见陈莉:《“形合实独”的实践困局与制度转型——以基层法院的民事诉讼程序为对象》,载《南京大学法律评论》2019 年春季卷。

0.49%。这意味着这种折中式的"一名法官+两名人民陪审员"的合议庭组成形式既满足了当事人的程序正义需求,也未消耗法院的有效审判资源。

据以上分析,从优化审判资源的角度看,因"独任制为主,合议制为辅"的审判组织形式格局和"一名法官+两名人民陪审员"的合议庭组成形式适用率较高现象的存在,似乎并无必要引入普通程序独任制到基层人民法院。正如王韶华法官所指出的那样,"基层人民法院适用普通程序独任制审理的案件总量不多,即便对这些案件适用合议制,也不会占用太多的司法资源,对案件效率影响不大,但该部分案件适用独任制,不仅不利于增强当事人的仪式感和认同感,也会减损当事人对程序正义的需求"。[20]

但是,笔者认为这种观点仍有待商榷。虽然从优化审判资源的角度看,普通程序独任制植入基层人民法院并无多大益处,但如果将视角转到案件审理周期这一层面,我们就会惊奇地发现,适用普通程序独任制审理的案件的审理周期天数较适用普通程序合议制审理的案件大幅度减少,具体情况见表4。[21]

表4 案件审理周期分组比例

单位:%

审理周期	普通程序独任制	普通程序合议制
当天审结	3.26	0
2~15日审结	53.26	18.75
16~30日审结	15.22	25
31~90日审结	17.39	25
91~180日审结	4.35	18.75
181~365日审结	1.09	0
365日以上审结	5.43	12.5

〔20〕 王韶华、李军波:《繁简分流改革背景下的民事诉讼程序设置研究》,载《中国应用法学》2021年第4期。

〔21〕 由于Z市中院未公布该项数据,笔者以在"威科先行·法律信息库"检索的结果作为代替。具体检索方法为:以"2020年""Z市中院辖区""基层人民法院""普通程序独任""一审"为关键词,检索出Z市中院辖区内的14个基层法院适用普通程序独任制审理的案件的审理周期的分布情况;以"2020年""Z市中院辖区""基层人民法院""普通程序""审判长""一审"为关键词,检索出Z市中院辖区内的14个基层法院适用普通程序合议制审理的案件的审理周期的分布情况。尽管这一估算数据并不十分精确,但是已经能够反映适用两种程序审理的案件的审理周期的基本情况。

如表4所示,不难发现,适用普通程序独任制审理的案件的审理周期集中分布在2~15日,而适用普通程序合议制审理的案件的审理周期主要分布在16~90日,这意味着适用普通程序独任制审理的案件真正实现了"审判迅速化",促进了当事人合法权益的快速实现。所以,即使一审普通程序独任制适用率仅有2.84%,但对于这4225件案件的当事人来说,他们能够更快地"接近正义"。从这一层面上讲,将普通程序独任制引入基层人民法院也是有其价值所在,没有必要停止普通程序独任制在基层人民法院的改革试点工作。

(二)中级人民法院

1. 实证过程研究

2020年,Z市中院共审结21,141件民商事案件[22],其中有12,033件民事二审案件适用独任制审理,所以,m = 12033 ÷ 21141 ≈ 0.5692 = 56.92%。

根据Z市中院的相关数据,得到m = 56.92%,a1 = 539,K = 0.78(见表5)。

表5 Z市中院优化审判资源比例计算公式变量取值

审判资源优化比例的计算公式	[m × a1] × K ÷ 1004
m(二审普通程序独任制适用率)	56.92%
a1(法官人均年审结案件量,单位:件)	539
K(一名法官参与庭审所消耗的有效工作时间,单位:小时/件)	0.78

又因为中级人民法院优化审判资源比例的计算公式为[m × a1] × K ÷ 1004,将我们所采集的三个变量的取值代入计算公式:

Z市中院优化的审判资源的比例 = 56.92% × 539 × 0.78 ÷ 1004 ≈ 0.2383 = 23.83%

---

[22] 关于Z市中院2020年度审结的民商事案件的数量,共有两组数据来源。一组是来自Z市中院的2020年度工作报告,在报告的"强化民商事审判功能,服务保障高质量"部分中,指出审结民商事案件207,156件。而又根据王韶华法官和李军波法官所撰写的《繁简分流改革背景下的民事诉讼程序设置研究》一文中,提供了Z市中院辖区的14个基层人民法院2020年度审结了155,445件民商事案件。那么,将二者相减,即可得出Z市中院2020年度共审结51,771件民商事案件,但该工作报告中又指出2020年度Z市中院共审执结39,412件案件,二者存在较大差异,故笔者未采纳51,771这项数据。另一组是在"威科先行·法律信息库"上检索Z市中院2020年审理的民商事案件的案号,以一审、二审和再审的案号之和为Z市中院2020年度审结的民商事案件的数量,最后结果为21,141件。对于该数据的可靠性,从Z市中院辖区的14个基层法院的检索结果152,657件来看,与实际的数值155,455件差距甚小,故该数据的可靠性是可以保证的。

2. 结果分析

经过分析,中级人民法院能够优化的审判资源的比例超过20%,这意味着单个中级人民法院能够优化的审判资源的比例是单个基层人民法院的20多倍,引入普通程序独任制在中级人民法院这一层级意义更加重大。

为何在基层人民法院鲜有成效的普通程序独任制植入中级人民法院后就开始大放异彩?究其根源,不外乎中级人民法院审理的多数二审案件本无适用合议制的必要,一旦立法者准许这些案件适用独任制审理,该部分的审判资源就立即从"合议制"中释放出来。

对于"中级人民法院审理的多数二审案件本无适用合议制的必要"这一点,从Z市中院的相关数据就可见一斑。当我们观察Z市中院审结的二审案件一审时适用的审理程序时,不难发现,很大一部分二审案件一审都是适用简易程序审理结案。相关数据显示,2020年,在Z市中院审结的18,749件二审民商事案件中,其中有10,672件案件一审时适用简易程序,比例达到56.92%,而根据我国《民事诉讼法》第157条的相关规定,一审适用简易程序审理的民商事案件"事实清楚、权利义务关系明确、争议不大"。也就是说,这些上诉至Z市中院的案件,其在事实认定和法律适用上难度并不大,通常由一名法官即可作出符合认识规律的正确判断。而如果对这些案件配置以相对多的审判人员来共同决策,既不符合审判资源投入与案件疑难程度相匹配的法理基础,也违背了司法效率与司法公正兼顾的基本原则。[23] 概言之,普通程序独任制扩张至中级人民法院是符合司法实践的,也极大地释放了中级人民法院的有效审判资源。

同样地,"适用普通程序独任制审理的案件的审理周期较适用普通程序合议制审理的案件大幅度减少"这一结论在Z市中院这一层级也成立。相关数据显示,Z市中院独任制结案案件案均审理天数24.1天,比普通二审民事案件案均审理天数36.1天少12天,节省了33.24%的审理周期天数。值得专门说明的是,在案件审理天数大幅度下降的同时,案件的审判质量也并未减损;相反地,中院二审案件再审审查率同比下降2.32个百分点,这意味着普通程序独任制的适用让案件的当事人更快地获得了公平正义。[24]

---

〔23〕 参见荣明潇:《二审民事案件适用独任制审理的理性逻辑与进路探索》,载《法律适用》2017年第9期。

〔24〕 案件审理天数和二审案件再审审查率的数据,参见安羽:《门诊式调解、5Gn智慧庭审 民事诉讼程序繁简分流Z市中院打造全国样板》,http://www.chinapeace.gov.cn/chinapeace/c100052/2020-12/31/content_12432966.shtml,2021年8月31日访问。

(三)两级人民法院的整体情况

据上文结果,Z 市的一个基层法院约能节省 0.92% 的审判资源,但 Z 市中院约能节省 23.83% 的审判资源,Z 市中院能够优化的审判资源的比例是其辖区内的一个基层法院的 20 多倍。但是,Z 市中院毕竟只是一个法院,相较其辖区内的 14 个基层人民法院而言,所拥有的审判资源较少,占两级人民法院拥有的审判资源的总量的比重较低。也就是说,Z 市中院所优化的司法资源很可能只是两级人民法院所拥有的审判资源的很少一部分,并不能实现改革者所期望的优化一定比例审判资源的政策目标。因此,有必要研究独任制适用范围改革到底可以优化多少比例的两级人民法院的整体性审判资源。

首先,我们需要观测 Z 市两级人民法院拥有的审判资源总量。因为法院的审判资源为"民事庭法官的人数×个体法官的有效工作时间"。而民事庭法官的人数又为"该年度法院审结的民商事案件的数量÷法官年人均民商事案件审结数",所以法院的审判资源为"该年度法院审结的民商事案件的数量÷法官年人均民商事案件审结数×个体法官的有效工作时间"。

其次,对于 Z 市中院辖区内的 14 个基层人民法院来说,其拥有的审判资源总量为:155,445÷539×251×8≈579,098(小时);对于 Z 市中院来说,其拥有的审判资源总量为:21,411÷539×251×8≈79,765(小时)。

再次,我们知道一个基层人民法院约能节省 0.92% 的审判资源,一个中级人民法院约能节省 23.83% 的审判资源。也就是说,对于 14 个基层法院来说,其能节省的审判资源为:579,098×0.92%≈5327.7(小时);对于 Z 市中院来说,其能节省的审判资源为:79,765×23.83%≈19,008(小时)(见表 6)。

表 6　Z 市两级人民法院优化审判资源比例公式变量取值

单位:小时

审判资源优化比例的计算公式	(Z 市中院优化的审判资源+Z 市基层法院优化的审判资源)÷Z 市两级人民法院的审判资源总量
Z 市中院优化的审判资源	19,008
Z 市基层法院优化的审判资源	5327.7
Z 市两级人民法院的审判资源总量	658,863

最后,我们将上述变量代入公式,便可得出独任制适用范围改革能够节省的审判资源的比例:(5327.7+19,008)÷(579,098+79,765)≈0.0369=3.69%。

从上文的结果来看,本次独任制适用范围改革能够优化3.69%的两级人民法院的审判资源。笔者认为,作为繁简分流试点改革的一环,独任制适用范围改革居然能够保证3.69%的审判资源从两级人民法院释放出来,已经真正实现了改革者所期望的应然政策目标——通过独任制适用范围改革,促进司法资源优化。

四、审判资源配置的具体路径

在完成对"审判资源优化"这一分命题的实证研究后,我们发现通过独任制适用范围改革后能够优化一定比例的审判资源,那么,该部分优化的审判资源到底配置至何处便成为一个亟待解决的问题。

(一)两条路径之选择

虽然《实施办法》在其一般规定部分明确要"促进司法资源与司法需求合理有效配置",应将优化的审判资源配置至司法需求更为旺盛的地方。但是,对于"司法需求"为何物并无定义性条款,最高人民法院也没有通过相关的司法文件予以释疑。因此,学界和实务界对该问题产生了不同观点。一种观点认为,扩大独任制在简案上的适用范围,可以确保审判资源更加精准匹配到繁案审理上,有利于实现"简案简办、快办,繁案精办、细办"的审判资源配置组成形式。[25] 要言之,应将优化的审判资源配置至"繁案",保障"繁案"的审判质效。但是有学者持不同的意见,他们认为,应"紧紧围绕审判执行第一要务,通过审判权力下放,审判重心下沉,将审判人员优先配置到一线业务部门"[26],即应将优化的审判资源配置至一线业务部门。值得专门指出的是,此处的"一线业务部门"并不是只指向人民法院的审判业务部门,而更应指向"审判力量下沉"前提下的基层人民法院的审判业务部门。

作为一篇实证研究的文章,本文的关注重心不仅仅在于独任制适用范围改革本身,而是更为关注在司法体制改革整体推进的框架下,独任制适用范围改革在"司法制度改革与程序改革的配套性"这个主命题下的角色定位,并以此为基础,回答中国司法面临的整体性、结构性的严峻现实问题。因此,对于"司法

---

〔25〕 参见刘峥、何帆、李承运:《〈民事诉讼程序繁简分流改革试点实施办法〉的理解与适用》,载《人民法院报》2021年1月17日,第5版。

〔26〕 上海市闵行区人民法院课题组、席建林:《员额制背景下审判资源有效配置研究》,载上海市法学会编:《上海法学研究》2019年第12卷,上海人民出版社2019年版,第18页。

需求”的理解，不应认为其是一个孤立的命题，而需要在严格遵循“司法制度改革与程序改革的配套性”主命题的相关要求的前提下作出回答。

显然，如果按照第一种观点，即将优化的审判资源配置至“繁案”，保障“繁案”的审判质效，那就必然导致两级人民法院所节省的审判资源只会被各级人民法院内部所消化吸收，独任制适用范围改革的整体性作用将会被分化成独立的职能单元的成效，也无法为司法体制改革的其他方面提供有益的支撑，最终导致对于“司法需求”的理解停留在孤立的层面上，影响司法制度的整体改革与程序改革协同作用的发挥。

相反，如果我们认同第二种观点，即将优化的审判资源配置至基层人民法院的一线业务部门，就能在呼应“司法制度改革与程序改革的配套性”的主命题的同时，一并回答中国司法面临的整体性、结构性的严峻现实问题。一方面，最高人民法院正在推行完善四级法院审级职能定位改革试点工作，重新确定四级人民法院的审级职能定位。其中，基层人民法院重在准确查明事实、实质化解纠纷，中级人民法院重在二审有效终审、精准定分止争。同时，在最高人民法院《关于调整中级人民法院管辖第一审民事案件标准的通知》中，改革者将中级人民法院管辖第一审民事案件的诉讼标的额提高至 5 亿元以上。这些变革意味着基层人民法院“案多人少”的审判压力将会进一步增大。而如果将独任制适用范围改革所优化的审判资源下沉至基层人民法院，则可以为基层人民法院的职能定位改革提供足够的审判资源支持，实现审判组织形式改革与整体性司法改革的协调。同时，我国司法所面临的最为严峻的挑战为“案多人少”的“诉讼爆炸”压力，每年法院系统所受理的民商事案件的增长速度远超过法官员额编制增加的速度，在这种情况下，从现有的审判资源之中优化出 3.69% 并配置至基层人民法院，显然可以为基层人民法院受理的急速增长的案件数量提供后备审判资源支持，在一定程度上解决我国法院所面临的严峻的司法现实。

据以上分析，我们认为，优化的审判资源“下沉至基层人民法院的审判业务部门”较“配置至‘繁案’”更为合适，其既能够发挥“司法制度的综合改革和配置制度之间、程序制度的各个部分之间的相互协调作用”，[27] 也能解决一部分中国司法所面临的严峻挑战。因此，笔者更认同第二种观点，并将其作为审判资源配置的路径选择。

（二）具体路径：中院审判力量下沉

在第三部分的分析过程中，我们发现 Z 市开展的独任制适用范围改革所优

---

〔27〕 傅郁林：《民事司法制度的功能与结构》，北京大学出版社 2006 年版，第 125 页。

化的审判资源大部分来自Z市中院,少部分来自14个基层法院。对于14个基层法院所节省的审判资源,可以直接用于基层法院的日常审判业务活动中,但对于由Z市中院所节省的大部分司法资源来说,不可以直接将其运用于基层法院的审判业务活动中。因此,我们必须构建一条具体路径,将Z市中院所优化的审判资源下沉至基层人民法院的审判业务活动中。对该路径的具体构建过程如下:

我们先回到审判资源量化的定义,节省的审判资源的量化标准是法官的有效工作时间,而当中级人民法院所节省的审判资源足够达到一名法官一年的有效工作时间时,就可以认为一名法官可以从中级人民法院的审判业务活动中解放出来。也就是说,可以将该名法官释放至基层人民法院参与基层人民法院的审判业务活动,具体而言,即是将中级人民法院的一个员额释放至基层人民法院,增加基层人民法院的审判力量。那接下来需要讨论的问题就必然是:我国现行的法律法规是否规定这样一种机制允许中级人民法院的审判力量下沉至基层人民法院呢?答案是肯定的。2019年修订的《法官法》第25条第1款规定:法官实行员额制管理。法官员额根据案件数量、经济社会发展情况、人口数量和人民法院审级等因素确定,在省、自治区、直辖市内实行总量控制、动态管理,优先考虑基层人民法院和案件数量多的人民法院办案需要。这意味着基层人民法院和中级人民法院这两级人民法院的员额比例并不是一成不变的,甚至还应将员额优先分配至基层人民法院,而这正好为中级人民法院的审判力量下沉提供了制度空间。具体来说,就是"进一步探索建立区域内员额比例配置动态调整机制,动态调整员额数量,"〔28〕以独任制适用范围改革后中级人民法院释放的员额数量为依据,将该员额数量调剂至基层人民法院,实现中院审判力量的下沉。当然,对于该部分可以灵活调剂至基层人民法院的员额数量,不应滞后性地观察上一年度中级人民法院释放的员额数量,而应建立一种常态化、前瞻性的预测机制,即以独任制适用范围改革的多年度成效数据,建立数学模型,前瞻性地观测出下一年度中级人民法院能够释放出的员额数量,实现中院审判力量的提前下沉以应对基层人民法院即将面临的"案多人少"的"诉讼爆炸"压力。

(三)审判资源配置路径的实效性探讨

在完成审判资源配置路径的具体设计后,接下来我们将以Z市两级人民法

〔28〕 涂钒、马继民:《明辨法官员额制改革中被误读之概念——以甘肃省兰州市两级法院为样本的实证分析》,载《西北民族大学学报(哲学社会科学版)》2020年第1期。

院的数据为基础，来对独任制适用范围改革所优化的审判资源配置到基层人民法院后，究竟能在多大程度上缓解基层人民法院的诉讼压力，需做一定的实效性探讨。

2020 年，Z 市中院节省的审判资源为：79，765 ×23.83% ≈19，008（小时），而一名法官于该年度的有效工作时间为：251 ×8 =2008（小时）。那么，在 Z 市中院这一层级就大致可以释放出 10 名法官的空额。如果将该 10 名法官投放至 14 个基层人民法院，按照一名法官一年可以审理 539 件民商事案件的话，就可帮助基层人民法院多审理 5390 件民商事案件，而该部分潜在的案件容量便可用于四级法院审级职能定位改革试点工作所带来的基层人民法院审理的案件的数量增长以及法院逐年正常增长的案件数量。

同时，对于 14 个基层人民法院来说，虽然独任制适用范围改革仅能节省比例极低的审判资源，但经过计算，仍能够释放出来两名法官的有效工作时间，也能够帮助基层人民法院多审理 1078 件的潜在案件容量，对于基层人民法院所面对的“案多人少”的矛盾的缓解也是有所裨益的（见表 7）。

表 7　独任制适用范围改革后释放出的潜在案件容量

单位：件

法院	独任制适用范围改革后释放出的潜在案件容量
Z 市中院	5390
Z 市基层法院	1078
Z 市两级人民法院	6468

总的来看，通过此次独任制适用范围改革，能够释放 Z 市两级人民法院 6468 件的潜在案件容量，占 2020 年 Z 市中院辖区内 14 个基层法院审结的民商事案件总件数的 4.16%，其能够较好地部分解决基层人民法院所面对的严峻的司法现实。

五、余　　论

从“扩大独任制适用范围”作为《实施办法》的关键内容被首次明确，到其作为新一轮繁简分流试点改革的重要命题在试点城市全面展开，再到最后被写入 2021 年修正的《民事诉讼法》，独任制适用范围改革经历着从应然理论预期到实然制度成果的阶段性转变。具体而言，通过分离审判组织形式和审理程序，引入独任制至普通程序，基层人民法院建立起简单案件适用简易程序（包括小额诉讼程序)独任制、一般案件适用普通程序独任制、疑难案件适用普通程序合议制的案件分流机制,中级人民法院建立起法定(满足2021年修正的《民事诉讼法》第41条第2款规定的条件[29])二审案件适用普通程序独任制、其余二审案件适用普通程序合议制的二审案件分流机制,真正把握住"案件的疑难程度与其对审判力量的内在要求之间的张力"。[30] 在此过程中,原先部分参与案件合议的两名合议庭法官资源从合议庭中释放,因而可以保证一定比例的审判资源从两级人民法院释放出来。然后,通过建立区域内员额比例配置动态调整机制,实现中院审判力量的下沉,进而增强基层人民法院的审判力量,缓解基层人民法院面临的"案多人少"的诉讼压力。

此外,随着四级法院审级职能定位改革正式进入试点实施阶段,本该由Z市中院审理的部分一审案件将会调整至Z市中院辖区内的14个基层人民法院审理。虽然其将进一步加剧基层人民法院所面临的"案多人少"的诉讼压力,但不可否认的是,其也为独任制范围改革提供了更为宽广的适用空间——基层人民法院审理更多的是一审案件、Z市中院审理更多的是二审案件,这意味着将会有更多的一审案件和二审案件从"形合实独"的"三名法官"合议制组成形式转向独任制审理,节省两位合议庭法官参与庭审所消耗的有效工作时间,从而进一步提高独任制改革所带来的优化审判资源的比例。

独任制范围改革的推进工作不是一蹴而就的,其仍需要改革者和实践者的双向互动,通过改革的经验与教训来调整文件规定,通过新的文件规定继续推进指导改革工作,形成良好的文件—改革—文件的正向循环,最终实现改革实践从点到面、从应然到实然的飞跃。

责任编辑:田昕妍

[29] 2021年修正的《民事诉讼法》第41条第2款的规定是将《实施办法》第18条的相关规定上升为立法制度成果,因此自2022年1月1日起,二审案件适用独任制必须要满足2021年修正的《民事诉讼法》第41条第2款规定的条件,而不再是《实施办法》第18条规定的相关条件。

[30] 占善刚、曹影:《民事诉讼独任制扩张的制度逻辑与中国路径》,载《内蒙古社会科学》2021年第5期。

司法裁判人工智能化的困境破解与机制设计[*]

朱佳蔚[**]

摘要：

人工智能介入司法集中体现在审判领域的应用，而其中又以辅助裁判智能化为重点，但在短期内难以突破数据与算法的技术瓶颈的情况下，问题的关键在于当前技术条件下的人工智能与法官决策机制如何整合。人工智能介入司法裁判在带来许多积极价值的同时，在具体运作的过程中却存在违背司法规律的风险。破解这一困境的关键在于厘清人工智能裁判与法官裁判的思维差异与比较优势。实际上，二者无论在事实认定还是在法律适用上，都更多呈现的是互补的关系。在此基础上，应当以人工智能的工具主义和辅助地位为基点，以有限应用为原则，设计具体规则消解法官过度依赖人工智能的惰性，包括赋予当事人知情权与申诉权、加强法官判决书的说理义务、明确法官的裁判责任、最终制定法官应用司法人工智能的统一使用说明与行为规范，从而在避免风险的同时释放这种互补所产生的积极效应，实现人机协同的良性互动。

关键词：

司法裁判；人工智能；司法规律；比较优势；机制设计

---

* 本文系国家社科基金重大项目《深化司法体制改革和现代科技应用相结合的难点与路径研究》（18ZDA137）的研究成果。本文选题来源于现代科技引入司法的十大核心问题之九——“人工智能技术加强法官自动化决策机制的设计与整合”。参见胡铭、王凌皞：《现代科技引入司法的十大核心问题》，载《中国社会科学报》2019 年 10 月 16 日，第 5 版。感谢胡铭老师及“司法制度研究”课程上同学们的批评与建议，文责自负。

** 朱佳蔚，江西抚州人，浙江大学光华法学院博士研究生，研究领域为刑事诉讼法与司法制度。

一、问题的提出

互联网时代下的数据爆发式增长、软件芯片行业的快速发展以及机器学习和大数据等技术的逐步成熟,为人工智能提供了充足的数据燃料和高速的运算能力,以及处理海量数据的能力和感知、分析、理解、思考、决策、交互的能力,使人工智能迎来了新一轮发展浪潮。[1] 这一技术进步的成果也迅速转化为在各个行业领域的应用,并同样扩张至法律领域。

在这样的时代背景下,我国法律人工智能亦方兴未艾,一大批相关企业纷纷涌现,提供各种科技色彩浓厚的法律服务。与此同时,公检法机关也在以大数据和人工智能技术武装自身,积极推行“智慧公安”、“智慧检务”和“智慧法院”的建设。其中,法院由于同时具备解决案件量剧增和提升司法质量的效率与公正两方面的需求,并处于此次新一轮司法改革的核心,因而具有更强的科技转型动机。[2] 2017年,最高人民法院印发《关于加快建设智慧法院的意见》,标志着以人工智能等科技为引领的智慧法院建设进一步得到深化。

人工智能介入司法集中体现在审判领域的应用,而其中又以辅助裁判智能化为重点。[3] 在最高人民法院的积极推动下,我国各地法院经试点已涌现出一大批初具规模的智能审判辅助系统,其中较具有代表性的有北京高院的“睿法官”系统和上海高院的“206系统”。聚焦于司法裁判这一过程,目前的司法人工智能发挥的功能主要包括:证据判断,类案推送,量刑预测和偏离预警,以及文书生成、庭审支持等便捷化服务。[4] 其中,前三个涉及实质性裁判,即认定事

---

〔1〕 参见腾讯研究院等:《人工智能》,中国人民大学出版社2017年版,第22~50页。

〔2〕 “智慧法院的本质是,法院希望通过发挥技术优势提高司法的生产力。”“不是因为司法机关中法院最具技术变革的精神,而是法院身处在困境中难以破局,而较之其他机关更有积极性去寻求可能的方案。”参见周翔:《智慧法院的生成机制与未来发展趋势》,载《西安交通大学学报(社会科学版)》2021年第3期。

〔3〕 司法在广义上包括侦查、起诉、审判、执行等一系列活动。一般认为,法院处于司法的中心,法院之活动,尤其是法官的裁判活动是司法的核心内涵。

〔4〕 司法人工智能能够为庭审中的证据交换和展示以及对此过程加以固定的庭审记录提供相应的技术支持,如通过语音唤醒方式实时调取相关证据出示在各方显示屏上,并辅以分类标注,借助智能语音识别技术实现实时同步语音向文字的转换和辅助修订,快速生成庭审笔录。笔者将这一功能概括为庭审支持。

实与适用法律,最后一个只体现为形式性的技术辅助。

从各地法院的实施情况来看,人工智能的引入对司法效率的提升和裁判的规范化均起到了积极作用,法官负荷得到减轻,办案资源从而能够集中于审判核心事务的处理,裁判质量也相应得到一定的提高。然而,伴随着司法裁判人工智能化的全面展开,其对法官决策可能带来的负面影响也逐渐暴露出来,一个典型例子即美国威斯康星州诉卢米斯案。在该案中,法院在参考智能再犯风险评估系统COMPAS(Correctional Offender Management Profiling for Alternative Sanctions,罪犯矫正替代性制裁分析管理系统)评估结果的基础上做出了重刑罚的判决,背后反映出的算法黑箱和算法歧视问题引发了广泛的社会关注与争议。〔5〕

伴随着人工智能技术全方位地介入司法裁判的全过程,包括庭前的阅卷、开庭审理、庭后制作文书,以及在此期间逐步认定事实、寻找法规范并最终形成判决结果,司法裁判也表现出人工智能化的趋势。对此现象,法学界学者纷纷撰文给予关注,总体上观点更加谨慎,更多地看到人工智能可能带来的司法风险。一方面表现隐忧,认为人工智能在认知和理解法律问题方面存在缺陷,强调"智识上的挑战,未必适合于转化为大量实践的可能性和需求性";〔6〕对人工智能的过度期待将导致审判主体的双重结构、消解法庭辩论和自由心证的空间,最终造成对司法权甚至现代法治秩序的全面解构;〔7〕同时指出人工智能裁判的运行逻辑与当下以审判为中心的改革可能存在内在机理上的冲突。〔8〕但另一方面又持乐观心态,看到人工智能能够给司法带来的诸多积极价值,包括有助于保障司法公开透明、提高司法效率、统一裁判尺度、预防司法腐败等。〔9〕

---

〔5〕 参见朱体正:《人工智能辅助刑事裁判的不确定性风险及其防范——美国威斯康星州诉卢米斯案的启示》,载《浙江社会科学》2018 年第 6 期。笔者暂未检索到我国有类似的风险案件,我国官方媒体对于此轮智慧司法建设有关实践的报道展示性和宣传性特征明显。

〔6〕 参见吴习彧:《司法裁判人工智能化的可能性及问题》,载《浙江社会科学》2017 年第 4 期。

〔7〕 参见季卫东:《人工智能时代的司法权之变》,载《东方法学》2018 年第 1 期。

〔8〕 参见胡铭、张传玺:《人工智能裁判与审判中心主义的冲突及其消解》,载《东南学术》2020 年第 1 期。

〔9〕 参见曹奕阳:《人工智能时代司法裁判的机遇、挑战及应对》,载《法治论坛》2019 年第 3 期;潘庸鲁:《人工智能介入司法领域的价值与定位》,载《探索与争鸣》2017 年第 10 期;高鲁嘉:《人工智能时代我国司法智慧化的机遇、挑战及发展路径》,载《山东大学学报(哲学社会科学版)》2019 年第 3 期。

甚至有观点指出随着技术的发展,未来势必将出现人工智能与人类法官共同审判,甚至人类法官被大范围替代的局面,[10] 并认为"从司法裁判的智能化辅助,到司法裁判的智能化有限参与,以及最后到智能化的全面实现,司法人工智能的应用保证了司法裁判的正当性,是司法现代化的重要彰显"。[11] 但多数学者达成的一个共识是,在技术不成熟前,人工智能应当更多的只是辅助裁判而非取代法官裁判。[12]

总体上看,目前我国人工智能在司法领域的运用还处于弱人工智能阶段,应用较为成熟的主要是人脸识别、语音转化、数据电子化等通用化技术,仍相对缺乏与司法需求相适应的专门化技术。[13] 因而其全面推广仍面临着许多来自数据和算法等方面的技术瓶颈,这需要从数据质量提升、算法设计、人才培养等诸多方面加以完善,短期内较难得到根本性的突破。在技术上不可能使人工智能成为完全替代人类的机器人法官前,问题的关键即转变为人工智能技术与当前的法官决策机制如何整合。人工智能如何更好地辅助人类法官裁判?司法裁判中哪些工作可以交给人工智能,哪些不能让人工智能过度介入?法官裁判与人工智能裁判二者的关键区别及边界在何处?本文将尝试对以上问题作一回答。需要指明的是,本文主要探讨在当前技术条件下人工智能应用如何加强法官裁判,因而囿于篇幅等原因并未对数据和算法等技术层面的现实难题和出路展开过多的讨论。

二、困境:人工智能裁判的司法风险

人工智能介入司法裁判在带来许多积极价值的同时,在具体运作的过程中

---

〔10〕"朱新力预测,智能裁判将经历三个阶段的变革:第一个阶段是人工智能辅助自然人法官判案;第二个阶段是进入人机共融时间,也就是人工智能法官和自然人法官共同裁判案件;第三个阶段会过渡到以人工智能裁判为主,自然人法官辅助裁判案件。"参见周皞:《朱新力:用智能裁判破解"案多人少"难题》,载《民主与法制时报》2018年3月17日,第4版。

〔11〕彭中礼:《司法裁判人工智能化的正当性》,载《政法论丛》2021年第5期。

〔12〕这也与官方的判断一致。在2017年于贵阳召开的全国司法体制改革推进会上,时任中央政法委书记孟建柱同志指出,"智能辅助办案系统不替代线下刑事诉讼活动,也不替代司法人员独立判断"。

〔13〕参见左卫民:《从通用化走向专门化:反思中国司法人工智能的运用》,载《法学论坛》2020年第2期。

却可能存在违背司法规律的风险。所谓司法规律,是指由司法的特性所决定的体现对司法活动和司法建设客观要求的法则。立足于中国的语境,司法规律至少应当包括严格适用法律、公正司法、正当程序、司法的亲历性与判断性、司法的公信力和权威性几个基本内涵。[14] 而倘若人工智能过多地介入司法裁判,则可能导致与司法规律的要求相冲突,进而构成对基本司法原则和价值的减损,这是当下尤其需要谨慎注意的。

(一)人工智能介入裁判可能干扰法院依法独立行使审判权

审判权的本质是判断权,只有独立、无偏私的判断才能确立起公信力和权威性。人工智能以数据化的标准指引法官裁判,更具客观性,并由此压缩了外界干预的空间,但在降低人为干预可能性的同时,其本身却可能构成对人民法院依法独立行使审判权的司法原则之挑战,引发审判权的嬗变。[15]

由于目前司法人工智能只作为辅助裁判的工具,人工智能对法官裁判主体地位的替代是隐性的,主要通过塑造法官前见的方式潜移默化地影响法官裁判,表现为证据判断、类案推送和量刑预测三大功能分别在事实裁剪、规范适用和自由裁量权三个方面对法官判断所产生的锚定效应。[16] 但这并非意味着这种隐性替代就不值得关注。事实上,这仍足够引起需承受不利裁判后果一方的质疑,即其接受的究竟是人类法官的还是算法的裁判,即使人工智能的评判仅作为参考,那么这种参考又在多大程度上影响了裁判结果,在此种质疑不能得到有效回应前就盲目推进人工智能在司法裁判中的应用,势必损害司法的公信力与权威性。

人工智能动摇法官裁判主体地位的结果是审判主体的双重结构,甚至决定者的复数化,即程序员、软件工程师、数据处理商、信息技术公司与法官共同进行司法决策的局面,[17] 这也将导致司法权与算法权力之间边界的模糊化,由此产生司法责任制的失焦问题,即在发生司法错误时应当由谁来承担责任以及如

---

[14] 参见陈光中、龙宗智:《关于深化司法改革若干问题的思考》,载《中国法学》2013年第4期。

[15] 参见魏斌:《智慧司法的法理反思与应对》,载《政治与法律》2021年第8期。

[16] 所谓锚定效应,是指人们往往依赖对事物的第一印象来作出决策,却对有关该事物的后续情报相对麻木,或即使作出了某些偏离于被锚定印象的策略调整,调整的幅度也要小于正确决策所需要的幅度。参见刘薇、池翔:《人工智能辅助裁判系统的性质与进路》,载《浙江工业大学学报(社会科学版)》2019年第4期。

[17] 参见季卫东:《人工智能时代的司法权之变》,载《东方法学》2018年第1期。

何追责的问题,[18]人工智能裁判也因而将可能成为法官推卸责任的一个理由。

另外,除却上述其本身对法官审判权的消解,司法裁判人工智能化也使第三方利用大数据技术影响法官行使职权有了更多的可能。目前,西方国家的一些法律科技公司已经能够做到通过数据挖掘分析特定法官的裁判模式,并由此预测其在某些法律事务上可能采取的行为,当事人及其律师能够借此有针对性地设计辩护策略以提升胜诉率,这俨然给法院依法独立行使审判权带来了冲击。[19] 同样,司法过程与结果的数据化使人工智能也极有可能沦为行政监督与干预的工具,这更加值得警惕。[20]

(二)人工智能机械式裁判可能偏离实质正义

法官完全有动力遵照人工智能的分析来进行裁判,这不仅是法官心理上容易产生思维惰性的问题,更是当下司法与政策环境下的必然结果。一方面,在我国法院整体面临"案多人少"问题的环境下,法官需要面临案件数激增和法定审理期限的双重办案压力,因而容易产生依赖人工智能裁判的效率需求;另一方面,目前的政策环境强调人工智能裁判的积极功用,法官作为非技术人员也更容易倾向于将裁判问题交给人工智能来决策。[21] 并且,当自身的判断与立足于大数据分析的司法预测存在太大差距时,必须承认,法官选择相信自身的心证需要一定的职业道德与勇气。因为当产生责任问题时其需要面临行政与舆论的双重压力,因此法官在权衡中很有可能最终选择推翻自身的观点以契合智能分析的结果。

司法人工智能在推进类案类判的实现,从而接近法官集体平均理性下的形式正义的同时,从另一个角度看却可能是相对于实质正义的偏离。实践中

---

〔18〕 参见胡铭、张传玺:《人工智能裁判与审判中心主义的冲突及其消解》,载《东南学术》2020年第1期。

〔19〕 参见胡铭、张传玺:《人工智能裁判与审判中心主义的冲突及其消解》,载《东南学术》2020年第1期。对此,法国第2019-222号法律明确规定禁止对法官及书记官进行大数据画像,即"法官和书记官的个人数据不能被用于评估、分析、比较或预测他们的实际做出或将要做出的专业行为",任何违反该条新规的人都可能被判入狱5年(第33条)。这也堪称目前世界主流国家对司法领域人工智能技术应用监管最为严格的立法例。参见施鹏鹏:《法国缘何禁止人工智能指引裁判》,载《检察日报》2019年10月30日,第3版。

〔20〕 参见秦汉:《人工智能司法裁判系统的学理反思》,载《北方法学》2021年第3期。

〔21〕 参见刘薇、池翔:《人工智能辅助裁判系统的性质与进路》,载《浙江工业大学学报(社会科学版)》2019年第4期。

法官机械主义司法所产生的有争议判决已不鲜见,考察此种现象背后的原因,一定程度在于法律的有限性无法涵盖千姿百态的社会生活,法律的普遍性无法照顾到个体差异化的情境和正义诉求,法律的稳定性致使其难免会滞后于社会的发展变化。[22] 也因此,司法需要具有一定的能动性,需要法官在个案中通过自由裁量达成形式正义与实质正义的衡平。也就是说,司法裁判绝非只是"法律的精确复写"。然而,以大数据分析为基础的人工智能裁判即表现为"输入—输出"的"自动售货机式"的机械裁判,由于脱离了具体的社会生活和个案情境的差异,其只能提供一般、机械和毫无情感的正义,因而无法满足诉讼主体个别正义、实质正义和温度正义的需求。[23] 并且,这种机械正义在形式上都表现为同质化,因为文书是在同一体系的模板下生成的,无论是语言还是结构都将趋同。而如果法官对人工智能过度依赖,则会使得原本具有综合性与价值性的司法判断活动变成纯粹的数学验算行为,法官个人的司法能动和提升司法技能的空间被进一步限缩。[24] 如此,在盲目信奉法律教义学与法律推理和论证之外,便产生了第三种法条主义,即盲目地尊崇人工智能裁判。[25]

同时,司法能动总是与法律发展联系在一起,在英美法系国家表现为法官通过判例创设新的法律制度,而在大陆法系国家则表现为法官在法律解释的范围内尽可能接近实质正义,后续再推动立法的修改。因而,人工智能裁判使司法成为对以往判决亦步亦趋而原地打转的"陀螺",在限制司法能动的同时,也将导致司法对于立法的审慎性反思与反馈作用的停滞。[26]

另外,机械地认同人工智能裁判的实质是认同背后的数据与算法,然而当数据与算法本身就不公正的时候,其产生的裁判结果也当然难以称得上公正。如美国威斯康星州诉卢米斯案中的 COMPAS 系统就表现出对黑人再犯风险的

---

〔22〕 参见顾培东:《能动司法若干问题研究》,载《中国法学》2010 年第 4 期。

〔23〕 参见潘庸鲁:《人工智能介入司法领域路径分析》,载《东方法学》2018 年第 3 期。

〔24〕 参见张越然:《人工智能介入司法领域的困境及其应对》,载《边缘法学论坛》2019 年第 2 期。

〔25〕 苏力以许某案为例细致分析了法官司法能动、进行价值判断在应对难办案件中的重要性,按其表述是,单独的教义分析和法律技能均不足以有效回应难办案件,政治性判断(立法性质的判断)不可避免。参见苏力:《法条主义、民意与难办案件》,载《中外法学》2009 年第 1 期。

〔26〕 参见冯姣、胡铭:《智慧司法:实现司法公正的新路径及其局限》,载《浙江社会科学》2018 年第 6 期。

歧视性评价,引起了研究者的关注与批评。[27] 而当这种机械式裁判在审判中占据了支配性地位,算法独裁的问题也将与算法歧视相伴而生,此时人工智能对于司法公正的影响便不再仅限于实体公正,还涉及程序公正,因为当技术具有了一切合理性时,法庭辩论的最后一点喘息的空间也将被消解。

(三)人工智能黑箱式裁判不符合司法公开

可能造成算法独裁的第二个关键是算法的黑箱特性。所谓黑箱,指的是对不为人知的不能打开、不能从外部直接观察其内部状态的系统。[28] 而算法即符合这种隐喻,由于深度学习具备自动学习的能力,在对海量数据的分析过程中会对相关参数进行动态的调整与更新,从而生成高级的认知结果,最终表现为人工智能输入的数据和其输出的答案之间,存在着我们无法洞悉的"隐层"。[29]

人工智能裁判同样存在算法黑箱的问题,并最终展现为裁判的不透明和不可解释,即在自动提取电子卷宗或由法官输入相关情节要素后,系统将基于模型运算直接输出其智能分析得到的裁判结果,但法官由于技术认知上的鸿沟而无法知悉人工智能决策的理由,包括模型和各因素的权重为何如此呈现等,导致其难以进行有效的说理,并最终由于算法黑箱的存在,使裁判重新具有了某种原始的神秘性。另外,实践中作为合作方的人工智能企业具有商业秘密保护的需要,这也加深了算法的不透明性。[30]

---

〔27〕 无论是对系统的独立测评还是个案应用中的表现,都表现出了算法歧视。"一名黑人女子和另一名白人男子都被指控窃取了价值80美元的东西而被捕,女子之前有4次不当行为,但无入狱经历,而男子则有两次持枪抢劫,还曾服刑5年,结果黑人女子被COMPAS判断危险指数为8,属于高度危险,而白人男子的指数却为3,属于一般危险。"参见朱体正:《人工智能辅助刑事裁判的不确定性风险及其防范——美国威斯康星州诉卢米斯案的启示》,载《浙江社会科学》2018年第6期。

〔28〕 参见徐凤:《人工智能算法黑箱的法律规制——以智能投顾为例展开》,载《东方法学》2019年第6期。

〔29〕 参见许可:《人工智能的算法黑箱与数据正义》,载《社会科学报》2018年3月29日,第6版。

〔30〕 "美国学者珍娜·布雷尔在《机器如何"思考":理解机器学习算法中的不透明性》一文中,论述了3种形式的不透明性:因公司商业秘密或者国家秘密而产生的不透明性;因技术文盲而产生的不透明性;以及从机器学习算法的特征以及要求将它们有效适用的测量中产生的不透明性。"参见高学强:《人工智能时代的算法裁判及其规制》,载《陕西师范大学学报(哲学社会科学版)》2019年第3期。

（四）人工智能间接式裁判违反了司法的亲历性

司法的亲历性要求法官亲身经历案件审理的全过程，直接接触和审查各种证据。[31] 然而，人工智能裁判的作出是基于对电子化的案件信息的分析和以往判决的梳理，实质上只是书面审查方式的升级版本，在传统书面审理广受诟病时其正当性的证成也自然存在争议。[32]

另外，具体到个案的语境下，这种弊端将更加明显。因为认罪悔罪态度等个性因素在剧场化的庭审过程前后经由互动和感性的刺激才能获得更生动的认定，并最终反映在法官的判决中。而无论是纸质化的还是电子化的书面审理方式都无法完整地吸纳这种对差异化情境的考量，最终也就使得人工智能裁判更加表现为机械式的裁判。

三、破解：人工智能裁判与法官裁判的比较优势

司法人工智能的本质是对人类法官司法裁判思维活动的编程式模拟。如何设计更合理的二者结合的机制，以在释放司法人工智能的应用价值的同时，又尽可能避免陷入违背司法规律的困境，需要在明晰人工智能裁判与人类法官裁判的差异的前提下，厘清二者的比较优势。

（一）事实认定：概率推理与因果推理

事实认定可以说是司法裁判过程中第一个基本任务。但司法中认定的事实并非客观事实，因为案件事实发生在过去，而我们无法直接认知过去，只能用现有的证据去推论过去。[33] 同时，事实只有具有法律意义才会进入法官裁判的视野。因而司法裁判中的事实认定可以看作通过证据建构并经法律筛选从而得到法律要件事实，以不断接近客观事实的过程。也就是说，证据是建构事实“大厦”的基石，而事实认定的精髓也在于组合证据以生成事实，[34] 并且，其中每一个证据都须符合合法性、真实性、关联性的要求，否则所建构的事实将“坍塌”。

---

〔31〕 参见朱孝清：《司法的亲历性》，载《中外法学》2015 年第 4 期。

〔32〕 参见冯姣、胡铭：《智慧司法：实现司法公正的新路径及其局限》，载《浙江社会科学》2018 年第 6 期。

〔33〕 参见朱佳蔚：《从〈唐人街探案〉看证据与事实的偏离》，载《检察日报》2019 年 3 月 20 日，第 3 版。

〔34〕 参见栗峥：《人工智能与事实认定》，载《法学研究》2020 年第 1 期。

传统上,法官从证据到事实的证明过程依靠的是寻找证据之间以及证据与事实之间的因果关系,每一个证据都要被追问背后的原因,每一种关联都被用以形成推断式的因果链条,展现的是将分散多元的局部片断逐步整合成一个连贯的整体的因果推理思维。而人工智能还无法实现这种推理模式,因而只能以概率上的相关分析替代因果推理,即从大量数据中挖掘出证据与事实之间的关系,例如发现存在"争吵"时"加害"的概率会增加。[35]

思维方式的不同致使二者对于证明标准的理解也存在明显的差异。对于法官,只有证据之间相互印证并最终转化为心证才可确认证据链的完整性,因而证明标准是一个主客观要素相互交融的基准。但目前司法人工智能所采用数据化的证据标准更多是一种对证据规格的要求,即证据链中"量"上的要素要求,是一种形式化的标准,具体来说就是应当收集哪些证据。[36] 在达到此标准的基础上,司法人工智能再以概率方法分析全案证据是否形成证据链以及证据之间是否相矛盾,从而完成证据判断。

然而,满足了证据规格的要求并不意味着达到了证明标准,同样,以概率方法对全案证据对比分析实现的一致与印证也并不意味着就完成了对事实的证明。实际上,对证据的判断与证明的过程本质上还是属于一种主观性较强的活动,需要法官综合运用常识与经验来认定事实,甚至直觉、灵感等启发式思考在其中也发挥着重要的作用。但目前的人工智能对于经验的植入与非逻辑思维的模拟都存在技术上可计算化与复杂性的难题:一方面,经验并不会全部转化为数据,即使经验隐藏于大数据中,也很难被机器学习从中挖掘出来,更重要的是人工智能无法理解并将其凝聚为信念;另一方面,人类非逻辑思维的运作方式尚无法被一套规则集合所描述,因而人工智能缺乏模拟的依据。[37]

事实上,司法证明本质上不是概率论操作,精确概率存在不足以解释司法证明的性质与不能完全传递信念的丰富内涵的问题,因而事实认定遵循的只能是一种"道德上的确定性"而非数学上的绝对确定性意义的盖然性方法。[38] 但这也并不等于人工智能在证据判断中毫无用处;相反,精准性的特点使得人工

---

〔35〕 参见栗峥:《人工智能与事实认定》,载《法学研究》2020年第1期。

〔36〕 参见刘品新、陈丽:《数据化的统一证据标准》,载《国家检察官学院学报》2019年第2期。

〔37〕 参见赵艳红:《人工智能在刑事证明标准判断中的运用问题探讨》,载《上海交通大学学报(哲学社会科学版)》2019年第1期。

〔38〕 参见张保生:《事实、证据与事实认定》,载《中国社会科学》2017年第8期。

智能在形式性审查上具备优势，能够防止法官遗漏证据收集的有关情况。例如，在证据合法性方面，人工智能可以判断证据是否具备证据能力的形式化要素，如讯问笔录是否在形式上符合程序性要求；在证据真实性方面，证据之间的明显矛盾或形态变化可以交给人工智能审查，如签章的真伪。[39] 至于对证据证明力的实质性判断，人工智能的分析结果只能作为一种辅助性参考，事实认定的最终权力仍需交由法官掌控。

(二)法律适用：数据分析与解释方法

认定事实后接下来的一步是寻找作为大前提的法规范，并将法规范涵射于事实中的法律适用。在大陆法系国家，法规范主要以法条的形式呈现，法官通过法律解释方法直接将法律规定适用于个案；在英美法系国家，法规范主要存在于先例中，法官在裁判时首先需要从相关案例中归纳出相关规则，再在事实背景下对其进行解释和加以运用。

人工智能无法理解法律背后的制定目的和学理基础，因而只能通过大数据分析和深度学习来认知法律。例如，在对海量判决书学习后，人工智能通过数据挖掘可能会发现，在命案中“杀害人数大于二”“手段残忍”“社会影响恶劣”等案件情节要素与“故意杀人罪”和“死刑”、“死缓”或“无期徒刑”的判决结果存在强相关关系，而“自首”“被害人谅解”“积极赔偿”等情节要素与“故意杀人罪”和“有期徒刑”的判决结果存在强相关关系，这就构成了其对《刑法》第232条故意杀人罪条款的理解，进而人工智能在此基础上进行判决预测。

两种思维方式的差异在于法律解释是开放的而数据分析是封闭的，这背后反映的实际也是法律形式主义和法律现实主义的理论分野。现代法学方法论为法律解释发展出一整套理论方法，至少包括文义、体系、历史、比较、目的或合宪等解释方法以及价值补充、漏洞填补等方法。[40] 经由这些解释方法，法官能够将社会共识、司法政策等外部知识以及自身的价值评价、基于良知的情感等主观要素在法律的框架内融于判决之中，裁判从而体现为一种融经验与价值于一体的活动。而人工智能由于计算的闭合性而不具备吸纳这些要素的能力，在表征上因而展现为“自动售货机式”的形式性的输入输出系统，其注重的是系统自身的自洽性和有用性，而不涉及与外部世界的匹配。

---

[39] 参见纵博：《人工智能在刑事证据判断中的运用问题探析》，载《法律科学(西北政法大学学报)》2019年第1期。

[40] 参见杨仁寿：《法学方法论》(第2版)，中国政法大学出版社2013年版，第135～137页。

人工智能的这种数据分析思维对于事实与法律清晰明了的简单案件能够适用,但在面临法律规则清楚但直接适用将导致判决结果不合理或者存有法律漏洞的疑难案件时将出现失灵。因为在这类案件中涉及价值判断与利益衡量,这是人工智能机械裁判的逻辑所不能应对的。因此,案件类型可以成为评判人工智能能否介入司法的实质活动的一个标准,尤其在疑难案件中,司法人工智能的应用应当谨慎。

(三)人工智能之不能:人机协同的界限

从上述两个角度,我们可以发掘出人工智能思维上的两个根本性的缺陷,这使它在面临司法的某些核心问题时显得僵化死板。如果消极地看待技术发展,或许人工智能在这两个方面永远不可能做得比人类好。事实上,它们反映的正是人类的独特之处。

第一点,人工智能无法实现情境化思考。“问题总是在情境理解之内发生的。”〔41〕同样,法官需要解决的个案不是抽象的,而是具体生动的。我们在学习法学理论时面对的可能是甲乙丙丁或ABCD,但在现实中他们却都是一个个有血有肉有感情的人。〔42〕也就是说,每个案件所处的情境都是不同的,并且这种不同不仅仅在于可以被提取为特定情节要素的部分,还包括诉讼主体的语言、表情、生活背景以及诉讼所发生的物理和社会环境等各种鲜活的因素。〔43〕人类法官能够通过感官捕捉到这些体现案件差异的个性化特征,进而能凭借着良知、敬畏之心和正义理念进行反复斟酌与权衡,最终运用法律赋予其的自由裁量权生成一个私人定制的裁判。〔44〕而人工智能只能按照预先输入的形式化指令对案件进行处理,即使引入了深度学习和神经网络算法等技术,其跟随语境变化进行适应性改变的能力也是十分有限的。〔45〕

司法需要讲求情境,或许因为正义原则本身无法超越其所处的语境,而只有人具有情境思考的能力——或许在于人本身不只是在纯粹理性下开展行动。这也就引出第二点:人具有情感,但人工智能却无法构建和认知情感。

---

〔41〕舒国滢:《走近论题学法学》,载《现代法学》2011年第7期。

〔42〕参见车浩:《最后一课:给北大法学院2011级本科生的考试赠言》,载车浩:《车浩的刑法题》,北京大学出版社2016年版,第197~206页。

〔43〕从这个意义上来说,或许并没有所谓的“同案”,而只有情节要素相同的“类案”。

〔44〕参见潘庸鲁:《人工智能介入司法领域路径分析》,载《东方法学》2018年第3期。

〔45〕参见沈寨:《个案正义视角下司法人工智能的功能与限度》,载《济南大学学报(社会科学版)》2019年第4期。

司法在终极意义上面向的仍是人的问题，并且，正是因为坚持回应了人的需求，司法职能繁荣起来并坚持了下去。[46] 而人是理性、感性与智性的结合体，人们来到司法面前不只是为了得到公正的结果，还希望得到公正的心灵体验，这也就决定了司法需要体现一定的人文关怀。事实上，这在我国当下的转型时期更应当被强调，因为“道德/情感仍然是中国社会秩序原理的重要诉求”。[47] 因此，法学的基本思维需要更多设身处地的体验和感悟，重点在于心理基础而非逻辑基础。[48] 相应地，司法裁判的过程也可以视为情感与理性双重加工的心理过程。[49]

在司法过程中追求法律与社会的善，需要勇气，更要有良心。因此，法官不仅应当具备高尚的人格、良好的司法能力、实现公平正义的理想和勇敢精神，还需要有良好的文化及人文素养、丰富的社会阅历以及一定的悲天悯人的情怀。[50] 人类可以做到这点，因为人与人之间能够发生共情与移情。但目前的人工智能却不能，它只是一套纯语法的符号运算系统，没有自身的意识，更莫谈作为心理状态的情感。并且，“至少在可以看得到的将来，算法不能设计人类的态度，技术也无法制造人类的情感，人类在复杂世界中千差万别的情感无法准确地进入机器人的决策系统，将机器人从过往案例中习得的情意表象用于当下的审判未必合适，因为这样的情感只能是生物人与生物人之间的事，没有人类情感的公正司法是不存在的”。[51] 事实上，情感与人性紧密相连。

人工智能这两方面的不能也为我们勾画出人类法官与人工智能合作完成审判、实现人机协同的界限，即人工智能更多地承担事务性、技术性、形式性的效率导向的工作，而更核心的、实质性的、涉及人本身的公正导向的工作应当交给人类法官。

---

〔46〕 参见[美]本杰明·卡多佐：《司法过程的性质》，苏力译，商务印书馆 1998 年版，第 7 页。转引自潘庸鲁：《人工智能介入司法领域路径分析》，载《东方法学》2018 年第 3 期。

〔47〕 杜宴林：《司法公正与同理心正义》，载《中国社会科学》2017 年第 6 期。

〔48〕 参见杜宴林：《司法公正与同理心正义》，载《中国社会科学》2017 年第 6 期。

〔49〕 参见韩振文：《面向证立获致正当性的司法裁决程序》，载《北方法学》2018 年第 4 期。

〔50〕 参见胡田野：《法官应是一个怎样的人——怎么看法官职业素养形成》，载《人民法院报》2012 年 5 月 23 日，第 2 版。

〔51〕 盛学军、邹越：《智能机器人法官：还有多少可能和不可能》，载《现代法学》2018 年第 4 期。

四、人工智能辅助司法裁判的机制设计

有学者指出,相较于人类法官,司法人工智能经验更丰富、立场更客观、运转更高效,但存在知识结构、应用场景以及潜在能力上的缺陷。[52] 事实上,以上分析也揭示出,人工智能裁判与法官裁判的两种思维在很大程度上并不是互斥的,而是呈现一种互补的关系。关键在于如何释放这种互补所产生的积极效应,实现二者的良性互动。这需要合理的机制设计。

(一)基点:人工智能的工具主义和辅助地位

首先应当明确的是人工智能的定位。在目前的技术现状下,在司法裁判中应用人工智能应当谨慎,尤其是不能让人工智能的决策代替法官的独立判断。这不仅是因为人工智能本身尚存有许多有待解决的技术风险与问题,更在于司法裁判不只是纯粹理性的计算,还涉及价值判断,需要有对人本身的理解和同情、对主客体和环境的整体洞察,而人工智能难以胜任这样复杂与灵动的技艺。

目前,人工智能只能作为一种技术工具辅助法官裁判,这不仅是学界目前的共识,也符合一种隐含的政治要求。实际上,这涉及裁判的合法性与可接受性问题,即人民接受与认可司法裁判的原因。马克斯·韦伯指出正当性的来源有三:传统型、魅力型、法理型。[53] 目前人工智能的优势在于高效和形式的统一性,但这俨然不足以为之提供充分的裁判正当性。

实际上,司法权在本质上属于公共权力,是国家基于管理的需要从其职能中分化出来的专门处理司法公共事务的权力,其权力渊源是人民主权。因此,法院依法独立行使审判权实际上来源于人民的授权,因而法官实际是人民的代表。[54] 而之所以需要人民授权国家来行使司法权,很大程度上在于司法关乎公平正义,而公正是民众基本的内心需求。由于司法事务的重要性,人工智能的介入应当审慎,并且作为公共授权的结果,即使人工智能在某些方面具有更准确的判断,法院也不能将裁决的权力转交给人工智能,否则就意味着背弃了人

---

〔52〕 参见陈锐、王文玉:《司法人工智能与人类法官的角色定位辨析》,载中国知网,https://kns.cnki.net/kcms/detail/50.1023.C.20210727.1632.008.html。

〔53〕 参见[德]马克斯·韦伯:《学术与政治》,钱永祥等译,广西师范大学出版社2010年版,第199~202页。

〔54〕 参见江秋伟:《论司法裁判人工智能化的空间及限度》,载《学术交流》2019年第2期。

民的授权和公益。人工智能裁判的背后是算法之治,显然也难以获得基于民意的正当性。

因而,无论是证据判断、类案推送还是量刑预测,人工智能提供的都是一种参考,而无法完全替代法官的思考,文书生成、庭审支持等服务也只是帮助法官更好地完成事务性工作的技术工具。并且更进一步的是,司法人工智能的应用还应当遵循司法规律,保障司法的固有属性,甚至以强化法官主体地位为根本出发点。这包括需在技术上加强算法的可解释性以保障司法的透明性,人工智能的应用不能过早介入以尊重司法被动性与事后性,庭审无纸化与虚拟化的同时还需保证司法的仪式性不被架空,以及法院应当具有最终的核心决策权力以确保法院的独立性与亲历性不受侵犯。〔55〕

总之,司法人工智能应当坚守工具主义与辅助功能的本位,唯有如此,才能防范"技术万能论"对司法基本价值的解构。

(二)原则:人工智能在司法裁判领域有限度地应用

司法活动的规律、司法判断的特点决定了人工智能在司法领域的应用必须有明确的禁区,并且,这种禁区是由人工智能欠缺人的心性和灵性特质等技术局限所客观决定的。〔56〕因此,应当为司法人工智能划定一定范围的作用空间,并依据比较优势明确人机分工协同的界限,从而保证其应用的适度与有限。

第一,从整体上看,司法人工智能在研发完成、投入应用前需接受技术审查,这是对其作用空间的首次限缩。对此,应当建立起完善和规范的大数据、算法规则的事前评估机制以及算法决策的审查与检验机制,以保证在智能系统设计的过程中就有意识地融入社会共识和司法价值理念。〔57〕这就要求加强对司法人工智能设计与应用的法律规制与伦理约束,对数据来源、算法规则、产出结果等要素进行详尽的审查、评估与检验,以避免数据瑕疵、算法黑箱和设计者偏见等因素导致的程序错误。〔58〕在具体落实上,可以建立由相关技术专家、法学专家、法官和社会公众代表等人员组成的技术评估委员会,由其专门

---

〔55〕 参见王禄生:《司法大数据与人工智能技术应用的风险及伦理规制》,载《法商研究》2019 年第 2 期。

〔56〕 参见黄京平:《刑事司法人工智能的负面清单》,载《探索与争鸣》2017 年第 10 期。

〔57〕 参见马靖云:《智慧司法的难题及其破解》,载《华东政法大学学报》2019 年第 4 期。

〔58〕 参见贾章范:《司法人工智能的话语冲突、化解路径与规范适用》,载《科技与法律》2019 年第 6 期。

负责司法人工智能的技术审查,主要内容包括研发全过程的跟踪评估和反复论证,正式投入应用前的试行检验,以及正式投入应用后的风险控制和反馈改进。

第二,在应用层面,人工智能应当更多地运用于处理技术性的、事务性的工作,尽可能减少其在实质性裁判上的应用,因为人工智能在裁判的核心领域尚未表现出高于人类法官的能力。同时,还应当根据经验和情感与法律要素、事实认定与法律适用的不同划分来进一步明晰人工智能在司法裁判中的应用范围。相较而言,法律要素的审查以及线性逻辑的法律适用由人工智能来实现更为妥当。[59] 但这种划分也需遵循形式和实质的区分标准,在事实认定的过程中同样存在证据要素的形式审查,这可以交由机器实现,而在法律适用的过程中也可能涉及情境与情感的考量,人工智能则难以胜任。这是对其作用空间的功能性限缩。

第三,在人工智能介入实质性裁判的场景,还应当根据案件的类型区分其介入的程度。首先,简单案件与疑难案件。简单案件由于类型化特征较为明显,人工智能通过要素化的分析能够得到比较准确的事实和法律预测,司法实践中对于这类案件也往往没有什么争议,因而法官在审理此类案件时可以相对自由地参考人工智能裁判结果。例如,对于民事领域中的小额诉讼、刑事领域中部分轻微犯罪案件以及行政领域中部分适用简易程序的案件,法官就可以充分利用司法人工智能一键式生成判决,再审慎地进行一定的检验即可完成裁判。而对于疑难案件,由于案情复杂需要对证据更仔细地甄别,或涉及纷繁复杂的价值取舍与利益衡量,因而裁判工作应当更多地交由法官承担,而人工智能只进行技术性的辅助。其次,公法与私法案件也应进行区分。因为前者涉及公共利益,对于诉讼主体的利益影响也较大,而后者更多关乎的是私权益,当事人因而拥有更多的自治权。因此,在公法案件中,人工智能是否介入法官实质裁判需有更严格的条件,而在私法案件中对于是否应用人工智能则可以赋予当事人更多的决定权。最后,在这一基础上设置司法人工智能适用的负面清单。这需综合考量案件的性质、依据的权利基础、裁判结果的严重程度和可能引发的社会效果等因素,结合法官需求程度进行精细化区分,并以动态评估的方式

---

〔59〕 参见胡铭、宋灵珊:《"人工+智能":司法智能化改革的基本逻辑》,载《浙江学刊》2021年第2期。

在司法实践与法律规范之间寻求平衡点。〔60〕 关于司法人工智能的应用限度总结如图 1 所示。

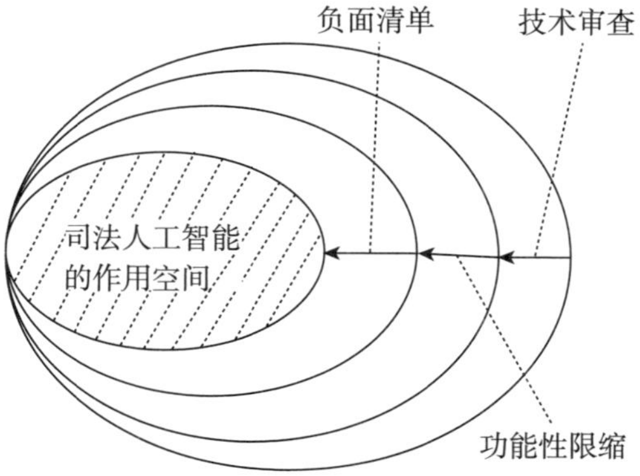

图 1　司法人工智能的应用限度

（三）规则：消解法官过度依赖人工智能的惰性

司法人工智能的最终使用者是法官，因此对司法人工智能应用的限制最终还是要回到人本身上来，而其中的关键在于如何防止法官对技术过度依赖，消解法官的思维惰性。这可以从通过权利约束与通过义务与责任控制两方面来考虑具体规则的设计。

第一，对于司法裁判中人工智能的使用情况，应当赋予当事人知情权与申诉权，并通过各种措施保障其在诉讼中的有效参与。由于司法人工智能的应用对当事人的利益有重要影响，尤其是在实体裁判上的应用关乎其诉讼的胜败，因此当事人应当有权知晓有关司法人工智能应用情况的各种信息，在诸如涉及个人隐私等的特定案件中，必要时还应经当事人知情且同意才得应用人工智能。相应地，法院和法官应当保障知情权的行使。首先，在操作上，未来或许各级法院可以专门制定有关自身司法人工智能建设和应用情况的手册，并随同《诉讼权利义务告知书》在开庭前发放给诉讼双方。法官还应当具有一定的说明义务，至少在当事人申请时，法官应当对其在裁判时参考智能分析的情况进行一定的说明，包括证据判断的分析情况、类案推送的检索情况、智能量刑预测的结果以及对此的参考程度和原因。其次，由于人工智能技术鸿沟的存在，当事人即使知悉司法人工智能在案件审理中的基本应用情况，也难以作出有效应

〔60〕 参见贾章范：《司法人工智能的话语冲突、化解路径与规范适用》，载《科技与法律》2019 年第 6 期。

对,尤其是在刑事案件或行政案件中面对掌握着更多技术资源的公权力机关,当事人的处境将更加不利。为此应当强化诉讼中的信息开示,将可能影响法官决策和当事人利益的数据向当事人公开一定程度的访问权限,并为当事人提供专业人士的帮助,[61]从而扭转技术不平等的状况,使当事人能够有效行使各项诉讼权利。最后,当事人若对法官参考智能分析的裁判结果不服,当然地可以选择直接上诉,但笔者认为这不利于对当事人申诉权的专门性保护,因为上级法官对于技术问题同样不具有专业知识。或许可以参考专利权和商标权领域的诉讼机制,在上诉渠道之外,还应在法院层面或法院外部建立专门的技术审查委员会,负责对法官参考人工智能裁判的争议问题进行专门的审查。从现实的角度考虑,该技术审查委员会可以与负责司法人工智能事前评估的技术评估委员会合并作为一个机构,这也有助于事前评估与事后审查的连贯性与一致性。当然,当事人申诉时应当提供一定的正当理由,否则应予直接驳回,以防止这方面的滥诉。

第二,应当加强法官判决书的说理性。司法人工智能无法说理并不意味着法官在参考智能系统的分析时没有必要说理;相反,正因为人工智能在此的局限,法官在判决书中的说理应当加强而非减弱。尽管这有可能导致法官因利用人工智能辅助裁判带来的效率提升被抵消,但正是因为增加了法官的负担而能克制其技术依赖,并且这种负担并非多余,而是能够弥补算法黑箱的缺陷,亦契合了司法公开的要求。法官说理的核心在于法律解释,由于人工智能的引入,法官法律解释的任务也相应发生变化,而拓展至矫正数据偏差、权衡案例数据参照、理性化代码运算、关联算法检验几个方面,并且在诠释时应尤其关注数据的充足性、裁判的合理性、因果关系的相当性和正反计算的对称性四个节点,[62]从而将司法人工智能裁判的形式理性转化为可理解与可辩驳的公共理性。

第三,应当明确法官的裁判责任。导致司法责任的模糊是司法人工智能应用的一大弊端,人工智能裁判有可能成为法官推卸责任的借口。为此,应当明确法官需对裁判结果承担主要责任。具体而言,除非算法或技术的严重问题导致司法裁判出现大面积的错误,一般的错案责任仍应由法官而非算法设计者承担。或许这样的归责原则对于法官来说过于严格,但背后也有其合理依据。因为当人工智能仅被定位为辅助裁判工具时,对案件的最终判断权仍由法官掌

---

〔61〕 参见郑曦:《人工智能技术在司法裁判中的运用及规制》,载《中外法学》2020年第3期。

〔62〕 参见李飞:《人工智能与司法的裁判及解释》,载《法律科学(西北政法大学学报)》2018年第5期。

握。因此,出现错案要么是法官的判断与智能分析结果一致或趋近,这时自然有理由对法官追责;要么是法官的判断与智能分析结果不一致,这时则有理由质问法官为何没有行使自己的最终决策权进行纠偏。总之,这样严格的归责原则能够使法官更加审慎利用人工智能辅助裁判,从而促使法官摆脱对司法人工智能的技术依赖。

第四,应当探索制定审判流程中法官应用司法人工智能的统一使用说明与行为规范,[63]这是具体规则设计的最终形态。使用说明的内容至少应当包括司法人工智能的技术特征与原理、模型训练数据的来源、各个功能的操作方式等,帮助法官快速了解司法人工智能的运作机制,打破人工智能的技术神秘主义。行为规范至少应当包括对法官裁判与司法责任承担主体地位的强调、对系统功能局限性的谨慎提醒,以及法官的说明义务、说理义务、接受审查与监督的义务,甚至分步骤和分阶段地对法官进行风险提示与行为引导。

五、结　语

人工智能时代正全面来临,人机协同也终将是大势所趋,人类必须学会并逐渐习惯与人工智能合作。作为最能反映法律思维的工作,司法裁判也并非例外,在人工智能技术发展浪潮和国家司法体制改革的背景下,我国司法机关也正加速向智能化转型。因此,人工智能技术与现有法官决策机制如何结合的问题也无法回避。本文沿着"困境—出路—机制设计"的思路,对司法裁判人工智能化这一问题展开讨论,以期提供一可行方案。

作为维护社会公平正义的"最后一道防线",司法终归是以人为中心进行组织和展开的活动,回应的是人的正义需求。人工智能在提升审判效率和质量等方面有着巨大的潜在价值,然而囿于技术的可实现性,其尚不具备解决司法裁判某些核心问题的能力,因而也不可忽视人工智能过度介入司法裁判可能带来的风险。在无法预料人工智能裁判将产生的影响时,司法裁判人工智能化的进程应当更加审慎。

事实上,人工智能的兴起是人类一次自省的机会,它迫使我们思考:人是可以被取代的吗?以及人因何为人?对于法律人而言,也不得不去思考究竟何为

---

〔63〕 参见杨驭颢:《论司法人工智能对法官自由裁量的影响及其应对》,华中师范大学2019年硕士学位论文,第34页。目前已有相关规范出台,如2020年7月31日正式试行的最高人民法院《关于统一法律适用加强类案检索的指导意见(试行)》。

法律思维的精髓,是法条的机械适用,还是法条背后的那些真正体现人之不可替代性的善、爱和同情。这实际是司法裁判人工智能化的根源性问题。不过,技术奇点后,人工智能也会有情感而与人类完全无异,甚至犹如科幻电影般的世界将在未来真实地出现,也未可知。

责任编辑:甘 攀

论“醉驾”反证教义的逻辑谬误与立法论突围

——基于对醉驾型危险驾驶行为刑事处遇的实证考察

李　耀*

摘要：

醉驾型危险驾驶罪无论是采取定罪反证还是量刑反证都不可避免存在逻辑矛盾。当前未竟的法律现实化以及地域司法差异问题经实证检验证实了量刑反证存在严重的逻辑矛盾问题。定罪反证的解释学思路则存在概念冲突、司法者自由裁量权过大以及同立法权相抵牾等弊端，并非治本之策。当前醉驾法律现实化及其诸问题是因醉驾罪、刑结构性矛盾产生的继发性问题。在司法能动存在自洽性与正当性，而且抽象危险犯理论无法回应时下问题的情况下，应当顺应司法能动，将破局之道诉诸立法修正，改醉驾型危险驾驶罪为具体危险犯。

关键词：

罪刑逻辑；法律现实化；醉驾型危险驾驶罪；司法能动；法律实证分析

引　言

醉驾型危险驾驶罪是一个在实务界和学术界都极度具有争议性的罪名。

在实务界，对醉驾存在“一律入罪”与“不一律入罪”两军对垒的局面。在中央，一方面，最高人民法院表示即使行为人血液酒精含量达到80mg/100ml这一醉酒标准后，仍有可能不构成犯罪，视情节轻微程度予以出罪或免予刑事处罚；另一方面，最高人民检察院和公安部则认为只要属于醉酒驾驶机动车一律立案追诉。而在地方，浙江省高级人民法院、浙江省人民检察院、浙江省公安厅

---

* 李耀，北京大学法学院硕士研究生，研究领域为刑法学。本文之形成得益于程红教授、周详教授的倾心指导以及若干师友在实证研究上提供的帮助，同时也离不开刘近墨女士的陪伴与鼓励，众行者远，作者对此深表感激。

于2019年10月8日出台了《关于办理“醉驾”案件若干问题的会议纪要》,对于达到法定醉驾标准的行为人分情况予以入罪与出罪处理。除浙江外,上海、湖南、湖北、天津、四川以及呼和浩特也有相似文件存在,而其他尚无类似文件的地方司法系统则顺应中央处理意见。时至今日对于醉驾者该在刑事追诉程序上如何对待以及在何种程度上判处何种刑罚,不管是从中央到地方,还是从法院到公检,统一性的处理意见尚未形成。

在学术界,秉持刑法之谦抑性,大多数学者采“醉驾不一律入罪”的观点,但存在各自不同的论据。有论者从醉驾型危险驾驶罪的抽象危险犯性质进行出罪突破。如付立庆教授认为,即使对于具备诸多优点的抽象危险犯,为了防止借助抽象危险犯概念而对行为人个体权利进行不当侵害,存在限定抽象危险犯成立范围的必要性,因而认为应当允许抽象危险犯反证。[1] 苏彩霞教授亦认同“如果个案中某种行为由于存在特殊情形而不具有法益侵害的可能性,那么应将其排除在犯罪构成之外”。[2] 除此之外,也有少数学者认为对于醉驾这一抽象危险犯类型应当一律入罪,对于那些在具体情形下无法益侵害可能的案件则可通过量刑反证的方式予以折中。[3]

为回应实务界对醉驾型危险驾驶罪的疑惑,理论界从文本出发展开教义学研究,其贡献自不待言。可是,当前针对醉驾的研究局限于法律文本,未能将研究视野拓展至醉驾型危险驾驶行为的完整刑事处遇,在问题尚未全然呈现的前提下进行研究,闭门造车,成果所具裨益之效实在有限。诚如储槐植教授所言,“刑法在运作中存在和发展,刑法的本性是动态的和实践的”。[4] 值得注意的是,现有的研究在这些问题上几乎是空白:实务界在事实上如何对待没有具体危险性的醉驾案件,没有具体危险性的案件比例是多少,这对醉驾立法而言究竟是好还是坏,是否应当反思以及如何反思醉驾立法?

本文以为,醉驾型危险驾驶罪在文本上存在潜在的罪刑结构的逻辑矛盾问题,经法律实证检验发现,采取量刑反证思路的醉驾规范,其无具体危险案件的比例预设被司法实践推翻,存在“未竟的法律现实化”的问题。同时还存在“地域司法差异化”的继发性病症。这些问题虽有司法本身之过,但却证实了醉驾

---

[1] 参见付立庆:《应否允许抽象危险犯反证问题研究》,载《法商研究》2013年第6期。

[2] 苏彩霞:《“风险社会”下抽象危险犯的扩张与限缩》,载《法商研究》2011年第4期。

[3] 参见谢杰、王延祥:《抽象危险犯的反思性审视与优化展望——基于风险社会的刑法保护》,载《政治与法律》2011年第2期。

[4] 储槐植:《再说刑事一体化》,载《法学》2004年第3期。

型危险驾驶罪文本逻辑问题的严重性。在抽象危险犯概念本身力有未逮的情况下,为实现醉驾治理法治化,防止过罪化,借由司法能动"曲线的法律现实化"的启迪,将问题解决之道诉诸文本纠偏进行立法修改,变抽象危险犯为具体危险犯是比较妥当的对策。

一、罪刑结构的逻辑性矛盾

首先,需要借助文本规范分析说明的问题是醉驾型危险驾驶罪在文本中存在怎样的潜在性罪刑结构逻辑矛盾。

(一)醉驾型危险驾驶罪的罪刑结构

1. 定罪因素

根据《刑法》第133条之一第1款第2项的描述,醉驾型危险驾驶罪是指在道路上醉酒驾驶机动车的行为。如此不要求法益侵害的实害结果,亦不以具体危险存在为条件的罪行种类,刑法理论将其归纳为抽象危险犯。"抽象危险犯罪,是指一种典型的危险的举止行为被作为犯罪而处于刑罚之下,不需要在具体案件中出现一种危险的结果",〔5〕"行为可能既未引起实害,亦未引起法益的具体危险;或者法益的实害与具体危险,均非构成要件要素"。〔6〕因此,在醉驾型危险驾驶罪的认定上,仅认定行为人的行为确属"在道路上醉酒驾驶机动车"即可完成初步的入罪证成。

但是,抽象危险犯作为一种法益的前置化保护措施,其所涉及的抽象危险为立法推定或拟制的一般危险。出于对行为人自由的保护,有论者指出抽象危险犯中的抽象危险为法律推定的危险,因此在特殊情形下应当允许反证,审查行为是否存在危害公共安全的具体可能性,通过对抽象危险犯增加适用上的限制性措施而防止其对行为人权利的不当侵害。〔7〕亦有论者认为抽象危险犯所述抽象危险为法律拟制的一般危险,对于抽象危险犯的认定而言不能借助反证,至多将特殊情况置于刑罚裁量中予以考虑。"为了合理控制抽象危险犯的处罚不以危险存在为必要所导致的处罚范围过大问题,应当允许行为人对立法推定进行反驳,通过反驳的方式证明立法推定的危险行为实际上在个案中并不

---

〔5〕[德]克劳斯·罗克辛:《德国刑法总论》,蔡桂生译,北京大学出版社2005年版,第278页。

〔6〕林东茂:《危险犯与经济刑法》,台北,五南图书出版有限公司1996年版,第27~28页。

〔7〕参见付立庆:《应否允许抽象危险犯反证问题研究》,载《法商研究》2013年第6期。

存在危险,进而予以减轻、免除处罚。"[8]

2. 量刑因素

《关于常见犯罪的量刑指导意见(二)(试行)》以司法解释的形式对醉驾的定罪量刑作了史无前例的细化。其中规定,对于醉驾型危险驾驶罪行为人,作为定罪量刑考虑因素的,是被告人的醉酒程度、机动车类型、车辆行驶道路、行车速度、是否造成实际损害以及认罪悔罪等因素,如果法院认为醉驾情节轻微而不需要判处刑事处罚的,可以依据《刑法》第37条的规定免予刑事处罚。在这一规定中,除被告人"认罪悔罪"属于程序性因素外,其余要素均为实体性因素,且与行为人对公共安全产生的具体危险有着密切联系。可以认为,对于尚未对公共安全产生具体危险的醉驾者,如采取量刑反证的思路,其刑罚后果一定是免予刑事处罚或相对不起诉。

(二)结构逻辑性矛盾的揭示

首先,认为抽象危险是可反驳的推定从而在入罪上采取反证的方法的思路,未免会使立法目的自身龃龉不断。抽象危险是对具体危险的归纳,是立法者在立法时认定某一行为具有惯常性、类型性的法益侵害危险而假定的危险,为保护超个人法益进行一般预防而不得已排除某一行为的合法性。可以说,对极其特殊的个例进行处罚仍在法律目的之内。现在以反证的方式创设入罪上的原则与例外模式,"意味着在理论上对抽象危险犯法律推定之绝对性的限制和否定,在某种程度上牺牲了抽象危险犯的逻辑稳定性"。[9]

其次,认为抽象危险是不可反驳的拟制从而在量刑上采取反证的方法的思路,用定罪与量刑两种不同评价体系分别处理刑事处罚的一般性与个别性问题,看似折中,实际上会严重破坏罪刑结构。犯罪的罪行后果与刑罚后果受不同体系的法律推理模式的支配。罪行结果依凭构成要件作为大前提,以案件事实作为小前提,析出入罪结论;量刑结果以刑罚规范为大前提,以案件事实为小前提,得出刑罚结论。除特殊情形下需以"以刑制罪"的思维方法通过刑罚妥当性反思构成要件内涵外,在绝大多数情况下,两体系并行不悖。但是在醉驾中,如果最终的法律推理结果是该当犯罪但应当免予刑事处罚,就会出现同一个事实在定罪时被评价为"有抽象危险",但在量刑的时候又被评价为"没有具体危

[8] 谢杰、王延祥:《抽象危险犯的反思性审视与优化展望——基于风险社会的刑法保护》,载《政治与法律》2011年第2期。

[9] 李川:《抽象危险犯自身谦抑机制研究——以醉驾案件具体危险犯化认定倾向为视角》,载《政治与法律》2013年第12期。

险”的情况。抽象危险是对具体危险的抽象，是对一个具有惯常危险性行为的禁止，如果一个行为没有具体危险仍然给它贴上抽象危险的标签，那就意味着这种对危险的抽象存在立法论意义上的“归纳不足”的问题。因此，量刑反证仍然不可避免会牺牲抽象危险犯的逻辑稳定性与处罚的正当性。

因此，不管采取何种方式调和醉驾的形式上的可罚性与实质上的不需罚性，都不可避免存在逻辑上的漏洞。但是，要注意的是，逻辑上的牺牲并非醉驾之个例，也并未宣告法律的失败。如若法律因此得以实现其目的、秩序因而得以维护，逻辑上的牺牲倒也无伤大雅。现在的问题是，当前司法系统以抽象危险是不可反驳的拟制从而在量刑上采取反证的方法，导致了严重的法律现实化问题与地域司法的差异问题，使得当前的醉驾罪刑结构逻辑矛盾这一文本问题变成了一个不可忽视而亟待解决的实际问题。下文将通过细致的定量研究方法描述罪刑逻辑矛盾这一文本问题转变为何种司法现象以及如何超出了可容忍的范围。

二、司法运作的实证考察

（一）对司法实践中判决与起诉情况的定量描述与分析

根据裁判文书网公布的数据对审判情况进行数据筛查，发现在2020年全国各基层法院共计作出醉驾型危险驾驶案件一审判决205, 137份，其中判处免予刑事处罚的案件共2530件，无罪4件。在地方基层人民法院中，河北省基层法院在2020年共计判决醉驾型危险驾驶案件11, 583件，其中判处免予刑事处罚678件，免刑率为各地之最；山东省基层法院在2020年共计判决醉驾案件19, 399件，冠绝各省，其中判处免予刑事处罚的有368件；浙江省基层法院在2020年共计判决7443件案件，免刑4件；毗邻浙江省的江苏省判决总数为17, 143份，免刑判决11份。（见表1）

表1　2020年全国及部分地区醉驾型危险驾驶罪一审判决情况

单位：份

地区	判决总数	免刑数	无罪数
全国	205, 137	2530	4
河北省	11, 583	678	0
山东省	19, 399	368	0
浙江省	7443	4	0
江苏省	17, 143	11	0

资料来源：裁判文书网。

对于检察系统的起诉情况,由于唯一的公开平台中国检察网未提供检索工具,笔者通过威科先行法律信息库对检察系统公布的文书进行检索与筛选,检索到2020年全国基层人民检察院对醉驾型危险驾驶案件作出起诉与不起诉文书共计238,687份,其中相对不起诉文书共计34,306份。地方部分省份数据分布如表2所示。

表2　2020年全国及地区醉驾型危险驾驶案件起诉情况

单位:份

地区	审查起诉总数	相对不起诉文书数	绝对不起诉文书数	存疑不起诉文书数
全国	238,687	34,306	191	534
河北省	12,474	2099	3	20
山东省	19,666	2815	17	49
浙江省	11,830	4238	2	3
江苏省	20,657	2098	4	58

资料来源:威科先行法律信息库。

考虑到威科先行法律信息库可能存在文书收录上的误差,在这一数据库内的所得观测数值是否能同裁判文书网所得数据进行同一维度上的分析,需要进行检验,以确保统计的可靠性。为此需要利用SPSS软件对威科先行法律信息库搜集所得2020年各省醉驾起诉数与裁判文书网搜集所得2020年各省醉驾判决数进行差异检验。

但是由于审查起诉数与最终的判决数存在差异,有损耗率的存在,所以在检验前需要使用审查起诉损耗率对裁判文书总数进行修正,计算出审查起诉期望值,以此同威科先行法律信息库所得审查起诉情况进行均值比较。根据最高人民检察院与最高人民法院公布的数据,2020年全国各级法院一审审结刑事案件111.6万件,全国各级检察院审查起诉123.8万件,故起诉的损耗率为9.9%。[10] 故以9.9%的损耗率对裁判文书网2020年文书总数进行修正得出各省(自治区、直辖市)期望起诉值。两者数据对比如图1所示,在大部分情况下是重合的,但是出于谨慎考虑,对于两者之间是否存在统计上的显著差异性仍需要进行检验。

---

〔10〕 计算方式:(审查起诉案件数－判决案件数)÷审查起诉案件数。

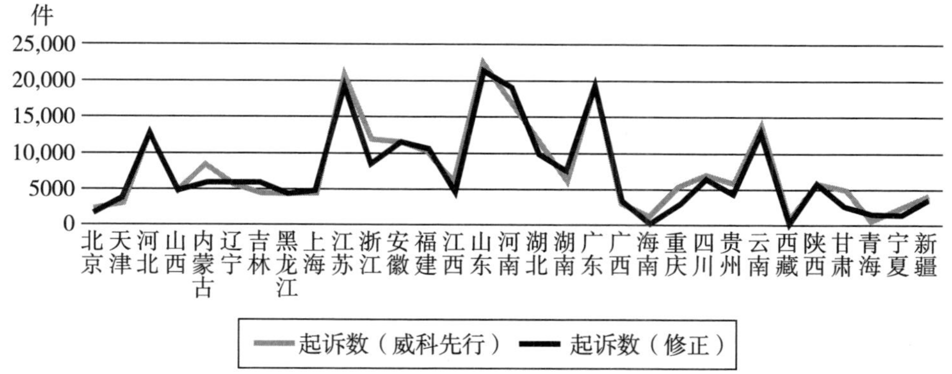

图 1　起诉数(威科先行)与起诉数(期望值修正)折线图

作为前提性审查,需要对各省(自治区、直辖市)期望起诉值进行正态性检验。如表明不具备正态性,就不能利用参数进行统计推断。统计检验结果显示未成正态分布,所以对期望起诉值与威科先行法律信息库实际起诉值的对比不能采用参数检验中的“配对样本 T 检验”,而需要采取非参数检验中的“威尔科克森符号秩检验”。运算所得结果如表 3 所示,显著性大于 0. 05,因此起诉数(期望值修正)与起诉数(威科先行)之间的差异不具备显著性,在统计上不能认为两者存在差异,不能得出期望审查起诉值与威科先行法律信息库实际检测起诉值不同的结论。这意味着我们可以根据威科先行法律信息库的数据进行后续分析。

表 3　起诉数(期望值修正)与起诉数(威科先行)差异显著性检验

原假设	检验	显著性	决策
起诉数(威科先行)与起诉数(修正)之间的差值的中位数等于 0	相关样本威尔科克森符号秩检验	0. 085	保留原假设
显示了渐进显著性。显著性水平为 0. 050			

1. 初步论断:量刑反证的司法实践

根据前文所给的统计数据,可以认为司法实务所采取的反证思路是一种量刑反证的思路,即如若发生无具体危险的情况,可在量刑上予以优待,免刑或相对不起诉,实现一种定罪与量刑的折中。

如此论断原因有两个。一是当前法院对于醉驾,无罪判决数量过少,免刑判决相较更多。2020 年基层法院在醉驾型危险驾驶案件中作出定罪免刑判决 2530 份,而无罪的仅仅为 13 份,数量悬殊。当然这种情况受我国司法环境影响更大,但仅从统计上来看,免刑判决是当前法院在反证上更愿意使用的方式。二是相对不起诉文书较法定不起诉、存疑不起诉文书更多。2020年各地检察院对醉驾型危险驾驶行为人作出相对不起诉文书共计34,306份,而法定不起诉仅191份,存疑不起诉相比略多,但仍只有534份。因此,从整体上看,以"情节显著轻微"等为理由的无罪判决和绝对不起诉文书数显著少于以"情节轻微"为重要理由的免刑判决和相对不起诉文书。当前司法实务从客观上来看是普遍采取量刑反证的思路。

2. 对醉驾无具体危险案件率的探索

当前的司法实践采取的是量刑反证的思路,亦即对无具体危险个案判决免刑或相对不起诉。那么是否能够通过免刑以及相对不起诉的比例来测量无具体危险案件率,进而检验醉驾所谓"有抽象危险为原则,无具体危险为例外"的实然比例呢?本文认为具有可行性。

首先,在规范上,免刑或相对不起诉的启动就在于行为人的行为情节轻微,这种实体上的轻微情节在醉驾上的实体表现就只可能是行为不具备具体危险性;其次,在认罪认罚从宽制度全面推行下,虽然程序性的情节会影响免刑和不起诉的运用,尤其是对不起诉的影响,但是程序性情节的对量刑能产生实质影响的因素却是来自实体。对此吴雨豪博士曾有研究,其实证研究结果表明启动认罪认罚程序后对犯罪嫌疑人或被告人从宽处罚的因素之一就有犯罪情节。[11]因此可以运用免刑与相对不起诉的比例来测量无具体危险案件率。同时法律上的无罪以及法定不起诉也在规范上表达了"情节显著轻微"的无具体危险特征,虽然案件数量较少,但也纳入统计计算。为此,本文提出无刑化处置率这一概念来表达无具体危险案件率,其计算方式为:

1 - (起诉率 + 存疑不起诉率) × (定罪有刑率 + 事实不清无罪率)[12]

部分地区无刑化处置率如表4所示。

---

〔11〕 参见吴雨豪:《认罪认罚"从宽"裁量模式实证研究 基于部分城市醉酒型危险驾驶罪的定量研究》,载《中外法学》2020年第5期。

〔12〕 无刑化处置率是指行为人实施了醉驾行为但最终未被判处刑罚的概率。由于存疑不起诉案件以及事实不清无罪案件中行为人并未实施醉驾行为,不能纳入无刑化处置率中表达无具体危险案件率。起诉率与存疑不起诉率的和,表示审查起诉阶段有具体危险案件的可能性,定罪有刑律与事实不清无罪率表示审判阶段有具体危险案件的可能性。由于审判阶段是审查起诉的下一阶段,故而有刑化处置率是两种数值的乘积,用1减去这处置率就得出了无刑化处置率。

表 4　2020 年部分地区醉驾型危险驾驶行为无刑化处置率

单位:%

地区	起诉率 + 存疑不起诉率	定罪有刑率 + 事实不清无罪率	无刑化处置率
河北省	83. 17	94. 13	21. 70
山东省	87. 51	98. 10	14. 14
浙江省	64. 17	99. 50	35. 86
江苏省	89. 84	99. 94	10. 21

对全国 31 个省、自治区、直辖市数据进行描述性分析,得到分析结果如表 5、图 2 所示。分析结果显示,当前的无刑化处置率均值约为 15. 8% 。部分地区,如图 2 所示,在无刑化处置率上呈现为异常值。甘肃省、浙江省超出上分位数 3 倍间距,分别为 40. 55% 和 35. 85% 。由于是近乎全样本的大样本分析,对于两个异常值不作排除。对于异常值的个案分析见下文针对异常值的定性与再定量研究部分。

表 5　对 2020 年各省、自治区、直辖市醉驾型危险驾驶行为无刑化处置率的描述统计

统计项	N	最小值	最大值	均值	标准偏差
无刑化处置率	31	0. 0086	0. 4055	0. 158061	0. 0940303
有效个案数(成列)	31	—	—	—	—

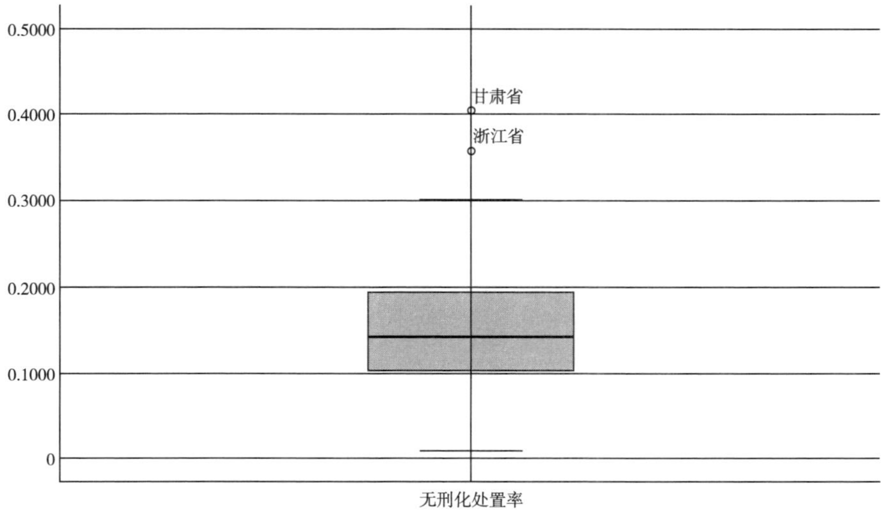

图 2　2020 年各省、自治区、直辖市醉驾型危险驾驶行为无刑化处置率箱形图

(二)对异常值的定性与再定量分析——以浙江省为例

浙江省无刑化处置率之所以独占鳌头,与其司法系统对醉驾的宽缓态度有关。浙江省司法系统分别于2012年、2017年、2019年以会议纪要的形式规定醉驾起诉标准,一步一步将醉驾起诉门槛高度提升至全国前列。

浙江省司法系统在2012年首次下发《关于办理"醉驾"犯罪案件若干问题的会议纪要》,在纪要中明确规定免予刑事处罚与相对不起诉的具体适用情形与适用条件后,其免刑率在全国各地尚未觉醒之时便已然一马当先,高达2.87%的免刑率超出了上一年度六倍、同年全国平均水平一倍。

表6 2012~2014年全国与浙江省醉驾型危险驾驶罪一审判决情况

年份	浙江省			全国		
	总数/件	免刑/件	免刑率/%	总数/件	免刑/件	免刑率/%
2014	16,483	473	2.87	109,173	1357	1.24
2013	10,982	42	0.38	25,301	205	0.81
2012	3515	6	0.17	6184	28	0.45

而后来,如浙江省人民检察院在2017年工作报告中所述,"针对醉驾案件占我省刑事案件总量近六分之一,且多数未造成实际危害后果的情况,推动全省统一实施宽缓标准",浙江省司法系统在2017年下发2.0版本的《关于办理"醉驾"案件的会议纪要》,在原有的一种以起诉为主例外起诉的模式下发展出以起诉为主、不起诉为辅的双重处理模式。该纪要直言"酒精含量是反映该种犯罪危险程度的主要量刑因素,驾驶的车辆种类、行驶的道路种类、实际损害后果是重要的量刑因素"。[13] 这使得浙江省醉驾型危险驾驶案件不起诉率一路升高,据检察工作报告的官方数据统计,2017年全年醉驾型危险驾驶案件起诉数相较2016年下降了39.2%。而到2020年,醉驾不起诉率达到了35.87%,是

[13] 此外该纪要还规定,醉酒驾驶汽车,酒精含量超过180mg/100ml的,或者虽然酒精含量在180mg/100ml以下,但具有以下从重情节之一的,不适用缓刑:(1)造成他人轻伤及以上后果的;(2)在高速公路上醉酒驾驶的;(3)醉酒驾驶营运车、公交车、危险品运输车、校车、单位员工接送车、中(重)型货车、工程运输车等机动车的;(4)无驾驶汽车资格的(系指未取得及被吊销、暂扣、扣留驾驶证的情况。短期超出驾驶证年检期限及驾驶证被扣完分数的,不属于无驾驶汽车资格);(5)明知是不符合安检标准或者已报废的汽车而驾驶的;(6)在被查处时有逃跑、抗拒检查、让人顶替等行为,情节严重的;(7)在诉讼期间拒不到案或者逃跑的;(8)曾因酒后驾驶三年内、醉酒驾驶五年内被追究的。

周围省市的两倍多。

除了对检察院起诉带来的直接影响外，浙江省基层法院受理的醉驾型危险驾驶案件也受到了间接影响。如表7所示，对浙江省2014～2020年醉驾型危险驾驶罪判决情况进行年际变化幅度的分析，发现2016年至2017年的变化幅度达到46%，2017年数据较2016年数据下降近一半。在2019年出台纪要文件之后，2020年的判决数量也相应减少了23%，变化幅度剧烈。

表7 浙江省醉驾型危险驾驶罪判决情况

年份	总数/份	变化幅度/%
2020	7443	－23
2019	9715	17
2018	8279	－5
2017	8715	－46
2016	16, 156	－7
2015	17, 328	－13
2014	19, 932	—

（三）小结

对以上实证研究所作工作进行总结，可以得出当前醉驾司法的一个事实与两个现象。一个事实即当前司法实践采取了量刑反证的事实，而两个现象则分别是：(1)醉驾的无具体危险案件率为15.8%；(2)浙江省无刑化处置率超出相邻的省份两倍，且醉驾判决数变化剧烈。在文章的下一部分中，将对这两个现象作进一步提炼，用“未竟的法律现实化”以及“地域司法差异化”两大问题来回应诸现象。

三、司法运作的经验性冲突

（一）未竟的法律现实化

法律现实化是指作为法律精神的理念与法律规范转化为法院判决的过程，根据考夫曼的描述，其具体分为三个阶段：“第一阶段为抽象的——普遍的，超实证的及超历史的法律原则；第二阶段为具体化的——普遍的，形式的——实证的，非超历史的，但对一个或多或少长久的时期（‘法律时期’）有效的制定法；第三阶段为具体的，实质的——实证的，有历史的法。或者简言之：法律理念——法律规范——法律判决。”[14]考夫曼教授将法律现实化的结果局限为法律判决,在法院专属定罪权的前提下是正确的,但是在刑事程序的运作中,识别案件性质进而运用实体规则进行法律适用的主体远不止法官,检察官也同样发挥着这样的功能。因此,从广义上理解法律现实化可将其定义为法律精神的理念与法律规范转化为司法行为的过程。

醉驾型危险驾驶罪的法律现实化过程,首先是将社会秩序维护、法益保护、人权保障三种理念结合,主要突出一般预防与法益的前置化法保护的精神,次要适当关注行为人责任防止过罪化;其次是将精神实现于醉驾型危险驾驶罪罪行中进行立法,强调原则上拟制入罪,例外情况无具体危险免刑或不起诉,设计为抽象危险犯;最后是适用《刑法》第133条之一第1款第2项的规定得出起诉被告人或判决行为人有罪的结论。而醉驾的法律现实化困境,是法律规范无法在实践中被实现,完全被司法所推翻,而司法行为却绕过了法律规范实现了法律理念。

醉驾型危险驾驶罪作为抽象危险犯,立法者在最初的立法阶段即已宣告醉驾型危险驾驶行为具有一般的、超越个案的法益侵害性,要求对此一般的、类型性的行为进行处罚。这一价值判断中已经完成了这一罪名所涵摄的绝大多数案件事实具备实质可罚性的判断。而根据上文数据显示,针对醉驾型危险驾驶罪,表征行为无具体危险性的所谓个例,利用上文统计分析所得无刑化处置率加以描述,在全国范围内大约存在15.8%的均值,在浙江省、甘肃省达到30%甚至40%。这样的数据意味着什么呢?

本文认为,抽象危险犯语境下的无具体危险案件发生率,同统计学上的小概率事件的内涵与功能相似。在统计学上一般将小概率事件的发生概率界定为1%或5%,把“0.05或比0.05更小的概率看成小概率”[15]。选取标准一般具体问题具体分析,但极少采用高于10%的标准。当前的比例在15.8%左右,即使采取最为宽松的0.1标准,也不能表达无具体危险案件的发生是小概率事件——其是可能出现的事件中的一种。

因此,当前15.8%的水平远远超出了醉驾对无危险案件比例的预期水平。虽然两者难言已成分庭抗礼之势,但作为原则之外的例外已然不称其为例外,法律规范断然未能实现。而当前的司法行为通过对无具体危险案件的排除,也

---

〔14〕[德]亚图·考夫曼:《类推与“事物本质”——兼论类型理论》,吴从周译,台北,学林文化事业有限公司1999年版,第17页。

〔15〕贾俊平编著:《统计学》,中国人民大学出版社2018年版,第160页。

实现了抽象危险立法体例所意欲实现的法律精神,实现了一般预防与法益的前置化法保护,并次要适当关注行为人责任防止过罪化。

(二)地域司法差异化

“未竟的法律现实化”是法律系统自身的病症,作为司法能动的后果,其对社会带来影响很难一言蔽之。就目前所导致的衍生性问题来说,主要存在以下两点:

第一,既已存在文件的地方与无相关文件的地方存在较大地域司法差异。此前就已有学者注意到这个问题,分析认为醉驾的罪刑情节过于笼统,对于具体司法实践而言需要细化,各地考虑办案实际对醉驾的实体与程序处遇进行了逐步细化,但在这个逐渐细化的过程中,适用标准不统一的现象十分突出,量刑不均衡、相似案情判罚差异过大的情况很普遍。〔16〕 如上文实证分析所述,浙江省等地,进入刑事程序的犯罪嫌疑人其最终的刑事处遇存在不小的可能性会得到程序上的宽恕,即不起诉或免予刑事处罚。而在其他尚无此类文件的地方,如湖北省,其无刑化处置率仅为8%,与浙江省的35.85%相差竟近3倍。有着相似情节的犯罪嫌疑人却被判处刑罚,以不走运而搪塞,以运气好坏为借口,未免会使公民对法治心存质疑,如此谈何抽象危险犯的一般预防?

第二,在既已存在文件的地方,出台文件先后存在较大司法差异。以浙江省为例,浙江省在2012年出台醉驾会议纪要之后,于2017年1月17日通过浙江省高法、高检、公安厅联合发文的形式公布了《关于办理“醉驾”案件的会议纪要》。该纪要规定醉酒驾驶机动车无特殊情况可以不起诉或免予刑事处罚,其中大多数是针对醉驾的具体危险程度的判断,而就在2017年颁布纪要文件后,根据裁判文书网公布的数据,浙江省2017年当年醉驾判决数从2016年的16,156件大幅回落至8715件,降幅竟高达46%,仅仅一年之差,以醉驾型危险驾驶罪入罪者人数就减少了近一半。

(三)小结

纵使存在以上以及其他潜在性问题,作为一种结果的法律现实化失败与法律现实化异化,是司法能动所造就的。司法能动意指“司法机构发挥其司法能动性时,它对法律进行解释的结果更倾向于回应当下的社会现实和社会演变的新趋势,而不是拘泥于旧有成文立法或先例以防止产生不合理的社会后果。因

〔16〕 参见陈兵:《醉驾构成危险驾驶罪的实证分析与反思——以上海市青浦区为研究样本》,载上海市法学会编:《上海法学研究》2020年第20卷,上海人民出版社2020年版。

此,司法能动性即意味着法院通过法律解释对法律的创造和补充"[17]。抽象危险犯的立法体例要求司法者在法律适用中持保护超个人法益的视角,用一般性经验处理具体的个案事例,个案中的实质无危害性因素为形式有危害性因素所掩盖。而法律适用者却是存在实质正义感的个体,实质合法性与形式违法性的角力难以消弭。纵然醉驾中出现法律现实化的种种问题,但试想若无此种问题出现,以全面入罪而量刑反证出罪的思路处理案件,"会导致一个客观行为全无法益侵害危险的人因其规范违反行为而被贴上'犯罪人'的标签,这与提倡法益保护及客观主义的刑法思潮并不相容"[18]。以宽容的态度对待回应法律理念的司法能动,并将此作为实体规则改良的契机,使得醉驾从抽象危险犯成为具体危险犯,未尝不是一个可尝试的修正思路。

四、破局:从抽象危险犯到具体危险犯

对于当前的法律现实化以及带来的地域司法差异问题,解决办法大体有三种:一是扭转法律现实化路径的失败与异化问题,进行司法纠偏,在坚持量刑反证的同时放宽不起诉裁量权的运用;二是修正醉驾型危险驾驶罪的教义内涵,变量刑反证为定罪反证;三是如上文总结所述,从根本上改变当前的法律现实化路径,在法律规范无法被实现且司法能动回应法律理念的情况下修正立法,将醉驾从抽象危险犯变为具体危险犯。采取何种方法,取决于我们对当前问题以及诸进路之可行性的剖析。

(一)对诸修正思路的辨析

1.量刑反证存在经验论反思欠缺的病症

有论者认为醉驾的实体性内涵不应变动,可更改其程序性内涵,借由不起诉实现程序性出罪,达到量刑反证的作用。还有论者认为检察机关对醉驾案件中相对不起诉制度适用的不到位是促成醉驾案件在法院审理的案件中所占据的数量居高不下的重要原因,在认识到检察院的不起诉处理实际上属于对醉驾案件的实质性考察后,要求各地强化不起诉的适用。[19] 诚然如是,由于量刑反

---

〔17〕 杨建军:《"司法能动"在中国的展开》,载《法律科学(西北政法大学学报)》2010年第1期。

〔18〕 付立庆:《应否允许抽象危险犯反证问题研究》,载《法商研究》2013年第6期。

〔19〕 参见王志祥:《醉驾犯罪司法争议问题新论——浙江最新醉驾司法文件六大变化述评》,载《河北法学》2020年第3期。

证情节过于模糊，各地区对于量刑反证的运用呈现出程序和理念上的差异：有的将量刑反证延后至裁判阶段而一律起诉，有的放宽起诉标准运用相对不起诉权提前实现量刑反证，统一各地办案口径；有的从严理解“情节轻微、危害不大”的内涵，也有的细化醉驾情节，追求从宽处理。统一各地办案口径，并同时强化相对不起诉的运用，可以解决地区间司法差异的现实问题。而过罪化的弊病也可以通过程序处置结果上的无刑化得以解决。但是这一思路不仅对法律现实化于事无补，而且会提升问题严重程度。

虽然本文认为相对不起诉与定罪免刑判决具有同质性可等同视之，均属于量刑反证的表现形式，但是相对不起诉决定并不存在宣告犯罪嫌疑人是否构成犯罪的法定效力，根据我国对司法权力的配置，仅人民法院享有认定被告人的行为是否构成犯罪的权力。相对不起诉决定尽管存在“行为人虽然构成犯罪但情节轻微、危害不大，不应承担刑事处罚”的内在逻辑，可是其最终的输出结果仍然是“犯罪嫌疑人在道路上醉酒驾驶机动车的行为没有得到刑事处罚”。要求全国各地强化相对不起诉的运用，现在的 15.8% 的均值想必还会上升。而且从相对不起诉率在各省分化严重的现状以及同其他抽象危险犯的对比来看，这一数值还存在不小的上升空间。如果按照陈卫东教授的“动态的程序意义上进行考察的犯罪观”〔20〕对醉驾的犯罪概念进行程序性透视，可能会得出一个与刑法文本的醉驾型危险驾驶罪相异的刑事司法上的犯罪概念——在道路上醉酒驾驶机动车且情节并不轻微应当判处刑罚。这会导致“司法过程中的大前提置换”，这仍然属于法律现实化问题，法律规范仍然没有在司法实践中被实现。尽管说“实体法的内容往往不是事先被确定了的不变的价值，而必须通过诉讼程序的进行在一般规范命题框架内逐渐形成。只有在积累了相当数量的具体案件处理经验后，才能说实体法的某项条文具有什么样的内容”〔21〕，但是加强相对不起诉的适用，在尚未变动实体内涵的前提下，有以程序的犯罪概念替换实体的犯罪概念的嫌疑。此外，提升相对不起诉率，也会使得尚无法律现实化失败与异化问题的地区受到法律现实化问题的影响。

统一各地办案口径并同时放宽相对不起诉权的适用标准是希望将浙江等地区的司法能动经验推而广之，这一思路看到了司法能动对推动醉驾治理法治

---

〔20〕 参见陈卫东：《刑事诉讼程序意义上的“犯罪”定义》，载《法学研究》2008 年第 3 期。

〔21〕 [日]谷口安平：《程序的正义与诉讼》，王亚新、刘荣军译，中国政法大学出版社 1996 年版，第 2 页。

化的贡献,但对经验的吸收、归纳、学习却止步于表面,未能将思维变换至法律自身的更新,未能踏出那关键一步。必须意识到,醉驾的法治问题不在于司法而在于立法。不是司法有问题,而是司法不能为法秩序所容许而带来的法律系统协调性问题。

2. 定罪反证存在解释论限缩不足的问题

(1)在醉驾型危险驾驶罪中定罪反证存在概念矛盾

放弃量刑反证的思路转而求助于定罪反证,不仅在罪刑结构逻辑矛盾的根本性问题上毫无裨益,甚至加剧了抽象有危险与具体无危险之间"抽象"与"具体"的模糊性。而且采取定罪反证的思路本身就有抽象危险具体判断的嫌疑,与抽象危险犯概念本身有所冲突。

首先,定罪反证将抽象危险犯形式判断与实质判断两者一并置于定罪评价体系中,虽无切实数据表明可能的逻辑冲突程度,但根据当前的数据,如果司法系统采取定罪反证,较多的相对不起诉决定以及定罪免刑判决将转变为法定不起诉决定以及无罪判决。罪刑逻辑的问题解决了,而定罪本身的逻辑问题却取而代之。更不必说我国司法实务当前对无罪认定空间的严重压缩会产生的次发性问题。

其次,"允许抽象危险犯反证,从本质上讲就是要求对抽象危险做具体判断,而只要对'抽象危险'做'具体判断',就会导致出现抽象危险犯与具体危险犯难以区分的结果"〔22〕。假如要求法院证明,立法目的所要保护的客体在事实上受到了危险,这时就把这种抽象危险犯改变为一种具体危险犯了。在定罪反证的场合,抽象危险是被视为法律推定的危险,可以经由法院、检察院对具体行为的评价而对立法推定进行反驳。不改变无罪推定所要求的存疑有利于被告原则以及公诉举证原则,作为抽象危险犯的醉驾型危险驾驶罪在程序上的待遇确实难以同具体危险犯区分开来。

(2)醉驾出罪路径的"失范"

持定罪反证论的学者,一方面认为在抽象危险犯的认定过程中,由于"危险"一词存在一定模糊性,不可避免地会导致入罪标准变得过于抽象化和形式化,在具体的司法运作中会形成较大的恣意空间,认为对此可以从抽象危险犯理论资源中寻求限缩方法,通过更新教义学内容限制压缩裁量空间。其另一方面却又诉诸"基于可查危险阙如的反证式排除与基于规范义务范围的

---

〔22〕 杨柳:《醉驾出罪依据论——以〈关于常见犯罪的量刑指导意见(二)〉为分析对象》,载《法商研究》2018年第1期。

义务性节制”等非结构性措施,[23]仍然未对司法裁量进行有效限制。诚然,“落实刑法之‘大宪章’机能和刑法之‘不完整性’的限制性解释,基于保护法益的思想,只能抽象地限制在不可放弃的可罚性领域”[24]。刑法之相对罪刑法定原则不对出罪条件作严格限制,允许习惯法与类推解释的适用,但是出罪事由必须进行类型化处理以契合“情节显著轻微、危害不大”的事物本质。若是将出罪路径完全依附于司法者内心良善,则在出罪路径上会因正义观念不同而“失范”。

(3)实质判断同立法权的冲突

持定罪反证论的学者还有的认为对于犯罪的理解和认定应当实质化,“无论哪种危险,既然称‘危险犯’,就必须客观上存在成为处罚根据的法益侵害的危险,而这种危险也需要在现实的案件中作具体的判断,从而在确实不存在这种危险时否定犯罪的成立”。[25]“所有的犯罪,包括抽象危险犯都应该是以法益的侵害或危险性为内容,均应为实质犯。”[26]自然,根据《刑法》第 13 条的规定,犯罪既是形式也是实质的概念,但是“通过事实构成与法律后果的连接,立法者部分地表达出了他们如何组织社会的设想。可见,任何法律规范都包含了立法者的‘利益评价’也就是‘价值判断’。所以法律适用就意味着在具体的案件中实现法定的价值判断”[27],在抽象危险犯的场合,立法者既已完成了对行为危害性的判断,以此为前提才会存在法律适用的这一后续步骤。因此在抽象危险犯的法律适用中,应当尊重立法权威,不得放任实质解释。实质解释是以形式判断为征表的抽象危险犯不可承受之重。可惜,当前尚未有持定罪反证论的学者就实质解释的规范化以及同立法权的折中提出切实的解决办法。

故而,放弃量刑反证而转入定罪反证的思路不仅解决不了问题,而且其自身存在一定漏洞。因此有必要考虑第三条路径,即对立法进行省思。

---

〔23〕 参见李川:《抽象危险犯自身谦抑机制研究——以醉驾案件具体危险犯化认定倾向为视角》,载《政治与法律》2013 年第 12 期。

〔24〕 [德]克劳斯·罗克辛:《刑事政策与刑法体系》,蔡桂生译,中国人民大学出版社 2011 年版,第 30 页。

〔25〕 付立庆:《应否允许抽象危险犯反证问题研究》,载《法商研究》2013 年第 6 期。

〔26〕 陈京春:《抽象危险犯的概念诠释与风险防控》,载《法律科学(西北政法大学学报)》2014 年第 3 期。

〔27〕 [德]伯恩·魏德士:《法理学》,丁晓春、吴越译,法律出版社 2013 年版,第 61 页。

(二)立法修正的正当性证成

1.司法经验的理论自洽

如刘远教授所言,“由于真实世界是立体的、动态的、综合的世界,因此当我们谈论一个国家现行有效的‘法律’或‘法律规范’时,不仅要想到一种由法条构成的规范性结构,也要考虑到这种规范性结构发生于法院或执法机关日常工作的具体化过程”。[28] 在这种意义上,司法过程对法律的理解、运用成为广义上的法的内容。但司法的法与文本的法,始终存在差别,只是这种差别或小或大。而在醉驾型危险驾驶罪中,存在司法的法与文本的法有矛盾的情况。当前的针对醉驾型危险驾驶罪的司法能动存在违法的嫌疑,但这尚不构成变动司法以迎合立法的理由。

根据浙江省人民检察院2017年和2019年工作报告中的说明,浙江省司法系统不断推动醉驾定罪量刑标准改革的个中缘由,系“针对醉驾案件占我省刑事案件总量近六分之一,且多数未造成实际危害后果的情况,推动全省统一实施宽缓标准”,“防范社会矛盾累积,提升有效治理水平”。“法律的生命在于经验而非逻辑”,法律作为社会控制的手段,必须时刻谨记自身的功能性。醉驾型危险驾驶罪背后的法律精神是社会秩序维护、法益保护与人权保障。当前醉驾的抽象危险犯立法体例忽略了对行为人自由的保护,而当前的醉驾司法以一种看似法律现实化失败的路径,却完成了立法背后维护社会秩序、法益保护的同时避免刑法过罪化的精神,实现的是一种“曲线的法律现实化”。

因此,虽然当前的法律现实化问题及其产生的关联性司法问题是醉驾的法律适用中所直接面对的现实问题,但考虑到文本逻辑问题的原发性、根本性,且作为继发性问题的司法能动具备内在的合理机制,不能变司法以迎合立法,而应变立法以迎合司法。在立法上依据司法能动的经验,将实质判断的权力同时赋予立法者与司法者,使司法人员在原有的抽象危险犯形式判断的束缚下得以挣脱开来,施展拳脚。

2.存在修法必要性

诚如法谚语所述“法律不是嘲弄的对象”,刑法学强调“立法不是嘲笑的对象”,以强化刑法教义学研究,认为任何法律问题都可以在实体法中寻找到解决方法。“刑法教义学永远是限制司法的,立法则不受限制。相反,刑法教

[28] 刘远:《刑事司法过程的刑法学建构问题研究——刑法学司法逻辑化的方法论》,人民出版社2018年版,第47页。

义学要屈从于立法。”[29]受此思路影响，我国的刑法学者大多从教义学的角度，或为醉驾型危险驾驶罪增添不成文构成要件要素，“法条并不直接等于构成要件，既然称为抽象危险犯，那么危险的存在就是必备的构成要件要素（属于不成文的构成要件要素）”，[30]或为醉驾型危险驾驶罪量刑提供教义思路，为醉驾定罪量刑中的“hardcase”实现实质与形式的统一而煞费苦心。从教义学本身的使命来说，其具备使得“法律人在面对同类纠纷时，不必在价值层面重新解释、权衡或者反复检查根据这些（已被无数人反复推敲并以近乎无懈可击的形式所构建的）概念与规范所得出的法律推理及裁判，进而提高法律适用的效率，实现法律适用的稳定性和可预见性”[31]之功效。但回顾前文所述，对当前的醉驾型危险驾驶罪，无论采取何种教义学解释思路均无法回应司法难题。教义学的努力换来的只是一厢情愿。醉驾的刑事法治中远远未实现“刑法和刑法运行处于内外协调”这一刑事一体化良性运作状态，刑法学需要从文本面向转变为司法面向。这并不是对教义学的背离或选择性不适用，“信条学是任何法批判、法律续造与法律更新的必要基础。要取得学术认识上的进步，离开信条学是不可能的，即使这种进步可能必须违背（现有的）信条”，[32]在醉驾问题的处理上选择一种面向司法的立体刑法学思路正是建立在教义学成果的基础之上。正如上文辨析，主张对醉驾立法进行大刀阔斧的改革的依据是无论采取何种解释学思路都无法妥当解决当前司法面临的法律现实化及其衍生的诸问题，而司法本身虽存在问题，但却可因回应法律精神而获得自洽性。对于醉驾，我们需要思考的不是该从何处进行司法纠偏，而是《刑法》第 133 条之一第 1 款第 3 项的修改必要性。一味强调司法之过，有归责错误的嫌疑。

根据周旺生教授的分析，启动法律的修改的原因有四种，分别是：(1)调整社会关系和适应社会关系的需要；(2)由于立法时考虑不周，现行法律中有不科学之处；(3)现行法本身是暂行或试行，经一定阶段实践有必要变动；(4)新法出现引起同法律体系其他法律的修改。对于第二种原因，周教授举例如“不明确、不确切，容易引起歧义，或有遗漏、不协调、不切合实际的毛病，随着实践的发展，这

---

[29] 姜涛：《刑法立法阻却事由的理论界定与制度前景》，载《中国法学》2015 年第 2 期。

[30] 付立庆：《应否允许抽象危险犯反证问题研究》，载《法商研究》2013 年第 6 期。

[31] 雷磊：《法教义学能为立法贡献什么？》，载《现代法学》2018 年第 2 期。

[32] [德]E. 博登海默：《法理学：法律哲学与法律方法》，邓正来译，中国政法大学出版社 2004 年版，第 581 页。

些问题已带来明显的甚至较大的漏洞,如难以执行、适用、遵守,因而有必要加以修改、补充”[33],与本文对醉驾型危险驾驶罪所处之状态的描述完全吻合。

“法律的生命在于经验而非逻辑”,彼时的考量在此时难以用于社会控制,在司法系统自发能动率先将醉驾型危险驾驶罪从抽象危险犯变为具体危险犯的情况下,为避免如此良性能动受到违法的指责,修法为醉驾增加法律要件进而使其从抽象危险犯变为具体危险犯已是当务之急。

(三)修正之后:对若干问题的回应

1.“具体危险犯难以周延保护法益”之批判

有论者将破局之路诉诸抽象危险犯自身概念的更新,其依据是具体危险犯无法如同抽象危险犯那般周延地保护法益。理由有三:一是抽象危险犯避免了具体危险犯对超个人法益侵害结果可能难以规定和认定的机能局限;二是抽象危险犯作为着重于行为评价的规范不法模式可以避免具体危险犯在因果关系无法断定时的认定难题;三是抽象危险犯作为堵截构成要件可以更好地弥补作为具体危险犯可能存在的主观结果认识判断困难形成的责任漏洞。[34] 这些理由在本文看来并不足以否定具体危险犯在醉驾上存在适用空间。

首先,具体危险犯虽要求危险达到具体程度,但其危害结果仍旧属于危险层次,仍可于抽象处着手理解具体危险概念。这同样可以实现对超个人法益的保护。其与抽象危险犯相比,只是在保护的时间长短上存在差异。以具体危险为准据,在行车地点偏僻、道路上空无一人,且速度较慢或车辆本身不存在问题的情况下,可以认为尚未产生具体的危险后果,因而出罪。在醉驾型危险驾驶罪成为具体危险犯后,成为问题的则是对公共交通安全该如何理解。如若将公共交通安全理解为具体的行人的安全,则以是否存在行人以及是否存在危险行人的具体可能性作为入罪判断标准;若将公共安全理解为具体的行为安全加上其他的行为无价值因素,入罪标准也因此变化。所以,在醉驾成为具体危险犯后,对于超个人法益的保护确实存在保护时间长短的问题,但绝对不存在所谓的保护周延性问题。后者的问题产生自对公共交通安全法益具体内容的理解上的差异。

其次,具体危险犯并未对因果关系作过多要求。必须要认识到,那种难以判定的、错综复杂的因果关系的认定属于认定所谓狭义的因果关系的过程。因果关系的认定是一种对危害结果的归属过程,存在形式与实质的两步骤,对此

---

〔33〕 周旺生:《立法学》,法律出版社2004年版,第376页。

〔34〕 参见李川:《抽象危险犯自身谦抑机制研究——以醉驾案件具体危险犯化认定倾向为视角》,载《政治与法律》2013年第12期。

外国刑法有事实因果关系、法律因果关系或狭义因果关系、客观归责的不同称谓。具体危险犯中作为危害结果的是具体危险，事实上的举证并非认定的困难，相反地，事实上的举证非常简便，如放火罪，在事实层面仅需证明行为人存在点火行为、燃烧事实，其最大的困难在于对“具体危险”这一规范构成要件要素的判断。对于这种要素，“法官不仅需要判断案件事实是否符合构成要件，而且需要以特定的违法性为导向，以某种规范为前提理解构成要件要素和评价案件事实”〔35〕，而这就不是事实判断而是价值判断了。这种判断也存在于抽象危险犯之中，而具体危险犯对此提供了危险的细化标准，因此具体危险犯相较于抽象危险犯而言其在认定上的困难应当是更小的。

最后，抽象危险犯不审查行为人对抽象危险的认识，而具体危险犯审查行为人对具体危险的认识，两者相比，具体危险犯可维护罪责原则对无罪责无责任的主张。行为人对具体危险的认识属于对规范性构成要件要素的认识，以规范性构成要件要素的故意认定机制，而难以认定行为人构成故意犯罪因而出罪，就不需要对行为人进行处罚。如果以行为人没有对具体危险的认识，而要求其存在对抽象危险的认识，就在刑法的层面苛求公民在具体的日常生活中对抽象的危险心存敬畏，如此未免超出了刑法所负担的使命。

因此，具体危险犯非但可以实现具体危险犯所希冀的法益保护目的，而且还可以实现对行为人自由的维护，是一举双得的利好之策。而且，当前醉驾以抽象危险犯进行立法已然存在莫大的问题，具体危险相较于抽象危险犯是一种限制性立法，担忧具体危险犯会带来更多难题未免有些杞人忧天。

2. “有损犯罪预防效果”之检讨

有论者认为抽象危险犯把立法者认为具有典型性的行为作为禁止行为进行处罚，要求公民普遍服从，不以抽象危险犯所禁止的方式行事，有助于发挥刑法规范的行动指引功能，促成规范意识的养成。〔36〕与此相对，具体危险犯要求认定时具备具体危险，因而并非铁板一块地处罚醉驾行为，在预防效果上则确实有所削减。不难想象，将醉驾作为具体危险犯后，与此前相比会有更多行为人在醉驾时心存侥幸，钻无具体危险这一处罚“漏洞”。但必须认识到，具体危险犯同抽象危险犯相比虽在预防效果上有所弱化，但本身因具体危险犯的构造即具备一定的预防功能。而且具体危险犯的预防效果同对具体危险的解释有

---

〔35〕 张明楷：《规范的构成要件要素》，载《法学研究》2007 年第 6 期。

〔36〕 参见苏彩霞：《“风险社会”下抽象危险犯的扩张与限缩》，载《法商研究》2011 年第 4 期。

关,对于醉驾型危险驾驶罪而言,对其所惩罚的具体危险情形进行立法上的提炼,改善立法技术,预防问题虽是问题却也在可接受范围内。

3."立法上出现滑坡论证"之否定

另外一个可能的忧虑是,若将一个在立法上为抽象危险犯的罪名改为具体危险犯,开了如此的先河,是否会造成我国立法上出现滑坡论证,即一旦其他抽象危险犯出现司法问题就马上求助立法,在文本上修改为具体危险犯,导致刑法的处罚范围大幅度缩小、法益保护程度大幅度削弱。这样的忧虑有一定道理,但是当前针对醉驾型危险驾驶罪的立法修改,是基于大数据的分析,如其他抽象危险犯有相似的情形,改变立法顺应司法实践,何尝不是法律修正的良策与良机呢?而且作为一种域外刑法学与域外刑事立法成果的抽象危险犯,进入我国刑法领域,始终会有本土资源欠缺的情况出现。"从专注于德日式的体系构造,只时不时对中国实践瞥上一眼,转向从中国的事情本身出发,时不时借鉴包括德日在内的外国刑法理论"[37],一个从文本到司法再到立法的思维进路,未尝不是本土法律的可能出产机制。

总　　结

抽象危险犯概念本身不可避免地包含逻辑矛盾问题,既然事先推定或拟制了行为的抽象危险性,为何又在具体无危险案件中进行排除?为了解决这种逻辑问题,我国学者要么认为抽象危险犯概念应当容忍这种逻辑病症,要么认为抽象危险犯无具体危险反证应当在量刑上予以表现,可以相对不起诉或者免予刑事处罚。这两种观点,如果不考虑具体无危险案件的分布状况,都有其道理,但是根据本文所作的实证分析与统计检验,当前的所谓的无具体危险个例已经达到了15.8%。在这样的一个司法现象或者说是法律现象出现后,如何还能在醉驾型危险驾驶罪上坚持反证的思路呢?当前的醉驾司法存在法治化问题,醉驾问题的解决已经迫在眉睫。认识到司法实践自发能动的有益性,并将司法实践的法治化问题归因于立法问题,将困境破局之道诉诸立法修正,正是本文的立场。

责任编辑:白雨桐

〔37〕 刘远:《刑事司法过程的刑法学建构问题研究——刑法学司法逻辑化的方法论》,人民出版社2018年版,第1页。

高空抛物罪的司法适用探讨

曾宪哲*

摘要：

《刑法修正案(十一)》增加了高空抛物罪，其保护法益是“公共秩序”而非“公共安全”。准确适用本罪需对其构成要件进行解读：“高空”指距离地面有一定垂直距离的建筑物或设施设备；“抛”包括作为的抛掷与不作为的容忍物品下坠；“物”包括具有一定重量或者能够引起严重负面情绪的特殊性质之“物”；“情节严重”包括多次高空抛物、造成的危险程度较高、造成他人轻微伤、造成较大的财产损失等情况。对经劝阻、警告或处罚后再次实施、在人员密集场所抛物的情况应从重处罚，其他情况按抛掷物的情形分别适用有期徒刑、拘役、管制和罚金刑。高空抛物罪易与寻衅滋事罪等罪发生竞合，对此要具体分析竞合情形以准确适用《刑法》第291条之二第2款。

关键词：

高空抛物罪；公共秩序；以危险方法危害公共安全罪；竞合犯

一、问题的提出

人口的增加与建筑的垂直化导致高空抛物案件频频发生，行为人从高楼中抛出如菜刀、[1]液化气罐、[2]平板电脑[3]等杀伤力大小不等之物，使人们十分

---

* 曾宪哲，中山大学法学院博士研究生，研究领域为刑法学。

〔1〕 参见张淳艺：《高空抛物罪首案的警示意义》，载《衡阳日报》2021年3月5日，第2版；《高空抛物罪全国首案宣判，还敢乱扔吗?》，载《东方城乡报》2021年3月5日，第2版。

〔2〕 被告人潘某某在重庆市某宾馆窗台上用事先制作的一个延时装置并将两个5公斤重的液化气罐固定于上，延时装置启动后液化气罐落下砸中路人罗某和姚某，致罗某当场死亡，姚某重伤。参见张明楷：《论以危险方法危害公共安全罪——扩大适用的成因与限制适用的规则》，载《国家检察官学院学报》2012年第4期。

〔3〕 被告人蒋某某将手机、平板电脑、水果刀等杂物从14楼扔下，损害三辆小汽车。参见蒋某某以危险方法危害公共安全案，上海市闵行区人民法院(2019)沪0112刑初2501号刑事判决书。

焦虑该如何捍卫"头顶上的安全"。长期以来,行为人高空抛物的,承担民事侵权责任即可,少部分行为以寻衅滋事罪入罪,而后2019年最高人民法院发布的《关于依法妥善审理高空抛物、坠物案件的意见》(下文简称《意见》)中明确规定,高空抛物足以危害公共安全的定以危险方法危害公共安全罪,但高空抛物始终没有独立成罪,直至《刑法修正案(十一)》新增了高空抛物罪作为《刑法》第291条之二。

上述立法与司法观点的转换在学者们的讨论中同样有所体现。受《意见》和《刑法修正案(十一)(草案)》的影响,本罪出台前学者们的讨论焦点主要集中在高空抛物行为与危害公共安全犯罪的等置问题,存在肯定说与否定说两种观点。[4] 本罪出台后其讨论延伸至高空抛物行为是否应独立成罪,若独立成罪其保护法益究竟为何的问题。否定论者认为以《刑法》中的其他罪名规制高空抛物行为即可,而肯定论者之间又有"公共秩序"与"公共安全"法益内涵之分歧。[5] 肯定论者的讨论基本涉及了法益内涵、构成要件和竞合问题三个方面,但多停留在简单细化层面,未能结合司法实务出现的新情况来甄别本罪的适用,且未对量刑标准及定罪与量刑之关系予以关注,其说理尚不充分、不全面,缺乏可操作性。

本文拟对高空抛物罪出台前后的相关案例进行分析,总结出争议点,并立足于"公共秩序"法益对本罪的构成要件进行全面、详细的解读以明确其司法适用规则,同时对本罪的量刑标准进行分析,在刑罚适用上呼应本文对构成要件的解读,以期解决相关争议。

二、高空抛物罪的保护法益

《刑法修正案(十一)(草案)》与《刑法修正案(十一)》之分歧在于高空抛

---

〔4〕 参见张明楷:《高空抛物案的刑法学分析》,载《法学评论》2020年第3期;曹波、文小丽:《高空抛物危及公共安全的司法认定规则——兼评〈最高人民法院关于依法妥善审理高空抛物、坠物案件的意见〉》,载《贵州大学学报(社会科学版)》2020年第3期;李晓明:《"高空抛物"入罪的法教义学分析与方案选择》,载《天津法学》2020年第4期。

〔5〕 参见彭文华:《〈刑法修正案(十一)〉关于高空抛物规定的理解与适用》,载《苏州大学学报(哲学社会科学版)》2021年第1期;应家贇:《高空抛物罪的保护法益及其规范适用》,载《浙江学刊》2021年第5期;陈俊秀:《高空抛物罪的教义学阐释及司法适用——以〈刑法修正案(十一)〉与〈高空抛物意见〉为中心》,载《北京社会科学》2021年第8期。

物罪保护的法益是“公共安全”还是“公共秩序”,这关乎高空抛物行为独立成罪的必要性以及刑罚设置轻重的合理性。已有的研究中,学者们主要讨论高空抛物行为是否危害“公共安全”,能否独立成罪的讨论也限于公共安全或人身、财产犯罪范畴:否定论者认为高空抛物属于危害“公共安全”法益的犯罪,借助现有《刑法》分则中的罪名对高空抛物行为进行规制即可,而不必增设新罪,但需严格界定其构成以危险方法危害公共安全罪的情形;〔6〕肯定论者认为高空抛物行为不属于危害“公共安全”法益的犯罪,因为通常的高空抛物行为不具有危害公共安全的特质,〔7〕对于高空抛物行为是否属于破坏“公共秩序”的正面论证较少。故本文拟从正反两面对高空抛物罪的保护法益进行论证,以期能得出较为全面、合理的结论。

(一)高空抛物罪的保护法益并非“公共安全”

本文认为,高空抛物罪的保护法益不是“公共安全”,理由有二:

首先,从内涵上看高空抛物行为并未危害“公共安全”。学界对“公共安全”的内涵有四种理解:行为威胁不特定人;多数人;不特定或者多数人;不特定且多数人的生命、身体或者财产的安全。〔8〕由于大部分学者都认可“不特定”是可能的多数,故上述观点的主要争论在于“不特定人”与“多数人”是择一关系还是并列关系。

本文同意第四种观点,认为“多数人”是刑法上“公共”的首要但不唯一之判断标准,还需兼顾行为影响范围的潜在扩大性,即这种多数具有随时向更多数发展的可能,即“不特定”。〔9〕“公共”强调一种社会性,并非所有危害多数人生命、身体或者财产安全的行为都危害公共安全,还要结合行为地的开放性和人员的流动性等因素判断会否危及潜在的人或财产。“不特定或多数人说”的不足在于认为仅危害多数人的安全也是危害公共安全,但造成多数人伤亡的案件可能并不危害公共安全,如故意砍杀多人的案件也造成了多数人伤亡,这显

〔6〕 参见曹波、文小丽:《高空抛物危及公共安全的司法认定规则——兼评〈最高人民法院关于依法妥善审理高空抛物、坠物案件的意见〉》,载《贵州大学学报(社会科学版)》2020年第3期。

〔7〕 参见张明楷:《高空抛物案的刑法学分析》,载《法学评论》2020年第3期。

〔8〕 参见[日]大塚仁:《刑法概说(各论)》,冯军译,中国人民大学出版社2003年版,第346页。

〔9〕 参见劳东燕:《以危险方法危害公共安全罪的解释学研究》,载《政治与法律》2013年第3期。

然构成故意杀人罪而非危害公共安全犯罪,故造成多数人生命、身体或者财产损害并非危害公共安全的充分条件。反之,“不特定且多数人说”要求行为所造成的危险具有潜在扩散性,排除了特定的多数、特定的少数及不特定的少数三种情况,限缩了多数人的范围,更符合严格认定危害公共安全犯罪而实现去“口袋化”的要求。如甲在大街上实施爆炸的行为影响的人数是难以控制的,其行为属于危害不特定且多数人的安全,危害了公共安全。

有学者反对“不特定且多数人说”,认为按该说侵害特定多数人的安全不成立危害公共安全犯罪,这不当缩小了危害公共安全犯罪的处罚范围,“多数”才是“公共”的关键要素。如甲放火烧了一个正在运营的、周边没有其他建筑的乡间俱乐部且其火势没有蔓延的可能性,但也危害了公共安全。[10] 然而,论者却无意识地以“不特定”修饰了“多数”,承认“多数”要体现社会性,包含潜在的多数,这恰与“不特定”的内涵吻合,论者属于自相矛盾。本文认为,“不特定且多数人说”承认“多数人”是“公共”的核心,但对“多数人”附加了蔓延性条件,因此侵害特定多数人的安全当然不可能成立危害公共安全犯罪,上例属于故意杀人罪而非放火罪。

《意见》和《刑法修正案(十一)(草案)》之所以将高空抛物罪的保护法益界定为“公共安全”,是因为当时立法者认为“公共”的内涵是“不特定或者多数人”,仅危害不特定少数人的高空抛物行为也危害了公共安全。但按本文观点,只有危害不特定且多数人的生命、身体或财产安全才是危害公共安全,而日常生活中的高空抛物行为影响范围有限,本质是危害不特定单数人的行为,[11] 如高空抛下一块砖头砸中一个人,并无扩散性。[12] 因而高空抛物罪的保护法益自然也不是“公共安全”。

其次,高空抛物罪与危害公共安全犯罪的法定刑相距甚远,说明二者在危害性上存在本质差异。其一,危害公共安全犯罪属于重罪,最高可处10年以上有期徒刑、无期徒刑或者死刑,即便仅造成危险也要判处3年以上10年以下有

---

〔10〕 参见劳东燕:《以危险方法危害公共安全罪的解释学研究》,载《政治与法律》2013年第3期。

〔11〕 参见王晓、凌瑞翔:《论以危险方法危害公共安全罪适用标准》,载《浙江理工大学学报(社会科学版)》2021年第5期;陈兴良:《口袋罪的法教义学分析:以以危险方法危害公共安全罪为例》,载《政治与法律》2013年第3期。

〔12〕 参见张明楷:《刑法学(下)》(第5版),法律出版社2016年版,第688页。

期徒刑，但高空抛物罪最高仅可判处一年有期徒刑，显然其保护法益并非“公共安全”，否则法定刑不可能如此之轻。其二，《刑法》第291条之二第2款规定高空抛物同时构成其他犯罪的，择一重罪论处，说明立法者已经充分考虑高空抛物同时侵犯公共安全的情况，此时择一重罪论处恰说明本罪的保护法益不包括“公共安全”。

最后，当高空抛物危及了不特定且多数人的生命、身体或财产安全时，定以危险方法危害公共安全罪即可，而不必单独设立新罪，这亦符合《意见》的精神。由此推导，增设高空抛物罪的主要目的在于规制危害公共安全以外的高空抛物行为，等于否认了本罪的保护法益是“公共安全”。

（二）高空抛物罪的保护法益为“公共秩序”

法治社会呼唤良好的社会秩序，秩序的形成需要国家的管理，“公共秩序”是国家管理的内容之一。对“公共秩序”的内涵有不同认识：（1）国家管理社会而形成的有条不紊的秩序；[13]（2）在公共规则规制下社会正常运转的状态；[14]（3）统治阶级赖以存在且正常的社会状态。[15] 本文认为，良好的公共秩序指社会在国家的管理下正常运行的状态，扰乱公共秩序意味着井然有序的社会变得杂乱而不可控，易产生一系列的负面影响，其中就包括导致社会公众产生心理上的恐慌、不安、不满或愤怒等严重负面情绪。如投放虚假危险物质的行为使民众担忧自己的生命安全而造成恐慌，在公众场合甚至容易引起踩踏事件而有损社会秩序；又如组织黑社会性质组织形成非法控制的，会使国家丧失对某些区域的控制管理权以及给生活在该区域的民众带来不安，这显然属于严重破坏经济、社会生活秩序。

本文认为，高空抛物罪的保护法益是“公共秩序”，其合理性如下：

其一，高空抛物罪的机能是维护国家对高空抛物行为的治安管理权，这恰是“公共秩序”法益内涵之体现。本文认为，高空抛物行为造成损害后果只是概率问题，因而会使得民众担忧可能某天物品从天而降砸到自己头上而导致伤害进而产生恐慌或愤怒等严重负面情绪。因此，高空抛物行为显然是对社区安宁的一种挑衅、对公共道德的损害、对公共秩序法益的直接侵害，行为没有威胁公

---

〔13〕 参见高铭暄、马克昌主编：《刑法学》，北京大学出版社2016年版，第521页。

〔14〕 参见吴振兴主编：《刑法学通论》，高等教育出版社1993年版，第712～713页。

〔15〕 参见刘志伟：《论扰乱公共秩序罪的基本问题》，载《政法论坛》1999年第2期。

共安全,却切实地破坏了公共秩序,应当予以规制。[16]

其二,高空抛物罪的保护法益一定程度地包括了个人法益,但总体来说更倾向于社会秩序、社会制度和社会管理等超个人法益,故将其归入"公共秩序"法益范畴是较为科学的选择。高空抛物行为导致实害结果的情况包括对人身、财产和公共安全法益的侵害,如砸中他人导致他人死亡、砸中他人车辆导致车辆受损或者抛掷易燃易爆物导致爆炸等;产生危险的情况包括抛掷尖锐物、在人流量密集的地方高空抛物或所抛物品与他人擦肩而过等;不产生任何结果或危险的情况包括在无人的荒野抛物或所抛之物难以产生任何法益侵害结果等。可见,从存在论的角度看,高空抛物行为可能侵害人身、财产或公共安全其中任意一种或者多种法益,无法简单地归入单一法益之中。因而,本文认为从规范论的角度思考更有利于解决这个问题,亦即寻求一种《刑法》中的综合性法益作为高空抛物罪的保护法益。《刑法》中除了分则第二章危害公共安全罪以外,只有第六章妨害社会管理秩序罪在凸显超个人法益的情况下兼顾个人法益的考量。正如张明楷教授所言:"刑法规定的任何犯罪都从不同角度破坏了社会管理秩序,本章犯罪所侵犯的社会管理秩序,可谓是一种狭义的社会管理秩序。"[17]毫无疑问高空抛物行为既破坏了这种狭义的社会管理秩序,同时对人身和财产法益产生危险,概率性地造成实害,因此将高空抛物罪规定在《刑法》第六章是较为合适的。

综上,本文认为,实害结果并非构成高空抛物罪的必要条件。高空抛物行为没有造成实害后果时仍然可能因为破坏了公共秩序而构成高空抛物罪,故不能将没有造成人身、财产或公共安全损害结果但切实扰乱了公共秩序的高空抛物行为彻底无罪化,否则将难以有效惩罚高空抛物行为,更遑论预防。

三、高空抛物罪行为特征之分析

高空抛物罪的客观要件是"从建筑物或者其他高空抛掷物品",且仅处罚情节严重者,因此如何以"公共秩序"作为法益基点解释本罪行为特征以及限定处罚情节成为司法适用的重点。

---

〔16〕 参见陈兴良:《公共安全犯罪的立法思路嬗变:以〈刑法修正案(十一)〉为视角》,载《法学》2021年第1期。

〔17〕 参见张明楷:《刑法学》(第5版),法律出版社2016年版,第1030页。

（一）"高空"之认定

高空抛物罪规定了"从建筑物或者其他高空"的行为地要求。《现代汉语词典》中"高空"意为"距地面较高的空间"，[18]因而"建筑物"也必须符合"距地面较高"这一要求。但这一标准非常模糊，造成可能的地点范围过大，因此适用本罪时必须围绕高空抛物罪的保护法益"公共秩序"来对"距地面较高"进行限制解释，也即行为地是否属于"高空"与能否引起民众的严重负面情绪进而破坏公共秩序直接挂钩。

首先，行为人抛掷地距离地面应当有一定的垂直距离才具有足以破坏"公共秩序"的冲击力。

其一，这种距离的衡量方向是垂直的而不是水平的，只有垂直抛掷时动能与势能相结合所产生的杀伤力才足以评价为本罪，比如从 4 楼抛一把菜刀到 1 楼，而不是在 1 楼 A 房把一把菜刀抛到 1 楼 B 房。高空抛物罪强调的是因为垂直高度差带来的杀伤力可以让看起来很轻小的物体对人身产生巨大的威胁，使人们产生恐慌、不安等严重负面情绪，故只有从垂直方向理解"高空"才符合罪名设置的本意。

其二，"高空"不应以"地面"为基础判断，而应以"坠落度基准面"[19]为基准。本文认为，当坠落度基准面是具有开放性、社会性的场所时，不应将地面以下的空间排除在"高空"的范围之外。一是我们所称"地面"通常指地表，往下则称"地下"，如地面停车场和地下停车场之分。但是，如果仅以地表作为高空抛物罪之"高空"的认定基准则等于排除了在地下进行同样行为的可罚性，这并不合理。剖析高空抛物罪的违法性实质可窥见，在具有一定垂直距离的地方抛物而破坏了公共秩序才是其内核，而垂直距离的认定只与抛物地和坠落地两者直接相关。二是坠落度基准面必须是具有一定开放性和社会性的场所，否则不可能侵犯公共秩序，如在荒无人烟的某村庄地表往深 5 米的窨井中抛物。综上，朝挤满人且开放的窨井里抛物或从地下一层往挤满人的地下三层抛物也应认定为高空抛物，[20]场所的开放性以及垂直高度决定了行为侵犯了公共秩序法益。（见图 1）

---

[18] 参见《现代汉语词典》，商务印书馆 2008 年版，第 451 页。

[19] 指通过可能坠落范围内最低的水平面。

[20] 参见彭文华：《〈刑法修正案（十一）〉关于高空抛物规定的理解与适用》，载《苏州大学学报（哲学社会科学版）》2021 年第 1 期。

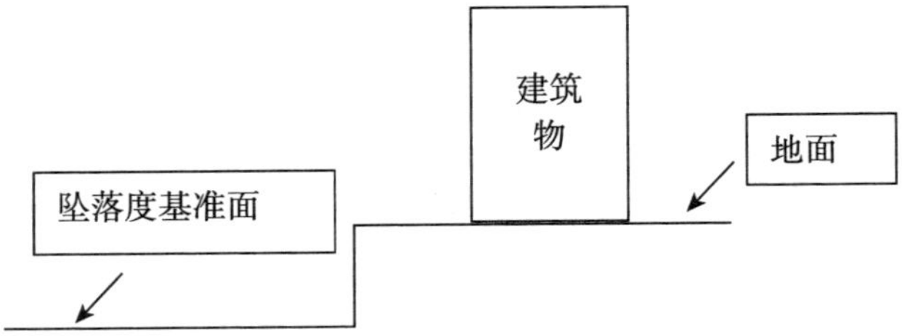

图1 坠落度基准面与地面比较示意

其三,应以“米”为单位设定“高空”的认定基准线。建筑物是高空抛物的常发地,[21]通常以行为地所在楼层来判断即可知行为的危害力有多大。如4厘米的铁钉从18楼抛下能插入颅骨;空易拉罐从25楼抛下可致人死亡;30克的鸡蛋从4楼抛下可在人头顶砸出肿包,从18楼抛下能砸破人的头骨,从25楼抛下冲击力足以致人死亡。[22] 但仅以楼层作为判断是否属于“高空”的标准会出现这样的问题:由于不同的小区、不同年份的单元楼以及同一小区不同类型的单元楼之间的楼层距离并不是固定数值,也许在某个小区2楼往下抛物不会引起居民严重的负面情绪而在另一个小区则会。并且,建筑物仅是高空抛物的多发地而非唯一发生地,只要存在垂直空间的地方都可以是这里所说的“高空”,如人行天桥和空中的飞机等,在这些地点抛物无法以楼层作为单位进行换算。有学者认为,应当以最低建筑物(只有一层的建筑物)高度的空间作为“高空”的最低标准,[23]但果真如此则无法建立一个统一裁判标准,且无法解释较矮的建筑物其最低建筑物高度不足以危害公共秩序的困境。本文认为,距离的判断应以“米”作为单位,可参照《高处作业分级》的规定,认定距坠落度基准面2米或2米以上属于“高空”,从2米以上的地方往下抛物即会使他人产生恐慌、不

---

〔21〕 如新加坡《环境公共卫生法案》(Environmental Public Health Act)在第18条专门对建筑工程中可能出现的掷物情况作了特别规定;又如我国香港特别行政区《简易程序治罪条例》第4B条也是对从建筑物抛物或者容许坠物成立犯罪的规定,由1997年第61条第3号增补。

〔22〕 《高空抛物杀伤力到底有多大?》,载搜狐网,https://www.sohu.com/a/326772816_401404,2021年3月14日访问。

〔23〕 参见袁彬、刘亚莉:《如何确定高空抛物的高空标准》,载《检察日报》2021年8月17日,第3版。

安或愤怒等严重负面情绪进而破坏“公共秩序”。[24] 实务中也已经有法官如此操作，如北京市海淀区一起案件中法官在判决书中论述：“关于高空的概念，根据我国高处作业分级规定，凡坠落高度基准面 2 米以上，都被称为高处作业，5 米至 15 米为二级高处作业，辩方认可的 30 米已经被称为特级高处作业……其行为应当认定为高空抛物行为。”[25]

其次，物品坠落地应当是人们经常活动的地点，如人行道、学校门口、停车场等。[26] 高空抛物坠落在这些地方会对民众的人身和财产安全造成严重威胁，易引起民众的严重负面情绪进而破坏公共秩序。反之，如行为人在日常无人进入的废弃大楼楼顶抛物至楼下，其行为不构成高空抛物罪，因为此时根据客观条件可以相信坠落地无人走动也无财产停放，行为人的行为不具有法益危害性。

（二）“抛”之认定

“抛”指“抛掷”，“扔、丢弃”之意。[27] 人力抛掷是“抛”的基本含义。问题是，容许高空坠物是否成立高空抛物罪的不作为犯？

本文认为是否成立高空抛物罪的不作为犯要看行为人对物品是否有管理义务。成立不作为犯需有相应的义务来源，高空抛物罪的不作为犯其义务来源有二：一是先行行为造成了物品随时可能下坠的结果，如甲在安装家中器械时发现缺几枚螺丝钉，见家旁天台悬挂的小广告牌上有几枚，便拆卸其中三枚螺丝钉为自己所用，广告牌由于年久失修加之失去了三枚螺丝钉的支撑，从楼上坠落；二是行为人对物品有职务或业务上的管理义务，如大楼的设施安全维修检查员对广告牌的管理维修义务。[28] 据此，构成高空抛物罪不作为犯的情况有二：一是行为人主观上对物品的下坠持间接故意心理，客观上实施了增加物品下坠风险的行为，如上述拆广告牌螺丝钉的例子；二是行为人主观上对物品的

---

〔24〕 参见中华人民共和国国家质量监督检验检疫总局、中国国家标准化管理委员会《高处作业分级》（GB/T 3608－2008）。

〔25〕 彭某以危险方法危害公共安全案，北京市海淀区人民法院（2020）京 0108 刑初 1071 号刑事判决书。

〔26〕 参见古瑞华、黄思谦：《高空抛物罪司法适用探析——基于中国裁判文书网 96 份文书的考察》，载《信阳师范学院学报（哲学社会科学版）》2021 年第 5 期。

〔27〕 参见《现代汉语词典》，商务印书馆 2008 年版，第 1024 页。

〔28〕 参见苏彩霞：《论不纯正不作为犯的作为义务来源》，载《政法论丛》2000 年第 1 期。

下坠持间接故意心理,客观上具有职业或业务上的管理义务却没有采取任何保障措施,如甲是某小区某栋单元楼广告牌的维修工,负有维修楼顶广告牌的义务,其发现广告牌不稳现象却故意无视这种情况而容许它下坠。

一些国家或地区将容许高空坠物规定为犯罪,如在我国香港特别行政区,若有人自建筑物掉下任何东西或容许任何东西自建筑物坠下,对公众区域或附近的人造成危险或损伤,那么掉下该东西或容许该东西坠下的人成立犯罪,对行为人可处罚款1万港币及监禁6个月。[29] 在 HKSAR v. PABUSTAN 和 THE QUEEN v. CHAN PUI KAY 两个案件中,法官都以原判未证明被告人存在容许物件下坠的故意为由否定原审的有罪判决,改判被告人无罪。[30] 又如,新加坡《环境公共卫生法案》中"公共场所不洁罪"章节第18条规定:"任何人在任何建筑物的架设、改建、建造或拆除过程中,或在任何时候,未能采取合理的预防措施,防止使用任何公共场所的人的生命、健康或福祉受到来自飞尘或坠落碎片或任何其他材料、物品或物质的危险,即属犯罪。"[31] 可见,不能忽视不作为的高空抛物罪的可罚性。

(三)"物"之认定

"物"意为"东西、事物",[32] 它种类和形态都非常丰富。已有的研究中,学者们认识到此处所称之物必须在高空的作用下对身体或者财产产生一定危害,但未全面且深入地剖析分类。[33] 本文认为,抛掷自重结合一定高度会产生一定损害之物、危险物或者特别属性物,均可能使民众产生严重负面情绪进而破坏"公共秩序"。

其一,高空抛物罪之"物"自重结合一定高度会产生一定损害。这意味着物品自身具有的质量不能过轻,否则其杀伤力不能使民众害怕物体砸到自己身上

---

[29] 参见香港特别行政区《简易程序治罪条例》(Summary Offences Ordinance)(第228章)4B(1)条。

[30] HKSAR v. PABUSTAN[2011]5HKC;THE QUEEN v. CHAN PUI KAY[1992]HKCU 0414.

[31] 新加坡《环境公共卫生法案》(Environmental Public Health Act)。

[32] 参见《现代汉语词典》,商务印书馆2008年版,第1448页。

[33] 参见古瑞华、黄思谦:《高空抛物罪司法适用探析——基于中国裁判文书网96份文书的考察》,载《信阳师范学院学报(哲学社会科学版)》2021年第5期;彭文华:《〈刑法修正案(十一)〉关于高空抛物规定的理解与适用》,载《苏州大学学报(哲学社会科学版)》2021年第1期。

造成伤亡或者破坏自己财产而恐慌不安。如羽毛、纸巾、一张纸或塑料袋等物品无论从多高的楼层抛下均不能产生较大的冲击力，故不属于本罪所称之“物”。然而，虽然单个鸡蛋的重量也很轻，但若从约距离地面50米的20楼扔下一个鸡蛋，其冲击力足以将人砸成重伤。因此，不能单从物品自重判断其能否成为高空抛物罪之“物”，须结合其抛掷高度来确定。

其二，若物品本身具有物理或化学上的伤害性，即便物品自重较轻也可认定为本罪之“物”。如抛掷碎瓷片、碎玻璃片或图钉等尖锐物，虽然单片碎片或者单个图钉质量都不重，但其本身即危险物，可划伤或戳伤他人。又如高空泼洒尿液、[34]粪水、含有毒物成分物或腐蚀性液体如硫酸、硝酸和氢氟酸等，尿液和粪水若接触人的眼睛或者伤口，会造成感染，而硫酸、硝酸和氢氟酸只要与人的表皮接触立刻会引起烧伤。

其三，当物品能以上述特点以外的其他属性或特别功能引起他人严重负面情绪时，应当认定为高空抛物罪之“物”。有学者认为抛掷基本不具有杀伤力的物品，如衣物、生活垃圾、无毒害的液体或者粪便等污秽物均难以造成致人伤亡的结果，不宜解释为此处的“物”。[35] 然而本文认为，虽然高空泼水无法造成身体上的损害，却足以使人产生恐慌、不满或愤怒等严重负面情绪，进而扰乱社区秩序。[36] 虽然液体致损必须要足够多的液体与相当的高度差，如水力发电装置，[37]而日常生活中的高空泼水行为冲击力很小，无法致损，但当你走在路上，突然从天而降的清水或者有颜色的水泼得你满身脏污，该是多么令人气愤。长此以往民众会因此而惶惶不安，害怕下一个被泼的人就是自己，由此社区安宁也即“公共秩序”就被破坏了。高空抛下擦过鼻涕的纸巾、使用过的卫生巾、餐桌吐骨头的塑料薄膜等脏污轻垃圾同理。

---

〔34〕 参见《缺德邻居高空泼尿上百次。东莞男子：对尿有阴影》，载安徽热线网，http://www.rx365.cn/news/20170211/33844.html，2021年3月18日访问。

〔35〕 参见刘颖恺：《高空抛物行为的刑法规制与限缩解释》，载《行政与法》2021年第4期。

〔36〕 《海口不少小区出现“高空泼水”！这样会造成侵权，别再搞事了》，载新浪网，http://k.sina.com.cn/article_1655444627_62ac1493020018jdw.html?sudaref=www.so.com&display=0&retcode=0，2021年3月18日访问。

〔37〕 参见李晓明：《“高空抛物”入罪的法教义学分析与方案选择》，载《天津法学》2020年第4期。

四、高空抛物罪定罪与量刑标准之界定

与将高空抛物作为行为犯或危险犯的通常做法不同,[38]《刑法修正案(十一)》规定高空抛物只有达到“情节严重”的程度才构成犯罪。[39] 因此,如何界定“情节严重”以及如何梯度量刑成为本罪适用焦点。

《刑法修正案(十一)》出台前,一般以《意见》作为高空抛物刑事案件的定罪与量刑指导,《刑法修正案(十一)》出台后对于能否继续适用《意见》存在争议,但总体来说,学者们都认为不应继续适用《意见》第5条第2款的规定。[40] 本文认为,高空抛物罪定罪及量刑标准之界定可以《意见》相关规定作为参考但不能完全照搬。其一,《意见》认为高空抛物罪的保护法益是“公共安全”,与《刑法修正案(十一)》认为高空抛物罪的法益是“公共秩序”完全不同。刑法解释以法益作为出发点,故完全照搬《意见》可能出现不适配的情形,《意见》第5条第2款应视为失效。但由于二者都与超个人法益相联系,因此可将《意见》作为参考。其二,《意见》第6条着重且较为详细地规定了5种从重处罚情节,而对定罪情节的描述较为简略和模糊。由于高空抛物罪“情节严重”是定罪情节,即便以《意见》作为指导也必须予以细化。其三,《意见》比《刑法修正案(十一)》早出台两年之久,需要立足实务出现的新情况来界定定罪及量刑标准才能更有针对性地处理高空抛物案件。综上,必须围绕“公共秩序”这一法益并结合实务中出现的新情况重新界定高空抛物的定罪以及量刑标准,而不能以《意见》已有规定来否定进行新探讨的必要性。

(一)“情节严重”之界定

本罪出台后,不少学者对“情节严重”之界定作出分析,但基本上停留在“应当以建筑物的高度(层数)为基点,综合考虑建筑物周围环境、建筑物下行人情况、对公共生活安宁与秩序的影响程度,以及造成危害结果的实际情况等情节

---

〔38〕 新加坡将高空抛物区分为不同情形分别规定为行为犯和危险犯,参见新加坡《环境公共卫生法案》。

〔39〕 参见刘艳红:《情节犯新论》,载《现代法学》2002年第5期。

〔40〕 参见陈俊秀:《高空抛物罪的教义学阐释及司法适用——以〈刑法修正案(十一)〉与〈高空抛物意见〉为中心》,载《北京社会科学》2021年第8期;张明楷:《〈刑法修正案(十一)〉对司法解释的否认及其问题解决》,载《法学》2021年第2期。

决定是否追究刑事责任"这样简单而缺乏可操作性的论述。[41] 本文拟从更为细致的角度对高空抛物罪"情节严重"之入罪标准进行界定,使其更具有可操作性。

1. 多次高空抛物

行为人多次[42]高空抛物的,应以高空抛物罪论处。刑法中多次犯罪的处罚依据是行为人的人身危险性。若某人多次实施某行为,刑法必须干预以阻止行为人做出更恶性的行为以及破窗效应的产生,这是一种行为人刑法观。[43] 多次高空抛物的行为人屡次无视法律权威,多次给公共秩序造成威胁,表明行为人的人身危险性较大,有变本加厉的趋势,其高空抛物行为可能由违法发展为犯罪,如由单纯的扔纸巾变成扔砖头;或形成多重犯罪的叠加而埋下巨大安全隐患,如从没有造成任何损害变成致人死亡。故对多次高空抛物的行为人以本罪论处方能实现犯罪预防的目的。如成都市一起案件中被告人连续 3 日从家中窗台、单元楼顶往楼下抛掷砖头、木棒等物,造成他人车辆损坏,[44]其行为属于无视法律多次高空抛物,给公共秩序造成威胁,构成高空抛物罪。

2. 造成的危险程度较高

单次高空抛物的情况下只有行为造成的危险程度较高时才构成高空抛物罪。本文认为,高空抛物行为的危险程度主要根据抛掷物属性和抛掷物自重两个因素梯级确定。

第一,当下扔物属于尖锐刀具、碎瓷片、啤酒瓶等本就具有伤害性的物品时造成的危险程度较高。全国首例高空抛物罪案中被告人徐某某将菜刀从 3 楼抛至楼下,被质问后又抛出第二把菜刀。法院认为被告人的行为虽未造成严重后果,但已构成高空抛物罪。[45] 又如,上虞一案件中被告人韩某将带有铁钉的建筑垃圾从 3 楼窗口直接抛至地面,且未设置警示提醒或防护措施,虽未造成

---

〔41〕 参见曲新久:《〈刑法修正案(十一)〉若干要点的解析及评论》,载《上海政法学院学报(法治论丛)》2021 年第 5 期。

〔42〕 多次指三次及以上。

〔43〕 参见姜涛:《高空抛物罪的刑法教义学分析》,载《江苏社会科学》2021 年第 5 期。

〔44〕 周某昌高空抛物案,四川省成都市龙泉驿区人民法院(2021)川 0112 刑初 51 号刑事判决书。

〔45〕 参见《江苏首例高空抛物入刑案! 高空抛菜刀获刑六个月》,载新浪网 2021 年 3 月 3 日,http://jiangsu. sina. com. cn/news/general/2021 - 03 - 03/detail-ikftssaq0065658. shtml? from = jiangsu_cnxh,2021 年 7 月 23 日访问。

严重后果但仍被判决犯高空抛物罪。[46] 上述案件中徐某某抛掷的菜刀和韩某抛掷的铁钉本身就具较强的杀伤力,较短距离的抛掷都会造成危险,更遑论从高空抛下,故二人的行为均属于"情节严重"的情形而构成高空抛物罪。

第二,行为人所抛物自重较重时造成的危险程度较高。结合楼高,行为人抛掷单个自重较大或多个物品集合成的整物时下坠的冲击力、杀伤力较大,其危险程度较高,是否造成损害后果仅是概率问题。比较幸运的情况如深圳市一起案件中,被告人杨某将装有不锈钢烧水壶、金属铁盒和塑料瓶等物品共计5.66千克的两袋垃圾从距地面75米的窗户抛出,两袋垃圾坠落在小区停车场入口处,虽没有造成实害结果但法院仍认为被告人构成高空抛物罪。[47] 而比较不幸的情况则如苏州市一起案件中,被告人张某华从高处扔下一捆重约14公斤的物料袋导致被害人李某从约3.4米高脚手架上坠落地面,经抢救无效死亡,由于案发及审判时尚无高空抛物罪,法院判决被告人犯重大责任事故罪。[48] 本案即便没有李某死亡这一结果,被告人的行为也构成高空抛物罪,因为其抛掷的物品自重较重且坠落地有一定的公开性。

3. 造成他人轻微伤

造成他人轻微伤时构成高空抛物罪,而不需要达到轻伤及以上的程度。

首先,从本罪的规范目的看,将造成他人轻微伤的情况认定为"情节严重"有利于高空抛物的惩治和预防。其一,由于《刑法》规定了过失致人重伤、死亡罪却没有规定过失致人轻伤或轻微伤的罪名,当行为人故意高空抛物,过失致人重伤或死亡时定过失致人重伤或死亡罪即可,[49] 但若过失致人轻伤或者轻微伤,而行为又不能满足高空抛物罪的其他"情节严重"情形时,只能按无罪处理。

---

〔46〕 参见韩某高空抛物案,浙江省绍兴市上虞区人民法院(2021)浙0604刑初188号刑事判决书。

〔47〕 参见杨某高空抛物案,广东省深圳市罗湖区人民法院(2021)粤0303刑初244号刑事判决书。

〔48〕 参见张某华重大责任事故案,苏州市虎丘区人民法院(2020)苏0505刑初574号刑事判决书。

〔49〕 这也是为何有学者反对将高空抛物罪独立成罪的主要原因。参见徐岱:《〈刑法修正案(十一)(草案)〉的修订进路》,载《法治研究》2020年第5期;魏东、赵天琦:《刑法修正案的规范目的与技术选择——以〈刑法修正案(十一)(草案)〉为参照》,载《法治研究》2020年第5期;韩轶:《刑法更新应坚守谦抑性本质——以〈刑法修正案(十一)(草案)〉为视角》,载《法治研究》2020年第5期。

如甲故意从10楼的家里往窗外扔下一个鸡蛋，其在扔鸡蛋之前观察了楼下，认为此时不会有人经过，乙刚好从单元楼出来被鸡蛋砸中肩膀，构成轻微伤。由于鸡蛋自重较轻，也不属于尖锐危险物，甲是初次高空抛物，对甲只能作无罪处理。其二，行为人故意高空抛物，对造成他人轻微伤持间接故意时，由于行为人无伤害故意且未造成轻伤以上的结果，故不能定故意伤害罪，只能按无罪处理。果真如此，那么《刑法修正案（十一）》意图解决高空抛物案件仅以民事手段处理而出现的找行为人难、上诉率高、受害人权益维护难等问题的目的就会落空，不能有效回应民众的需求，亦无法发挥出高空抛物罪设立的真正价值。

其次，从入罪正当性来看，造成他人轻微伤的高空抛物行为已经达到了刑事可罚的程度。前文已经明确，“情节严重”之界定须基于“公共秩序”法益的考量，因而可以说是否符合“情节严重”是指是否严重地破坏了公共秩序。毫无疑问，高空抛物造成他人轻微伤严重损害了民众对于正常的社区秩序的期待，已然破坏了公共秩序。高空抛物即便没有造成任何损害都足以让路人惊恐，更何况还砸中了他人？因此本文认为，即便高空抛物只是造成了他人轻微伤，也必须纳入高空抛物罪的处罚范围。如上海市高空抛物罪第一案中，被告人於某某将一袋装有陶瓷杯碎片的垃圾抛下楼，砸到楼下人行通道处的蒋某某头面部致其轻微伤，法院认为被告人抛掷尖锐物并致人轻微伤的行为已构成高空抛物罪。[50] 本案既可以从抛掷物属于尖锐物入罪，也可从其造成被害人轻微伤的结果论证其可罚性。

4. 造成较大的财产损失

若行为不符合上述三种情形，则必须造成较大数额的财产损失才能构成高空抛物罪。一般来说，抛掷重物或者尖锐物的情况下才有可能造成较大的财产损失，因此无论从物品性质还是造成的后果来看这种行为都会构成高空抛物罪。若仅仅造成较小的财产损失，说明抛掷物本身和它可能造成的损害都没有达到刑事可罚的程度。

（二）量刑标准之界定

合理制定量刑标准是准确适用高空抛物罪的前提之一，是实现罪责刑相适应的重要手段。现有研究较少涉及高空抛物罪的量刑标准问题，故本文拟从从重处罚情节和一般量刑情节两方面对此作出讨论。

---

〔50〕 参见於某某高空抛物案，上海市杨浦区人民法院(2021)沪0110刑初235号刑事判决书。

1. 从重处罚情节之界定

(1)高空抛物经劝阻、警告或处罚后再次实施

本文认为,行为已构成高空抛物罪,且属于经劝阻、警告或处罚后再次高空抛物的,应当从重处罚。从重处罚的前提是行为已构成犯罪,因此行为必须满足上述“情节严重”的四种情形之一,且经劝阻、警告或处罚后再次实施的,才能从重处罚。如一次高空泼水不构成高空抛物罪;二次高空泼水,经劝阻、警告或处罚后再次实施的也不构成高空抛物罪;三次高空泼水且经劝阻、警告或处罚,构成高空抛物罪并应从重处罚。理由在于当社区中出现高空抛物行为,小区物业或社区管理处通常会对行为人做出劝阻、警告,严重者会被治安处罚甚至刑事处罚。若行为人在尚未构成犯罪的阶段,已被他人劝阻、警告或治安处罚后拒不悔改,说明其已经主动或者被动地认识了自己行为的社会危害性,本应主动停止侵害行为却未停止,反而变本加厉并达到了“情节严重”的程度。此种情况下行为具有两层叠加的违法性:一是存在构成犯罪的基本违法要素,如多次泼水、一次抛掷尖锐物;二是存在再犯故意和再犯行为,故必须对后一违法要素进行评价,否则不仅属于遗漏评价,也不利于高空抛物行为的预防。

(2)在人员密集的场所抛物

本文认为,行为已构成高空抛物罪,且系在人员密集的场所抛物的,应当从重处罚。要破坏“公共秩序”,高空抛物的物品坠落地必须具有一定的公开性和社会性,但并没有要求达到人员密集的流量程度,如非早晚高峰时段往小区人行道抛物也可能构成高空抛物罪。人员密集系指人员稠密,是一种许多人已然聚集在一起的状态。若此时行为人高空抛物且清楚认识到物品会坠落至人员聚集处,那么行为人必然能够清晰认识到其行为对人身、财产或公共安全存在严重威胁,主观上与一般高空抛物行为中大部分行为人的过失心态迥异,具有间接故意甚至直接故意。综上,在人员密集场所抛物这一行为的危害性比一般高空抛物行为要高,因而对其从重处罚更能体现罪责刑相适应原则。

2. 一般量刑标准之界定

高空抛物罪设置了拘役或者管制,并处或者单处罚金这样的轻刑,表明立法者意图惩治严重的高空抛物行为与通过将轻行为入刑而实现预防的双重目的,故如何有梯度地设置不同的量刑标准非常重要。目前,司法实务中因为缺乏量刑标准指引也导致出现相同或近似案情却不同判决的情况。如苏州市一起案件中,被告人杜某利将多个葡萄酒酒瓶从19楼房间窗口抛下,造成8768元的经济损失,法院认为其犯高空抛物罪,判处拘役5个月,缓刑6个月,并处

罚金人民币 2000 元。[51] 而类似的一个案件中，被告人冯某从其住处高空抛下 3 个玻璃酒瓶，造成车辆损坏价值共计人民币 8430 元，法院认为其犯高空抛物罪，判处有期徒刑 7 个月，并处罚金人民币 5000 元。[52] 两个案件所抛之物近似、造成损失近似，却被判处了迥然不同的刑罚，这说明明确该罪的一般量刑标准具有司法公正上的必要性。

本文试图以所抛之物的性质作为变量[53]，以其他因素作为定量来尝试划分一般量刑标准，主要可以分为以下三种情形：

第一，抛掷物非危险物且自重相对较轻，仅造成较小财产损害后果或没有造成实害后果的，可单处罚金。有学者认为单处罚金与行政违法罚款无实质差别，犯罪和违法的界限最终会因为“不同的语词（罚金和罚款）表达同一的概念（缴纳金钱）”思维逻辑的出现而消亡，且罚金刑无法严厉惩罚犯罪。[54] 本文认为，是否单处罚金刑的判断标准是能否实现惩罚与教育相结合之功效，能否达致刑罚适用所追求的特殊预防与一般预防相结合之目的。如甲从 20 楼抛掷两个苹果，砸中楼下自行车（价值小于 2000 元）。从一般预防的角度看，肯定甲的行为具有刑事违法性能为民众的日常行为作出指引，举轻以明重；从特殊预防的角度看，对甲处以罚金刑足以弥补被害人的损失，且这种情况下甲的主观恶性和行为危害性往往较小，确认其构成高空抛物罪的做法对甲来说已达到了惩罚的功效。按照当然解释的规则，仅造成较小的财产损失可以单处罚金，那么不造成任何实害结果当然也可以单处罚金。因此，单处罚金在上述情形中完全可以实现惩罚与教育相结合、特殊预防与一般预防相结合之目的。

第二，抛掷危险物或重物，造成他人轻微伤及以上或财产损失等实害结果的，可判处有期徒刑或并处罚金。其中，仅造成财产损失的可适用缓刑，没有造成任何实害结果的可判处拘役或管制，可并处罚金及适用缓刑。[55]

---

〔51〕 参见杜某利高空抛物案，苏州市姑苏区人民法院（2021）苏 0508 刑初 129 号刑事判决书。

〔52〕 参见冯某高空抛物案，广东省中山市第一人民法院（2021）粤 2071 刑初 250 号刑事判决书。

〔53〕 此时行为的危害性主要取决于所抛之物的性质。

〔54〕 参见冯亚东：《罪刑关系的反思与重构——兼谈罚金刑在中国现阶段之适用》，载《中国社会科学》2006 年第 5 期。

〔55〕 被判处拘役或三年以下有期徒刑，且符合《刑法》第 72 条相关条件的犯罪分子才能够被宣告缓刑，管制刑不存在缓刑一说。

其一,抛掷危险物或重物,造成他人轻微伤及以上或财产损失等实害结果的,可判处有期徒刑或并处罚金。有期徒刑是剥夺罪犯一定期限自由并强制劳动改造的刑罚方法,多适用于一般与严重犯罪,尤其是具有强烈人身危险性和社会危害性的案件。[56] 与抛掷非危险物及轻物,或没有造成实害结果的行为相比,若行为人能清楚认识物品为危险物或重物,那么同时也能认识到其行为造成危险的可能性较大。即便如此,行为人仍为之,且造成了实害后果,说明其人身危险性更强,行为的社会危害性更大,对其适用有期徒刑是恰当的。上述冯某高空抛物案中,被告人冯某所抛之物为3个玻璃酒瓶,属于重物,且造成了车辆损坏的结果,法院对其判处有期徒刑7个月,并处罚金人民币5000元的结果是恰当的,而杜某利高空抛物案量刑畸轻。

其二,抛掷危险物或重物仅造成财产损失的可适用缓刑。缓刑以教育为主要内容,本质上是宽严相济刑事政策中“从宽”的表现,而教育刑是特殊预防观在司法层面的展开,以消减行为人的人身危险性为追求。[57] 本文认为,财产损失与人身损害相比具有一定的可复原性,对这类行为判处缓刑能够避免短期自由刑“交叉感染”的缺点。社区矫正再教育的形式让行为人更深刻地认识到自己行为的违法性,更有助于实现惩治与教育相结合之目的。据此,上述冯某高空抛物案与杜某利高空抛物案均可考虑适用缓刑。

第三,抛掷物是非危险物且自重较轻,但造成了人身损害的情况,以及抛掷危险物或重物但没有造成任何实害结果的,可判处拘役或者管制,可并处罚金以及适用缓刑。管制是不予关押但限制一定自由并进行社区矫正的刑罚方法,而拘役属于短期自由刑,服刑者必须就近实行劳动改造。[58] 二者与有期徒刑相比,均属于轻刑,其中管制相比拘役要更加轻微。

其一,从刑罚梯度性看,由于当行为人抛掷非危险且轻物造成较小财产损失或没有造成损害时单处罚金即可,那么当出现了更为严重的人身损害时理应适用更重的刑罚。同理,由于抛掷危险物或重物造成他人轻微伤及以上或财产损失等实害结果的可判处有期徒刑或并处罚金,故没有造成任何实害结果时应适用更轻的刑罚。其二,从罪刑相适应原则以及特殊预防理论看,非危险物和轻物所能产生的危险力有限,虽造成了人身伤害,但总的来看行为社会危害性

---

〔56〕 参见张明楷:《刑法学(上)》(第5版),法律出版社2016年版,第526页。

〔57〕 参见包国为:《我国缓刑适用实质条件具体化的实践考察与路径新探》,载《山东社会科学》2021年第8期。

〔58〕 参见张明楷:《刑法学(上)》(第5版),法律出版社2016年版,第524页。

和行为人的人身危险性较小,应以教育为主要方法。[59] 同理,虽然抛掷危险物或重物产生的危险力较大但没有造成任何实害后果,危险总和与前述类似。(见图 2)

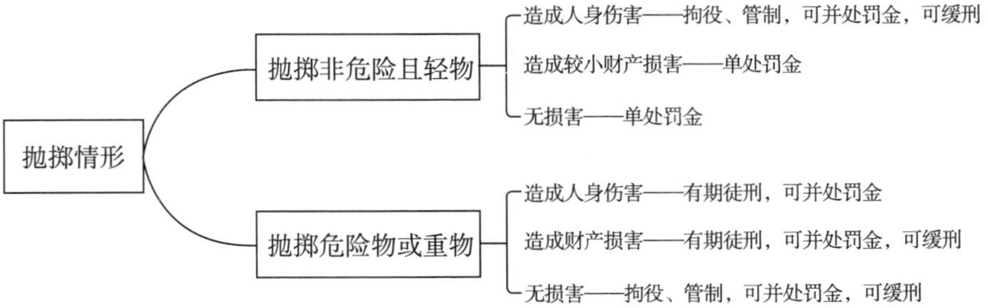

图 2　不同刑罚适用情况示意

五、高空抛物罪的竞合问题

高空抛物行为可能侵犯的法益范围较广,包括人身、财产和社会秩序管理等法益,不可避免地会出现竞合情形,而《刑法》第 291 条之二第 2 款的规定,"有前款行为,同时构成其他犯罪的,依照处罚较重的规定定罪处罚",又看似在竞合问题上采取了"一刀切"的做法,故如何处理高空抛物罪与其他罪名的竞合问题成为司法适用的关键任务之一。

(一)高空抛物罪与寻衅滋事罪

《意见》出台前高空抛物刑事案件多定寻衅滋事罪,如被告人李某某从房顶抛下一台黑色电脑主机及数个水泥砖块,造成一辆小轿车损毁,法院认为其行为构成寻衅滋事罪。[60] 但这样的行为能否认定为寻衅滋事罪值得怀疑。有学者认为可能击中不确定人身体是"殴打",使居民不敢在道路上行走或行走时心惊胆战属"恐吓"而构成寻衅滋事罪。[61] 本文不认可这种观点。"殴打"一般指拳打脚踢或者用棍棒等工具损害他人健康,这种行为无论如何都不应包含高空

〔59〕 此时若产生了重伤或死亡等严重后果,应当考虑高空抛物罪与过失致人重伤罪、过失致人死亡罪等罪名的想象竞合情形,且重伤或死亡的结果由其他罪名评价更为适宜。下文将详细论证,在此不再赘述。

〔60〕 参见李某某寻衅滋事案,海南省琼海市人民法院(2018)琼 9002 刑初 365 号刑事判决书。

〔61〕 参见张明楷:《高空抛物案的刑法学分析》,载《法学评论》2020 年第 3 期。

抛物,否则有类推之嫌。此外由于寻衅滋事罪是情节犯,故高空抛物也须多次恐吓、抛掷凶器、让这些居民精神失常或严重影响居民的生活才可能构成寻衅滋事罪。据此,高空抛物更可能以拦截他人、任意毁坏公私财物或在公共场合闹事的方式构成寻衅滋事罪,此时两罪属于法条竞合情形,应定高空抛物罪。本文认为,高空抛物罪的设立说明高空抛物型寻衅滋事行为已经从寻衅滋事罪中分离出来,应当按照法条竞合"特殊优于一般"的处理规则,适用高空抛物罪这一特别罪名,故《刑法》第291条之二第2款的规定只能视为拟制规定,当寻衅滋事罪的刑罚重于高空抛物罪时应适用寻衅滋事罪。

(二)高空抛物罪与故意毁坏财物罪

本文认为,高空抛物造成较大财产损失的场合,若行为人主观上对财物损害结果持过失心态,则仅构成高空抛物罪;若持故意心态,如部分为发泄情绪或酒后高空抛物的行为人对危害结果持一种"不管不顾"的间接故意,系高空抛物罪与故意毁坏财物罪的想象竞合情形,需择一重罪处罚。如深圳市一起案件中,被告人黄某为泄愤将邻居的儿童钢琴、凉席、鞋子、鞋架等物品从29楼扔至楼下,砸坏3辆车,法院认为其行为构成故意毁坏财物罪。[62] 本案判决时《刑法修正案(十一)》尚未出台故没有考虑高空抛物罪的成立与否,若本案发生在《刑法修正案(十一)》生效后,黄某的行为破坏了小区的公共秩序且造成了财物损害,显然属于高空抛物罪与故意毁坏财物罪想象竞合的情形,应择一重罪论处,这与《刑法》第291条之二第2款的规定相一致。判决中应写明其行为构成两个犯罪,而不能仅以《刑法》第291条之二第2款的规定直接得出结论而忽视轻罪的成立。

(三)高空抛物罪与故意伤害罪

本文认为,若行为人以伤害故意实施高空抛物,属于高空抛物罪与故意伤害罪的想象竞合情形,应择一重罪定罪处罚,这与《刑法》第291条之二第2款的要求相符。实务中由于对行为人主观心态与客观行为之间统一性的把握不准确,易忽视上述情况的存在。如广州市一起案件中,被告人梁某锋在某小区三楼家中与邻居麦某发生争吵,在家中先后拿起瓷砖1块、不锈钢菜刀1把,从窗口扔向站在对面2楼的麦某,瓷砖和菜刀均落在麦某身旁,法院认为被告人的行为构成以危险方法危害公共安全罪。[63] 本文根据主客观相统一原则,认为

---

[62] 黄某故意毁坏财物案,广东省深圳市龙华区人民法院(2019)粤0309刑初1690号刑事判决书。

[63] 参见梁某锋以危险方法危害公共安全案,广东省广州市越秀区人民法院(2020)粤0104刑初194号刑事判决书。

本案中被告存在伤害的直接故意,也以抛掷尖锐物的方式实施了伤害行为,无疑构成故意伤害罪;其实施了高空抛掷尖锐物的行为,主观上对高空抛物造成其他后果持间接故意,构成高空抛物罪。被告人一行为同时触犯高空抛物罪与故意伤害罪,属于想象竞合犯,择一重罪定故意伤害罪即可,这也符合《刑法》第291条之二第2款的要求。

(四)高空抛物罪与过失致人重伤罪、过失致人死亡罪

本文认为,行为人主观上对行为持故意但对结果持过失时高空抛物造成重伤或死亡的人身实害结果,属于高空抛物罪与过失致人重伤罪或过失致人死亡罪的想象竞合犯,应择一重罪论处,这与《刑法》第291条之二第2款的规定一致。如被告人樊某从11楼抛下装有石膏块的编织袋砸中被害人李某致其当场死亡〔64〕和被告人唐某钊从5楼扔下废弃垃圾砸伤楼下的何某1致其重伤〔65〕两案情形,最终定过失致人重伤罪或过失致人死亡罪。另外,不能忽略最终定高空抛物罪的可能性。如一案件中被告人郭某英将一根约4米长的铁管从楼顶扔下致人重伤,法院判决其犯过失致人重伤罪,判处拘役4个月,〔66〕此外其行为还触犯了高空抛物罪,比照其他案件可知对其高空抛物罪的量刑应重于拘役4个月,〔67〕故应定高空抛物罪。

(五)高空抛物罪与重大责任事故罪

本文认为,在建筑工地高空抛物造成他人重伤、死亡或重大财产损失的,属于在生产、作业中违反有关安全管理规定而发生重大伤亡事故或其他严重后果,构成高空抛物罪与重大责任事故罪的想象竞合,应择一重罪论处。笔者在查阅相关判决时发现,某些法官没有注意到建筑工地这一特殊抛物地与重大责任事故罪的联系,而仅从过失致人死亡的角度论证。如许昌市一个案件中被告人董某山在未采取任何安全防护措施的情况下从距地面约13米高的除尘器上抛下彩钢

〔64〕 参见樊某过失致人死亡案,山东省郓城县人民法院刑事判决书(2016)鲁1725刑初217号刑事判决书。

〔65〕 参见唐某钊过失致人重伤案,广东省广州市增城区人民法院(2019)粤0118刑初227号刑事判决书。

〔66〕 参见郭某英过失致人重伤案,江西省会昌县人民法院(2019)赣0733刑初119号刑事判决书。

〔67〕 被告人王某云将其家中阳台上一只花盆和一个带有玻璃的广告框从8楼阳台扔向楼下,没有造成任何实害结果,最终被定高空抛物罪,判处有期徒刑6个月,并处罚金2000元。参见王某云高空抛物案,重庆市江北区人民法院(2021)渝0105刑初320号刑事判决书。

瓦,砸中被害人孙某某致其死亡,[68]本案显然属于重大责任事故罪与高空抛物罪的想象竞合情形。法官须场景化地思考高空抛物行为会否构成《刑法》的其他罪名,逐一罗列可能的情形并通过竞合理论得出结论,这是较为周延的方法。

(六)高空抛物罪与以危险方法危害公共安全罪

本罪出台前高空抛物刑事案件多按《意见》第5条处理:高空抛物未造成严重后果但足以危害公共安全的,定以危险方法危害公共安全罪。《刑法修正案(十一)(草案)》更是直接将本罪规定于第114条中,要求"危及公共安全的"才予以定罪处罚。上述做法等于默认将高空抛物产生的危险与放火、决水、爆炸和投放毒害性、放射性、传染病病原体等物质等行为产生的危险等置。[69]然而高空抛物所造成的危险实际难以与上述行为所造成的危险相匹配,因为以危害公共安全的行为所造成的危险通常具有扩散性和蔓延性,如炸弹爆炸波及的范围难以划定,而一般的高空抛物行为所造成的危害结果和范围是较为确定的,如高空抛下一块砖头最多只能砸死一个人,故一般的高空抛物行为其社会危害性较危害公共安全犯罪要小得多,并不会构成以危险方法危害公共安全罪。[70]

高空抛物行为独立成罪鲜明地指出了高空抛物之禁止性,民众能够从刑法中明确找到行为指引,这对实现其规范目的有重大意义。[71]但不可否认,确实存在同时触犯高空抛物罪与以危险方法危害公共安全罪的行为。如昆明市一起案件中,被告人刘某进将空啤酒瓶从5楼窗外抛出,击碎正在行驶的被害人罗某某的轿车的后挡风玻璃,法院判决其犯高空抛物罪。[72]本文认为,被告人的行为很可能导致司机慌乱中错误控制方向盘而失控撞上其他车辆,造成重大交通事故,这显然属于严重危害公共安全的情形。行为人一行为同时触犯高空

---

[68] 参见董某山过失致人死亡案,河南省许昌市魏都区人民法院(2015)魏刑初字第250号刑事判决书。

[69] 参见王晓、凌瑞翔:《论以危险方法危害公共安全罪适用标准》,载《浙江理工大学学报(社会科学版)》2021年第5期。

[70] 参见陈兴良:《口袋罪的法教义学分析:以以危险方法危害公共安全罪为例》,载《政治与法律》2013年第3期。

[71] 参见高铭暄、孙道萃:《〈刑法修正案(十一)(草案)〉的解读》,载《法治研究》2020年第5期;史尊魁:《共同危险行为与高空抛物之区分》,载《武汉大学学报(哲学社会科学版)》2010年第4期。

[72] 参见刘某进高空抛物案,云南省昆明市西山区人民法院(2021)云0112刑初612号刑事判决书。

抛物罪与以危险方法危害公共安全罪,属于想象竞合情形,择一重罪论处定以危险方法危害公共安全罪。

在上海市一个案件中,被告人卢某某从 9 楼抛下塑料花瓶、一把木柄斧子和一包纸质材料,致小区通道内两辆汽车损害。本案判决时《刑法修正案(十一)》已生效,法官却没有适用高空抛物罪,而是综合被告人抛物地楼高、坠落地之公开性与斧头等抛掷物自身极强的杀伤力后认为物品从高空坠落后不仅将产生极强的穿透力,还存在弹跳后二次破坏的可能,危害了小区公共安全。[73]本文认为这一结论值得商榷。一把斧头的二次弹跳只能在较小的范围内产生危害而无法危害不特定且多数人,显然无法与放火、爆炸等行为产生相当的危害,故行为构成的是高空抛物罪而非以危险方法危害公共安全罪。退一步来说,即便如法官所说斧头的二次弹跳危及了公共安全,行为人抛掷尖锐物的行为也已构成了高空抛物罪,这并非一个高空抛物罪与以危险方法危害公共安全罪的单项选择,而是想象竞合的情形:卢某某一行为触犯两个罪名,择一重罪论处定以危险方法危害公共安全罪,而不必否认其危害公共秩序构成高空抛物罪的事实。

六、结　　语

准确适用高空抛物罪能够有效遏制高空抛物行为,保障公民头顶安全。高空抛物罪保护的法益是“公共秩序”而不是“公共安全”。高空抛物罪的行为特征中“高空”指距离地面有一定垂直距离的建筑物或设施设备;“抛”包括作为的抛掷与不作为的容忍物品下坠;“物”的范围包括有一定重量或能引起严重负面情绪的特殊物。高空抛物只有达到“情节严重”的要求才可入罪,包括多次高空抛物,行为造成的危险程度较高、造成他人轻微伤、造成较大的财产损失或其他情形。对经劝阻、警告或处罚后再次高空抛物,在人员密集场所抛物的情况应从重处罚。对一般情况应按抛掷物的情形分别适用有期徒刑、拘役、管制和罚金刑并考虑适用缓刑。高空抛物罪易与寻衅滋事罪、故意毁坏财物罪和以危险方法危害公共安全罪等罪名发生竞合,对此要具体分析案情,确定竞合情形以准确适用《刑法》第 291 条之二第 2 款。

责任编辑:邱继锋

---

〔73〕 参见卢某某以危险方法危害公共安全案,上海市静安区人民法院(2021)沪 0106 刑初 49 号刑事判决书。

论高利转贷罪司法认定的扩张及其匡正

周易宇*

摘要:

我国刑法设置高利转贷罪的初衷是为了保障社会主义市场经济和国家金融安全。中国特色社会主义进入新时代后经济发展取得重大成就,市场条件发生了变化,高利转贷罪的规制逻辑和理念应当进行更新。传统刑法理论认为本罪保护抽象的信贷资金管理秩序,这种理解存在一定的误解和偏差,会导致刑法处罚范围的扩张。高利转贷罪的认定,应当着重把握对行为侵害程度的评估和法益的分层理解,避免只谈抽象的秩序而忽略具体法益将行为入罪。在此基础上,以下情形应当尽可能排除犯罪的成立:行为人不具备转贷牟利目的,只是改变了贷款用途的;行为人贷款时提供了足额担保的;行为人按时还本付息,未造成金融机构损失的。

关键词:

高利转贷罪;法益侵害;信贷资金管理秩序;司法认定

引　言

我国刑法规定,高利转贷罪是指以高利转贷为目的,套取信贷资金高利转贷他人,违法所得数额较大的行为。传统刑法理论认为,高利转贷罪破坏的客体是国家的金融及信贷资金管理秩序,[1]所谓的管理秩序,实际上是将建立在国家行政管理制度之上或以此为核心所形成的管理秩序当作保护客体,在中国经济转型初期,这种观点的形成有其特殊的体制与时代背景,基于当时我国计

---

* 周易宇,武汉大学法学院硕士研究生,研究领域为中国刑法学。

〔1〕 参见高铭暄、马克昌主编:《刑法学》(第9版),北京大学出版社2019年版,第397页。

划经济的运作惯性，不可避免会形成偏管制型的金融体系。[2] 问题在于，如今我国市场经济条件已发生了明显的变化，在共建共治的现代刑事治理体系下，对高利转贷行为若仍按照这种较为空洞、过时的秩序法益解读，势必会导致本罪的认定出现扩张的问题。一方面，这种行为犯的扩张思路容易模糊民事纠纷、行政违法与刑事不法之间的界限，导致在经济领域对违法与犯罪几乎无从区分；另一方面，也明显背离了我国金融体系正在由管制模式转向监管模式的基本背景。

不同的立法安排往往反映的是不同国家的立法者的价值取向与利益安排，在解读高利转贷罪的相关问题时，包括法官在内的解释者一方面要受制定法的约束，但也要对秩序法益进行实质判断，才能符合现代刑法的正义观念。[3] 需要说明的是，本文并不反对将管理秩序作为法益的内容，关键是要分层次理解和构建秩序概念，在适用时赋予其实质性的内容，才能保证我国刑事司法不落窠臼。那么，如何克服传统刑法秩序法益的弊端，在高利转贷罪的认定中保持刑法理性，并融入国情和现代社会治理的语境？这无疑是刑法学人应当思考和研究的问题。鉴于此，本文旨在对高利转贷罪司法认定中的问题进行类型化梳理和原因分析，然后立足本罪性质及相关理论提出认定的方法策略，划定刑法规制的边界，对现实中司法认定的扩张现象进行纠正，以期对司法实践有所裨益。

一、高利转贷罪在司法实践中的认定类型

对于犯罪的认定，既要重视对刑法条文字面意义的形式理解，又要重视对刑法条文所保护法益的实质把握，但在现实中两者有时会出现不一致的情况。本文对近五年来高利转贷罪的相关案件进行了分类检索，根据案件事实与争议焦点的共性与个性，归纳出了当前司法实践中对高利转贷案件的扩张认定情况。主要表现为以下几个类型。

(一)转贷后按时还本付息

在这一类型案件中，行为主体用个人名义从金融机构套取贷款后高利转贷

---

〔2〕 参见钱小平：《中国金融刑法立法的应然转向：从“秩序法益观”到“利益法益观”》，载《政治与法律》2017 年第 5 期。

〔3〕 参见劳东燕：《金融诈骗罪保护法益的重构与运用》，载《中国刑事法杂志》2021 年第 4 期。

他人,按时向金融机构支付利息并在案发前还清了本金。例如,白某某因资金周转困难向被告人韩某某借款,并愿意按月息3~5分支付利息。韩某某遂以个人名义从当地信用联社套取贷款200万元后加上自己筹集的100万元,共将300万元借给白某某使用,之后韩某某按时将200万元贷款本息归还银行,在此转贷过程中非法所得约17万元。人民法院认为,韩某某以转贷牟利为目的,违反了国家信贷资金管理制度,套取金融机构信贷资金高利转贷他人,数额较大,其行为构成高利转贷罪。但犯罪情节轻微,可以免予刑事处罚。[4]

又如,行为人多次利用多笔款项进行高利转贷,但也按时支付了本息的事实。朱某以生产经营为由向某县农业银行贷得循环贷款60万元,后将该贷款以月息2.5%的方式转借给何某1;2015年1月,银行工作人员郭某知道其帮朱某办理的贷款有120万元未用,遂向朱某提出借120万元用于入股公路工程并约定了借款期限及利息,朱某表示同意将贷款转贷给郭某;同年6月,朱某又与周某签订虚假产品购销协议,套取该县农商银行100万元贷款后借给周某从中牟利。以上三笔贷款资金,在案发前朱某已经按时向银行支付了本金和利息。人民法院认为,朱某构成高利转贷罪,免予刑事处罚,对其违法所得予以追缴,上缴国库。[5] 可以看出在上述两种情形下,被告人进行高利转贷的次数,抑或高利转贷涉及的人数,不是法院考虑的关键因素,只要行为人按时还本付息,判决均采取了认定犯罪但免除刑罚的司法处理方式。

除开上述以个人名义贷款的情形,当行为主体以公司或单位的名义向金融机构套取贷款后转贷他人的,若非法获利归公司所有,同时也按时支付了本金利息,实践中司法机关认定为本罪的单位犯罪,但是对公司和相关人员进行不起诉处理。譬如,某公司通过和贸易公司签订虚假购销合同,以房产抵押的方式向某农村商业银行贷得款项1200万元,贷款发放当日公司法人代表陈某某以月息3%的高息将1170万元转贷给郑某某,此款已经归还;2015年9月,陈某某决定再次将1000万元约定利息转借给郑某某,该款于当月22日归还。以上两次高利转贷获利用于公司购买机械设备。人民检察院认为,该公司及其法人代表陈某某实施了高利转贷行为,但犯罪情节轻微,根据《刑法》第37条的规定不需要判处刑罚,决定对该公司及陈某某不起诉。[6]

这一类型案例表明,一般而言,行为人套取信贷资金后转贷第三人并从中

---

〔4〕 参见山西省临汾市中级人民法院(2016)晋10刑初22号刑事判决书。

〔5〕 参见湖南省江永县人民法院(2019)湘1125刑初65号刑事判决书。

〔6〕 参见湖北省松滋市人民检察院鄂松检刑不诉(2017)2号不起诉决定书。

谋取利益,即使向金融机构按时归还了本金和利息,均在定性上构成高利转贷罪。但是由于情节轻微且已还本付息未使金融机构造成损失,司法机关对其判决免予刑事处罚或做不起诉处理。需要注意的是,当行为主体从个人变为单位时,依然成立本罪的单位犯罪,需要对单位和相关责任人员同时处理。

(二)贷款时提供足额担保

担保制度是民事法律中的重要制度,其既有确保债权实现的功能,也有促成资金高效率运用的功能。当借贷法律关系发生时,为了确保满足债权,担保制度于焉产生。[7] 在高利转贷的过程中至少呈现两对借贷关系,即金融机构与行为人之间和行为人与第三人之间的债权债务关系,为保障债权实现时常会出现提供担保的情形。司法实践表明,行为主体向金融机构贷款时已提供了足额担保,之后将资金以高于银行利率进行转贷获利的,成立高利转贷罪定罪处罚。在章某某高利转贷一案中,章某某为了增加家庭收入,事先获悉庄某的公司需要资金周转后,以自家房产抵押,提供虚造的装修工程施工合同、装修预算清单等书面材料,与农业银行签订最高额担保个人借款合同。章某某借出 80 万元后,当日自筹 20 万元凑足 100 万元后转账借给庄某,在约定期限内章某某向银行归还了全部借款本息。人民法院认为,章某某以转贷牟利为目的,套取金融机构信贷资金高利转贷他人,违法所得数额较大,其行为已构成高利转贷罪。因在案发前已向金融机构归还所套取的资金,可以酌情进行从轻处罚。[8]

类似地,马某以助业为名在建设银行某支行贷款 200 万元,并提供了足额担保。后马某将其中的 145 万元约定利息转借给刘某,马某从其高利转贷行为中获利约 11.5 万元。人民法院认为,马某以牟利为目的,套取金融机构信贷资金高利转贷给他人,违法所得数额较大,其行为已构成高利转贷罪。[9] 行为人通过抵押担保获得贷款后转贷他人,同样也涉嫌高利转贷罪。如山西省长治市中级人民法院在(2020)晋 04 民终 222 号裁定书中认为:"孙某在中国邮政储蓄银行某支行通过抵押担保方式取得 40 万元贷款后转入某机动车检测有限公司原法定代表人郭某账户,称其是将款经郭某手以月息 2 分借给了山西某机动车检测有限公司,该行为已经涉嫌高利转贷罪。"[10] 从提供担保型的转贷案件中可以看出,司法机关在认定高利转贷罪时,行为人是否提供了足额担保以及提供了

---

[7] 参见谢在全:《担保物权制度的成长与蜕变》,载《法学家》2019 年第 1 期。

[8] 参见福建省南靖县人民法院(2016)闽 0627 刑初 83 号刑事判决书。

[9] 参见河南省镇平县人民法院(2017)豫 1324 刑初 884 号刑事判决书。

[10] 山西省长治市中级人民法院(2020)晋 04 民终 222 号民事裁定书。

何种方式的担保一般不会影响本罪的认定,符合要件时都构成高利转贷罪。

(三)转贷牟利目的认定

例如,周某向银行申请短期非农个人生产经营性贷款 60 万元,次日便通过他人账户,将该 60 万元贷款收取利息出借给康某。同年 10 月康某第二次向周某借款,次日周某便向银行申请短期非农个人生产经营性贷款 100 万元进行转借。期间,周某均按约定每月归还银行相应利息。从时间上看,被告人周某贷款的时间和出借给他人的时间基本同步,向银行贷款之日与其转贷之日几乎重合或迟于康某向其出具借据之日,前后时间差非常小。从利息约定来看,双方约定利息明显高于银行同期利率,周某出借款项具有牟利性,人民法院综合认定其具有转贷牟利目的。[11]

但是在另一种情形下,转贷牟利目的认定则出现了不同的做法。譬如,某股份公司在工商银行贷款 2800 万元用于购货。2013 年年末,该公司决定将一部分销售款做工程,因为冬季气候恶劣无法施工暂时搁置。经银行经理介绍,公司决定将该部分款项共计 960 万元以日 2‰利率出借给刘某,后该股份公司将 2800 万元贷款及利息全部还清。人民法院认定,该股份公司以转贷牟利为目的,将贷款高利转贷给他人,获取违法所得数额较大,其行为已构成高利转贷罪。被告人任某某、王某某为该公司直接负责的主管人员,依法应当以高利转贷罪定罪处罚。[12]

显而易见,上述两个案例中两被告人转贷牟利产生的时间点不同。对于前者的转贷牟利目的,被告人获取贷款时间和转贷时间相差仅仅一天,且被告人两次实施该转贷行为,人民法院根据以上客观证据认为被告人在贷款时即具备转贷牟利之目的,值得肯定和提倡。但对于后者,人民法院简单地认定被告单位具备转贷牟利目的做法值得商榷。虽然在判决书中人民法院并未对被告人的牟利目的如何认定进行说理,但是根据本案事实来看,被告单位某股份公司履行正常程序向银行贷款用于工程项目,只是由于气候的不可抗力原因无法施工,才将闲置资金转借给第三人。换言之,被告人只是擅自改变了贷款用途,结合全案事实无法认定被告人贷款时存在转贷牟利的目的。

(四)小结

上述三种认定类型主要涉及两个焦点问题。一是行为主体未导致作为受害者的金融机构遭受损失,此时实践中一般都认定构成高利转贷罪但是从轻处

---

〔11〕 参见江苏省沭阳县人民法院(2015)沭刑初字第 01385 号刑事判决书。

〔12〕 参见赤峰市松山区人民法院(2015)松刑初字第 142 号刑事判决书。

罚或者情节轻微免予处罚；二是行为主体转贷牟利目的如何认定，在周某犯高利转贷罪一案中贷款与转贷前后时间仅差一天，司法机关据此推定其具有牟利目的。而在某股份公司因冬天工程搁置而出借闲置贷款的情形下，人民法院也认定了其具备牟利目的。可以看出，本罪的实践认定已经出现了过度扩张的问题。本文认为，对于第一个问题，行为人或者提供了人保物保等民事担保，对银行资金风险已经进行了规避和保障，此时银行对资金的安全性具有较高的可控性，该行为的社会危害性已大大降低，抑或行为人按时归还了贷款本金和利息，银行根本没有遭受任何实际损失时，是否仍要对其苛以刑罚值得商榷。对于第二个问题，行为人依法依规获得金融机构贷款后，由于客观条件导致资金闲置而将其进行转贷的，其牟利目的产生于贷款之后，欠缺本罪的故意，将其认定为高利转贷罪不符合主客观相统一、行为与责任同时存在原则。

揆诸现实，本罪司法认定出现扩张的原因有二：其一，抽象法益的解释。高利转贷罪在我国《刑法》中位于破坏金融管理秩序罪一节中，其保护的法益是国家的信贷资金管理秩序，对此学界已达成共识。信贷资金管理秩序属于抽象法益，其范围和界限往往难以把握，司法认定中常忽略行为侵害的实质法益，将转贷获利的行为一概视为侵害了信贷资金管理秩序法益认定犯罪。其二，刑事政策的影响。“刑事政策不仅包括对已经被确定为犯罪的行为应当配置何种刑事制裁方法才有助于维系最低限度的社会秩序的处罚选择问题，还包括应当把多大范围内的行为和何种性质的行为纳入刑事规范调整范畴的定罪问题。”〔13〕在当前严厉打击金融犯罪刑事政策的背景下，行为人一旦从金融机构获取相当数额的贷款后再高利转贷他人，就有可能被认定为高利转贷罪。

二、理论评析：高利转贷罪的性质要件

（一）高利转贷罪的行为性质界定

所谓高利转贷，是指以转贷牟利为目的，套取信贷资金高利转贷他人，违法所得数额较大的行为。在客观方面表现为套取金融机构信贷资金，高利转贷他人牟利且数额较大的行为；在主观方面行为人表现为故意，同时本罪是典型的目的犯，成立犯罪应具备转贷牟利目的。〔14〕本罪强调行为的非法性，所谓“套

---

〔13〕 黎宏：《论“刑法的刑事政策化”思想及其实现》，载《清华大学学报（哲学社会科学版）》2004 年第 5 期。

〔14〕 参见周光权：《刑法各论》（第 4 版），中国人民大学出版社 2021 年版，第 292 页。

取资金”是指行为人在不符合贷款条件的情况下,使用编造或伪造的手段从银行或者其他金融机构获取贷款,若通过正常流程,行为人一般不会获得该贷款。但对其含义还存在争议,本文将在后述第二部分作进一步评析。主观要素要求行为人故意且具备转贷牟利的目的,关于行为人转贷牟利目的需要在何时具备,有学者认为,如果行为人取得贷款后产生转贷牟利的目的将资金转贷出去的,符合高利转贷罪的成立条件。[15] 也有观点认为,行为人在获取贷款资金时就必须具备转贷牟利目的。[16] 后者显然更为合理,认定犯罪时应当遵循主客观相一致原则,就本罪来说,转贷牟利目的应产生于获取贷款资金之时或之前,若行为人在合法获取贷款之后才产生转贷牟利目的,只是单纯改变贷款的用途,不能成立高利转贷罪。若行为人没有转贷目的,编造或伪造事实后获取贷款,再将贷款转贷出去的,应当成立骗取贷款罪而非本罪,即“事后的转贷牟利目的”不能成立高利转贷罪。

对“高利”要件的认定,有学者认为转贷的利率需要高出金融机构贷款利率许多,[17] 毋庸讳言,“许多”的具体标准是模糊不清的,难以在司法中适用。事实上,行为人转贷的利率只要高于其贷款时该金融机构的利率,都属于法律规定的“高利”。因为当涉案金额基数较大时,即使转贷时只是勉强高于贷款时的利率,非法获取的利益也会非常大。若规定要明显高于贷款利率许多,不符合实际。在《刑事审判参考》刊登的第 487 号指导案例姚某高利转贷案中,人民法院认为:“尽管在刑法和司法解释中均对‘高利’未作规定,但鉴于该罪是以转贷牟利为目的,因此只要转贷的利率高于银行的利率就应当属于‘高利’,不必要求转贷利率必须达到一定的倍数。”因此,“高利”的认定要注意两个层次:一是利率的绝对提高,例如 4% 的贷入利率,8% 的贷出利率这种在直观上就能体现出来的绝对高利;二是利率的相对提高,即利率本身的提高很小但是借贷基数非常大,此时违法所得较大,也属于高利转贷。因此,对于本罪的“高利”要件应从实质上把握,当行为人以转贷牟利为目的,套取金融机构资金后转贷他人,在支付金融机构利息后,盈余报酬金额达到法定追诉标准的,则应以本罪追究刑事责任。根据最高人民检察院、公安部于 2022 年 4 月 29 日联合发布的修订后的《关于公安机关管辖的刑事案件立案追诉标准的规定(二)》第 21 条的规定,

[15] 参见刘宪权:《金融犯罪刑法学新论》,上海人民出版社 2014 年版,第 208 页。

[16] 参见张明楷:《刑法学》(第 6 版),法律出版社 2021 年版,第 992 页。

[17] 参见李淳、王尚新主编:《中国刑法修订的背景与适用》,法律出版社 1998 年版,第 208 页。

以转贷牟利为目的,套取金融机构信贷资金高利转贷他人,违法所得数额在50万元以上的,应予立案追诉。可以看出,无论是刑法条文还是司法文件的追诉标准,违法所得数额都是本罪入罪的重要标准之一。以“高出贷款时金融机构贷款的利率”来认定高利转贷罪的“高利”标准,符合宽严相济刑事政策,在司法实践中,对于前述“高利而违法所得较少”的行为和“低利而违法所得较大”的情形,从实质上进行评价,可以做到不枉不纵,符合本罪的立法初衷。

(二)争议问题与评析

在高利转贷罪的司法认定中,对各要件含义的解释不同,存在至少以下两个方面的争议。

1. 牟利是否只限于“牟取货币金钱的目的”

刑法规定成立高利转贷罪,必须具备转贷牟利目的。“牟利”一词系广义的概念,牟取的利益不限于金钱等物质利益,也可以是其他非物质利益。在刑法适用中,为了确保规范含义的科学理解,需要重视体系解释。“牟利”在刑法中属于大量且具有普遍含义的表述。如在走私淫秽物品罪中要求以牟利为目的;为亲友非法牟利罪中的“牟利”;非法转让、倒卖土地使用权罪中要求“以牟利为目的”等。因此,在解释其含义时,应当“以用语本身所具有的客观含义为依据外,还需要根据刑法所描述的犯罪类型的本质以及刑法规范的目的予以确定,从而使得用语的规范意义与犯罪本质、规范的目的相适应”。〔18〕本文认为,就本罪来说,牟利应当指货币金钱为表现形式的物质性利益和其他能够用物质衡量的利益。行为人以较高的利率转贷一般来说是为了赚取和银行之间的利益差价,但是货币金钱以外的其他利益也可以成为行为人追求的目的,如获得商业机会、减少业务竞争、职位得到晋升等。虽然牟利可以包括金钱以外的利益,但是对其解释应始终保持在可以用物质进行衡量的范围之内,因为在刑法解释领域,要注重对解释结论社会效果的考察,自觉以社会效果的考量作为指引,对刑法规范的解释过程进行反思性的调控,否则本罪将无限扩张。〔19〕如果行为人以获得贷款时同等的利率将资金转贷给他人,且未获取任何金钱利益,只是为了得到感情上或道义上的满足,此时应当否定存在牟利目的。

2. 套取行为的性质认定

中国人民银行《贷款通则》规定“不得套取贷款用于借款牟取非法收入”,

---

〔18〕张明楷:《刑法分则的解释原理》(第2版),中国人民大学出版社2011年版,第811页。

〔19〕参见劳东燕:《功能主义刑法解释的体系性控制》,载《清华法学》2020年第2期。

从该规定似乎可以看出,以借贷牟取非法收入为目的而取得金融机构资金的都属于套取金融机构贷款。广义来说,套取通常是指以非法手段获取物质。具体是指行为人在获取金融机构贷款时,其手段是非法的,譬如行为人在不符合贷款条件的前提下,对事实进行编造或虚构,按照正常程序本不应获得贷款,但是因该手段而事实上获取了贷款资金。[20] 有观点认为,通过合法渠道取得和按照规定用途使用是保证信贷资金安全的两个条件,只要二者违反其一都属于骗贷行为,都属于"套取"。[21] 本文不赞同该观点。首先,从文义上看,套取所指的"取"显然是形容获取贷款的行为阶段,主要强调行为手段的非法性,非法获取称为"套取",获取贷款后是否按照规定用途使用不在其含义范围内。其次,虽然以违背合同约定的方式使用贷款确会致使信贷资金不安全不稳定,但资金出借本身就是自带风险的行为,任何民事主体之间的借贷都具有风险,要求银行的贷款绝对安全没有任何风险是过于理想化的,并且这与是否要把套取扩大解释为改变资金用途是两个完全不同的问题,不能混为一谈。2019年《全国法院民商事审判工作会议纪要》中指出,"出借人套取金融机构信贷资金又高利转贷给借款人的民间借贷行为,既增加了融资成本,又扰乱了信贷秩序"。这一纪要明显把申请贷款的阶段和得到贷款后转借的阶段进行了划分,即套取行为主要指行为人获取贷款的手段非法,该表述对把握套取的含义具有借鉴意义。行为人使用真实的材料、凭借合法的资格获取贷款,并无骗取的故意,后续行为人将资金转贷后不能将先前获得贷款的行为认定为"套取"。

三、方法与策略:高利转贷罪现实偏失的匡正路径

1997年《刑法》颁行至今,我国在24年时间里陆续出台的11部刑法修正案均未对高利转贷罪进行任何形式的修改。在当时的市场条件下,规定高利转贷罪可以为金融机构发放贷款的绝对权力提供法律保障,具有相当的时代合理性。其不仅能严格限定贷款的申请和资金去向,亦有助于防止金融机构的信贷资金流失,对于保护和稳定我国金融秩序具有重要意义。法律规范来源于社会经济生活,服务于社会经济生活。20多年过去了,我国的经济情况已经发生了

---

[20] 参见高铭暄、马克昌主编:《刑法学》(第9版),北京大学出版社2019年版,第397页。

[21] 参见崔晓丽:《高利转贷罪司法认定中的疑难争议问题》,载《中国刑事法杂志》2009年第4期。

巨大的变化,但是高利转贷这一罪名仍然静止地列于刑法条文中,其是否能够在剧烈社会变动的过程中贴合社会发展的实际,是一个值得思考的问题。“法律不应是嘲笑的对象”,既然信仰法律,就不要随意主张修改法律,解释者应当从更好的角度解释疑点,作出善意的解释或推定。[22] 所以,对于高利转贷罪司法认定的扩张,当前切实可行的办法是通过司法手段予以限制。

不可否认,高利转贷罪在今天仍然履行着保护信贷资金安全和我国金融管理秩序的职能,但在中央强化“六稳”“六保”政策的背景下,对中小型民营企业和企业家的保护同样不可忽视。企业在发展过程中对资金的需求是客观存在的现象,相比于实力雄厚规模较大的国有企业,民营中小企业发展所需的资金很难从银行等金融机构的贷款中得到满足,常常需要进行民间借贷融资。从积极意义出发,高利转贷行为甚至在一定程度上缓解了中小企业“融资难”的现实困境。若对高利转贷罪的认定依然保持过去的原状甚至过度扩张,将不利于民营中小企业的生存与发展。我们需要看到,一旦行为被认定为犯罪,受到刑事处罚的中小企业和企业家一般很难在市场竞争中生存下去,企业倒闭后会带来大量失业和一系列的严重社会问题。法律解释等方法是变革社会的微调器,只要社会关系不发生革命性变化,法律的稳定性和社会的变化性之间的矛盾就可以在司法、执法方法的运用中得以解决。因而对法律与社会关系的处理,应该是稳中求变的“持法达变”。[23] 鉴于此,在经济条件已发生巨变的今天,认定高利转贷罪时应遵守一定的步骤,可以考虑从以下两种路径进行。

(一)路径之一:实质性评估行为社会危害性

《刑法》第 13 条规定,情节显著轻微危害不大的,不认为是犯罪,在高利转贷罪的认定方法中,首先要确立这一思路。高利转贷行为是否具备严重的社会危害性,应当从市场经济秩序、金融管理秩序尤其是本罪所要保护的国家信贷资金管理秩序去分析其受侵害的程度。“实际上,社会危害性是一个历史的范畴。它不是一个静止概念,具有相对性。也就是说,社会危害性的大小和有无会随着社会条件、观念以及评判基础的不同而有变化。”[24] 这种变化对于经济

---

〔22〕 参见张明楷:《刑法格言的展开》(第 3 版),北京大学出版社 2013 年版,第 3 页。

〔23〕 所谓“持法达变”是由中国传统思维“持经达变”改造而来,是指面对复杂多变的社会,实现法治的目标不能随便改变,通过法律意义和法律所调整社会关系的改变,达到万变不离其法的效果,能够维护法律意义的稳定性。参见陈金钊:《法律如何调整变化的社会——对“持法达变”思维模式的诠释》,载《清华法学》2018 年第 6 期。

〔24〕 陈晓明、何承斌、童伟华:《理论刑法学专论》,科学出版社 2006 年版,第 53 页。

犯罪来说尤其明显,有些罪名难以符合市场经济本质和我国未来市场经济发展方向,因此在司法认定中更应保持慎重。现实中,由于法律规定较为笼统,司法机关较为机械地去理解高利转贷罪设置的基本内容,只要形式上符合刑法规定字面含义的行为即成立高利转贷罪。这种认定思路事实上忽视了本罪在当前时代语境下的社会危害性,市场中的自然人本质上是趋利避害的,高利转贷一方面可能带来金融风险,但另一方面在事实上也增加了民间融资的效率,具有正反的双重性。若只是采用数额标准在整体上一概将其评价为严重的社会危害性,这事实上将本罪从结果犯模式变成了行为犯模式,使得国家证明责任减轻,入罪门槛偏低,带来了处罚范围扩大的问题,不符合客观实际。

如前述朱某高利转贷罪一案中,为其办理贷款的银行工作人员知道朱某所贷资金闲置后主动提出了借款,转借资金后朱某每月按时向银行支付利息,并在案发前就已归还了银行的全部本金。在二者的民事借贷法律关系中,银行获取了利息也收回了本金,银行与朱某的贷款合同一定程度上已正常履行完毕,此时刑法却要以该行为具备严重社会危害性为由,强行介入其中认定为犯罪,恐难以契合现代刑法作为最后手段的基本属性。本文认为,行为严重社会危害性的评估不应表面化、形式化,而应是实质的、具体的。从古至今,法官适用法律包括刑法,从来都不是仅仅依据规则就能得出判决结论,而始终是立足于规则之上,同时求助于实质正义、社会经验和当下情形来形成判断。对于形式上被规定为犯罪,但实质上不具备当罚性的行为,应当排除在刑法圈之外,从实质上解释一行为是否具有处罚的必要性和合理性,以此来实现刑法保护法益的目的。[25] 简单来说,表面上被告人所涉数额已经超过了立案标准,但并不意味着该行为具备了严重社会危害性应当入罪。

(二)路径之二:限制性解释刑法抽象秩序法益

在针对行为的实质社会危害性进行讨论后,接下来应对行为所指向的对象秩序法益进行限制解释,这与前述路径一是同一层面的两个问题,两者形成了有机统一的体系。我国《刑法》分则中存在大量保护秩序法益的条款,尤其在第三章经济犯罪情形下更是如此,如第一节生产、销售伪劣商品罪,侵犯了社会主义商品市场秩序和消费者的合法权益;第三节妨害对公司、企业的管理秩序罪侵犯的是国家对公司、企业的管理秩序;第四节妨害的是国家的金融

---

〔25〕 参见刘艳红:《实质刑法观》(第 2 版),中国人民大学出版社 2019 年版,第 235 ~ 241 页。

管理秩序。[26] 本文不否认这种秩序法益表述的合理性,但无视具体的被害人,理所当然地认为法益概念是某某秩序的做法是不妥当的。倘若刑事立法中存在将侵害抽象法益的行为规定为犯罪的现象,恰恰说明刑事立法需要以具体的法益观为指导,需要使实质的法益概念发挥批判机能,[27] 因此认定秩序法益要始终贯彻谨慎与限制的立场。通过前述司法案例可以发现,行为人在案发前已全部返还银行的本金,甚至个别案件如白某某高利转贷罪一案的判决书中还明确了行为人案发前偿还了贷款相应的利息。在这些案件中,行为主体确实表面上实施了符合高利转贷罪的行为,但银行未曾因为这些转贷行为遭受丝毫的资金和利益损失。

在传统刑法理论的立场下,认为经济犯罪的客体是国家经济管理秩序,进而主张高利转贷罪主要保护的是金融机构发放贷款的绝对权力,至于银行是否遭受损失则在所不问。本文不赞同这种笼统的解读:首先,从刑法规定和司法实践中适用的情况来看,此种解释明显存在国家动用刑法保护特定部门和行业垄断利益的嫌疑;其次,这种理解也难以符合市场经济本质和前行方向,不确定的法益解释容易在司法中引起经济刑法处罚范围的不当扩大。不同于自然犯,经济犯罪具有时代性和社会管理性质,对其法益解释应该做到形式合理性与实质合理性的统一。对于形式上只是违反特定经济制度或秩序,未产生具体法益侵害的行为,应由经济法、行政法等社会管理法规调整,不宜纳入刑法范围。[28] 众所周知,我国是违法与犯罪区分的二元体系,刑法只评价具有严重社会危害性的行为,抽象的秩序法益需要通过案件中的具体法益侵害来得以呈现。所以在银行没有损失并不存在被害人的场合下,一味强调信贷资金管理秩序遭受破坏而认定犯罪未免有空谈之嫌。

刑法处罚犯罪意在保护法益,但更重要的问题是,刑法规定社会和国家法益的犯罪,其目的往往在于维护某一种制度或者秩序。虽然我们可以认为这种秩序的构建最终是为了每个国民的生活利益,但它与国民具体利益之间的连接非常间接与曲折,是经过多次提炼与抽象的结果。[29] 正所谓:“秩序是法的基

---

〔26〕 参见马克昌主编:《经济犯罪新论——破坏社会主义经济秩序罪研究》,武汉大学出版社 1998 年版,第 62 页。

〔27〕 参见张明楷:《法益保护与比例原则》,载《中国社会科学》2017 年第 7 期。

〔28〕 参见何荣功:《经济自由与刑法理性:经济刑法的范围界定》,载《法律科学(西北政法大学学报)》2014 年第 3 期。

〔29〕 参见陈家林:《法益理论的问题与出路》,载《法学》2019 年第 11 期。

础价值,旨在创设一种正义的社会秩序。而自由强调的是主体个性的发挥,是法的终极价值。”[30]因此,当犯罪行为指向具体的被害人、有具体的法益时,作为基础价值的秩序法益应当让位于具备终极价值的具体法益。倘若认为本罪保护的是信贷资金管理秩序,那么由于秩序法益的模糊性和不周延性,司法实践中容易将秩序法益所包摄的概念不断扩展,形成“有行为即入罪”的扩张趋势。本文认为,在经济犯罪秩序法益广泛存在的情况下,应当从实质出发,将本罪的保护法益限制解释为被害人(银行或其他金融机构)的信贷资金安全更为具体可行。行为人的高利转贷行为事实上不会对银行资金安全构成实际损害的,则没有侵害法益。因此,司法机关在认定高利转贷罪时,应当持谨慎立场,限制性地解释抽象法益,不仅要看违法所得数额较大的门槛,也要综合考虑是否造成金融机构信贷资金损失较大的结果。

(三)小结

1. 经济秩序法益的分层理解

罪刑法定原则是刑法解释的前提,既然刑法分则明确规定高利转贷罪破坏了信贷资金管理秩序,超越实定法的规定去理解恐怕也是不妥当的,问题的关键在于如何在符合刑法本义的条件下去把握秩序法益。本文认为:其一,现代社会是由各部分组成的有机整体,社会中的秩序法益自然也呈现出一定的层次结构,不同的部门法对应保护着相应领域的秩序。在经济领域,刑法与经济法和行政法等部门法都保护经济秩序,但刑法作为保障法,即便保护经济秩序,也只能保护其中最为重要的、核心的经济秩序,即“秩序中的秩序”。简单地认为本罪侵害的法益是信贷资金管理秩序,是笼统的、不彻底的、宏观性的思考方式,甚至会造成刑法处罚扩大化,过度入侵市民经济生活的灾难性后果。[31] 其二,应当注意到,经济秩序法益包含了核心法益和附随法益,国家维护经济秩序的核心应在于保护具体对象的权益。譬如国家建立信贷管理秩序,禁止套取金融机构的贷款后高利转贷,主要意在保护金融机构资金的安全。行为人客观上实施了资金转贷行为,但金融机构的资金没有遭受损害或者风险时,若将行为认定为犯罪,并不契合立法设置这些犯罪的初衷。而且,由于金融机构没有遭受实际资金损失或者存在损失的风险,金融机构和行为人之间甚至不存在任何

---

〔30〕[美]E.博登海默:《法理学:法律哲学与法律方法》,邓正来译,中国政法大学出版社2004年版,第330页。

〔31〕参见何荣功:《经济自由与经济刑法正当性的体系思考》,载《法学评论》2014年第6期。

民事纠纷，在这种情况下认定行为构成犯罪，与刑法作为“社会最后手段”的保障法属性也不符合。

2. 思路的转变与方法的确立

实现全面依法治国既需要刑法以积极的姿态去预防风险，充分发挥刑法的社会保护机能，又需要刑法以审慎的姿态介入，以免不当的犯罪化扩张而干涉公民的自由，要处理好介入实践合理性与合理处罚的边界。[32] 从社会发展的实际来看，高利转贷罪保护法益是不断变化发展着的：在设立本罪之初，需要保障有限的国家信贷资金用于特定用途，而随着社会的不断发展，市场经济活力进一步迸发，国家信贷资金所扮演的角色事实上也由从前市场主要推动力转变为现在“无形的手”，信贷资金的使用不再像最初那样要被严格应用于某种特定领域不得滥用，因此本罪当下法益解读需要更多地聚焦于金融机构信贷资金的安全。在实际调研中会发现存在这样的尴尬局面：企业或企业家本来按时向金融机构归还利息没有造成金融机构损失，但由于被认定为刑事犯罪，企业无法经营而破产，无力继续偿还贷款，反而造成了金融机构不能收回资金的巨大损失。“高密度、高强度的对经济违法行为进行犯罪化的进程，使得刑法对经济活动的调整范围得以大大扩张。”[33] 在这一背景下，对于高利转贷罪认定思路应当注重刑法上的谦抑性要求，发挥刑法的最后手段性而非主动引领性，从而防范经济金融秩序这一法益内容的滥觞与司法认定的过度扩张。

3. 可能存在的质疑与回应

对于上述提出的方法路径，或许会有反对意见认为刑法和司法解释明确规定了高利转贷罪入罪的数额和情节，已无解释的空间。且在严厉打击金融犯罪的刑事政策下，案件实际办理从来都更关注行为对信贷资金管理秩序的侵害性，而不问金融机构的损失，因此将秩序法益进行实质解释而出罪有违反罪刑法定之嫌。但是，这样的质疑并不成立。第一，当今世界各国的罪刑法定原则已经形成了兼具形式侧面和实质侧面的现代罪刑法定原则，实质的罪刑法定主张，只有符合正义理念的刑法规范才与法治国家的理念相符，要求法官根据法条之形式规定并结合犯罪对社会的实质危害来解释法条、适用

---

〔32〕 参见姜涛：《社会风险的刑法调控及其模式改造》，载《中国社会科学》2019 年第 7 期。

〔33〕 杨兴培、李翔：《经济犯罪和经济刑法研究》，北京大学出版社 2009 年版，第 327 页。

法条。〔34〕 因此,将可以由其他部门法调整,不应该用刑罚处罚的行为扩张认定为犯罪同样也违反罪刑法定原则。第二,本罪在司法实践中惯常的做法属于实然层面的问题,而本文所阐述的认定思路乃应然层面的问题,两者不可混淆,更不能因为现实中案件的大多数按此处理而在意识和思路上忽视对本罪进行实质审查。第三,严厉打击金融犯罪确为指导办案的刑事政策,但“宽严相济”同样是我国的刑事政策,是对一切犯罪具有普遍指导意义的基本刑事政策,〔35〕因此严厉的刑事政策并不是扩张认定犯罪的理由。在我国迈入中国特色社会主义新时代的背景下,经济秩序的流动性和变化性加强,司法认定也应转变方法,在办案中树立起实质评估社会危害性和限制解释秩序法益的思路,保持高利转贷罪本身的“不变”与认定思路的“转变”,才能在“变与不变”中达成司法动态的平衡。

四、结论与立场:现实具体情形认定之再探究

为匡正高利转贷罪的司法认定扩张问题,前文已提出两个路径,即实质性评估行为社会危害性和限制性解释秩序法益。在此,以本文所提出的立场和思路为基础,围绕前述案例高利转贷罪实践认定中的两个争议问题,进一步分析如下。

(一)贷款时无转贷牟利目的,事后改变贷款用途不成立高利转贷罪

转贷牟利目的属于行为人的内心事实,于司法机关而言,认定行为人是否具备该目的难度较大。但若因其难以查证查清就肯定转贷牟利目的的存在,显然是过于草率的。本文认为,认定转贷牟利目的至少应当注意以下几点:第一,行为人明显不具备转贷牟利目的。如行为人申请贷款的程序合法合规,申请项目也真实存在,看不出有任何套取资金性质的,应当否定转贷牟利目的的存在。第二,行为人明显具备转贷牟利目的。如采用虚构编造合同的方式申请贷款,获取贷款后即进行高利率转贷,此时可以肯定其转贷牟利目的。第三,行为人转贷牟利目的较难查证。此时,应综合全案事实,从客观事实进行推定,但要允许

〔34〕 参见刘艳红:《实质刑法观》(第2版),中国人民大学出版社2019年版,第74~76页。

〔35〕 参见马克昌:《论宽严相济刑事政策的定位》,载《中国法学》2007年第4期。

被告人反证。[36] 另外,可考察行为人贷款时间与转贷时间相隔是否过短、行为人是否属于"边贷款、边放贷"的情形,以及在贷款前是否已经和第三人达成合意等事实。

譬如,前述某股份公司高利转贷罪一案中,该公司无牟利目的且合法取得银行贷款,但因为天气条件无法施工而将资金搁置,经银行经理介绍才将该款转贷,且按时还本付息归还了贷款。本案中该公司将贷款转贷刘某,形式上确实违反了相关法律及该公司和银行约定的用途,但公司向银行的贷款有足额担保,且一直按照约定偿还银行贷款,最终还清了本金和利息,银行的资金没有损失,银行也没有作为被害人报案。所以,本案没有具体法益侵害,不应构成高利转贷罪。

(二)还本付息提供足额担保,银行未遭受损失不成立高利转贷罪

前述章某某高利转贷一案中,其以自家房产抵押与农业银行签订最高额担保个人借款合同,获得资金后章某某转借给庄某牟利,在约定期限内章某某向银行归还了全部借款本息。从本文限制认定高利转贷罪的立场进行分析,在该情况下银行的信贷资金安全没有受到损害,章某某不应成立犯罪。根据我国《民法典》中对担保的相关规定:第一,如果担保人提供的是一般保证,在执行完债务人的财产后仍未达债务的数额,那么只需要执行保证人的财产即可;如果保证人提供的是连带保证的话,则银行在规定期限可以随意选择执行债务人的财产或者保证人的财产。第二,如果提供的是物保,实践中一般借贷人会提供房产等不动产以及其他动产抵押,且银行等金融机构一般事前需要对其价值进行评估,因此一旦债务人还款困难,只需要执行其抵押物即可。[37] 或许会有观点认为这种行为损害了国家信贷资金的管理秩序,应当进行处罚。但已如前述,高利转贷罪当然保护信贷资金的管理秩序,但是也同样保护金融机构的利益。在提供了足额担保、按时还本付息的场合下,恐怕连银行自己都难以接受自己是刑事犯罪的"受害人"。"社会生活经验告诉我们,有些行为,从社会发展的需要来看,继续犯罪化不仅不具有合理性,而且还会严重影响到社会公众的价值判断。"[38]

---

〔36〕 参见何荣功:《非法占有目的与诈骗案件的刑民界分》,载《中国刑事法杂志》2020年第3期。

〔37〕 参见姚万勤:《高利转贷除罪化实证研究》,载《政治与法律》2018年第3期。

〔38〕 蒋涤非:《试析高利转贷行为的非罪化——以隙某、周某信贷资金转贷牟利案为例》,载《中国检察官》2014年第16期。

结 语

“高利转贷行为从本质上来说,只是行为人主观上基于牟利的目的,利用自身的信贷优势将金融机构的资金以较低的利率套出来后,再以较高的利率将其贷出,从而获取中间差价的过程。”[39]从我国当前的经济形势出发,这种高利转贷行为虽然在客观上具备了形式上的刑事违法性,但实质上不具有严重的社会危害性,甚至可能会有利于资金的流通和企业的发展,具有相当的积极意义。因此在司法认定中要秉持正确的立场和思路,把握好罪与非罪的界限,将本罪秩序法益具体化为金融机构的信贷资金安全,将高利转贷罪的认定限定在合理的范围之内。具体可以考虑行为人是否在行为时具备了转贷牟利的目的,是否提供了足额担保,是否按时还本付息偿还贷款等情况进行综合判断。若凭借抽象的秩序法益对高利转贷行为一律进行定罪处罚,恐会偏离和违背刑法推动经济社会发展的功能,甚至造成立法者和司法者观念上对行为自由的忽视,成为孕育整个社会缺乏人权意识和人性关怀的“温床”。[40]

责任编辑:罗佩洋

---

〔39〕 姚万勤:《高利转贷除罪化实证研究》,载《政治与法律》2018年第3期。

〔40〕 参见贾学胜:《非犯罪化研究》,法律出版社2011年版,第18页。

利用有身份者冒名骗保的争议问题及其司法应对

马天佑*

摘要:

在当前司法实践中,利用有身份者冒名骗取保险金,而有身份者不知的案件呈现多发态势。如何认定行为人的行为性质,成为当前刑事司法实践中的棘手问题。由于这类保险诈骗行为侵犯了保险诈骗罪所保护的法益,且认定为诈骗罪可能造成量刑畸轻的不当后果,故不宜认定为诈骗罪。同时,由于行为人亲自实施了骗保的行为,不符合间接正犯的条件,故不宜认定为保险诈骗罪的间接正犯。应当结合身份犯中的"身份"概念,对保险诈骗罪的主体进行实质解释,认为保险诈骗罪的主体应当是指,具有能侵犯到保险运作机制与保险人财产权益的特殊地位或状态的人,由此便可解决利用有身份者冒名骗保的法律适用难题,以保险诈骗罪对行为人定罪处罚。

关键词:

保险诈骗罪;间接正犯;身份犯;实质解释

一、案例导入与问题提出

商业保险作为社会安全保障的一大支柱,能在意外发生时通过补偿损害的方式为社会成员提供经济支持,以分散乃至消弭个人经济生活上的忧虑。近年来,商业保险逐渐成为与社会公众关系日益密切的一种法律交往,这在促进我国保险市场与保险行业快速发展的同时,也滋生了相当数量的刑事犯罪。在当前的刑事司法实践中,保险诈骗的行为方式不断变更,案件处理难度也随之增加。笔者在威科先行法律信息库以"保险诈骗罪"为关键词进行案例检索,并将审理法院所在地限定在江苏省、浙江省与上海市三地,案由限定为刑事,裁判日

---

* 马天佑,华东政法大学刑事法学院硕士研究生,研究领域为刑法学。

期限定为最近3年,共检索到有效的刑事裁判文书409件。通过研读这些裁判文书,笔者发现,近年来的保险诈骗刑事案件可以结合“行为人是否具备特殊身份”与“行为人是否与有身份者存在共同犯罪故意”两个标准大致分为以下三类:

在第一类案件中,行为人是保险合同的投保人、被保险人、受益人,或者是保险事故的鉴定人、证明人、财产评估人,〔1〕由于其具备特定身份,完全满足了《刑法》第198条对犯罪主体的规定,故此类案件在司法实践中并无太大争议。

在第二类案件中,行为人并不具有特定身份,其通常通过医院蹲守或以利用经营汽修厂之便等方式与保险合同当事人建立联系,以提高保额的方式诱使保险合同当事人提供保险金赔付的必要条件,进而伪造保险事故或虚构被保险人的伤残程度以骗取保险金;〔2〕或者行为人原本并非保险合同的被保险人或受益人,但是其以要求相关证明人开具虚假证明的方式,获取到了行使保险金赔偿请求权的资格,从而骗取到了保险金。〔3〕实践中,司法机关对这类案件的处理方式较为统一——虽然被告人并非保险合同当事人或保险公估人,但法院仍然会按照保险诈骗罪的共同犯罪作出判决,并在裁判文书中强调被告人行为的“协助”性质。〔4〕究其内在逻辑,在于强调行为人并非保险诈骗罪的主犯,而只是发挥次要作用的从犯,从而能够绕开身份认定的难题,顺利地将被告人的行为认定为保险诈骗罪的共犯。

在第三类案件中,行为人同样不具有特定身份,但不同于第二类案件之处在于,投保人、被保险人或受益人对行为人利用其特殊身份实施保险诈骗的行

〔1〕参见高某、屠某保险诈骗案,江苏省张家港市人民法院(2021)苏0582刑初757号刑事判决书。

〔2〕参见陈某洪等保险诈骗罪案,上海市第一中级人民法院(2020)沪01刑终1528号刑事判决书。

〔3〕参见吴某炯、金某、龚某杰等保险诈骗案,浙江省绍兴市上虞区人民法院(2020)浙0604刑初211号刑事判决书。

〔4〕上海市第二中级人民法院在李某、朱某福保险诈骗罪上诉案,(2020)沪02刑终968号刑事判决书中认为:杨某军、李某虽然不是机动车辆保险的投保人、被保险人、受益人、鉴定人、证明人以及财产评估人,但其在协助受益人进行伤势鉴定以及诉讼过程中,通过非法手段,许诺受益人可以帮助其提高伤残等级,勾结鉴定人朱某福出具虚假的伤势、伤残鉴定意见,夸大损伤程度,以受益人名义通过民事诉讼等手段骗取涉案保险公司支付高于其应当支付的事故理赔款,数额特别巨大,杨某军、李某、朱某福的行为符合保险诈骗罪的构成要件,对杨某军、李某的辩护人认为杨某军、李某不构成保险诈骗罪的意见,本院均不予采纳。

为并不知情，不过，由于二者之间存在亲属、租赁、保管等足以使保险公司信任的法律关系或法律事实，致使行为人往往能够提供有身份者的相关证件与银行卡，因而能够成功骗取到保险金。[5] 这类案件近年来呈现逐渐增加的趋势。[6] 处理这类案件的难点在于，行为人与保险合同当事人之间并不存在共同的犯罪故意，二者之间成立共同犯罪且行为人是保险诈骗罪从犯的可能性被否决了。而且，在单独正犯层面，由于行为人不具备保险诈骗罪犯罪主体的身份，其行为也不能被认定为保险诈骗罪。实践中，司法机关对此类行为的定性问题也存在观点分歧。例如，有的法院认为，由于行为人不满足保险诈骗罪对犯罪主体的要求，故应当将其行为认定为诈骗罪，从而对被告人判处了三年三个月的有期徒刑。但是实际上，被告人诈骗的金额为 14.62 万元人民币，本已达到了保险诈骗罪的法定刑升格条件，按照诈骗罪做如此轻缓的判决是否能够做到罪刑相适应是值得怀疑的。[7] 有的法院则认为，此类行为应当认定为保险诈骗罪，但遗憾的是，持此观点的法院在裁判文书中没有充分地进行说理，未能解决身份认定的难题。[8] 此外，一些检察院提出了“实际投保人”“实际受益人”“共同投保人”“共同被保险人”“隐名投保人”“隐名被保险人”等概念，试图将被告人解释为保险合同当事人，进而指控被告人成立保险诈骗罪。[9] 这种做法的问题在于，即便被告人是实际出资购买保险的人，也是实际的受益人，但却不见得当然属于保险法意义中的投保人或被保险人（受益人）。因此，一些检察院对上述概念做不同于保险法的实质解释，恐怕欠缺理论依据。不过，这样的做法或许也是可行的，但这应当是在论证依照诈骗罪处理第三类保险诈骗案件会得出不适当结论的后话。正如张明楷教授所言：“只有在根据第一次规范的概念、定义解

---

〔5〕 参见刘某保险诈骗案，上海市宝山区人民法院（2021）沪 0113 刑初 347 号刑事判决书。

〔6〕 据笔者统计，江浙沪地区 2018～2021 年共发生此类案件 51 起，其中 2018 年的案件数量为 3 件，2019 年为 17 件，2020 年为 25 件。由于 2021 年的裁判文书尚未收录完整，故在此不纳入趋势统计范围。

〔7〕 参见彭某、张某等诈骗罪、保险诈骗案，江苏省南京市秦淮区人民法院（2019）苏 0104 刑初 681 号刑事判决书。

〔8〕 参见袁某保险诈骗案，上海市虹口区人民法院（2018）沪 0109 刑初 1051 号刑事判决书。

〔9〕 参见尹某林诈骗罪上诉案，上海市第二中级人民法院（2019）沪 02 刑终 1163 号刑事判决书；于某领、吴某贤保险诈骗罪上诉案，上海市第二中级人民法院（2019）沪 02 刑终 1728 号刑事判决书。

释刑法规范,导致有罪或无罪的结论不能令人接受,损害罪刑法定原则与罪刑相适应原则时,才宜对刑法上的相关概念做出不同于第一次规范的解释”。[10]

总而言之,在当前的保险诈骗罪司法实践中,实务部门在第三类保险诈骗案件的定性问题上产生了观点分歧。以下,本文将寻求第三类保险诈骗案件的合理解决路径,为打击此类犯罪提供理论上的支持。

二、利用有身份者冒名骗保不宜认定为诈骗罪

(一)认定为诈骗罪将忽视对保险运作机制的损害

如前文所述,一些法院在判决时往往会因为行为人欠缺特定身份而将第三类保险诈骗行为认定为诈骗罪。在刑法理论上,刘宪权教授也支持这种做法,他认为,当行为人与被冒名的投保人的确不存在共同故意时,由于行为人不符合保险诈骗罪主体的要求,故不能以保险诈骗罪处罚,而可认定为诈骗罪。[11]但是,将第三类保险诈骗案件认定为诈骗罪的做法,忽视了此类行为对保险制度的破坏以及对广大投保人、被保险人、受益人利益的损害,这主要且直接地体现在保险费率的升高与保险基金的缩减两方面。

首先,在保险学中,保险费等于保险费率与保险金额的乘积,而保险费率就是保险产品的成本。保险公司在确定保险费率的过程中,会先对未来的损失和费用进行预测,然后将这些费用在不同的投保人之间进行分配,并进行调整和修正。当保险金诈骗现象频繁出现,保险公司便不得不将这种现象作为一种风险因素加以考虑,保险费率也会随之上调。这就直接导致了广大投保人在向保险公司购买保险时,不得不在原本正常的基础上再多缴纳一部分费用,以换取自己从保险公司获取保险赔偿金的权利。[12] 其次,保险基金本身来源于众多投保人所交纳的保费,因此保险金被诈骗犯大量吞噬的结果,就是直接地减少了被保险人(或受益人)获取保险赔偿金的可能性,非法地增加了保险人的补偿责任,也损害了保险基金的安全和稳定状态,给保险事业的正常运行和发展带来了严重的危害后果。[13]

---

[10] 张明楷:《论身份犯的间接正犯——以保险诈骗罪为中心》,载《法学评论》2012年第6期。

[11] 参见刘宪权:《金融风险防范与犯罪惩治》,立信会计出版社1998年版,第243页。

[12] 参见张利兆:《保险诈骗罪研究》,中国检察出版社2007年版,第39页。

[13] 参见利子平、胡祥福主编:《金融犯罪新论》,群众出版社2005年版,第319页。

从行为人骗取保险金会导致投保人等主体利益受损、保险基金亏损、保险人的经营成本增加等连锁反应来看,无论是“传统的”保险诈骗行为,还是本文着重讨论的第三类保险诈骗行为,都会对保险运作机制产生实质影响进而不当地提升金融交易风险,触犯到金融诈骗罪保护的法益——金融运作机制。[14] 因而不应当简单地将其认定为普通的财产犯罪。

(二)认定为诈骗罪将造成量刑畸轻的不当后果

一些学者认为,对于第三类保险诈骗案件,“完全可以将之认定为普通诈骗,这并不会导致对犯罪的放纵”,[15] 这种说法并不准确。将此类案件定性为诈骗罪也基本上能实现罪刑相适应的情况,只能发生在涉案金额尚未达到“数额巨大”标准,也即犯罪金额在 1 万元以上 10 万元以下之时。[16] 此时,若将行为认定为诈骗罪,则被告人的刑罚为三年至十年有期徒刑加罚金;若认定为保险诈骗罪,则被告人的刑罚为五年以下有期徒刑加罚金。如果单纯从刑罚角度考虑,由于刑期存在部分重合,所以即使选择不同罪名,对行为人刑期的影响也确实不大,但是若在犯罪金额已经达到 10 万元以上时,仍将这类行为认定为诈骗罪便明显不能罚当其罪,甚至会造成量刑畸轻的不当后果。例如,在于某领、吴某贤保险诈骗案中,被告人骗取到的保险金高达 17.95 万元,但一审法院认为,被告人不具备刑法规定的主体身份,不能以保险诈骗罪追究其刑事责任。据此,一审法院以诈骗罪分别判处被告人于某领有期徒刑三年六个月,并处罚金人民币 5 万元,判处被告人吴某贤有期徒刑一年,缓刑一年,并处罚金人民币 1 万元。但同级检察院提出抗诉认为,一审法院对被告人行为的定性错误,导致量刑畸轻。最终二审法院审理后持与一审法院相同的意见,做出了“驳回抗诉,

---

〔14〕 参见劳东燕:《金融诈骗罪保护法益的重构与运用》,载《中国刑事法杂志》2021 年第 4 期。

〔15〕 《保险诈骗罪主体争议问题及其司法应对》,载微信公众号“上海检察”2021 年 9 月 20 日。

〔16〕 虽然保险诈骗罪中的“数额巨大”在不同地区含义并不相同,但是参考江浙两地的地方司法文件并结合当前保险诈骗审判实践,没有疑问的是,自然人诈骗保险金 10 万元以上的,属于“数额巨大”。具体依据参见江苏省高级人民法院、江苏省人民检察院、江苏省公安厅《关于加强经济犯罪案件办理工作座谈会纪要》第 2 条第 7 款、浙江省高级人民法院《关于部分罪名定罪量刑情节及数额标准的意见》(部分失效)第 46 条。

维持原判”的终审判决。[17] 实际上,本案中检察院提出抗诉情有可原——被告人骗保的金额已经达到了“数额巨大”标准,若能认定为保险诈骗罪,本应被判处五年至十年有期徒刑,而不只是三年六个月的有期徒刑。

不仅如此,在很多第三类保险诈骗案件中,行为人还会同时实施其他类型的保险诈骗行为。虽然在整体上,他们骗保的总金额已经达到了“数额巨大”这一法定刑升格条件,但是实践中囿于身份认定的难题,司法机关也只会以诈骗罪和保险诈骗罪对之数罪并罚,并在两罪的基本法定刑幅度内量刑,最终导致重罪轻罚结果的出现。例如,在范某林、孙某高诈骗、保险诈骗案中,被告人范某林作为投保人实施保险诈骗行为,犯罪金额为1.09万元;利用他人的投保人身份制造保险事故实施诈骗行为,犯罪金额为9.4万元,合计保险诈骗金额达到了10.49万元。被告人骗保数额已经达到了“数额巨大”标准,本应被判处五年至十年有期徒刑,但是法院最终以保险诈骗罪和诈骗罪数罪并罚,仅决定对被告人执行三年三个月的有期徒刑。[18]

在刑期的对比之下不难看出,将已经达到“数额巨大”标准的第三类保险诈骗案件认定为诈骗罪显然轻纵了被告人,损害了罪刑相适应原则,结论不能令人信服。此外,需要长远考虑的是,当实施第三类保险诈骗案件的行为人由自然人转变为单位时,即使该单位的犯罪金额较大,也不能被认定为保险诈骗罪或诈骗罪。前者原因自不必赘述,后者原因则在于诈骗罪的犯罪主体只限于自然人。对于这种情形,如果依照当前司法实践的思路,只能认定为无罪,而这样的处理结果显然与刑法的公正价值背道而驰。

三、利用有身份者冒名骗保不宜认定为保险诈骗罪的间接正犯

(一)无身份者不能成为身份犯的间接正犯

对于如何处理新型保险诈骗案件,一些学者之间产生了能否适用间接正犯

---

〔17〕 参见于某领、吴某贤保险诈骗案,上海市第二中级人民法院(2019)沪02刑终1728号刑事判决书。此外据笔者统计,骗保金额在10万元以上的案件在第三类保险诈骗案中占比达到17.6%,具体参见谢某、孔某等诈骗案,江苏省南京市秦淮区人民法院(2021)苏0104刑初110号刑事判决书;李某华、费某斌、费某亮等保险诈骗案,浙江省湖州市南浔区人民法院(2020)浙0503刑初295号刑事判决书等案。

〔18〕 参见范某林、孙某高诈骗、保险诈骗案,江苏省南京市秦淮区人民法院(2020)苏0104刑初198号刑事判决书。

理论加以解决的争论。毛玲玲教授认为,在此情形下,有身份者已完全沦为行为人的犯罪工具,因此可以适用间接正犯理论对无身份者进行规制。钱叶六教授则持相反意见。他认为,无身份者不可能成为有身份者的间接正犯,因此,在第三类保险诈骗案件中,行为人不是保险诈骗罪的间接正犯。[19] 对于两位学者的争议,也即无身份者是否可以成为身份犯的间接正犯,刑法理论上存在肯定说、否定说和折中说三种观点,以下本文将逐一展开评析。

1. 肯定说

持肯定观点的学者认为,无身份者完全有可能成为身份犯的间接正犯。例如,我国台湾地区学者韩忠谟认为:“利用者之本身具有故意及责任能力,同时被利用者之行为即系客观之犯罪事实,既以自身之有责行为惹起客观之犯罪事实,则犯罪之要件即属具备,纵或利用者欠缺某种犯罪成立之身份,只须被利用者有此身份,当无碍于犯罪事实之内容,仍不得不负正犯之责。”[20] 李小涛博士在此主张上进一步提出了三点支持理由:第一,利用者因为无身份而不能对特定身份进行背离,不能直接造成法益的侵害,但是不等于利用者不能利用有身份者违背其自身身份的行为而间接造成法益的侵害。当有身份的被利用者做出其身份所不容许之行为时,其不受处罚或不被认为是犯罪只是他们缺乏构成犯罪的责任要素,不等于他们的行为没有侵害法益。第二,在间接正犯中,利用者和被利用者的行为具有“互补性”,他们互相结合、互相补充成为一个整体,被利用者的无责任被利用者的有责和犯意等所补足,而利用者在构成要件方面的欠缺则由被利用者的行为和身份所弥补。第三,在无身份者利用有身份者实施纯正身份犯时,如果不对利用者以间接正犯论处而套用其他相似的罪名,则背离了罪刑法定原则。如非国家工作人员利用无故意的国家工作人员的职务行为收受他人贿赂,虽然国家工作人员毫不知情,但利用者确实有能力促使被利用的国家工作人员为行贿者谋取利益,该利用者实际上既不存在欺诈的意思,也没有隐瞒真相、捏造事实,那么,对此非国家工作人员以诈骗罪论处是不妥当的。[21]

---

[19] 参见《保险诈骗花样翻新　检察聚力重拳出击》,载微信公众号“上海市检察院二分院”2021 年 4 月 1 日;《保险诈骗罪主体争议问题及其司法应对》,载微信公众号“上海检察”2021 年 9 月 20 日。

[20] 韩忠谟:《刑法原理》,北京大学出版社 2009 年版,第 294 页。

[21] 李小涛:《间接正犯与身份》,载《新疆大学学报(哲学人文社会科学版)》2009 年第 1 期。

本文认为,肯定说所主张的观点待商榷,理由有二。第一,诚然,无身份者可以利用有身份者间接地造成相同的法益侵害后果,但是这并不是适用间接正犯理论的充要条件。能否适用间接正犯理论、能否将某身份犯作为处罚依据,要看行为人利用有身份者实施的行为是否满足间接正犯的条件,也要从整体上认定无身份者的行为是否符合身份犯的构成要件,不能单纯地以“造成了法益侵害”取代前述论证。以李小涛博士提出的案件为例,对于非国家工作人员利用不知情的国家工作人员受贿的案件,且不论自《刑法修正案(九)》之后,这类行为可以直接根据利用影响力受贿罪处理,更重要的是,在这个例子中,无身份者本身就已经是正犯,他的行为不满足间接正犯的条件,即便其行为与有身份者实施的受贿行为一样,都侵犯了职务行为的不可收买性,也不能被认定为间接正犯。第二,虽然无身份者与有身份者可以形成身份上的“互补”,但是这种“互补”是否仍在身份犯构成要件的范围之内尚需论证,是否符合间接正犯理论所确立的条件也需要论证,单纯以“互补”为由省略此种解释方法背后的理论并无说服力,反而有违反罪刑法定原则和扭曲间接正犯理论之虞。因此,本文认为肯定说并非解释无身份者可以成为身份犯之间接正犯的可靠学说。

2. 否定说

持否定观点的学者认为,无身份者不可能成为身份犯的间接正犯。例如,我国台湾地区刑法学者甘添贵认为:“无身份之人,利用有身份而不成立该身份犯之人实施身份犯者,其无身份之人,并不成立该身份犯之间接正犯”。[22] 日本刑法学者西田典之提出了这种观点更为具体的理由:“就身份犯,通说对非身份者构成以身份者为媒介的间接正犯持否定态度,这主要是考虑到,由于间接正犯属于构成要件该当性的问题,而非身份者的利用行为不可能该当于身份犯的构成要件。”[23] 换言之,之所以认为无身份者不可能利用有身份者成立间接正犯,是因为无身份者的行为不具备身份犯的构成要件该当性。我国其他刑法学者也多从“保障身份犯罪的构成要件定型性”以及“保障罪刑法定原则”的角度为该学说辩护。[24] 但是,否定说最难以说明的情况在于,若女子利用男子强

---

〔22〕 甘添贵等:《共犯与身份之检讨与省思》,台北,学林文化事业有限公司2001年版,第217页。

〔23〕 [日]西田典之:《日本刑法总论》,刘明祥、王昭武译,中国人民大学出版社2007年版,第274页。

〔24〕 参见林铤:《混合身份视域中的间接正犯问题》,载《河南财经政法大学学报》2013年第6期。

奸另一女子为何可以成为强奸罪间接正犯。对此,否定说的支持者回应认为,强奸罪并非纯正的身份犯,而只是“疑似身份犯”。[25]

本文认为,否定说的观点由于维护了构成要件的定型性,进而鉴定了罪刑法定的立场,因此从整体来看是较为妥当的。虽然否定说的一些支持者认为,强奸罪不属于纯正身份犯,但是仔细思考就不难发现,那是在错误的大前提下进行推理所得出的结论。换言之,认为女子利用男子强奸其他妇女属于强奸罪的间接正犯,实际上颠倒了前提与结论。某行为是否属于间接正犯不应当是推理的起点而应当是推理的结论,某罪是否属于纯正的身份犯才应当是推理的起点而非推理的结论。论证思路不应当是这样的:由于侵犯了相同的法益,所以先入为主地认为,无身份者可以成为某罪的间接正犯,再推论该无身份者可以成为正犯,从而认定该罪属于不纯正的身份犯。这实际上和肯定说犯了同样的错误——侵犯相同法益不等于可以适用间接正犯理论。正确的论证思路应当是,出于对构成要件定型性的保护,无身份者不可能成为纯正身份犯的正犯,也不能成为“间接的”正犯。因此,在一女子利用男子强奸另一女子的案件中,女性行为人作为无身份者,并不能成为强奸罪的正犯或间接正犯。不过,处理此类案件时,我们完全可以跳脱出间接正犯的视野,依据具体案件情况,以强奸罪的教唆犯或帮助犯对上述案例中的女性行为人定罪处罚。

3. 折中说

折中说主张,无身份者能否成为身份犯的间接正犯,应视身份对于犯罪的性质而决定。例如日本学者牧野英一认为,如果依照法律的精神,可以推知某项处罚规定专对有一定身份之人而设立,则无身份者不能成为直接正犯,也不能成立间接正犯,如渎职罪;反之,如果身份仅为侵害法益事实发生要件,则无身份者仍可利用有身份者以完成侵害法益的事实,因此不会妨碍犯罪的成立,可以成立间接正犯。[26]

本文认为,折中说具有一定的局限性,它是建立在“身份犯本质在于法益侵害或义务违反”的基础上的。折中说一方面认为,身份犯的规定彰显了特定人的特殊义务;另一方面又认为,身份犯的规定是为了将犯罪行为妥帖地安排在适当的情景之中。但是,认为身份犯本质在于义务的观点,在学理上遭到了众多非议。例如,有学者认为,“义务违反说”使得刑法与伦理道德不可分离,但

---

〔25〕 参见张明楷:《刑法学》(第6版),法律出版社2021年版,第175页。

〔26〕 参见[日]牧野英一:《日本刑法》(上卷),有斐阁1939年版,第470~473页。转引自韩忠谟:《刑法原理》,北京大学出版社2009年版,第293~294页。

是,道德范围与标准本身具有不明确性,用刑法推行伦理道德,必然会导致公民自由权利的缩减和国家权力的过度介入。[27] 也有学者认为,“从行为规范中无法推导出义务”,而且“义务犯理论与我国立法相龃龉”,[28] 因此在刑法理论上,“义务违反说”及其折中学说已应者寥寥,在此基础上所构建的身份犯之折中说是否可靠,值得深思。

综上,本文认为,肯定说与折中说都不能成为解决本节讨论问题的适当理论,否定说相较前两者维护了身份犯构成要件的定型性,更为合理。

(二)论证思路纠偏

虽然上文已评析了学者之间的争论并得出结论认为,无身份者不能成为身份犯的间接正犯,因而毛玲玲教授所提出的解决方案有待商榷,但是本文并不当然地支持钱叶六教授的观点。钱教授观点的支撑理由虽然是正确的,但其观点与毛教授的观点在一定程度上都偏离了第三类保险诈骗的案件事实。此类案件不能适用间接正犯理论的真正理由在于,行为人的行为不满足间接正犯的条件。

德国刑法理论认为,间接正犯只能在三种理想的典型案件中才能考虑其对犯罪的控制:“凭借强制的意志控制”、“凭借认识错误的意志控制”和“凭借有组织的国家机关的意志控制”。[29] 日本刑法理论则发展出了更为细致的间接正犯类型,包括“强制被害人或者第三者的场合”“利用无责任能力者的场合”“利用不知情者的场合”“利用错误的场合”“利用过失的场合”“利用有故意的工具的场合”“利用合法行为的场合”七种。[30] 不过,不论是在德国刑法还是日本刑法中,间接正犯的模型都是大致相同的,即存在一个幕后人和一个行为中介人。其中,幕后人并不直接实施行为,也不直接控制行为构成的实现,而是借由行为中介人间接地达成这种目标,是一个“袖手旁观”的角色,而行为中介人则单独掌握着对行为的控制,是直接实行人。通常情况下,并未直接参与行为构成之实现但却对事件发挥作用的人,只是教唆犯或帮助犯,但是基于共犯从

---

〔27〕 参见阎二鹏:《身份犯本质刍议》,载《当代法学》2007年第5期。

〔28〕 参见周啸天:《广义抑或狭义:身份犯中身份概念的再界定——以身份的本质为中心》,载《人大法律评论》2017年第3期。

〔29〕 [德]克劳斯·罗克辛:《德国刑法学 总论》(第2卷),王世洲等译,法律出版社2003年版,第20~59页。

〔30〕 [日]西田典之:《日本刑法总论》,刘明祥、王昭武译,中国人民大学出版社2009年版,第270~272页。

属性理论,如果行为中介人不能完全符合正犯的要求,那么幕后人也难以被认定为共犯。为了填补这一处罚漏洞,间接正犯理论诞生了,它将没有实际行动的幕后人"拟制"为了实行犯(正犯)。正如德国刑法学者在阐述间接正犯起源时所说的那样:"在教义学史上,间接正犯原本只扮演了'替补者'的角色。人们当时想将那些顾及共犯的严格的从属性因教唆而不可能处罚的案件包括进去。"〔31〕

行文至此,间接正犯与本文所讨论的保险诈骗行为之间的区别也就不辨自明了:间接正犯中,幕后人并不直接实施某一犯罪行为,而是假借行为中介人之手进行犯罪,而在本文所着重讨论的第三类保险诈骗案件中,行为人独自实施了诈骗保险金的实行行为,有身份者却并未实施任何刑法意义上的行为,因此不能说行为人是幕后人,有身份者是他的行为中介人。简言之,行为人本身已经是直接正犯了,便没有必要再将其假定为"间接的"正犯。

四、应对保险诈骗罪主体作实质解释

如前文所述,对于如何打击利用有身份者冒名骗保的行为,实践中法院和检察院的观点并不统一。检察院出于打击犯罪的目的,想要对《刑法》第198条所规定的犯罪主体做扩大解释,而法院却严格地将保险诈骗罪的主体圈定在了法条明文规定的范围之内。法院与检察院之间的观点分歧正是形式解释与实质解释之争的体现。然而保险业发展至今,若固守形式解释论,已难以应对当前日益复杂的司法实践形势。为追求处罚范围的合理与适当,本文认为,应当结合身份犯中"身份"概念的本质,对保险诈骗罪主体进行实质解释。

(一)从身份的本质理解保险诈骗罪主体

广义上讲,身份犯中的"身份"是指,"行为人在身份上的特殊资格,以及其他与一定的犯罪行为相关联的,行为主体在社会关系上的特殊地位或者状态"。〔32〕但是这一定义过于宽泛,以至于对身份的说明似是而非。为了避免语词上的循环论证和身份概念的空壳化,有学者提出,应当在坚持刑法的目的在于保护法益的基础上,于广义的身份概念中加入"法益"这一实质因素,并结合犯罪论体系,将身份的本质理解为:或是侵害法益的事实前提,或是影响可罚的

---

〔31〕[德]汉斯·海因里希·耶赛克、托马斯·魏根特:《德国刑法教科书》,徐久生译,中国法制出版社2001年版,第801~802页。

〔32〕张明楷:《刑法学》(第6版),法律出版社2021年版,第171页。

责任的事实前提。前者可称为违法身份,后者可称为责任身份。[33] 对于保险诈骗罪而言,其属于身份犯是没有疑问的,但应当注意的是,投保人、被保险人、受益人的身份并不是影响期待可能性或预防必要性的事实前提,而是侵犯法益的事实前提。换言之,保险诈骗罪中的身份属于违法身份。因此,结合违法身份这一实质,对于保险诈骗罪的主体便应当作此理解:行为人是具备能够侵犯到保险运作机制与保险人财产权益的特殊地位或状态的人。

在利用有身份者冒名骗保的场合,正是因为行为人处于与投保人、被保险人或受益人之间存在亲属关系、合同关系、代为保管关系等特殊地位或状态,行为人才能绕开"懵然不知"的有身份者,向保险公司报案并顺利获得保险赔偿金。例如,在李某诈骗案中,被告人李某使用其父亲名下的苏 A×××轿车先后四次故意伪造保险事故,骗取人保财险江苏分公司等保险人 15,620 元。[34] 又如,在王某诈骗案中,被告人于经营汽车技术服务有限公司期间,曾经先后多次利用客户送修的车辆虚构机动车交通事故,并使用虚假的道路交通事故认定书向保险公司报案索赔,累计骗保金额达到了 15,450 元。[35] 在这些案件中,行为人不存在"很难单独实施有关骗赔行为"或者"需要被冒名者的帮助方能成功"的情形,[36] 因为此时,行为人基于特殊的法律关系或者法律事实,已经获取到了能够躲避保险公司理赔审查流程的手续与文件,具备了实施保险诈骗行为的特殊地位或状态。从实质的身份犯角度理解,此时的行为人在某种程度上也属于有身份者,因而其实施的保险诈骗行为仍然可以认定为保险诈骗罪。

(二)对保险诈骗罪主体做实质解释未超过解释论界限

对于将第三类案件的行为人解释为保险诈骗罪的主体,是否有逾越解释论界限之虞,本文需要作出几点说明:

第一,扩大保险诈骗罪的主体范围,不等于漫无边界地将保险诈骗的主体扩张到一般主体,强行将无身份者解释为有身份者。想要被认定为保险诈骗罪的犯罪主体,仍然要经过特殊地位或状态的检视。而且,扩张保险诈骗罪的主

---

〔33〕 参见周啸天:《广义抑或狭义:身份犯中身份概念的再界定——以身份的本质为中心》,载《人大法律评论》2017 年第 3 期。

〔34〕 参见李某诈骗、危险驾驶案,江苏省南京市秦淮区人民法院(2021)苏 0104 刑初 32 号刑事判决书。

〔35〕 参见王某诈骗案,上海市虹口区人民法院(2019)沪 0109 刑初 139 号刑事判决书。

〔36〕 参见刘宪权:《保险诈骗罪疑难问题的司法认定》,载《浙江大学学报(人文社会科学版)》2008 年第 4 期。

体范围，不是通过对“投保人”“受益人”“被保险人”等概念进行实质解释，将行为人强行解释为保险合同当事人达成的，而是在对身份犯中的“身份”概念做实质解释后达成的。

第二，我们不能以刑法是否明确列举了身份犯中的身份为标准，对该罪的犯罪主体作机械的理解。举例来说，虽然我国《刑法》在第310条窝藏、包庇罪以及《刑法》第312条掩饰、隐瞒犯罪所得、犯罪所得收益罪的法条表述中，并未明确提出犯罪主体应当排除本犯，但是基于期待可能性理论，我们不能认为，本犯所实施的窝藏、销赃等妨害司法的行为构成上述犯罪。再如，我国《刑法》虽然并未明确说明第313条拒不执行判决、裁定罪的犯罪主体范围，但是我们同样不能认为，该罪的主体是一般主体，从而将没有义务执行判决、裁定者的“不执行”行为或“不配合执行”行为认定为此罪。总之，在理解刑法中的身份时，不能完全依赖于法条的不完全归纳，更要结合刑法理论听懂法律的“弦外之音”。

第三，将保险诈骗罪主体扩张到第三类案件中的行为人，虽然超越了法条文义的范围，但是这种扩张仍然在立法者原本意图的范围内，从而起到了漏洞填补，而非“类比创制”的作用。[37] 由于上文已经在评析折中说和身份犯本质时提出，保险诈骗罪这一身份犯的本质同样在于法益侵害，那么，立法者于第198条中列举三种保险诈骗罪主体的目的，便在于更贴切、详尽地说明在哪些情形下保险运作机制与保险人财产权益会遭受侵害，而非意在彰显这三种主体的特殊义务、圈定保险诈骗罪主体范围。当前，在保险法领域，保险代理人、保险经纪人等主体的出现使得保险关系日益复杂，新型保险诈骗如“人伤黄牛”、航延险“薅羊毛”和本文讨论的利用有身份者冒名骗保等保险诈骗案件层出不穷。广泛的金融业务链条同样为保险诈骗提供了更加隐蔽的作案场景，现代科技手段的广泛应用，更是为保险欺诈提供了更多可以利用的工具，使欺诈活动更加多样化、复杂化。[38] 这些都是立法者在制定刑法时无法考虑到的，曾经“万无一失”的法条表述由此产生了诸多法律漏洞。在依据隐含漏洞的法条处理新发保险诈骗案件时，若解释者能严格依照立法者原意填补漏洞，将实施了侵犯保险诈骗罪法益的特殊身份人认定为适格的犯罪主体，则解释活动仍然是在法律框架内，并不会与罪刑法定原则产生冲突。

---

〔37〕 参见谢斐：《以立法意图重构类推解释的边界——基于法律续造相关理论的反思》，载《法律方法》2018年第1期。

〔38〕 参见李玉泉、乔石：《大金融背景下保险欺诈的新特征和风险防范路径》，载《保险研究》2021年第4期。

五、结 语

保险诈骗行为会对保险业融资功能造成破坏,也会损害保险基金的安全与稳定,甚至进一步影响国家金融安全。面对当前手段不断翻新的保险诈骗案件,刑法理论应当积极予以回应。本文以利用有身份者冒名骗保的案件为切入点,结合实质解释论对相关犯罪行为提出了规制方案,期望本文的观点能够为司法机关处理此类保险诈骗案件提供可靠的理论依据。不过本文仍要指出的是,虽然理论上可以暂时通过实质解释的方式,将具备特殊地位或状态的行为人认定为保险诈骗罪的适格主体,但是在成文法筑成的藩篱下,要求司法实务人员“穿透现象看本质”,依据理论观点进行裁判,也是具有一定困难的。解决司法实践困境最根本的办法,是从立法上修改保险诈骗罪的规定,将本罪的犯罪主体拓展到一般主体,让司法者在裁判时不再“谨小慎微”。从比较法的角度来看,域外刑法中对保险诈骗罪均采取了一般主体的立法模式,〔39〕一些将保险诈骗作为从属罪名的国家或地区也未规定特定的犯罪主体。〔40〕实践证明,域外关于保险诈骗罪的立法模式确实发挥了有效规制保险诈骗行为、保障保险业良性发展的作用,因而值得我国立法借鉴。

责任编辑:白雨桐

〔39〕 例如《德国刑法典》第 265 条规定:“为使自己或第三人从保险中获得好处,对投保的防止灭失、防止损坏、防止影响使用、防止损失或防止盗窃之保险标的物加以毁损,损坏,使其不能使用,弃之不用或转让他人的,如行为未依第 263 条(诈骗罪)规定较重刑罚,处 3 年以下自由刑或罚金刑。”此外,美国《加利福尼亚刑法典》第 548 条、法国《社会保险法典》第 377 条亦有同类规定。

〔40〕 例如《日本刑法典》采取此种立法模式。

理论前沿

浦东新区法规立法变通权：生成逻辑、实践进路与示范效应

杨海涛*

摘要：

全国人大常委会授权上海市人大及其常委会制定浦东新区法规是立法变通权适用场域的最新拓展，自此浦东新区法规也正式具有规范意义。在法治与改革同步推进的时代背景下，上海市既有立法资源难以完成中央赋予浦东新区建设社会主义现代化引领区的使命，经济特区立法变通权的显著优势为上海提供了参考与镜鉴，浦东新区法规立法变通权应运而生。比照经济特区法规制定浦东新区法规进行立法变通时，在实践进路上要克服特区立法中名不副实的混淆现象，合理选择单独式或附带式立法方式，畅通浦东新区参与渠道，依托全面依法治市委员会加强立法协调。同时，全国人大常委会的授权决定，会引发潜在地区竞相争取立法变通授权的示范效应，要平衡立法变通权的无序扩张与地方立法需求。一方面，通过限缩授权对象，升格授权主体的方式优化授权路径，适时修改《立法法》第74条相关规定，规范非经济特区地域立法变通权的授予。另一方面，需完善对立法变通权行使的监督与评估机制。

关键词：

浦东新区法规；立法变通权；经济特区法规

第十三届全国人民代表大会常务委员会第二十九次会议通过的全国人民代表大会常务委员会《关于授权上海市人民代表大会及其常务委员会制定浦东新区法规的决定》（以下简称《全国人大常委会授权决定》）中，授权上海市人大及常委会根据浦东改革创新实践需要，遵循宪法规定以及法律和行政法规基本原则，制定浦东新区法规，在浦东新区实施。从地方申请到中央政策层面提倡，

---

* 杨海涛，中共中央党校（国家行政学院）政治与法律教研部博士研究生，研究领域为法理学、立法学。

再到全国人大常委会立法性决定的授权,浦东新区法规从无到有,正式成为具有规范意义的法律概念,也将是中国特色社会主义法律体系中的最新成员。为承接好中央授权,上海市有关方面也是积极行动,市人大常委会通过了《关于加强浦东新区高水平改革开放法治保障制定浦东新区法规的决定》,浦东新区人大常委会通过了《关于打造社会主义现代化建设引领区加强浦东新区高水平改革开放法治保障的决定》。可以想见,浦东新区法规将会在促进浦东新区大胆试、大胆闯,高水平改革开放、打造社会主义现代化建设引领区方面发挥重要法治保障作用。正如上海市人大常委会法工委丁伟主任所言,上海地方立法进入了行使比照特区立法权的崭新时期,上海地方立法进入高光时刻。[1]

在认识到浦东新区法规积极面向的同时,也会引发我们思考以下几个问题。其一,赋予上海地方立法比照行使经济特区立法变通权的生成逻辑为何,是否有充分的规范与事实依据。其二,浦东新区法规该如何比照经济特区法规行使好立法变通权。其三,中央授权非经济特区比照经济特区行使立法变通权,是否会引发其他非经济特区地域竞相争取中央授予立法变通权的示范效应,对此,又该如何加以应对。循着该思路,本文展开了相关讨论。

一、生成逻辑:立法是引领和推动改革的重要引擎

上海市以及浦东新区既有的立法权限与法治资源已经对浦东新区大胆试、大胆闯形成束缚,经济特区的立法变通权对改革发展的显著成效也为浦东新区提供了可借鉴的智识资源。同时中央赋予浦东新区建设社会主义现代化引领区的使命等多重因素综合叠加促使了中央的授权,浦东新区法规及其立法变通权限应运而生。党的十八大以来,习近平总书记多次论述法治与改革的关系问题,强调“凡属重大改革要于法有据”“有的重要改革举措,需要得到法律授权的,要按法律程序进行”[2]。此次《全国人大常委会授权决定》既体现了上述要求,同时也是发挥立法对改革的引领和推动作用的生动实践。全国人大常委会授权上海市人大及其常委会制定浦东新区法规,即立基于希望通过立法方式,为浦东新区纵深推进改革开放提供法治引领和法治保障。

---

〔1〕 参见《全国人大授权上海人大制定浦东新区法规,比照特区立法,这意味着什么?》,载新浪网2021年6月10日,https://news.sina.com.cn/c/2021-06-10/doc-ikqciyzi8872885.shtml。

〔2〕 习近平:《论坚持全面依法治国》,中央文献出版社2020年版,第35页。

（一）内生需求：现有法治资源难以解决浦东发展之需

1. 上海市既有改革举措难以突破省级立法权限的约束

上海作为直辖市，按照《立法法》和《全国人民代表大会组织法》的相关规定，仅上海市人大及常委会拥有省级地方立法权，并且该省级地方立法权要受到《立法法》第72条和第73条的约束，相关改革举措不可能突破。如2007年上海市人大常委会通过了《关于促进和保障浦东新区综合配套改革试点工作的决定》，该决定指出，在坚持国家法制统一原则和本市地方性法规基本原则的前提下，市人民政府和浦东新区人民政府可以就浦东新区综合配套改革制定相关文件在浦东新区先行先试，并报市人民代表大会常务委员会备案；浦东新区人民代表大会及其常务委员会可以就推进浦东新区综合配套改革试点工作作出相关决议、决定，并报市人民代表大会常务委员会备案。2019年通过了《关于促进和保障浦东新区改革开放再出发实现新时代高质量发展的决定》，该决定指出，市人民代表大会常务委员会围绕浦东新区改革开放再出发的实际需求，制定、修改相关地方性法规或者在有关地方性法规中作出规定，促进和保障浦东新区更好发挥排头兵和试验田的作用。市人民代表大会常务委员会可以决定在一定期限在浦东新区暂时调整或者暂时停止适用本市地方性法规的部分规定。本市地方性法规的规定，凡与国家推进浦东新区改革开放有关法律、行政法规以及国务院有关决定不一致的，自动作相应调整。

上海市人大常委会上述的相关努力，在一定程度上满足了浦东新区的发展之需，但从决定内容看只是对现有法治资源的整合和再强调，并未有也不可能突破现有立法权限的限制性规定。在全面深化改革和改革开放再出发的时代背景下，浦东新区的相关改革措施已经有了变通法律、行政法规的需要，这远超出了上海市的省级立法权限。显然上海市的既有法治资源不足以应对改革攻坚期和深水区重大利益调整带来的变通法律之需，也难以契合浦东新区的区位优势和战略定位。

2. 暂时调整（停止）法律适用的弊端明显

除上述上海市所做的努力外，中央层面也一直为浦东新区发展作出努力。全国人大常委会《关于授权国务院在中国（上海）自由贸易试验区暂时调整有关法律规定的行政审批的决定》（2013年8月30日发布，已失效）、全国人大常委会《关于授权国务院在中国（广东）自由贸易试验区、中国（天津）自由贸易试验区、中国（福建）自由贸易试验区以及中国（上海）自由贸易试验区扩展区域暂时调整有关法律规定的行政审批的决定》（2014年12月28日发布，已失效）、国务院《关于在上海市浦东新区暂时调整有关行政法规和国务院文件规定的行政审批等事项的决定》(2016 年 4 月 19 日发布)、国务院《关于在上海市浦东新区暂时调整实施有关行政法规规定的决定》(2018 年 8 月 4 日发布)等均是体现。

全国人大常委会和国务院关于暂时调整(停止)法律和行政法规的实施对浦东新区发展而言有所助益,但也存在明显弊端。其一,浦东新区改革事项具有复杂性和多样性特征,大规模频繁运用此种方式不太现实。其二,《立法法》第 13 条也包含着关于授权事项、授权期限以及报告制度等限制[3],在效率、广度、深度方面难以应对浦东新区改革发展需要。其三,暂时调整(停止)法律法规适用的主动权在中央,意味着由中央而非地方来决定哪些法律、行政法规可以被突破,这对相关决策的效率有很大的消极影响,难以及时回应地方改革试点的实际需求。[4] 一方面是影响法律制度供给的效率,另一方面则是较易受到部门利益的干扰[5],不利于上海和浦东新区根据实际需要统筹安排和整体设计相关法律制度。其四,尽管 2015 年《立法法》修改时在第 13 条确认了暂时调整或者暂时停止法律部分适用的条款,但该条款仍面临违反国家法制统一原则、权利平等实施原则等合宪性诘问。[6]

3. 社会主义现代化建设引领区的定位和使命

党中央高度重视浦东新区的开发开放工作,特别是党的十八大以来,浦东新区被赋予的定位和使命越来越重大。2021 年 4 月出台的中共中央、国务院《关于支持浦东新区高水平改革开放打造社会主义现代化建设引领区的意见》(以下简称《意见》),赋予了浦东改革开放新的重大任务和使命。从深圳的"中国特色社会主义先行示范区"到浦东新区的"社会主义现代化建设引领区",显然引领区更加注重导向和带动作用,引领区的改革强度也更大。《意见》中赋予浦东新区科技创新、金融开放、政府服务管理方式转变等各领域全方位的改革任务,这在很大程度上都需要对法律法规予以突破和变通方能达成。

---

[3] 参见全国人大常委会法制工作委员会国家法室编著:《中华人民共和国立法法解读》,中国法制出版社 2015 年版,第 78 ~ 80 页。

[4] 参见高頔、何家华:《论中央和经济特区关系的法治化》,载《兰州大学学报(社会科学版)》2019 年第 6 期。

[5] 参见肖明新:《经济特区法规制度的法治理论意义》,载《深圳社会科学》2020 年第 5 期。

[6] 参见焦洪昌、曹舒:《全国人大常委会授权暂停法律适用的合宪性分析》,载《人大研究》2020 年第 5 期。

因此立足于浦东新区社会主义现代化建设引领区的定位和使命,立法变通权必不可少,大胆试、大胆闯、自主改相适应的法治保障体系亟须依托立法的变通权。

(二)外部镜鉴:经济特区立法变通权的显著优势

经济特区随着改革开放的进程逐步设立和发展,取得了显著成绩。正如习近平总书记在深圳经济特区建立40周年庆祝大会的讲话中所言,深圳用40年时间走过了国外一些国际化大都市上百年走完的历程,这是中国人民创造的世界发展史上的一个奇迹。[7] 这些成就的取得与经济特区法规的立法变通权是分不开的。全国人大及其常委会先后授予海南、深圳、厦门、珠海和汕头经济特区立法权,授权内容的核心即是根据具体情况和实践需要,遵循宪法规定以及法律和行政法规基本原则,制定法规。经济特区立法权超越一般地方立法权限的约束条件,其根本特征是"立法变通权"[8],并且这种特区立法所拥有的创新创制空间是最大的、最实质性的。[9] 这种变通权在一定程度上克服了地方立法不得与上位法相抵触的限制,只需遵循宪法规定和法律行政法规的基本原则,使得经济特区的立法权能更加主动和全面地应对改革发展之需。

以深圳经济特区为例,自1992年7月至2018年7月,深圳运用经济特区立法权共制定经济特区法规187件(现行有效的129件)、经济特区规章112件(现行有效的有25件),这些立法在经济特区不同发展时期为深圳市场经济体制建设、改革创新和城市建设发挥着极大促进和保障作用。[10] 这种立法保障具有先行性、全面性、灵活性、能动性等巨大优势,契合经济特区实际发展需要,始终发挥着法治对特区改革的引领和助推作用。浦东新区开发开放30余年亦取得了巨大成就,目前,部分改革措施的实施或许需要变通适用现行法律、法规,其发展较大程度上受限于立法变通权的缺位。经济特区立法变通权就自然成

---

〔7〕 参见习近平:《在深圳经济特区建立40周年庆祝大会上的讲话》,载《人民日报》2020年10月15日,第2版。

〔8〕 李洪雷:《在新的历史条件下用好经济特区立法权》,载《人民论坛·学术前沿》2018年第13期。

〔9〕 参见林彦:《经济特区立法再审视》,载《中国法律评论》2019年第5期。

〔10〕 参见王成义:《深圳经济特区立法权:历史、学理和实践》,载《地方立法研究》2019年第1期。

为浦东新区可以借鉴的智识资源。正如有学者所指出的那样,"(立法法)第74条赋予经济特区所在省的立法权的初衷应是期待经济特区上级地方进行立法补强,或在省域范围内实现配合经济特区发展的区域化格局"[11],同样浦东新区也亟待立法补强。

(三)规范依据:《全国人大常委会授权决定》

2000年《立法法》制定,在第65条规定经济特区所在地的省、市的人民代表大会及其常务委员会根据全国人民代表大会的授权决定,制定法规,在经济特区范围内实施,2015年修改《立法法》(第74条)也没有进行变动。从该条文的规定看,关于立法变通权的行使主体有严格的地域限制,即只有经授权的经济特区所在地的省、市人大及常委会可以行使立法变通权。[12] 这似乎也意味着经济特区和立法变通权相伴而生,立法变通权授予具有封闭性,需严格以经济特区为前提。尽管有观点认为浦东新区是新型的经济特区,然而其并非《立法法》规定的经全国人大及常委会授权的经济特区。因此该条文,不能成为浦东新区法规行使立法变通权的规范依据。

既有法律规范无法为浦东新区法规立法变通权找到依据,并且上海市又亟须该授权,遵循重大改革于法有据的要求,全国人大常委会及时通过了《全国人大常委会授权决定》,确保在法治框架内进行授权。此项授权是全国人大及其常委会行使职权的重要表现形式[13],也是应对法治缺位达致法律目标的必然选择。[14] 可能会有观点认为,《立法法》明确规定有关经济特区法规的立法变通权需要全国人大作为授权主体,而有关浦东新区法规立法变通权本质与经济特区法规一致,那么由全国人大常委会进行授权是否妥当。笔者认为通过历史解释、文义解释、体系解释的方法可以证成全国人大常委会作为授权主体的适格性。具体可以有两种解释方案:其一,从经济特区法规的授权历史看,关于经济特区法规立法变通权并不仅是限于全国人大可以授权,全国人大常委会也曾于1992年授权深圳经济特区人大及常委会行使立法变

[11] 郑毅:《对新〈立法法〉地方立法权改革的冷思考》,载《行政论坛》2015年第4期。

[12] 民族自治地方立法变通权不属于本文讨论范畴。

[13] 参见刘松山:《全国人大及其常委会决议与决定的应然界分》,载《法学》2021年第2期。

[14] 参见金梦:《立法性决定的界定与效力》,载《中国法学》2018年第3期。

通权。[15] 这也意味着在理解《立法法》第 74 条规定的全国人大时应当包括全国人大常委会。其二，可以将《立法法》第 74 条中规定的“经济特区所在地的省”中“省”字作狭义理解，仅指海南省，即海南省、深圳、珠海、汕头、厦门经济特区法规立法变通权的授予由全国人大进行。而对于经济特区市所隶属于的省的人大及其常务委员获得立法变通权可以经过全国人大常委会授权，这也可以从广东省和福建省人大及常委会获得制定所属经济特区法规的授权历史得以证明。[16] 此次《全国人大常委会授权决定》的授权对象是上海市人大及常委会，这与全国人大常委会授权广东省、福建省制定下辖经济特区法规较为类似，可以由全国人大常委会授权。如若直接授权浦东新区行使立法变通权，则应当由全国人大进行授权。如若按照有的观点所认为的《立法法》第 74 条规定的“根据全国人民代表大会的授权决定”制定经济特区法规，是对立法时既有的经济特区立法实践和形态进行总结后的客观描述和法律确认，并不必然对后续的特殊类型法规的授权形成约束[17]，全国人大常委会作为授权主体的正当性间接得以证成。

并且从既有实践上看，全国人大常委会的授权决定能动地发挥了立法对改革的引领和推动作用。仅十二届全国人大常委就做出了 21 项授权或者改革决定，为特定的地方、特定的领域推进改革先行先试提供法律依据和支撑，这些授权决定涉及国家监察制度改革、行政审批制度改革、公务员制度改革、司法体制

---

〔15〕 珠海、汕头、厦门、海南经济特区立法变通权均是来源于全国人大进行授权。详见全国人民代表大会《关于授权厦门市人民代表大会及其常务委员会和厦门市人民政府分别制定法规和规章在厦门经济特区实施的决定》、全国人民代表大会《关于授权汕头市和珠海市人民代表大会及其常务委员会、人民政府分别制定法规和规章在各自的经济特区实施的决定》、《第七届全国人民代表大会第一次会议关于建立海南经济特区的决议》。需要指出的是，深圳市获得经济特区立法权所依据的全国人民代表大会常务委员会《关于授权深圳市人民代表大会及其常务委员会和深圳市人民政府分别制定法规和规章在深圳经济特区实施的决定》是来自全国人大的授权即《第七届全国人民代表大会第二次会议关于国务院提请审议授权深圳市制定深圳经济特区法规和规章的议案的决定》，因此深圳经济特区立法权是全国人大授权还是全国人大常委会授权存在争议。

〔16〕 参见全国人民代表大会常务委员会《关于授权广东省、福建省人民代表大会及其常务委员会制定所属经济特区的各项单行经济法规的决议》。

〔17〕 参见全国人大常委会法制工作委员会宪法室：《贯彻习近平法治思想　丰富创新立法形式　加强浦东新区高水平改革开放的法治保障》，载微信公众号“全国人大”2021 年 8 月 4 日。另参见中国人大网，http://www.npc.gov.cn/npc/kgfb/202108/4061a4d288bd4fc1a40088553fe5d6d9.shtml，2021 年 12 月 21 日访问。

改革、金融体制改革、农村集体土地使用权制度改革、国防军队有关制度的改革等诸多重要领域。[18]

二、实践路径:比照经济特区法规行使立法变通权

(一)"比照"的意涵解读

1.本质上皆是立法变通权限

在《全国人大常委会授权决定》中仅表述为"授权上海市人民代表大会及其常务委员会根据浦东改革创新实践需要,遵循宪法规定以及法律和行政法规基本原则,制定浦东新区法规,在浦东新区实施",并未提及经济特区法规问题。在《意见》中明确指出,"比照经济特区法规,授权上海市人民代表大会及其常务委员会立足浦东改革创新实践需要,遵循宪法规定以及法律和行政法规基本原则,制定法规,可以对法律、行政法规、部门规章等作变通规定,在浦东实施"。司法部部长唐一军在作《全国人大常委会授权决定》草案相关说明时也提及"比照经济特区"的法规来制定地方性法规。[19] 因此,尽管《全国人大常委会授权决定》没有明确表明"比照经济特区法规",但结合草案说明以及《意见》的内容,上海市人大及其常委会在制定浦东新区法规行使立法变通权时需比照经济特区法规。

在讨论浦东新区法规如何具体比照经济特区法规行使立法权之前,需首先对"比照"一词进行解读。《汉语词典》对"比照"一词的解释为比较、按照。[20]《现代汉语词典》有两种解释:其一,按照已有的(格式、标准、方法等),对比着;其二,比较对照。[21] 由上可知,关于"比照"均有比较按照之意,并且结合《全国人大常委会授权决定》以及全国人大对5个经济特区授权决定的内容,可以得出浦东新区法规虽不是经济特区法规之名,但行使着经济特区立法权之实,即立法变通权。其他法律中亦有过"比照"一词的使用,如《刑法》第22条第2款规定"对于预备犯,可以比照既遂犯从轻、减轻处罚或者免除处罚",第23条第2

---

〔18〕 参见乔晓阳:《立法要发挥对改革的引领和推动作用》,载《学习时报》2019年3月6日,第3版。

〔19〕 参见《全国人大授权上海人大制定浦东新区法规,比照特区立法,这意味着什么?》,载新浪网,https://news.sina.com.cn/c/2021-06-10/doc-ikqciyzi8872885.shtml。

〔20〕 参见《汉语词典》,商务印书馆1957年版,第31页。

〔21〕 参见《现代汉语词典》,商务印书馆国际有限公司2017年版,第51页。

款规定“对于未遂犯，可以比照既遂犯从轻或者减轻处罚”。全国人民代表大会《关于修改〈中华人民共和国立法法〉的决定》中规定：“广东省东莞市和中山市、甘肃省嘉峪关市、海南省三沙市，比照适用本决定有关赋予设区的市地方立法权的规定。”因此，上海市人大及其常委会制定浦东新区法规的立法变通权限本质上与经济特区立法权限范围无异。

还需指出的是，《全国人大常委会授权决定》中的授权对象是上海市人大及其常委会，并不是授权浦东新区人大及常委会。该决定与全国人民代表大会常务委员会《关于授权广东省、福建省人民代表大会及其常务委员会制定所属经济特区的各项单行经济法规的决议》类似，均是全国人大常委会授权省级地方人大及其常委会制定该省辖某一区域变通性法规，当然彼时的授权内容仅限于经济法规，而上海市人大及其常委会制定浦东新区法规的权限与后续各经济特区的经济特区立法权限范围一致。

2. 对立法变通权并无严格限制

本次《全国人大常委会授权决定》与授予经济特区法规制定权一致，并未对立法变通内容加以限制。早在《立法法》制定时，学界较多倾向于认为对立法变通权应当加以约束。如 2000 年即有学者撰文指出，何谓法律和行政法规的基本原则，在立法实践中尚未达成一个统一的认识，并且对立法变通权的权界也未作出明确的规定，这影响了经济特区立法变通权充分、合法、有效地行使。[22] 更有甚者认为，由于缺乏立法变通权的监督，应当取消《立法法》中关于立法变通权的内容。[23] 实践中亦有经济特区尝试通过列举的方式限定经济特区的立法权限。[24] 笔者认为，中央的授权决定之所以不对立法变通权进行限制，其原因就在于授权的目的是激发地方立法的效能，过度限制，与授权目的相悖。也正如立法者所言，没对立法变通规定进行限制是考虑到既能适应现在有些需要

---

〔22〕 参见宋方青：《拓展立法空间：经济特区授权立法若干关系思考》，载《当代法学》2004 年第 6 期。

〔23〕 参见庞凌：《关于经济特区授权立法变通权规定的思考》，载《学习与探索》2015 年第 1 期。

〔24〕 如《海南省制定与批准地方性法规条例》第 5 条规定，海南经济特区法规可以规定下列事项：(1)海南经济特区体制改革需要制定法规的事项；(2)海南经济特区对外开放需要制定法规的事项；(3)法律规定应由国家制定法律的事项以外国家尚未制定法律、行政法规的事项；(4)海南经济特区需要制定法规的其他事项。

变通的情况,也为今后的发展变化留下了空间和余地。[25] 而且,经济特区立法权如果加以细化,这种细化的尺度是难以把握的。[26] 这一点在海南省的相关规定即有所体现,尽管海南尝试采用列举的方式,但这种列举本身包含诸如"体制改革需要""对外开放需要"等较为原则和模糊的概念。

(二)克服经济特区立法权行使中的弊端

1.经济特区立法存在名不符实现象

浦东新区法规与经济特区法规在立法变通权上没有区别,立法实践中在借鉴经济特区立法的有益经验基础上也要克服其立法权行使中的弊端。经济特区立法中较为突出的问题是经济特区立法权和一般地方立法权混淆使用问题。深圳经济特区既享有一般设区市地方立法权,同时也根据全国人大授权享有经济特区立法权,即通常所言的双重立法权。这两种立法权限的来源、约束条件和行使目的、立法程序等均有不同。经济特区立法权来源于全国人大授权,主要特征是变通法律、行政法规的相关条款,限制条件是遵循宪法规定和法律、行政法规的基本原则。而一般地方立法权来源于法律规定,权限限于设区的市地方立法权,约束条件为不得与上位法相抵触。这就意味着二者需要有较为明确的分工和界限。经济特区在立法过程中不能以经济特区立法权之名,行一般地方立法权之实。

与此问题相关,仍需注意的是变通性立法和试验性立法的关系。根据《立法法》第73条之规定,省级和设区的市一般地方立法权,通常有执行性立法和先行性立法两种形式。深圳作为经济特区也作为设区的市,其先行性立法权为一般立法权限所包含,限于"城乡建设与管理、环境保护、历史文化保护等方面的事项"。而上海作为直辖市,其一般立法权限不必局限于此,其先行性立法权限较大,在实践中也要注意变通性立法和试验性立法的界分问题。总而言之,上海市人大及其常委会行使制定浦东新区法规权,核心仍在于可以变通。先行性立法权可以先行先试,但仍是一般地方立法权,不能变通。

2.浦东新区制定法规时克服名不副实的措施

上海市人大及其常委会在经过中央授权后,既享有省级地方一般立法权,亦享有比照经济特区行使的浦东新区法规制定权。因此,上海市人大及其常委会在制定浦东新区法规时,要避免和克服经济特区立法过程中混淆模糊经济特

---

〔25〕 参见张春生主编:《中华人民共和国立法法释义》,法律出版社2000年版,第198页。

〔26〕 参见孙莹:《经济特区立法该如何突出"特"》,载《人民之声》2018年第11期。

区立法权和一般地方立法权界限的问题。早在21世纪初，全国人大常委会就意识到这个问题，强调应当把这两个立法权都用好、用足。[27] 因此，上海市人大及其常委会行使一般省级地方立法权可以解决的，无需启动制定浦东新区法规的权力。相反，在一般地方立法权难以解决相关问题时，及时制定浦东新区法规，让浦东新区法规既不缺位也不越位。具体的方法可以有以下几种：

其一，在立法规划、立法计划项目中就应当对需要制定浦东新区法规还是一般地方性法规进行区别。其二，可以在立法程序的前端加以控制，尤其提案这一步要控制好阀门，防止滥用浦东新区法规之名。这就要求有关主体在行使提案权时，要充分详尽说明采取制定浦东新区法规方式的必要性。具体可以借鉴《深圳市制定法规条例》第30条和第32条的规定。[28] 其三，起草阶段的转换机制。在具体制定浦东新区法规过程中，由于利益考量、社会现实变化等原因的影响，原本设想制定浦东新区法规的可能不再需要，仅需制定一般地方性法规即可。

（三）重视立法技术问题

作为首次在非经济特区和民族自治地方行使立法变通权，浦东新区法规比照行使经济特区立法权是重大课题，涉及中央和地方立法权限的新调整，也涉及上海市自身立法体制机制的变动，存在诸多立法技术问题需要厘清。

1. 选择单独式立法抑或附带式立法

有人可能会有疑问，经济特区都是单独制定经济特区法规，上海市也直接单独制定《上海市浦东新区××条例》即可。但需指出的是上海与经济特区的情况存在不同：其一，五个经济特区本身均有经济特区立法权，而《全国人大常委会授权决定》是授予上海市而非浦东新区人大及常委会以立法权，这致使立法过程中沟通协调难度较大。其二，上海市是省域，召开市人大及其常委会会议相较于召开设区市的人大及其常委会会议耗费的人力、物力、财力成本较大。尽管海南也是省级区域，但海南全省均是特区，无需考虑此问题，不管是制定经

---

〔27〕 参见周成奎：《经济特区立法要为完善社会主义市场经济法律体系作出贡献——在经济特区授权立法联席会议上的讲话》，载《海南人大》2004年第1期。

〔28〕《深圳市制定法规条例》第30条规定，以特区法规形式提出法规案的，提案人应当说明先行先试的内容或者对法律、行政法规、广东省地方性法规作出变通的情况。第32条规定，专门委员会、常务委员会工作委员会对法规案进行初审的，应当组织调研论证，并向常务委员会会议提出初审意见报告。初审意见报告应当包括下列内容：……（2）法规草案采用深圳市法规或者深圳经济特区法规形式的理由……

济特区法规还是省法规都是在全省范围内实施。其三,上海市本身制定一般地方性法规的任务较重。如上海市人大常委会公布的2021年立法项目中,继续审议的3件,初次审议的16件,重点调研项目13件。[29] 因此考虑到上海市人大及常委会面临的浦东新区立法与上海市一般地方立法双重任务叠加,综合考虑立法成本及难度,可能会有两种方案。

第一种,单独式立法,即制定《上海市浦东新区××条例》。该种方案最为直接明确,但需要耗费较多的立法成本和立法资源,也需考量上海市人大及其常委会的承载能力。

第二种,附带式立法,即在《上海市××条例》中,专章设置浦东新区变通的内容。该种方式操作难度大,如何在上海市一般性地方性法规中嵌入浦东新区的专门章节,未有相关经验可供借鉴。并且同在一部法规中,既有适用上海全域的规范,亦有单独适用浦东新区的规定,如何实现逻辑自洽和体例适当,协调难度较大。并且按照立法法和地方立法条例的相关规定,一部法规要经过统一的起草、审议、通过、公布等程序。以审议程序为例,适用于浦东新区的变通权条款较之其他非变通性条款可能在审议中引发较大讨论和争辩,整部法规的立法周期可能延长,这在一定程度上会阻碍非变通性内容的通过和实施。

两种方案各有利弊,采取何种方式更为适当,还需上海市有关方面综合考虑立法难度、立法成本、立法技术等多重因素加以选择。实践中,上海市第十五届人大常委会第三十五次会议表决通过了《上海市浦东新区深化"一业一证"改革规定》和《上海市浦东新区市场主体退出若干规定》,第三十六次会议表决通过了《上海市浦东新区建立高水平知识产权保护制度若干规定》和《上海市浦东新区城市管理领域非现场执法规定》,这四部浦东新区法规均是采用单独式立法方式。笔者认为,如果需变通的内容量不大,可以采取附带式方案,如果变通的内容较多,显然附带式方案难以满足需求,应采用单独式立法方案。

2. 畅通浦东新区参与浦东新区法规制定的渠道

《全国人大常委会授权决定》的授权对象是上海市人大及其常委会,根据《上海市制定地方性法规条例》相关规定,市人大的立法程序中,市人民代表大会常务委员会、市人民政府、市人民代表大会各专门委员会,可以提出法规案;市人大常委会的立法程序中,市政府、市人大各专门委员会、主任会议可以提出法规案。这就意味着上海市人大及其常委会在制定浦东新区法规时,浦东新区

---

[29] 参见《上海市人大常委会今年立法项目,一文速览!》,载微信公众号"上海人大"2021年3月23日,https://m.thepaper.cn/baijiahao_11840783。

政府并没有相关提案的权力,而实践中,浦东新区对立法需求和立法内容最有发言权,既有规定无疑会减损浦东新区法规的制定效率和质量。这一矛盾也是有学者曾主张全国人大或常委会直接授权给浦东新区人大及其常委会立法变通权的原因之一。

当然这也并不是完全阻隔浦东新区在市人大及其常委会制定浦东新区法规方面有所作为。按照地方组织法的相关规定,市人大代表 10 人以上,常委会委员 5 人以上可以向市人大及其常委会提出属于其职权范围内的议案。因此市人大及其常委会会议期间,浦东新区方面可以采取联名提案方式。当然这种代表联名提案的方式在效率、程序、成本方面显然逊色于浦东新区政府或部门直接提案。因此,如何畅通浦东新区在制定浦东新区法规方面的渠道需要有关部门重视。

3. 加强上海市与浦东新区立法协调

中央授权上海市人大及其常委会制定浦东新区法规可谓是地方立法新的场域拓展。上海市以及浦东新区要承接好这一权限,在借鉴其他经济特区有益经验的基础上,还需加强上海市级层面与浦东新区层面的立法协调机制。这也是上述提及单独式立法或附带式立法,畅通浦东新区参与渠道的重要依托。上海市人民代表大会常务委员会《关于加强浦东新区高水平改革开放法治保障制定浦东新区法规的决定》也指出,市人民代表大会常务委员会应当建立与制定浦东新区法规相适应的立项、起草、审议等工作规程和制度安排,会同浦东新区人民代表大会常务委员会开展立法需求征集、重要制度论证等工作。浦东新区人民代表大会常务委员会应当建立参与起草、制定浦东新区法规的工作机制。

该决定提出的要求如何落实还需实践的探索。中央授权实质是中央赋予地方的一种体制机制的改革权、创设权、突破权,这种授权往往牵动全局,协调难度特别大,因而启动起来非同小可,绝非易事。[30] 笔者认为,浦东新区法规的立法变通权事关重大,按照党领导立法、人大主导立法的要求,具体可借助上海市全面依法治市委员会开展相关协调工作。上海市全面依法治市委员会,主任由市委书记担任,副主任包括市长以及市人大常委会主任,覆盖了党委、政府和人大系统,是统筹全面依法治市工作的议事协调机构,由其协调浦东新区法规制定时有关问题,能有效化解阻碍,增加上海市与浦东新区、人大与政府的配合度。

---

〔30〕 参见邹平学、冯泽华:《中国特色社会主义先行示范区深圳法治建设的内在逻辑及立法进路》,载《深圳大学学报(人文社会科学版)》2020 年第 4 期。

三、示范效应:立法变通权的未来场域

全国人大常委会授权上海市人大及其常委会制定浦东新区法规享有变通权,无疑会极大促进浦东新区新一轮的开发开放。同时,这也是2015年《立法法》修改赋予设区的市地方立法权之后,地方立法新的发展。除对上海市以及浦东新区的重大利好外,也开辟了立法变通权从经济特区和民族自治地方到其他区域实践的新场域,立法变通权的既有分配格局有了新的突破。中央对上海的授权,无疑再次证明立法变通权的制度优势,同时也将会产生潜在地区竞相争取中央授权某地行使立法变通权的示范效应。

(一)潜在地区争取中央授予立法变通权

立法变通权一旦授予某一区域,将自然引起"同等"条件下其他区域的争取。从全国人大授权经济特区制定特区法规的历史看,在全国人大常委会正在筹备七届全国人大二次会议的时候,福建省人大常委会、省人民政府得知这次会议将审议授予深圳市立法权的议案后,于1989年1月向全国人大常委会、国务院提出报告,请求也授予厦门市制定经济特区法规的权力。[31] 在授予深圳经济特区立法权后,厦门经济特区又紧接着请求中央授权。由此可以窥探,全国人大常委会授权上海市人大及其常委会制定浦东新区法规后,相关地方请求中央授予立法变通权将会是意料之中的事情。并且在《全国人大常委会授权决定》前,已有主张授权雄安新区、滨海新区等地区立法变通权的声音。如有论者认为,雄安新区被授予经济特区立法权不仅在理论上具有可行性,同时在实践上经济特区获得授权立法的成功经验也为雄安新区授权立法提供了参照,雄安新区目前应灵活运用各种方式,把握发展时机主动向中央寻求授权立法权限。[32] 关于天津滨海新区,有论者建议天津积极向全国人大及其常委会申请授予滨海新区与经济特区相类似的特别立法权。[33]

立法变通权作为特殊的法治资源,其作用和价值不言而喻。这种法治资源

---

〔31〕 参见阚珂:《授权厦门市制定地方性法规还是制定经济特区法规?——授予厦门市立法权的一段往事》,载《中国人大》2019年第12期。

〔32〕 参见陆洲、王文韬:《雄安新区立法权限配置研究》,载《华北理工大学学报(社会科学版)》2021年第1期。

〔33〕 参见张圣、孙德升:《关于天津市以法治方式全面深化改革的几点思考》,载《环渤海经济瞭望》2015年第2期。

能转化为经济和区域发展优势,在克减改革风险的同时促进地方"非同质化"横向制度竞争,[34]因此也要考量地方的平等性问题。[35] 在中央面临部分区域可能积极游说争取授权的情况下,如何加以应对需要统筹考虑。是否像有的学者所言,"立法权并非不可再生的稀缺资源,其他新区只要有立法需求,具备条件,就可以授权"。笔者认为这种观点有待商榷,如何判断某地有立法需求、具备条件,本身难以把握,上海很多年前即争取类似立法变通权,中央层面也一直采取谨慎态度,值此浦东新区开发开放30周年的契机,才授予上海市立法变通权。

同时,经济特区立法权的取得首先是建立在某地是经济特区基础上,这种授权具有可期待性、有限性、特定性。而此次授权乃是全国人大常委会授权省级人大及其常委会制定某一区域法规行使立法变通权。这种授权方式在授权对象上具有广泛性与不特定性,对法制统一和立法秩序可能会产生不利影响。在讨论经济特区法规不会对"国家法制统一"造成重大冲击时,有观点指出,在党的统一领导下,无论是法律制定者还是法律监督者,都必须慎重处理地方立法与国家法律、政策的统一与协调问题。[36] 这种观点无疑是有益的,但这种前提预设也仅是在经济特区行使立法变通权。一旦立法变通权的授权对象突破既有法律规定的适用对象和地域,是否可能出现各地区普遍享有立法变通权趋势,那法律、行政法规的具体规定被虚置的潜在风险以及贬损法制统一的可能性也就更大。

(二)完善授权路径:升格授权主体,限缩授权对象

在防范立法变通权大规模授权地方的同时,实践中也可能存在类似上海市浦东新区一样的地域,改革进程受到既有立法权限的束缚,需要立法变通权的情况。这些特定区域并不满足于那种简单地照搬上位法或仅对上位法进行细化,也不满足于适用所谓"不抵触"原则进行立法,而是希望国家能允许他们根据本区域发展的需要制定更为先进、更加超前的相关规范,即所制定的相关立法规范可以与国家法律不同,可以在一定条件下超出或突破上位法的规定。[37] 这就需要在避免立法变通权无序扩张的同时,不能束缚有关地方发展。

在既有《宪法》《立法法》确定的立法体制和立法权分配格局下,笔者认为

---

〔34〕 参见周尚君:《制度竞争视角下的地方立法权扩容》,载《法学》2015年第11期。

〔35〕 参见王建学:《论地方性法规制定权的平等分配》,载《当代法学》2017年第2期。

〔36〕 参见屠凯:《司法判决中的经济特区法规与法制统一》,载《当代法学》2017年第2期。

〔37〕 参见王春业:《论我国"特定区域"法治先行》,载《中国法学》2020年第3期。

要综合考量中央的统一领导与发挥地方主动性积极性关系、立法和改革的关系、特定地域先行先试与地方平等的关系。在可能面临相关地域争取中央授权,并且地方实际立法需求又难以衡量时,中央层面要掌握授予立法变通权的主导权,具体可通过提升授权主体与限缩授权对象的方式优化授权路径,稳步分配立法变通权。前文谈到全国人大常委会采取决定的方式授权上海市人大及常委会为浦东新区制定法规,符合重大改革于法有据的要求,具有法律正当性。但这种路径并不是最优路径,首先在授权主体上,从全国人大和全国人大常委会的宪制地位及职权看,后者更注重效率。并且,全国人大授权在广度、深度、强度等方面优于全国人大常委会授权。[38] 在授权对象上,应从省级人大及其常委会限缩至立法变通权具体行使地域的人大及其常委会。比如将此次授权对象从上海市人大及常委会转为授权浦东新区人大及常委会。这样一方面可以排除绝大部分未设有人大机关的自贸区、国家级新区,并且也能减少授权省级人大及其常委会在立法时的协调难度。未来也可在《立法法》修改时调整第 74 条的有关规定,增加一款关于规范对非经济特区授予立法变通权的内容,具体可设计为"非经济特区所在地的市、区人民代表大会及其常务委员会根据全国人民代表大会的授权决定,制定法规,在该地区实施"或"授权非经济特区立法变通权,参照第一款执行"。

(三)立法变通权的监督与评估机制

无论是对经济特区还是上海市的授权,都是一揽子授权,并未像全国人大及其常委会授权国务院先行制定行政法规那样,有明确的授权期限、范围等。正如前文述及,这种未对立法变通权进行限制的主要考虑是充分调动经济特区和上海市的立法能动性,及时按需立法。但事前宽泛授权,并不意味着立法变通权游离于法治框架之外。上述提到的经济特区立法权行使过程中存在的与一般地方性法规混淆问题就在一定程度上与该权限缺乏有效的监督机制有关。尽管 2015 年《立法法》修改,在第 98 条第 5 项增加"经济特区法规报送备案时,应当说明对法律、行政法规、地方性法规作出变通的情况。"此举能提高备案审查工作的效率和精确度,[39] 但由于一般性法规与行使立法变通权制定的法规在权限范围上迥异,而《立法法》并未区分一般性法规与变通性法规备案审查的不

---

〔38〕 参见秦前红:《全国人大常委会授权与全国人大授权之关系探讨——以国家监察委员会为研究对象》,载《中国法律评论》2017 年第 2 期。

〔39〕 参见全国人大常委会法制工作委员会国家法室编著:《中华人民共和国立法法解读》,中国法制出版社 2015 年版,第 344 页。

同方式，为此，变通性法规改变或撤销的特定情形难以确定。[40] 加之备案审查制度的诸如改变或撤销的硬性纠错方式尚未激活，仅依靠备案审查制度监督立法变通权的行使远远不够。因此除了优化和完善授予立法变通权的路径外也需要对立法变通权的行使进行监督与评估。

笔者认为，全国人大常委会可以定期对有关地方制定法规行使立法变通权进行评估，及时发现并纠正立法变通权行使过程中存在的问题。毕竟地方立法变通本身就是对国家法制统一性的限制或减损，如果这种立法变通权的授予本身又采取个别化、碎片化的形式，则其不利影响可能会被放大。[41] 评估的内容可以涉及立法变通权是否有滥用、某地立法变通权是否有继续存在必要、行使立法变通权制定的法规内容的实效性、立法变通权行使是否会有损法制统一、是否有违背立法权授予的平等性等方面，确保立法变通权行使符合授权的初衷，在法治轨道内运行。同时享有立法变通权的地区可以采取定期举办联席会议等方式，交流立法变通权行使的经验教训，同时邀请全国人大机关实务人员及专家学者提出有益建议。

四、余论：探寻立法体制统一性与多样性的黄金分割点

改革开放所走过的历程充分证明了法治保障的重要性，未来继续进行的改革也会进一步促使法治的发展。改革与法治的互动关系，深刻调整着立法变通权的分配格局。全国人大常委会授权上海市人大及其常委会制定浦东新区法规行使立法变通权已经尘埃落定，上海市如何承接好这一授权、如何立法，还有待实践的探索和经验总结。毋庸置疑的是，作为非经济特区比照经济特区立法权进行立法变通，将会是机遇与挑战并存。上海市在行使立法变通权时，既要注意与经济特区立法权的共性，也要保持个性，汲取有益经验，克服弊端。中央的此次授权也是地方立法权的新发展，是中央与地方立法权分配的又一次重大调整，背后折射出中央与地方关系的发展变动。在单一制的国家结构下，中央与地方关系的调整从来都严格遵循宪法规定的在中央统一领导下，充分发挥地方的主动性积极性这一宪法原则。在大变革时代背景下，中国社会转型过程中

---

〔40〕 参见林来梵：《从宪法规范到规范宪法：规范宪法学的一种前言》，商务印书馆2017年版，第375～376页。

〔41〕 参见王建学、张明：《海南自贸港法规的规范属性、基本功能与制度发展——以〈宪法〉和〈立法法〉为分析视角》，载《经贸法律评论》2021年第4期。

的不确定性决定了中央与地方关系的发展在具有较强稳定性的同时,也具有很大的变动性和流动性。[42] 中央与地方关系的调整没有完成时,只有进行时,伴随而来的立法权调整亦是如此。正如苏力教授所言,未来中国的立法体制应当在统一性和多样性这两个同样值得追求的极端之间保持一种必要的张力,寻找黄金分割点。[43]

责任编辑:苏　秘

[42] 参见封丽霞:《中央与地方立法关系法治化研究》,北京大学出版社 2008 年版,第 513 页。

[43] 参见苏力:《当代中国的中央与地方分权——重读毛泽东〈论十大关系〉第五节》,载《中国社会科学》2004 年第 2 期。

结构功能主义视角下的意定动产担保构造

——以《民法典》第388条为中心

齐宏赛*

摘要：

《民法典》中担保物权规范仍旧延续对内部权利进行多元类型划分做法，此种立法模式确有规范明确、体系稳定的优点，但也隐含着规范重复、价值冲突等方面的弊端。以《民法典》为契机，我国担保物权立法在保守中寻求突破，利用第388条以呼应社会对融资担保的需求。举世界动产担保立法例以观之，美国《统一商法典》第九编的做法值得借鉴，我国应以第388条为中心进行解释论构建，并以功能主义为视角切入，扩张担保物权法律规范的适用范围。远期宜以一元化为目标，现实路径则应以既有结构功能主义为基础，建立以登记对抗主义为核心的公示构造，并对声明登记制予以一元化应用。为防范流担保禁止规范缺失的弊病，应引入强制性清算义务。

关键词：

结构功能主义；一元化；登记对抗主义；声明登记制；清算

动产担保立法例存有功能主义和形式主义之分野。所谓功能主义，即一元化模式，是指以一元的动产担保概念体系诸如"动产担保物、动产担保物权、担保物权人、担保人、债务人"，以及统一规定动产担保物权的"设定、公示、效力、次序、实现、消灭"等，所形成的一整套单一的动产担保物权概念术语体系和动产担保物权法制模式，[1]美国《统一商法典》第九编即其示例。与之相对应的是形式主义，如我国《物权法》时期，即对各项动产担保类型在概念、公示、效力、

---

* 齐宏赛，苏州大学王健法学院民商法学硕士研究生，研究领域为担保物权法。本文在写作过程中得到董学立教授的悉心指导，对此表示衷心感谢。

[1] 参见董学立：《我国意定动产担保物权法的一元化》，载《法学研究》2014年第6期。

次序等方面分别架构且并未认识到担保类型间的共性。《民法典》开创了第三种路径,即在形式方面保留多元类型划分,但实质方面以"担保功能"为核心对担保权〔2〕进行认定,此与功能主义和形式主义立法均有较大差别,本文称之为结构功能主义。〔3〕立法模式的分类具有深刻的学理意义,但并不妨碍不同立法模式在具体制度方面相互借鉴。

一、问题的产生及应对路径探讨

(一)动产担保类型多元的历史溯源

自清末立法至新中国成立以后第一部民法典的出台,历史脉络上担保物权法律规范发生较大变化,在担保物权内部的各种权利类型设置上有较为明显的体现。与之不同的是,在担保物权内部进行类型划分的做法,在立法上却一直得到延续,此种做法似乎也成为学界共识。从形式上看,动产抵押权、动产质权、权利质权似乎各司其职,多元类型构建无懈可击,实则此种划分造成巨大的立法资源浪费和规范上的重复、冲突。例如,在概念上抵押权与质权并无区别,立法却对其概念分别界定等。

以担保物权的内部类型划分而言,有不同的划分标准和划分方式。其中,以发生依据为标准,可分为法定担保物权和意定担保物权,法定担保物权指依据法律规定直接发生的担保物权,如留置权;意定担保物权指依当事人意思自治发生的担保物权,如抵押权、质权。以标的物为标准,可分为动产担保物权、不动产担保物权、权利担保物权和非特定财产担保物权。〔4〕应当注意的是,担

〔2〕以《民法典》为界,"担保物权"概念发生较大变化,极易与其他概念发生混淆,为使用语精确,本文特此予以区分。"担保物权"一语的使用,不包括依"具有担保功能的合同"所设物权;"担保权"则等同于"依'抵押合同、质押合同或其他具有担保功能的合同'所设物权"或"法律明确规定的担保物权类型+非典型担保"。为便于表述,其余国家立法例和示范法亦使用"担保权"这一概念,美国《统一商法典》部分则使用"担保权益"这一概念。至于我国"担保权"可否等同于"担保权益",则有赖于《民法典》第388条的解释。本文认为,现阶段"担保权"与"担保权益"并不等同。

〔3〕学界有认为《民法典》担保物权编为形式主义和功能主义之结合,抑或实质担保观和形式担保观之结合。参见高圣平:《动产担保交易的功能主义与形式主义——中国〈民法典〉的处理模式及其影响》,载《国外社会科学》2020年第4期;谢鸿飞:《〈民法典〉实质担保观的规则适用与冲突化解》,载《法学》2020年第9期。

〔4〕参见崔建远:《物权法》(第5版),中国人民大学出版社2021年版,第421页。

保物权内部类型划分唯独无法以内容为标准,这也是美国法上统一的担保权益(Security Interest)概念形成的根本原因。

本文所述结构功能主义或一元化模式,均限于意定动产担保领域。做此限定,有其缘由。一方面,不动产担保物权多以登记生效主义为公示方式,其担保物权类型较为单一。此与历史发展脉络有关,清末立法中尚有不动产抵押权、土地债务与不动产质权,而至民国时期,仅保留不动产抵押权,改革开放以后立法也仅保留不动产抵押权。其中,土地债务源于德国法,但即使在德国法上,土地债务并非独立的担保物权类型,其亦非独立的法律概念,这个概念只是想表明:在实践中,土地债务也可以服务于债权的担保,[5]其与抵押权并无区别,与抵押权一致的概念进入清末立法中,似乎只能用法律继受水平不高、缺乏对制度的深入认知或立法者有意为之予以解释。至于不动产质权,来源于日本法律,对其进行抛弃属于立法选择问题。经过长时间的演进,不动产担保物权几乎与不动产抵押权等同,制度供给虽有所减少,问题也随之简化,不如动产担保领域复杂。动产担保领域复杂原因之一即为类型较多且界限模糊。另一方面,法定担保物权数量较少,且多有专门规定,典型体现为留置权,我国法律通常将其置于担保物权最后部分,其在概念、效力、次序、实现、消灭等方面有法律条文专门规定,问题也相对较少。此外,不动产担保物权和法定动产担保物权在很大程度上体现的是国家干预色彩,而非当事人意思自治的彰显。只有在意思自治大量存在的意定动产担保范畴,探讨采用何种立法模式才存有可行性和必要性,意思自治成为意定动产担保领域采用结构功能主义或一元化模式的理论基石。

一元化模式相较于形式主义有较多优势,但不可否认,从《物权法》的形式主义直接过渡到一元化模式,存在较大困难。以一元化模式下的收益(Proceeds)为例,其概念及其运作等较为复杂,[6]但伴随着我国对于动产担保体系研究的不断深入,[7]一元化模式并非绝无可能。动产担保体系的制度改

---

〔5〕[德]鲍尔、施蒂尔纳:《德国物权法(下册)》,申卫星、王洪亮译,法律出版社 2006 年版,第 240 页。

〔6〕See Bruce A. Markell, *A View from the Field: Some Observations on the Effect of International Commercial Law Reform Efforts on the Rule of Law*, 6 Indiana Journal of Global Legal Studies 497, 503 (1999).

〔7〕关于收益制度的研究,参见庄加园:《动产担保物权的默示延伸》,载《法学研究》2021 年第 2 期。

造,与《民法典》前担保体系的困境迫使立法者不得不考虑有条件地放弃形式主义以适应融资需求这一背景密切相关。

(二)《民法典》前担保体系的功能缺失

以原《物权法》为基础构建的动产担保物权立法存在较大弊端,对于非典型担保和隐形担保问题的处理表现出旧有担保体系功能的有限性和体系改造的迫切性。

原《物权法》将动产担保划分为极为有限的几种类型,导致非典型担保效力的认定方面存在较大争议,其中,主要体现在让与担保、所有权保留制度等。现实中大量存在非典型担保,因原《物权法》遵守物权法定主义导致其效力无法得到确认,以习惯法确认的方式因其较为严格的要求亦较难实现。[8] 这体现出我国原《物权法》规范在担保领域的封闭性特征。此种模式对司法公信力也有较大影响,在不同地区和层级的法院,对于让与担保或者其他买卖型担保效力认定结果可能有所差异,进而导致司法裁判结果的不一致、冲突甚至矛盾。以世界角度观之,早期立法例多对让与担保予以否定,认为其系通谋虚伪意思表示、脱法行为或违反物权法定主义等。[9] 但发展至今,否定态度已有所转变。例如,日本学理上所有权构造说为担保权构造说所取代,让与担保效力得到承认。在德国,让与担保的效力问题同样备受争论,德国学者 Rigelsbergeer 提出信托的法律行为,在学说上根本解决了让与担保有效性问题。[10] 通过将被担保人的所有权定性为信托所有权,实现"经济的"所有权和"法律的"所有权的分离。[11] 但我国与德日均有所不同,因此如何构建让与担保仍是一大难题。从现阶段来看,让与担保在某些情况下成为担保权人牟利或损害债务人的其他债权人的工具,在当事人就法律关系为借贷还是买卖发生纠纷时,法院认定存在较大困难。

---

[8] 依从学理观点,民事采用之习惯法,必须具备以下条件:其一,须有习惯之存在;其二,须为人人确认其有法之效力;其三,须属于法律所未规定之事项;其四,须不背于公共秩序与善良风俗;其五,须经国家(法院)明示或默示承认。参见梁慧星:《民法总论》(第5版),法律出版社2017年版,第28页。

[9] 参见谢在全:《民法物权论(下册)》(第5版),中国政法大学出版社2011年版,第1104~1106页。

[10] 参见王闯:《关于让与担保的司法态度及实务问题之解决》,载《人民司法》2014年第16期。

[11] 参见向逢春:《德日动产让与担保制度构建比较研究及借鉴》,载《兰州大学学报(社会科学版)》2011年第2期。

最高人民法院《关于适用〈中华人民共和国民法典〉有关担保制度的解释》(以下简称《担保制度解释》)第68条虽对解决让与担保适用难题有所助益,但让与担保如何公示这一问题仍不明晰。[12]

除却让与担保外,《民法典》颁布施行前,司法实践中存在大量的隐形担保,其对担保体系的冲击更为严重。《民法典》颁布之前,能够进行公示的仅为典型担保物权,以具有担保功能的合同所设担保权无法进行有效登记。缺乏相应的公示手段,在担保关系仅涉及双方时,并无大碍。但公示之意义即在于,当事人与第三人利益发生冲突时,确立何者为优先顺位,以避免繁冗的诉讼程序和高昂的纠纷解决成本,此种利益冲突在担保人破产情形下尤为明显。[13] 隐形担保的存在,使法律规范对交易安全的保护大打折扣,在担保人与第三人发生交易时,尽到一般注意义务的第三人可能无法取得标的物的完整所有权或取得附有负担的所有权,因标的物上设置有隐形担保,例如以占有改定方式设定的让与担保或者以倒签方式设定的担保。此对社会交易而言,未必有利。因公示问题在担保领域广泛存在,解决问题最为有效的路径即在担保物权编

---

[12] 此所谓公示指担保权公示,而非《担保制度解释》第68条第1款所述"财产权利变动的公示"。在特定情况下,财产权利变动的公示也可发生担保权公示的法律效果。例如,不动产让与担保中双方当事人在登记簿中登记财产变动状况,但未进行担保权登记,在让与担保人破产情形下,应认可让与担保权人可据此主张享有别除权。此外,让与担保的担保权公示宜采用登记对抗主义。学理上讲,让与担保实质上已被泛化的抵押权概念所涵盖,而抵押权采用登记对抗主义;比较法视野观之,让与担保以登记为公示方式有迹可循;解释论层面,让与担保可借助《民法典》第388条从而准用抵押权规范,从而采用登记对抗主义。反对让与担保进入担保物权编观点,参见董学立:《担保物权法编纂建议》,载《山东大学学报(哲学社会科学版)》2017年第6期;让与担保采用登记对抗主义的立法例考察,参见Alexander Morell & Frederic Helsen, *The Interrelation of Transparency and Availability of Collateral: German and Belgian Laws of Non-possessory Security Interests*, 22 European Review of Private Law 393, 422 (2014)。

[13] 此主要涉及未公示的担保权在担保人破产情形下可否主张别除效力以优先受偿问题。为防范隐形担保可能导致破产财产的不当减少,美国联邦破产法设置第544(a)(1)条,该条赋予管理人针对未公示担保权的撤销权,而无需考虑担保权是否真实存在。此即著名的"强臂撤销权"条款。See R. Paul Barkes Jr., *Untwisting the Strong-Arm: Protecting Fraud Victims from Bankruptcy Courts*, 31 Loyola of Los Angeles Law Review 653, 686 (1998). 参见龙俊:《公示对抗下"一般债权"在比较法中的重大误读》,载《甘肃政法学院学报》2014年第4期。

一般规定部分增加包括登记对抗主义的公示规定,以此实现消除隐形担保这一制度目标。

(三)一元化路径探讨及结构功能主义的实证法应用

从让与担保等的发展历程可看出,由传统罗马法发展而来的物权法定主义已经难以在担保物权领域继续适用,承认非典型担保已成为趋势。立法分别就担保物权类型的概念、公示、效力、次序等做出规定,由此带来规范上的重复甚至冲突,在承认非典型担保类型之后,此种制度设计问题更为凸显。解决担保物权领域法律规范重复的方法,无非两种:一种是大量引入准用规范,基于担保物权内部并不以内容为标准进行划分这一前提,准用规范有较大范围的适用空间,此种模式可以减轻规范重复的弊端,但过多的准用规范于法律适用而言,实为较为繁重的负担;另一种方法为大量使用抽象规范,采用提取公因式的方法,从各类担保权中提取抽象规则,此种模式可避免法律条文重复问题,但对法律适用者来说,需要较高的理论储备和知识素养。此即为美国的一元化模式,其动产担保体系虽经多次修正,但基本框架的建构则有赖于1952年《统一商法典》第九编的颁布。此种一元化模式获得极高评价,有学者认为,《统一商法典》第九编是美国商法历史上最重要、最全面和最富想象力的立法之一。[14] 在此之前,美国法律规范也存在抵押、质押、附条件买卖、信托收据等担保类型的区分,出于简化(Simplicity)的需求,立法者放弃担保类型划分,并以统一的担保权益概念代之。[15] 美国立法者正是认识到各类型担保权在概念和功能上的共性,从而将其整合,所用方法与学说汇纂学派提取公因式方式有异曲同工之妙。第九编避开了被大多数动产担保国内法所采纳的形式上的物权法定主义,它依务实的观点展开,不管交易的形式如何,只要在市场上起着相同的功能,即通过合意赋予债权人某种动产权利,使之将该财产

---

〔14〕 See Stefan A. Riesenfeld, *Book Review*, 54 California Law Review 1854, 1854 (1966).

〔15〕 We could achieve simplicity in a field of law that long had been plagued with progressive fragmentation and growing complexity. See Grant Gilmore, *The Good Faith Purchase Idea and the Uniform Commercial Code: Confessions of a Repentant Draftsman*, 15 Georgia Law Review 605, 620 (1981); Grant Gilmore, *Security Law, Formalism and Article* 9, 47 Nebraska Law Review 659, 672 (1968).

视为债务不履行时的救济来源。[16] 综合来看,准入规范的大量运用以及美国动产担保交易法的立法模式各有利弊。以我国动产担保的体系架构角度观之,应充分利用《民法典》这一契机,发挥司法解释对担保体系的漏洞填补和重复规范整理功能,实现担保类型开放后,各类担保权在效力、次序、实现、消灭方面的统一。其中尤为重要之处在于,抵押权概念出现泛化,由此导致动产抵押权和权利抵押权的出现,[17] 带来的问题便是立法技术方面亟待修正,抵押权和质权以标的物为区分标准难以维持,只能转变为以是否移转占有为区分标准,而从现实角度出发,质权因难以充分实现物之用益价值及不当限缩可设定担保的财产范围而逐渐式微,[18] 具备完善公示机制的动产抵押将会逐步取代蕴含隐形担保风险的动产质权。在两类物权的关系处理方面,仍有赖于司法解释进一步做出阐明。此外,抵押权泛化后亦产生价值冲突问题,《民法典》对于抵押权以"负面清单"的方式进行列举,但对于权利质权却以"正面清单"的方式对可以设定担保的权利范围做出了规定,但此种区别对待是否有合理的理由?同类事物同等对待是任何制定法都固有的原则,因为这一原则是"法"所以为法所必不可少的。[19] 换言之,抵押权和权利质权作为担保物权的子类型,仅生效方式等方面有略微差异,此种形式上的差异并无法推导出两者可设定的担保物范围之差异,且正面清单模式会不当限制质押财产的范围,这也不利于交易实践的发展。[20] 在此点上,规范之间存在明显的价值冲突,未来宜予以修正,权利质权的担保物范围应与抵押权进行同样处理,规定为"负面清单"模式。在担保物权编的一般规定部分使用单一条文规定担保物范围采用"负面清单"模式,上述问题便得以顺利解决,且可得出非典型担保在无例外规定时亦适用"负面清单"模式的结论。

《民法典》在担保物权规范适用的开放方面做出较大调整,《民法典》所采

---

〔16〕 参见高圣平:《美国动产担保交易法与我国动产担保物权立法》,载《法学家》2006 年第 5 期。

〔17〕 参见董学立:《抵押权概念的演变及其法体系效应》,载《法商研究》2017 年第 5 期。

〔18〕 See Frederic Helsen, *Security in Movables Revisited: Belgium's Rethinking of the Article 9 UCC System*, 23 European Review of Private Law 959,962 (2015).

〔19〕 参见[德]卡尔·拉伦茨:《法学方法论》(全本·第 6 版),黄家镇译,商务印书馆 2020 年版,第 470 页。

〔20〕 参见王利明:《我国民法典物权编的修改与完善》,载《清华法学》2018 年第 2 期。

结构功能主义值得赞同。但如何及能否实现促进担保融资交易这一制度目标，仍有赖于对第388条在解释论层面予以展开。

二、《民法典》第388条解释论之展开

(一)物权法定主义在担保领域的剥离

传统罗马法上并未对物债进行严格区分，评注法学派在罗马法上“对人之诉”“对物之诉”的基础上，提出了“对物权”和“对人权”的区分。人文主义学派的约内斯·阿倍尔提出了“所有权的取得方式”和“名义”的理论，物债二分在学说史上首次实现。[21] 但此时的物债二分并不十分彻底，物债真正实现分离归功于萨维尼的理论构建，萨维尼基于其对私法体系的重新认识，直接将“债权”与“物权”进行对立、比较的考察，从而构成债权、物权区分论的真正起点。[22] 物债区分成功纳入到《德国民法典》中并成为其突出特点，[23] 从而对世界产生深远影响。但发展至现代社会，此种区分已经难以满足现实需求，以买卖不破租赁、预告登记为代表的“债权物权化”现象和优先权制度在逐步打破此种严格的二分体系。在瑞士的民法学理上，甚至发展出“物上之债”法律概念，以弥补物债二分的不足，调整物债空隙间的法律关系。[24] 传统理论发展至现代，制度供给不足局面多有发生，担保物权领域即为其中一例。

物债二分一项重要的区别在于物权领域奉行法定主义，债权领域奉行自由主义。物权法定原则存有僵固物权种类和内容，阻碍新型物之利用方式产生的弊端。[25] 原《物权法》制定过程中曾对采用何种主义有过争论，但最终采用严格的法定主义。物权法定主义在所有权和用益物权领域适用并无问题，其僵化的弊端可以通过简单增加制度供给予以解决。此次我国《民法典》在用益物权编中新增居住权，值得赞同，至于学界批判居住权规范仍旧囿于传统人役权，对此应关注权能分离的本质特征，该问题不在本文

---

[21] 参见方新军:《盖尤斯无体物概念的建构与分解》，载《法学研究》2006年第4期。

[22] 参见金可可:《私法体系中的债权物权区分说——萨维尼的理论贡献》，载《中国社会科学》2006年第2期。

[23] 参见朱庆育:《民法总论》(第2版)，北京大学出版社2016年版，第33页。

[24] 参见常鹏翱:《物权法的展开与反思》(第2版)，法律出版社2017年版，第89页。

[25] 参见张鹏:《物债二分体系下的物权法定》，载《中国法学》2013年第6期。

探讨范围。[26] 担保领域有所不同,除法律明确规定的担保物权类型之外,融资租赁、保理、让与担保等担保信贷方式迅速发展,未来亦将不可避免地出现其他新兴的担保信贷方式,通过增设担保物权类型方式予以处理必然导致法律规范的反复修正。出于法律公信力和社会民众预期的现实考量,法的安定性作为法理念的要素应当得到维护。[27] 就上述问题而言,我国《民法典》所做出的回应即第388条,我国有学者认为该条实际上在担保物权领域确立了物权法定缓和,放弃了原来《物权法》中刚性的物权法定主义。[28]《民法典》颁布之前,判断某种权利类型是否为担保物权和判断其是否为抵押权、质权、留置权等同,此种机械的判断方法虽可避免模棱两可的权利类型识别,却难以适应社会上复杂的融资需求,此亦为我国司法实践中大量存在的"名为买卖,实为借贷"纠纷之成因。对于此类案件的识别,造成司法资源的浪费和当事人在诉讼程序中时间、金钱成本的上升。究其根源,即在于非典型担保无法办理担保权登记。此种状况,有必要在法律层面予以规制。《民法典》第388条所述"其他具有担保功能的合同",将能否适用担保物权规范的界定标准确立为"担保功能"。以此,除法条所述抵押权、质权等典型担保物权外,让与担保、所有权保留、融资租赁等均可纳入到担保物权规范的调整范围,此为我国担保物权立法之一大进步。其中问题,仍有待研究,法条所谓担保功能,具体判断标准为何,对此有待司法解释进一步做出规范调整。此外,典权是否可以适用担保物权规范,典权作为中国本土发展起来的一种权利类型,比较法资料极为有限。而且,对典权性质学界历来存有争议,有认为担保物权者,有认为担保物权中之不动产质权者,有认为附买回条件之买卖者,等等。史尚宽先生认为典权实兼有用益物权及担保物权之两方面性质,[29] 该观点实值赞同,因典权实际具备担保之功能,故可适用担保物权相应规范,如受偿次序之规定;但对于某些与典权相冲突之规范,可不予适

---

〔26〕 参见鲁晓明:《"居住权"之定位与规则设计》,载《中国法学》2019年第3期;申卫星、杨旭:《中国民法典应如何规定居住权?》,载《比较法研究》2019年第6期;王利明:《论民法典物权编中居住权的若干问题》,载《学术月刊》2019年第7期。

〔27〕 参见[德]阿图尔·考夫曼:《古斯塔夫·拉德布鲁赫传:法律思想家、哲学家和社会民主主义者》,舒国滢译,法律出版社2000年版,第22页。

〔28〕 参见王利明:《担保制度的现代化:对〈民法典〉第388条第1款的评析》,载《法学家》2021年第1期;杨立新:《物权法定缓和的绝处逢生与继续完善——〈民法典〉规定"其他具有担保功能的合同"概念价值》,载《上海政法学院学报(法治论丛)》2021年第1期。

〔29〕 参见史尚宽:《物权法论》,中国政法大学出版社2000年版,第435页。

用,如清算义务应让位于“绝卖”条款。

非典型担保借助《民法典》第388条进入担保物权规范的调整范围,为避免过于僵化的弊端,立法者设置兜底性规定,并使用“其他具有担保功能的合同”这一表述,但这一概念自产生伊始便面临着解释上的困境。可以预见,《民法典》施行后一段时间内司法实践中将会尽量避免对于“担保功能”抽象概念的运用或者以既有担保物权类型为辅助解释“担保功能”。此种做法在美国动产担保交易法发展历史上有先例可循,在《统一商法典》颁布以后,曾有法院放弃对法典中的担保权益解释,转而采用法典颁布前的做法以解决纠纷,要求当事人设定担保权益需要对授权条款(Granting Clause)做出明确约定。[30] 此种做法不可避免地导致立法者为简化担保权益设立所做出的努力难以实现。[31] 因此,为防止司法实践扭曲立法目标现象的出现,同时基于抽象概念的固有弊病,我国应在司法解释中重视目的解释从而对“担保功能”做出进一步界定,以指导司法实践的正确开展。

(二)结构功能主义下的“担保功能”

基于债权与物权间的差别,物债在成立要件和生效判断方面应该独立、分别进行,此为区分原则的基本要求。物权法定主义或者物权缓和主义本应以物权为预设调整对象,但《民法典》第388条显然并未严格地遵循这点,其使用“合同”表述以涵盖担保物权法律规范适用的非典型担保类型。立法者并非不知物债间的分离,此种表述是多方面因素综合考量的结果。一方面,我国对于物债二者关系存在长期争论,尤其体现在物权变动模式方面,相当长一段时间内,物权效力直接由债权决定,而非根据物权成立和生效要件本身进行判断。另一方面,采用“其他具有担保功能的合同”这一表述的优点在于其可以找到引致的对象,如果规定“其他具有担保功能的物权”,在法律适用中难以找到可以引致的对象;反之,如使用“其他具有担保功能的合同”这一表述则可将融资租赁合同、保理合同等与担保物权规范建立起联系。历史问题、私法体系内部界限模糊等多方面因素造成《民法典》借助“其他具有担保功能的合同”这一表述而非更为严谨的“其他具有担保功能的物权”来调整担保物权规范的适用范围。

在解释层面,担保功能与担保物权在概念上并不等同,担保功能概念外延

---

〔30〕 Shelton v. Raymond Erwin, 472 F. 2d 1118 (8th Cir. 1973).

〔31〕 See Julian B. McDonnell, *Purposive Interpretation of the Uniform Commercial Code: Some Implications for Jurisprudence*, 126 University of Pennsylvania Law Review 795, 817 (1978).

要大于担保物权。某种权利是担保物权,必然具有担保功能。反之,具有担保功能未必是担保物权,基于合同所设非典型担保同样可以具有担保功能,例如以房抵债协议。[32] 如将二者简单等同,将彻底否定《民法典》在担保领域所实现的突破。在《民法典》颁布之前,最高人民法院《关于审理民间借贷案件适用法律若干问题的规定》(以下简称 2015 年《民间借贷司法解释》)第 24 条对买卖型担保有所涉及,但存在较大争议,如是否承认买卖合同的效力,该条并未言及。《民法典》颁布之后,该司法解释第 24 条的功能实际上为《民法典》第 388 条所取代。

《民法典》合同编可以认定具有担保功能的合同类型有融资租赁合同、保理合同、所有权保留的合同等。[33] 在实践中,第 388 条规定之"其他具有担保功能的合同"包括但不应限于合同编所规定的具有担保功能的合同类型。换言之,此条文不仅仅向合同编开放,也向由习惯创设和当事人意思自治创设的非典型担保开放。例如,我国学者提出的"后让与担保",[34] 便可借用该条纳入担保物权规范的调整范围之内,做此推论的前提是将"后让与担保"视为一种独立的非典型担保类型。与之相反,如果认为其法律关系的实质已经为变异的抵押权概念所涵盖,[35] 其仅仅是对将来物的抵押,则无需借助第 388 条,直接适用抵押权相关规范即可。不论抵押权概念的演变抑或第 388 条所引起的担保类型开放,均在客观上推动担保物权规范适用领域的延展。以此必然导致的结果是,非典型担保领域会显现出适用方面的诸多问题,准用规范或抽象规范适用的需求将会迅速增长。但所谓新问题也仅仅是在中国语境下而言的,动产担保领域的诸多问题在实现一元化的美国或者介于功能主义和形式主义之间的德国早已出现。[36] 因此,就非典型担保问题的处理而言,闭门造车不切实际,应当

---

〔32〕 参见陆青:《以房抵债协议的法理分析——〈最高人民法院公报〉载"朱俊芳案"评释》,载《法学研究》2015 年第 3 期。

〔33〕 参见孙宪忠、朱广新主编:《民法典评注:物权编》(第 4 册),中国法制出版社 2020 年版,第 23 页。

〔34〕 参见杨立新:《后让与担保:一个正在形成的习惯性担保物权》,载《中国法学》2013 年第 3 期。

〔35〕 参见董学立:《也论"后让与担保"——与杨立新教授商榷》,载《中国法学》2014 年第 3 期。

〔36〕 例如在美国曾出现无权利凭证的融资交易,然而《统一商法典》中的动产担保交易规范以具有权利凭证或者可转移财产为预设调整对象。See Peter F. Coogan, *The New UCC Article* 9, 86 Harvard Law Review 477, 560 (1973).

以功能主义为视角切入,以寻求符合本土国情和既有体系的最佳方案。

(三)功能主义解释路径之展开

关于动产担保领域的制度构建,世界范围内并无统一的方案。就某个法律关系而言,世界各国道路可能有所不同,但法律规范在实质上都面临同样的问题,这也是功能性原则得以成为比较法的方法论的基本原则的现实基础。[37] 以美国为代表,基于便利担保权设立、防范信用交易风险以及州际担保规范一致性的重大政策考量,[38]美国开始着手改革担保规范,以格兰特·吉尔莫(Grant Gilmore)为主的立法者在认识到各种类型的担保间共性大于个性后,[39]便着手制定一部统一的动产担保交易法,此即美国《统一商法典》第九编。它创立动产上单一且全面的担保权,此种模式显示出极强的生命力,其后为加拿大、新西兰等国所效仿。与之不同的是,德国在立法上仍旧保留着担保类型的划分,形式上与我国原《物权法》相同,均表现出担保类型的多元划分,但实质上有所区别,主要表现在准用规范的运用方面,其优势在于可以有效避免规范之间的矛盾、冲突,大体相当于我国原《物权法》所采形式主义和美国一元化模式的过渡地带。

担保信贷之所以行之有效,关键是它允许企业以其资产本身的价值作为降低债权人得不到偿还风险的手段。[40] 而企业对融资的需求实为健全担保法律规范的动机,世界各国企业对担保信贷的需求是同样的,区别在于担保法律规范的设计不同及由此导致的企业融资手段的差异。从功能主义角度出发,各国担保信贷规范的作用无非在于保障担保信贷建立、维持、实现等过程的顺利进行,以此实现有限资源的优化配置,促使经济得以提升。但具体到制度构建方面,又会因历史、习惯等有所差异。差异仅为表象,并不构成制度间互通的天然屏障。我国动产担保体系在解释论上的展开,应借鉴比较法的经验,以寻求科

---

〔37〕 参见[德]茨威格特、克茨:《比较法总论》(上),潘汉典等译,中国法制出版社2016年版,第58页。

〔38〕 See Harold F. Birnbaum, *Article 9-A Restatement and Revision of Chattel Security*, 1952 Wisconsin Law Review 348, 349 - 354(1952).

〔39〕 例如美国法曾经在形式上对动产抵押和附条件买卖进行分别立法,但二者在实质方面呈现出极强的趋同性。See Grant Gilmore & Allan Axelrod, *Chattel Security: I*, 57 Yale Law Journal 517, 542 (1948); L. Vold, *Dividend Property Interests in Conditional Sales*, 78 University of Pennsylvania Law Review 713, 726 (1929 - 1930).

〔40〕 参见《贸易法委员会担保交易立法指南》2010年版,第2页。

学、合理的构造,在一元化设计方面学习美国动产担保交易法的经验,在准用规范的使用上,则以德国担保规范为研究对象寻求借鉴,并充分利用《贸易法委员会担保交易立法指南》(以下简称《立法指南》),建构并完善我国的动产担保立法体系。

三、结构功能主义的法体系完善

《民法典》颁布对担保物权领域的问题有所回应,通过扩张担保物权法律规范的适用范围,在一定程度上缓解了制度供给不足的问题。现有结构功能主义不仅在类型上保持多元划分,规范层面亦呈现多元划分样态,以此导致的立法重复现象更为严重。如公示方面,在抵押权、质权分别规定基础上,《民法典》另在所有权保留、融资租赁、保理部分新增公示规定,使得动产担保体系形式上更为分散。且即便分别规定,其余类型的非典型担保如何公示仍不明晰。现有结构功能主义存有较大完善空间,应以特定规范的一元化为导向,从而避免条文重复和规范冲突。基于优先受偿次序的核心地位及流担保契约解禁所致规范缺失弊病的考量,率先在公示和清算义务方面实现规范的一元化,对于防范结构功能主义倒退至形式主义具有极强的现实意义。

(一)以登记对抗主义为基础的公示构造

担保物权作为物权的一种,其中重要的一个环节为公示,因物权是绝对权,其上所附第三人不得无故侵害的一般义务,故其权利应有其表征方式。起源于澳大利亚的托伦斯登记制为现代化登记制度的建立奠定了基础,[41]但这一登记制度的深刻意义仅限于权属登记范围内。在所有权领域,名义所有权和实际所有权通常以统一样态出现,但在担保领域,担保权人主张非占有性财产权益(Nonpossessory Property Interests)的情况时有发生。[42] 当担保关系出现第三人时,问题进一步复杂化,担保权人欲确定性地享有对担保物的权利以对抗第三人,必须采用占有、登记、控制等手段公示其对担保物享有权利的状态,其中登

〔41〕 参见孙宪忠:《不动产登记基本范畴解析》,载《法学家》2014 年第 6 期。关于托伦斯登记制经济意义的探讨,See Jospeh T. Janczyk, *An Economic Analysis of the Land Title Systems for Transferring Real Property*, 6 Journal of Legal Studies 213,216 (1977)。

〔42〕 See Douglas G. Baird & Thomas H. Jackson, *Possession and Ownership: An Examination of the Scope of Article* 9, 35 Stanford Law Review 175,178 - 179(1983).

记的应用领域最为广泛。[43] 在《物权法》时期,第188、189条分别对动产抵押、动产浮动抵押采用登记对抗主义做出规定,从立法技术上看,通过第207条最高额抵押权准用一般抵押权的规定以及第222条最高额质权准用最高额抵押权的规定,可以推导出最高额抵押权和最高额质权适用登记对抗主义的结论,但在动产质权中缺乏相关规定,权利质权则通常需要交付权利凭证或采用登记生效主义。上述问题,在《民法典》颁布以后仍旧存续。至于非典型担保,承认其法律效力的《民法典》第388条在体系上位列于担保物权编的一般规定,故其可准用抵押权、质权等相关规范,其中主要是抵押权规范,因此从解释论上可以得出其采用登记对抗主义的结论。

2020年,国务院办公厅印发《关于进一步优化营商环境更好服务市场主体的实施意见》,其中包括优化动产担保融资服务。鼓励引导商业银行支持中小企业以应收账款、生产设备、产品、车辆、船舶、知识产权等动产和权利进行担保融资。推动建立以担保人名称为索引的电子数据库,实现对担保品登记状态信息的在线查询、修改或撤销。[44] 优化营商环境对建立统一的动产融资担保体系提出新的要求,担保的设定必须经过公示,从而使第三人可以合理判断是否与相对人交易。[45] 上述为统一采用登记对抗主义的内在动力,外在动力则在于与国际趋势相符合,以便利跨国融资交易。关于动产担保的公示方式,《立法指南》在其第2章担保权的设定中提出三种方式:担保权设定自动取得对抗第三人效力、担保权设定后需额外行动才可取得对抗第三人效力、担保权设定即被视为具有对抗其他有担保债权人以外所有各方的效力。《立法指南》其后建议采用第二种方法,其既可简化担保权设定手续,也可使第三人以较低成本实现

---

〔43〕 See *Perfection of the Security Interest*, 19 South Carolina Law Review 700, 701 (1966). 关于控制标准,在美国《统一商法典》§9-314中的控制公示部分(Perfection by Control)有所规定。《民法典》并未规定控制标准,但《担保制度解释》第70条对保证金账户的控制公示有所涉及。参见龙俊:《民法典时代保证金的双重属性》,载《法学杂志》2021年第4期;See Jonathan C. Lipson, *Secrets and Liens: The End of Notice in Commercial Finance Law*, 21 Emory Bankruptcy Developments Journal 421, 462 (2005). 除上述公示手段,美国《统一商法典》还存在自动公示(Automatic Perfection)、临时公示(Temporary Perfection)。See Harry C. Sigman, *Perfection and Priority of Security Rights*, 5 European Company and Financial Law Review 143, 149-150 (2008).

〔44〕 参见国务院办公厅《关于进一步优化营商环境更好服务市场主体的实施意见》(国办发〔2020〕24号)。

〔45〕 参见龙俊:《民法典中的动产和权利担保体系》,载《法学研究》2020年第6期。

对资产担保状况的了解。

结合我国情况,在动产担保领域采用第二种方式,即在担保权设定后需额外行动才可取得对抗第三人效力,存在较大困难。所谓额外行动,具体到我国法律语境下,即进行登记。以存在权利抵押准用动产抵押的规范为假设前提,二者均可贯彻登记对抗主义。至于动产质权和权利质权如何适用登记对抗主义,不无疑问。动产质权以交付为设立和生效方式,此种观点在司法实践中仍占据主流地位,根据裁判文书网数据,以“动产质权”“占有改定”为关键词搜索,并限定法院层级为中级,案例显示现阶段占有改定无法设定动产质权为司法实践的主流观点。[46] 但从学理角度分析,此种观点有待商榷。反对占有改定设定质权者通常引用史尚宽先生的观点“如许设定人仍继续质物之使用收益,而成立质权,则等于无公示方法的动产抵押之设定,不免有害于善意取得其物之所有权或质权之第三人利益,而动摇一般动产交易之安全”[47],此种观点不无道理,至今该观点支持者亦为数甚多。[48] 但时至今日,买卖型担保大量存在,以占有改定方式设定动产质权,其与附加强制清算义务的买卖型担保并无本质区别,其区别仅仅体现在担保权的实现方式方面,此种区别在清算义务广泛适用背景下更是无关紧要。承认买卖型担保却否定以占有改定方式设定动产质权,体现出立法在该问题处理方面的价值悖反。且在建立质权登记制度后,一般动产交易之安全仍旧得以维护,由实际交付产生的保护交易安全功能实际上可为质权登记制度所取代。故此,应当在动产质权领域采用登记对抗主义,并允许以占有改定方式设定动产质权,在其进行登记后同样可具有对抗第三人的效力,如此既可保障权利人利益实现,且可发挥物之用益价值。某种意义上讲,以占有改定方式设定的质权与抵押权别无二致,其他方式设定的质权则等同于需移转占有的特殊抵押权。但应注意,无论采用何种公示手段,均不可对抗正

---

〔46〕 例如,钟某、中山市广信木业有限公司保管合同纠纷案,广东省中山市中级人民法院(2016)粤20民终3701号民事判决书,2017年6月12日;鹤山市远翔燃料有限公司、广东南粤银行股份有限公司第三人撤销之诉,广东省湛江市中级人民法院(2017)粤08民终791号民事判决书,2017年8月11日;满洲里市中小企业融资担保有限公司诉关宏礼案,内蒙古自治区呼伦贝尔市中级人民法院(2020)内07民终76号判决书,2020年3月2日;郑某康、郑某典当纠纷案,浙江省杭州市中级人民法院(2020)浙01民终6226号民事判决书,2020年12月23日。资料来源:裁判文书网,2021年10月13日访问。

〔47〕 史尚宽:《物权法论》,中国政法大学出版社2000年版,第349~350页。

〔48〕 参见郑冠宇:《动产质权之发展》,载《月旦法学杂志》第95卷(2003年)。

常经营活动中的买受人。至于权利质权问题则要复杂得多,其权利范围甚广,包括债权、股权、知识产权中的财产权、应收账款等。在设定质权时,有采登记生效主义者,如股权、知识产权中的财产权等,从比较法视野和学理角度分析,也有以其他方式公示者,如债权质押多采用"通知+交付"的公示方式;〔49〕在公示部门上,存在多头管理问题,依据权利类型的不同,登记部门有中国人民银行、国家知识产权局等。〔50〕从比较法视野看,美国、奥地利等在动产担保交易方面均采用登记对抗主义。〔51〕登记制度在动产担保领域的全方位建立,对隐形担保的消灭和防范信用交易风险大有助益。但从现状来看,我国意图实现登记对抗主义在动产担保领域的统一较为困难,主要原因在于权利质权领域公示问题的复杂性。〔52〕但登记制度的发展会在很大程度上缓解这一难题,即便存在多头管理问题,统一的公示系统的建立却可以实现信息互通,从而将动产担保在公示方面实现统一。以此而言,近年来比利时登记制度改革值得关注,〔53〕其对电子化登记手段的全方位采用可为我国登记制度改革提供借鉴。

综上所述,登记对抗主义在动产担保领域内广泛应用。以此,在担保物权编的一般规定设置单一条文以涵盖包括登记对抗主义在内的公示规定,为结构功能主义在公示方面的应有路径。基于这一前提,完全依据公示时间确定优先受偿次序得以实现,但在宽限期内登记的购置款抵押权除外。〔54〕

(二)声明登记制的一元化实现

在登记对抗主义之下,采用文件登记制抑或声明登记制,为关涉公示制度之一大问题。二者区别在于,文件登记制之下,当事人除提交登记申请书之外,

---

〔49〕 参见陈本寒:《新类型担保的法律定位》,载《清华法学》2014年第2期。

〔50〕 参见赵英:《权利质权公示制度研究》,中国社会科学院研究生院2009年博士学位论文,第76页。

〔51〕 参见屈茂辉:《动产物权登记制度研究》,载《河北法学》2006年第5期。

〔52〕 有学者正确指出,我国在担保权登记方面深受不动产权属登记影响。参见庄加园:《动产抵押的登记对抗原理》,载《法学研究》2018年第5期。以学理角度观之,权属登记部门与担保权登记部门是否必须同一,有待探讨。

〔53〕 See Alexander Morell & Frederic Helsen, *The Interrelation of Transparency and Availability of Collateral: German and Belgian Laws of Non-possessory Security Interests*, 22 European Review of Private Law 393, 418 (2014).

〔54〕 See Grant Gilmore, *The Purchase Money Priority*, 76 Harvard Law Review 1333, 1387 (1963). 参见谢鸿飞:《价款债权抵押权的运行机理与规则构造》,载《清华法学》2020年第3期;李运杨:《〈民法典〉中购置款抵押权之解释论》,载《现代法学》2020年第5期。

尚需提交基础交易文件以供登记机关审查,并需在登记簿上填写与基础交易文件一致的事项,以确认登记簿所记载内容的准确性和合法性。[55] 与之相反,声明登记制则通常具有如下特征:(1)声明登记制不表明实际存在特定交易,其仅仅构成对可能或已经设立非占有式担保的交易主体的警示;(2)担保权人可在担保设立前后提交保护担保权益的申请,其优先受偿的权利通常可回溯至提交申请之时;(3)所需登记的信息应当保持在最低限度,以备查询。[56] 声明登记制存有一大弊端,即无法保证权利的真实存在。应当认识到文件登记制亦无法确定性地保障交易的真实存在,文件登记制以复杂的审查程序为代价,在一定程度上降低了虚假性、误导性信息存在的可能性。以此而言,消除担保登记的虚假性、误导性信息似乎无法通过改革登记制度本身实现。将登记虚假性、误导性信息的行为纳入刑事制裁中,不失为一条可行路径。[57]

采用文件登记制会妨碍动产担保权的运用,[58] 动产担保领域内登记对抗主义的公示构造通常与声明登记制相契合,声明登记制仅要求登记担保双方基本信息、担保物等必要信息,以保障担保交易的高效运转。美国《统一商法典》第九编即采用声明登记制,[59] 但声明登记制并非首选,起草者曾考虑放弃登记规则,并代之以保护潜在债权人免受债务人虚假陈述规则。在该项规则之下,有担保债权人有义务尽职尽责,确保债务人的财务报表充分披露担保权益。但该规则遭到有担保债权人的强烈反对,其反对程度甚于无担保债权人。有担保债权人认为,一般性的勤勉义务耗费更高,在对担保权益有异议的主体向法院提出申请时,法院总是可以对有担保债权人是否尽到勤勉义务进行事实调查,远不如一次性登记成本低廉,且登记程序的繁琐已经在很大程度上改观。[60] 声明

---

〔55〕 参见高圣平:《统一动产融资登记公示制度的建构》,载《环球法律评论》2017 年第 6 期。

〔56〕 See Sjef Van Erp, *The Cape Town Convention: a Model for a European System of Security Interests Registration*? 12 European Review of Private Law 91,104 (2004).

〔57〕 See John Hanna, *The Extension of Public Recordation*, 31 Columbia Law Review 617,629 –630 (1931).

〔58〕 参见谢在全:《担保物权制度的成长与蜕变》,载《法学家》2019 年第 1 期。

〔59〕 See Douglas Baird & Thomas Jackson, *Information, Uncertainty, and the Transfer of Property*, 13 Journal of Legal Studies 299,308 –309 (1984).

〔60〕 See Douglas G. Baird, *Notice Filing and the Problem of Ostensible Ownership*, 12 The Journal of Legal Studies 53,59 –60 (1983).

登记制在世界范围内的动产担保领域已经产生广泛的影响力,加拿大和新西兰建立了与之类似的登记系统,欧洲范围内关于声明登记制的研究也在逐步推进,例如比利时《质押法》(Pledge Law)和《欧盟民法典草案》(Draft Common Frame of Reference,DCFR)的担保权部分,几乎完全以美国《统一商法典》第九编为蓝本构建。有学者针对此提出批评,认为公开的担保登记系统的建立,对破产情形中的无担保债权人毫无益处,应当采取替代措施实现对无担保债权人的保护。[61] 不论有无担保,本质上均为权利,均应得到法律保护,破产情形下有担保债权人可优先受偿,是商业社会担保融资交易得以迅速发展的一大成因,无担保债权人在破产情形中的不利地位,多是以意思自治为基础的自主选择或法政策特殊考量的结果。登记系统的建立,并非对无担保债权人无益,而是通过消灭隐形担保,以间接的方式对无担保债权人产生另一种利益,即防范破产财产的不当减少。

关于声明登记制,我国仅在有限领域范围内采用,如应收账款质押和动产抵押,在《动产和权利担保统一登记办法》生效后,依据第2条中的"其他可以登记的动产和权利担保"可将大量以登记为公示方式的非典型担保囊括在内,并根据第4条采用声明登记制。但在不适用该办法的其他领域,如知识产权中的财产权质押登记和船舶抵押权登记,均需要提交相关合同文件。在包括非典型担保在内的动产担保领域均采用声明登记制,实际上是对《民法典》第388条中"其他具有担保功能的合同"在体系上进行解释的结果;此外,亦与国际动产担保发展趋势相符合,声明登记制不仅仅适用于传统担保物权,也适用于结构和功能上具有担保效果的交易,即所谓的准担保。[62]

(三)强制性清算义务的确立

《民法典》颁布之前,基于担保物权类型的有限性,担保物权的实现方式较为简单,通常以拍卖、变卖、折价的方式进行。但是,伴随着让与担保、买卖型担保等新兴担保方式的出现以及当事人对传统担保物权实现方式成本高昂的担忧,实践中逐渐发展出一些新兴的实现方式,如担保权人直接取得所有权或者享有买

---

〔61〕 See Dewi Hamwijk, *Public Filing with Regard to Non-possessory Security Rights in Tangible Assets as Contemplated by the DCFR: Of No Benefit to Unsecured (Trade) Creditors*, 19 European Review of Private Law 613, 624 – 629 (2011).

〔62〕 See Erica Johanson, *The Law Commission's Consultation Paper No 164: Some Reflections Regarding the Exclusion of Securities*, 15 European Business Law Review 835, 848 (2004).

卖合同的履行请求权。此类实现方式虽有简便易行的特点,但是蕴含着规避利息限制、违反流担保禁止规定的风险。《民法典》颁布以后,虽将流担保契约禁止规定取消,但并不代表对当事人任意约定实现方式的放任,该结论的得出需结合流担保契约禁止规范的历史发展以及对清算义务在解释论层面进行构建。

1. 流担保契约之解禁

关于流担保契约,我国《民法典》之前的法律一直否认其效力,主要体现在《担保法》的第 40 条、第 66 条和《物权法》的第 188 条和第 211 条。从上述条文可以看出,《民法典》之前流担保契约禁止既适用于抵押权,也适用于质权。但从世界各国立法例上看,均予以禁止并非通例,即使将范围限缩至大陆法系国家法律,同样可得出该结论。意大利对流质、流抵均予以禁止,其余国家仅禁止其一或者均不禁止。以日本为例,日本对于流质予以禁止,但对流抵却异常宽松,此外即使其禁止流质,但却在担保商行为、典当公司、公益典当的质权方面设置诸多例外。综合其他国家在流担保契约方面立法态度的变化,从流担保的绝对禁止到逐渐松绑是立法趋势,其中担保权实现的成本降低和效率提升是这一趋势发生的重要考量因素。[63]

对于流押条款和流质条款的绝对禁止,存在长期争论。否认此种立法模式成为主流,但应如何规定,学界有不同观点,有认为不宜直接简单否定流质条款效力,而应将流质条款置于契约自由原则之下,并通过法律行为的效力规则对其进行个别化调整;[64]也有认为由债务人根据自身利益状况来决定是否援引《物权法》第 186 条,由此引发目的性限缩解释,可能显得较为稳妥。[65]《民法典》第 401、428 条及《担保制度解释》第 68 条对相关问题有所涉及,此种分别规定的做法仍旧是我国动产担保体系未实现一元化所导致的弊病,但即使是在浪费立法资源基础上的重复规定,也未能实现立法者的目标——将抵押权、质权和非典型担保在流质、流抵问题上一并做出调整。本文认为,对流质、流抵解禁值得赞同,但并不代表立法者对包括流质、流抵在内的任意担保权实现方式的放任。根据《民法典》第 401 条和第 428 条,条文均对"依法"二字做出强调,所谓依法,即对当事人通过流质、流抵谋取不当利益做出限制,但此种限制并不完

---

〔63〕 参见王利明:《我国民法典物权编中担保物权制度的发展与完善》,载《法学评论》2017 年第 3 期。

〔64〕 参见孙鹏、王勤劳:《流质条款效力论》,载《法学》2008 年第 1 期。

〔65〕 参见庄加园:《"买卖型担保"与流押条款的效力——〈民间借贷规定〉第 24 条的解读》,载《清华法学》2016 年第 2 期。

备,对于其他具有担保功能的合同,如何在实现方式方面做出限制,不无疑问。与典型担保相同,非典型担保应回归担保的价值权属性,即债权人仅仅有权在主债权的价值范围内对担保物主张权利。在实现担保时,担保人应享有主张清算的权利。[66] 解释论上以第388条为基础,参照适用第401条、第428条及《担保制度解释》第68条不失为一条路径。但是,基于法律条文的重复规范弊端以及参照适用技术的繁琐,宜在担保物权编一般规定中明示清算义务,以统摄典型担保物权和非典型担保中对当事人约定任意实现方式的限制。

2. 清算义务属性辨析

从流担保契约解禁的过程来看,立法者主要是基于尊重当事人意思自治,以及对让与担保、买卖型担保等新兴担保信贷方式的特殊考量,为保持体系上的融贯性而对流担保契约予以解禁,而非对任意实现方式甚至以此为手段获得暴利的认可。即使司法实践中,由当事人任意约定实现方式而不受法律约束的观点也难有立足之地,例如在汤某案[67]中,法院虽承认借贷关系转化为房屋买卖关系不违反《物权法》第186条禁止流抵的规定,但同样要结合证据予以审查以防止规避法律对于利息的限制,此一路径便体现出对平衡当事人利益的考量。

在流担保契约已经不再受到法律绝对禁止的情况下,当事人利益的平衡应另寻其他路径。2015年《民间借贷司法解释》第24条第2款对差额的返还和补偿作出规定,《民法典》第401条和第428条分别规定"只能依法就抵押财产优先受偿"和"只能依法就质押财产优先受偿",不论从文义解释还是体系解释角度出发,均可表现出立法者对担保实现方式的限制,此即清算义务的适用。清算义务具有强制性属性,非由当事人约定可以排除。清算义务应在典型担保以及非典型担保领域范围内广泛应用,以适应当事人快速、低成本实现担保权的现实需求。此外,清算程序本身应在程序上力求简洁,否则难以同拍卖、变卖、折价等担保物权实现方式在规范意义层面实现有效区分。关于清算问题,《民法典》规范并不明晰,宜在后续的司法解释或者《民事诉讼法》中予以完善。清算可以划分为处分清算型和归属清算型,两者区别在于在实现担保权时担保物的归属对象有所不同,前者为担保关系之外的第三人,后者为担保权人。为防止暴利行为,无论是"归属清算"还是"处分清算",都必须对财产价值进行客观

---

〔66〕 参见姚辉:《民法学方法论研究》,中国人民大学出版社2020年版,第450~451页。

〔67〕 参见汤某、刘某龙、马某太、王某刚诉新疆鄂尔多斯彦海房地产开发有限公司商品房买卖合同纠纷案,最高人民法院指导案例72号(2016年)。

评估。〔68〕 因两种清算方式均不会造成利益失衡的结果，因此应纳入意思自治的范畴，允许当事人自由选择，在当事人未进行约定或者对清算方式有争议时，从降低成本和提升效率角度出发，应以归属清算为原则，在对担保物价值进行评估后多退少补。〔69〕 此外，归属清算型内部可继续划分为当然归属清算型和请求归属清算型，二者在利益衡量倾向方面有所区别。请求归属清算型除需具备到期等条件，还需担保权人提出请求，方可实现担保权；若担保权人提出请求时，担保人主张履行原债务而非实现担保权，担保权人无正当理由不得拒绝。从这一点来看，请求归属清算型对担保人更为有利。从立法选择角度而言，基于降低实现成本的现实需求以及“期限代人催告”的法理，当然归属清算型更为适宜。在立法层面上，中国可将两种模式的选择均纳入意思自治范围之内，任由当事人选择，但在当事人未进行选择时，宜以当然归属清算型为准，理由如同上述。

（四）现实路径之思考

动产担保体系的理想路径为一元化模式的实现，一元化背景下，既有担保物权类型是否有必要保留便不无疑问。对担保体系进行一元化设计，必然将现有各个担保物权类型项下的概念、客体、公示、效力、次序、实现、消灭等规范群从各自规范领域剥离出去，各担保物权类型项下规范减少，对其分别进行制度设计的必要性逐次降低。以此为前提，担保类型划分亦不再具有现实意义，一元化模式终成。

理想的动产担保一元化模式距离现有结构功能主义较远，故而较难实现。从立法论角度讲，我国或可考虑制定单独的动产担保交易法，将其作为特别法优先适用或者由当事人选择适用，出于民商合一体制以及尊重当事人的意思自治考量，将其作为当事人自由选择事项较为适宜。

现实路径则宜以《民法典》结构功能主义为基础，逐次减少各担保权类型项下相关规范，率先将公示、清算义务等规范在担保物权编一般规定部分予以规定，以缓解多元类型多元规范所致弊病。基于准用链条完整性的考量，可考虑引入准用规范。从《民法典》内容上看，第 424 条规定最高额抵押权对抵押权的准用，第 439 条规定最高额质权对质权和最高额抵押权的准用，第 446 条规定权利质权对动产质权的准用，其中缺乏质权对抵押权以及与权利抵押权相关的

---

〔68〕 参见高圣平：《论流质契约的相对禁止》，载《政法论丛》2018 年第 1 期。

〔69〕 参见陈永强：《以买卖合同担保借贷的解释路径与法效果》，载《中国法学》2018 年第 2 期。

准用规范。《民法典》既有最高额质权对最高额抵押权的准用规范,亦应同时设置质权对抵押权的准用规范,质权对抵押权准用规范的缺失不甚合理。此外,根据《民法典》第399条规定的抵押财产范围“负面清单”,权利可以成为抵押权的客体,因权利可以成为质权的客体,没有理由禁止其成为抵押权的客体。从解释论层面观之,固然可以将权利纳入“法律、行政法规规定不得抵押的其他财产”范畴,但对兜底性条款如此解释难免有任意解释法律的嫌疑。从第399条的列举情况来看,禁止抵押的财产主要涉及公共利益、集体财产、争议财产等,与权利性质无涉,因此无理由禁止权利进入可抵押财产范围。权利抵押权的存在也成为学界共识,但法律层面缺乏专门的制度设计,导致制度层面的遗漏和缺失,影响权利抵押权在司法实践中的适用。鉴于多元类型背景下权利抵押权作为被准用规范的重要地位,未来宜在法律中明晰权利抵押权,并设计包括权利抵押权准用一般抵押权、权利质权准用权利抵押权规范在内的专门规定。

四、结　　语

《民法典》担保物权编所采结构功能主义应值赞同,让与担保等非典型担保法律规范缺失的问题得以解决,但立法表述的重复、准用规范的缺失、第388条表述的模糊等将对动产担保实践产生负面影响。从比较法视野看,美国动产担保交易法运行状况良好,且为世界上诸多国家和地区所参考,作为示范法的《立法指南》也对其予以借鉴。为实现营商环境的优化以及方便跨国跨地区融资交易的开展,同时为解决多元规范所致弊端,现有结构功能主义仍需在规范一元化方面完善。

为应对担保信贷发展的新趋势,《民法典》第388条虽对传统大陆民法理论有所突破,总体仍趋于保守。即使认为其采用物权缓和主义,也未必能满足实践需求,因社会融资交易呈现多样化样态,扩张当事人意思自治,采取物权自由主义或更为适宜,但此种自由主义必须以具有担保实质内容为前提。第388条虽存有诸多有待商榷之处,但基于世界范围内一些国家的动产担保交易实践已经较为丰富,因此对第388条的解释应充分借鉴比较法经验,为非典型担保领域复杂问题的解决提供指导。

我国意定动产担保领域的架构大体分为三种路径,一元化的理想路径应以担保概念的一体性、次序的清晰性、公示的统一性、清算的强制性、体系的完备性等为其重要前提。中间道路为制定专门的动产担保交易法,并在其中规定其与《民法典》担保物权编的适用规则,宜纳入意思自治范畴任由当事人自由选择,而不适用特别法优于一般法规则。本文建议我国采用现实路径,即以现有结构功能主义为基础,逐次以特定规范一元化的形式建构我国的意定动产担保体系。公示构造层面,应在担保物权编一般规定部分确立包含登记对抗主义在内的公示规定,进而建构统一的优先受偿次序规则。在登记模式上,应当实现声明登记制的一元化应用,登记机关仅需审查最低限度的必要信息,无需对担保交易基础进行审查。在《民法典》对流担保契约解禁的背景下,实现担保的方式仍需受到“依法”条件的限制。传统由让与担保领域发展而来的清算制度,应被赋予强制性色彩并扩展适用至整个担保信贷领域。现有的担保物权类型多元划分在相当长一段时间内将继续保留,鉴于权利抵押权作为被准用规范的基础作用,应在规范层面明确权利抵押权的存在,同时建立质权参照适用抵押权以及与权利抵押权相关的准用规范,以使准用链条完整。

责任编辑:秦至臻

论我国《阻断办法》豁免条件的明确

徐胜楠*

摘要:

在中国实体频繁遭受次级制裁的背景下,为保障中国实体更好地应对次级制裁,我国应当明确《阻断办法》下的豁免条件。明确豁免条件时应遵循比例原则,并坚持严格适用原则。豁免遵守禁令的条件应当是"中国实体不遵守外国法律和措施将遭受严重损害",只有同时符合中国实体不遵守外国法律和措施遭受的损害"将大于外国次级制裁所造成的损害"以及"将直接危及其生存或阻碍其正常活动"两个基本标准,才可认定中国实体遭受的损害为"严重损害"。另外,可以综合考虑申请实体的性质、制裁措施和损害的性质、申请实体是否能够采取合理措施避免或减少损害等因素来判断中国实体遭受的损害是否达到"严重损害"的基本标准。

关键词:

次级制裁;《阻断办法》;豁免条件

为应对外国日益频繁的次级制裁[1],我国商务部于2021年1月制定并出台了《阻断外国法律与措施不当域外适用办法》(以下简称《阻断办法》)。《阻断办法》规定了豁免制度,赋予中国公民、法人或者其他组织(以下简称中国实体)申请豁免遵守商务主管部门发布的不得承认、不得执行、不得遵守有关外国法律与措施的禁令(以下简称禁令)的权利,但并未明确中国实体具备何种条件

* 徐胜楠,武汉大学法学院硕士研究生,研究领域为国际私法。

〔1〕 次级制裁是经济制裁的形式之一,指在第三国没有积极响应制裁发起国对制裁目标国实施的制裁政策时,通过对第三国采取措施或施加惩罚,限制第三国与制裁目标国之间的经济贸易往来。

时可以被批准豁免遵守禁令。[2]

当前尚未有学者专门针对《阻断办法》下中国实体豁免遵守禁令应具备的条件进行研究，仅有学者提出“我国《阻断办法》豁免制度中的认定标准有待进一步细化”的观点，但并未具体说明应当如何细化。[3] 明确《阻断办法》中的豁免条件对于维护中国实体的合法权益具有重要意义。因此，本文拟对中国实体具备何种条件时可以被批准豁免遵守禁令的问题进行讨论，为明确《阻断办法》中的豁免条件提出建议。

一、明确豁免条件的必要性

我国《阻断办法》适用于外国法律与措施的域外适用违反国际法和国际关系基本准则，不当禁止或限制中国实体与第三国（地区）及其公民、法人或者其他组织进行正常的经贸及相关活动的情形，即其适用范围为次级制裁。[4] 遭受外国次级制裁的中国实体在收到商务主管部门发布的禁令时会陷入两难境地：一方面，如果中国实体选择遵守不当域外适用的外国法律或措施，则会受到商务主管部门的处罚；另一方面，如果遵守商务主管部门所发布的禁令，中国实体则会受到外国的严厉制裁。为避免中国实体陷入上述的两难境地，《阻断办法》借鉴欧盟 1996 年出台的《反对第三国立法域外适用的条例》（以下简称欧盟《阻断条例》）的相关内容规定了豁免制度。相比欧盟《阻断条例》，我国《阻断办法》仅赋予中国实体以豁免权利，却未明确中国实体在具备何种条件时可以被

---

〔2〕 2021 年《阻断办法》第 8 条规定：“中国公民、法人或者其他组织可以向国务院商务主管部门申请豁免遵守禁令。申请豁免遵守禁令的，申请人应当向国务院商务主管部门提交书面申请，书面申请应当包括申请豁免的理由以及申请豁免的范围等内容。国务院商务主管部门应当自受理申请之日起 30 日内作出是否批准的决定；情况紧急时应当及时作出决定。”

〔3〕 该学者认为，《阻断办法》的具体制度有待进一步细化。例如，豁免制度中的认定标准。如果我国企业向阻断法授权的国家机关提出充分的证据证明，不遵守美国的经济制裁法律法规将导致企业遭受严重的损害，那么可以由授权机关作出例外的豁免决定，允许我国企业完全或部分遵守美国的相关法律。同时，授权机关可以制定认定损害严重程度的标准。参见徐伟功：《论次级经济制裁之阻断立法》，载《法商研究》2021 年第 2 期。

〔4〕 参见《商务部条约法律司负责人就〈阻断外国法律与措施不当域外适用办法〉答记者问》，载商务部官方网站，http://www.mofcom.gov.cn/article/news/202101/20210103029779.shtml，2021 年 6 月 12 日访问。

批准豁免遵守禁令。出于以下两个方面的考虑,笔者认为明确《阻断办法》下的豁免条件具有必要性。

(一)防止商务主管部门滥用自由裁量权

《阻断办法》授予商务主管部门批准豁免申请的权力,却并未规定中国实体豁免遵守禁令应具备何种条件。商务主管部门行使批准豁免申请的自由裁量权时缺乏必要的立法规制,这有可能导致商务主管部门在合法范围内做出失之偏颇的行政决定,从而导致自由裁量权的滥用,具体表现如下:

一方面,缺乏明确的豁免条件可能导致商务主管部门滥用自由裁量权,从而造成豁免制度的滥用。《阻断办法》的目的之一是阻断外国法律与措施的不当域外适用,以防止其对我国主权和管辖权造成危害。豁免制度赋予中国实体申请全部或部分遵守不当域外适用的外国法律与措施的权利,这实质上是我国在阻断外国法律与措施不当域外适用方面作出的一定让步。豁免制度是《阻断办法》的适用例外,在一定程度上会与国家主权原则和国家管辖权原则相冲突,因此我国必须严格限制豁免制度的适用,不可一味让步。如果《阻断办法》未对豁免条件作出明确规定,则商务主管部门无需受到任何严格条件的限制即可对中国实体的豁免申请作出批准或拒绝的决定。在这一过程中,商务主管部门可能会忽视一些需要考虑的因素,无意或有意地降低批准豁免申请的判断标准,在中国实体不应被豁免的情况下批准其豁免申请,从而导致豁免制度的滥用。

另一方面,缺乏明确的豁免条件可能导致商务主管部门滥用自由裁量权,从而侵犯中国实体的平等对待权。商务主管部门在判断是否批准中国实体的豁免申请时做到标准统一、公平公正是合理性原则的必然要求。由于批准或拒绝中国实体豁免申请的具体决定者是自然人,如果《阻断办法》未明确规定豁免条件,在缺乏法律法规必要指导和适当限制的情况下,自然人难免会由于自身能力的局限性或受到外界不良因素的影响而在相同或相似情形下作出不同的决定。这无疑会侵犯中国实体的平等对待权,产生不公平问题。

明确和细化相关规定是保证相关政府部门合理行使自由裁量权的重要措施。因此,为防止商务主管部门滥用自由裁量权从而造成豁免制度的滥用或侵害中国实体的平等对待权,我国应当明确《阻断办法》下的豁免条件,以提高豁免制度的确定性和可操作性,适当限制商务主管部门的自由裁量权。

(二)保障中国实体更好应对外国次级制裁

明确《阻断办法》下的豁免条件有利于保障中国实体更好地应对外国次级

制裁。正如前文所述,被商务主管部门要求遵守禁令的中国实体必须做出遵守我国禁令或遵守外国法律和措施的选择。此时中国实体通常会在综合考虑多方面因素后进行选择,其中能否被批准豁免遵守禁令无疑是中国实体需要考虑的重要因素之一:如果能够被批准豁免遵守禁令,中国实体就不会因遵守不当域外适用的外国法律与措施而受到商务主管部门的处罚,其完全可以根据自身情况决定是否遵守外国法律和措施。

我国目前尚未有中国实体被批准豁免遵守禁令的先例,同时《阻断办法》也未规定豁免条件。在毫无参考依据的情况下,中国实体往往难以准确地作出其能否被批准豁免遵守禁令的判断。如果《阻断办法》明确了豁免条件,相关规定即会成为中国实体判断其能否被批准豁免遵守禁令的重要依据,即使暂无先例可供参考,中国实体仍可以通过自身情况和《阻断办法》豁免条件之间的比对,合理判断其是否符合豁免遵守禁令的条件、商务主管部门是否会批准其豁免遵守禁令,从而更加高效、准确、低成本地作出遵守禁令或者遵守外国法律和措施的决定,以更好地应对外国次级制裁。

当前,外国尤其是美国对中国实体采取的次级制裁手段繁多、处罚严厉,中国实体决策的效率和准确性直接关乎其合法权益。因此,在应对外国次级制裁时,快速、准确地作出遵守我国禁令或遵守外国法律和措施的决定,对于减少中国实体的损失具有重要意义。为使中国实体决策时能够有所参考,以更好地应对外国次级制裁,我国有必要明确《阻断办法》下的豁免条件。

二、明确豁免条件的指导原则

为最大限度实现《阻断办法》保护中国实体合法权益、阻断外国法律与措施不当域外适用以维护我国国家利益的目的,明确豁免条件时应当遵循必要的指导原则。

(一)比例原则

比例原则是行政法的重要原则,其基本内涵为要求行政机关在追求行政目标和保护相对人合法权益之间达到平衡状态,其基本内容可以分为三个子原则:适当性原则、必要性原则和狭义比例原则。比例原则是行政主体行使行政权力时必须遵守的基本原则,商务主管部门在决定是否批准中国实体的豁免申请时,无疑也应保证其行政行为符合比例原则。

豁免制度赋予中国实体申请豁免遵守禁令的权利,该权利实质上附随于

《阻断办法》中的禁令制度。[5] 因此应当将禁令制度和豁免制度视作一个整体来讨论比例原则的适用:商务主管部门向中国实体发布禁令时必须遵循比例原则,豁免制度在此则主要发挥保障商务主管部门发布禁令的行为符合比例原则的作用。

在比例原则的三个子原则中:适当性原则要求国家所采取的措施要适应于它所追求的法律所规定的目的,不得有所偏离。[6] 禁令制度的相关规定即为商务主管部门为适应于阻断外国法律与措施不当域外适用的目的所采取的措施,符合适当性原则。必要性原则要求行政主体选择能达成法律目的各方式中对人民权利侵害最小的方式。若要判断商务主管部门发布禁令是否为达成阻断外国法律与措施不当域外适用目的各方式中对中国实体合法权益侵害最小的方式,应当从禁令制度入手进行分析,这不属于本文讨论的范围。狭义比例原则,又称均衡原则、比例性原则,其基本内涵为行政权力所采取的措施与其达到的目的之间必须合比例或相称。通俗来讲,即行政手段必须使受害人的损失小于行政目的所追求的利益。因此,只有商务主管部门发布的禁令对中国实体造成的损失小于阻断外国法律与措施不当域外适用所追求的利益时,其发布禁令的行为才符合狭义比例原则。

综上可得,就比例原则的三个子原则而言,适当性原则、必要性原则与豁免制度、豁免条件并不直接相关。相反,我国明确《阻断办法》的豁免条件时可以适用狭义比例原则对豁免条件予以限定,以保证商务主管部门的相关行为符合比例原则。具体而言:商务主管部门为达到阻断外国法律不当域外适用的目的,会向中国实体发布禁令,要求中国实体不得遵守外国法律与措施,若中国实体遵守禁令,其就会受到外国次级制裁从而遭受损失,这是为阻断外国法律与措施不当域外适用所付出的成本。阻断外国法律与措施的不当域外适用可减少外国次级制裁对我国国家整体利益等造成损害,这是阻断外国法律与措施不当域外适用所追求的利益。因此为符合狭义比例原则,在明确豁免条件时,应当保证商务主管部门只有在中国实体因遵守禁令遭受的损害大于外国次级制

---

[5] 禁令制度是指《阻断办法》第7条规定的,“工作机制经评估,确认有关外国法律与措施存在不当域外适用情形的,可以决定由国务院商务主管部门发布不得承认、不得执行、不得遵守有关外国法律与措施的禁令(以下简称禁令)。工作机制可以根据实际情况,决定中止或者撤销禁令”。

[6] 参见李章书:《论行政法中的比例原则》,载《石家庄经济学院学报》2004年第4期。

裁造成的损害时才可批准中国实体的豁免申请。

(二)严格适用原则

明确豁免条件应当坚持严格适用的指导原则,只有在中国实体满足严格条件的情况下才可以适用豁免制度。主要原因如下:

一方面,次级制裁作为单边域外经济制裁的形式之一,其违反了国家管辖权原则。〔7〕因此,外国对中国实体进行次级制裁无疑侵犯了我国的管辖权,但是《阻断办法》出于更好保护中国实体合法权益的目的而规定豁免制度,允许中国实体在特定情况下全部或部分遵守不当域外适用的外国法律和措施。正如本文第一部分所述,豁免制度实质上是我国在应对外国次级制裁时作出的适当让步。此种让步具有合理性:正如一国在决定是否承认与执行外国判决时,即使根据主权平等原则外国法院判决只在其本国有效而无域外效力,但许多国家往往会基于使其本国法院的判决在外国得到更好承认和执行的考虑而承认和执行外国法院判决。尽管此种让步具有合理性,但是毕竟豁免制度在一定程度上会与国家主权原则和国家管辖权原则相冲突,因此我们不能一味让步,必须从严规定豁免条件,保证豁免制度的严格适用。

另一方面,美国是国际社会中对他国进行次级制裁最为频繁的国家,众多遭受美国次级制裁的国家纷纷出台阻断性立法以阻断其次级制裁的效力。实践中,遭受美国次级制裁的实体会依据"外国主权强制"理论,〔8〕以"必须遵守本国阻断性立法"的理由向美国法院进行抗辩。美国法院在决定是否承认相关国家阻断性立法的效力以支持此种抗辩理由时,往往将相关国家是否积极执行本国的阻断性立法作为一个重要考虑因素。〔9〕有美国学者对56份美国法院作出的涉及以外国阻断性立法具有强制要求为由进行抗辩的决定进行了实证研究,发现有26份决定明确考虑了相关外国阻断性立法的执行历史。其中有23份决定显示:因相关阻断立法未在类似情形下得到执行,美国法院没有承认相关实体本国的阻断性立法。而在另外3份决定中,美国法院因相关实体本国的

---

〔7〕 参见杜涛:《美国单边域外经济制裁的国际法效力问题探讨》,载《湖南社会科学》2010年第2期。

〔8〕 "外国主权强制"是指一个主体如果被某国政府或法律强制要求作为或不作为,那么此种作为或不作为就成为该国的主权行为,美国法院对此行为没有管辖权,该主体可以以此向美国法院抗辩不履行美国法律下的某种义务。

〔9〕 参见张建雨:《阻却性立法问题研究——欧盟经验及其启示》,载《贵州社会科学》2020年第4期。

阻断性立法具有积极执行历史,最终做出允许其不予遵守美国法律的决定。[10]

为最大限度保证美国法院能够承认我国《阻断办法》的效力,为美国法院允许中国实体不遵守美国法律创造可能性,商务主管部门在审查中国实体的豁免申请时必须采取谨慎态度,保证相关阻断措施的积极执行。因此,我国应当从严规定《阻断办法》下的豁免条件,为商务主管部门谨慎批准豁免申请、严格适用豁免制度提供保障。

三、豁免条件及其认定

欧盟《阻断条例》的目标是保护从事国际贸易或资本流动的欧盟实体。[11]因此,为最大限度保护欧盟的整体利益及欧盟经济主体的个人利益,同时为问题的解决留下足够适用空间,欧盟《阻断条例》规定了豁免制度。[12] 其第5条规定:若不遵守外国法律会严重损害相关主体利益或欧盟利益,则该主体可依据第7条和第8条的规定,全部或部分遵守该外国法律。[13] 为进一步明确豁免制度的适用标准,欧盟在2018年颁布的《适用标准法案》[14]中列明了判断构成"严重损害"时会考虑的多种因素。我国可参考欧盟《阻断条例》中有关豁免制度的相关规定,并结合我国实际情况明确《阻断办法》下的豁免条件及其认定标准。

---

〔10〕 See M. J. Hoda, *The Aérospatiale Dilemma: Why U. S. Courts Ignore Blocking Statutes and What Foreign States Can Do About It*, 106 California. Law. Review 231, 245 (2018).

〔11〕 See Jurgen Huber, *The Helms-Burton Blocking Statute of the European Union*, 20 Fordham International Law Journal 699, 714 (1997).

〔12〕 参见叶研:《欧盟〈阻断法案〉述评与启示》,载《太平洋学报》2020年第3期。

〔13〕 See Council Regulation (EC) No. 2271/96 of 22 November 1996 Protecting against the Effects of the Extra-territorial Application of Legislation Adopted by a Third Country, and Actions Based Thereon or Resulting Therefrom, the Official Journal of the European Communities L309 of 29. 11. 1996, p. 125 – 131.

〔14〕 全称为"Commission Implementing Regulation (EU) 2018 /1101 of 3 August 2018 laying down the criteria for the application of the second paragraph of Article 5 of Council Regulation (EC) No 2271 /96 protecting against the effects of the extra-territorial application of legislation adopted by a third country, and actions based thereon or resulting therefrom"。

（一）中国实体不遵守外国法律与措施将遭受严重损害

商务部制定《阻断办法》的主要目的之一是保护中国实体的合法权益。[15]在《阻断办法》中规定豁免制度也是出于避免要求中国实体在任何情况下都必须遵守禁令，反而损害其合法权益的“一刀切”做法。另外，中国实体向商务主管部门申请豁免遵守禁令也必定出于尽量降低其自身利益损失的考虑。可以看出，《阻断办法》及豁免制度均以保护中国实体的合法权益为首要考虑因素。因此笔者认为，规定豁免条件时也应当从保护中国实体合法权益的角度出发：若遵守商务主管部门发布的禁令而不遵守外国法律与措施，将使中国实体遭受严重损害，商务主管部门可批准该中国实体全部或部分遵守外国法律与措施。

（二）“严重损害”的认定

认定“严重损害”对于判断中国实体是否符合豁免条件至关重要。为准确认定“严重损害”，首先应当为“严重损害”设定基本标准，只有达到此种标准才可认定中国实体所遭受的损害为严重损害。其次应当明确认定“严重损害”时可以考虑的因素，以判断中国实体是否达到“严重损害”的基本标准。下文将对认定中国实体所遭受的损害是否为“严重损害”进行深入分析。

1. 基本标准

“严重损害”的基本标准解决损害达到何种程度方可认定为“严重”的问题。为最大限度平衡中国实体的合法权益和国家利益，笔者认为应当坚持明确豁免条件的指导原则，从遵循比例原则和坚持严格适用原则两个方面来限定“严重损害”的基本标准。只有同时符合下述两个标准，中国实体不遵守外国法律或措施所遭受的损害才可被认定为严重损害。

（1）标准一：中国实体不遵守外国法律与措施将遭受的损害必须大于外国次级制裁所造成的损害。这一标准是比例原则在明确豁免条件时的具体体现。如何为商务主管部门衡量上述两种损害的大小提供参考是《阻断办法》明确豁免条件时需解决的问题。在具体个案中，商务主管部门必须综合考虑多种因素后，方可判断中国实体不遵守外国法律与措施将遭受的损害是否大于外国次级制裁将造成的损害。但由于现实情况的多变性和影响因素的多样性，预测中国实体遭受外国次级制裁时可能面临的所有情形，从而为

---

〔15〕 参见《就〈阻断外国法律与措施不当域外适用办法〉答记者问》，载商务部官方网站，http://www.mofcom.gov.cn/article/news/202101/20210103029779.shtml，2021年6月12日访问。

衡量两种损害的大小设定一个准确无误的标准是难以实现的。在此种情况下,若在明确豁免条件时为此设定一个具体的、硬性的标准,反而不利于商务主管部门在适用豁免制度时灵活应对复杂多变的局势。然而,两种损害孰大孰小也不得由商务主管部门在个案中完全依据自由裁量权认定。笔者认为,为解决上述问题,《阻断办法》可通过列明在与何种外国次级制裁造成的损害相比较时,任何中国实体遭受损害的严重程度都无法超过此种损害的情况,来反向认定"严重损害"。而只有当外国次级制裁造成的损害会严重危害我国国家主权和安全等重要利益时,任何中国实体的利益才应当作出让步,主要情形如下:

第一,外国次级制裁实质危害我国主权与安全。近年来,美国次级制裁所干涉的领域逐渐深入,从而直接威胁我国的主权与安全。美国甚至通过制裁特定人员,以及以对所有与被制裁对象有业务往来的银行施加次级制裁的手段来干涉我国主权。〔16〕 我国坚决维护国家主权与安全,并将国家主权与安全利益放在首位。若外国次级制裁将实质损害我国主权与安全,任何中国实体的合法权益都应当为阻断此种外国次级制裁让步。

第二,外国次级制裁直接违反国际人权法。当前各国进行次级制裁所采取的措施主要包括贸易制裁、金融制裁和投资制裁。〔17〕 这些制裁措施看似不会牵涉国际人权法,但事实上部分制裁措施可能会包含种族歧视、宗教歧视等违背现代国际人权法基本原则的因素。例如,1954 年阿拉伯国家联盟通过《对以色列联合抵制统一法》以制裁以色列,其中宗教歧视已成为制裁行动的一部分,此种歧视主要针对犹太人。〔18〕 美国针对此制裁在《出口管理法修正案》中制定了"反抵制条款"(Anti-boycott provision)。该条款规定了多种允许美国实体遵守

---

〔16〕 有观点认为,违反国际法和国际关系基本准则的次级制裁措施属于《阻断办法》的属事适用范围,这既包括将中国主体本身纳入次级制裁的措施,也包括将其他主体纳入次级制裁导致限制或禁止中国主体与之开展正常经贸活动的措施。参见廖诗评:《〈阻断外国法律与措施不当域外适用办法〉的属事适用范围》,载《国际法研究》2021 年第 2 期。

〔17〕 参见李寿平:《次级制裁的国际法审视及中国的应对》,载《政法论丛》2020 年第 5 期。

〔18〕 See David Modi, *Anti-Boycott Provisions of the Export Administration Amendments of* 1977, 3 North Carolina Journal of International Law and Commercial Regulation 105, 107 (1978).

制裁国措施的例外情形，但将违反禁止宗教歧视规定的行为排除在例外情形之外。[19] 中国始终积极承担保护国际人权的国际责任，坚决反对任何直接违背国际人权法的行为。如果外国次级制裁将直接违反国际人权法，商务主管部门不得认定中国实体所遭受的损害超出外国次级制裁将造成的损害。

第三，外国次级制裁实质损害我国与第三国的友好关系。随着美国经济制裁范围的扩大，众多与中国具有友好外交关系的国家已经成为制裁对象，中国实体很可能会因与这些国家进行经贸往来而受到美国次级制裁。在我国积极调动各方共同参与对外工作的背景下，申请实体的行为会对我国与第三国的友好关系产生重要影响：当中国实体在其业务领域具有重要影响力或所涉业务领域关乎两国的重要发展利益时，美国针对该中国实体的次级制裁很可能对我国与第三国的关系产生实质不利影响。我国坚定不移地走独立自主的和平发展道路，始终高举和平、发展、合作、共赢旗帜。[20] 如果外国次级制裁将实质损害我国与第三国的友好关系，商务主管部门也不得认定中国实体所遭受的损害为严重损害。

（2）标准二：中国实体不遵守外国法律与措施将遭受的损害需直接危及其生存或阻碍其正常活动。这一标准是严格适用原则在明确豁免条件时的具体体现。正如本文第二部分所述，批准中国实体豁免遵守禁令是商务主管部门在阻断外国法律与措施不当域外适用时作出的适当让步，若不当适用豁免制度，则会损害我国主权和管辖权。因此，并非所有符合标准一的中国实体都可被批准豁免遵守禁令：若符合标准一的中国实体能够依靠自身能力去应对遵守禁令可能面临的风险时，则无需豁免其遵守禁令。只有当符合标准一的中国实体不遵守外国法律与措施将遭受的损害将直接危及其生存或阻碍其正常活动时，才可认定中国实体遭受的损害属于“严重损害”。例如，对于企业而言，企业所遭受的损害将导致其倒闭、停止运营以致难以生存；对于个人而言，外国将对其采取逮捕等限制人身自由的制裁措施，导致个人无法正常活动。

---

〔19〕 See David Modi, *Anti-Boycott Provisions of the Export Administration Amendments of 1977*, 3 North Carolina Journal of International Law and Commercial Regulation 105, 119 (1978).

〔20〕 参见《高举和平发展合作共赢的旗帜——学习习近平主席在博鳌亚洲论坛二〇二一年年会开幕式主旨演讲》，载中华人民共和国中央人民政府官方网站，http://www.gov.cn/xinwen/2021-04/23/content_5601545.htm，2021年6月12日访问。

2. 考虑因素

欧盟《适用标准法案》列明了判断是否构成严重损害的考虑因素,包括:受保护权益是否会面临特别的风险,是否存在对申请人提起的行政或司法调查程序,申请人是否能够采取措施避免或减轻损害,申请人是否会遭受巨大的经济或利益损失,申请人的个人权利是否会受到重大阻碍,是否会影响欧盟内部的人道主义、安全、商品、人员、服务和资本的自由流动等。[21] 这些因素对于认定我国《阻断办法》豁免条件中的"严重损害"具有借鉴意义。由于中国与欧盟各国在经济体制等方面存在差异,我国确定"严重损害"的考虑因素时必须结合我国具体国情,不得照搬《适用标准法案》的相关规定。笔者认为,可以综合考虑下列因素判断中国实体不遵守外国法律与措施所遭受的损害是否达到"严重损害"的两个基本认定标准。

(1)申请实体的性质。从美国对我国采取的次级制裁实践来看,我国企业和个人是其主要制裁对象,甚至官方实体也成为美国次级制裁的对象。[22] 不同性质的实体对外国经济制裁的损害敏感度不同,因此不同实体面临同等外国经济制裁措施时可能遭受的损失也有所差异。

近年来,越来越多的中国企业受到美国的次级制裁,受制裁企业的类型及企业业务所涉领域也愈加广泛,如中国北方工业有限公司、中国保利集团有限公司、华为技术有限公司、昆仑银行等。就企业而言,在面对相同的制裁措施时,不同性质的企业所遭受的损害严重程度也不同:依赖美国技术的科技企业、主要市场在美国的企业、依赖美元结算的企业相比于其他企业,其遭受同等外国经济制裁时所遭受的损害会更严重。对于依赖美国技术的科技企业而言,美国对这类企业进行次级制裁时很可能会采取禁止第三方向其销售以美国技术为基础的产品或向其提供美国技术的制裁措施,美国的技术对依赖美国技术的科技企业的生存与发展而言往往至关重要。正如2012年,中兴通讯因其将一批搭载了美国科技公司软硬件的产品出售给伊朗电信而受到美国商务部的制

---

[21] Commission Implementing Regulation (EU) 2018/1101 of 3 August 2018 Laying Down the Criteria for the Application of the Second Paragraph of Article 5 of Council Regulation (EC) No 2271/96 Protecting against the Effects of the Extra-territorial Application of Legislation Adopted by a Third Country, and Actions Based Thereon or Resulting Therefrom, Official Journal of the European UnionLI199 of 7. 8. 2018, p. 7.

[22] 参见李寿平:《次级制裁的国际法审视及中国的应对》,载《政法论丛》2020年第5期。

裁。美国商务部采取了禁止美国公司向中兴通讯销售任何零部件、商品、软件和技术的制裁措施,该制裁导致中兴通讯基本处于停止运营的状态。[23] 依赖美国技术的科技企业的研发、生产需要以美国技术作为支撑,当其遭受美国次级制裁时往往会遭受更加严重的损害。同时,部分科技企业对于我国相关高新技术领域的发展具有重要作用,当其受到经济制裁而遭受严重损失时,也会对我国相关高新技术领域的发展造成重大不利影响。对于主要市场在美国的企业而言,美国可以通过禁止进口的方式切断此类企业的产品销售通道,使其遭受经济重创。对于依赖美元结算的企业而言,美国可以利用自己在金融领域强大的影响力切断被制裁实体的美元获取途径和使用美元途径,使其无法进行正常的经贸活动和资金流转。

相比较而言,个人的生存发展不像企业一样直接与经济利益挂钩,其对许多制裁措施的损害敏感度不一定如企业那么高。同时政府有关部门向个人提供的必要支持对于减轻个人损害能发挥更好的作用,因此个人遭受美国以其强大的金融实力、科技实力为基础进行的制裁时,一般不至于难以生存或发展。[24] 就官方实体而言,其行为在某种意义上即代表着国家立场和国家态度,一般不得批准其遵守不当域外适用的外国法律或措施。

综上,商务主管部门在具体个案中可首先考虑申请实体的性质以判断其是否达到严重损害的基本标准:当面临相同的经济制裁措施时,相比个人,企业遭受损害的严重程度可能会更高。就不同性质的企业而言,依赖美国技术的科技企业、主要市场在美国的企业、依赖美元结算的企业相比于其他企业所遭受的损害会更加严重,更容易达到严重损害的基本标准。

(2)制裁措施和损害的性质。当前美国采取的制裁措施种类繁多,已经形成了一套完整且强力的制裁措施体系。不同性质的制裁措施会造成不同性质的损害。美国经济制裁所采取的制裁措施主要包括以下几种类型。

第一类,冻结或冻结并没收资产。资产冻结措施指美国政府冻结一切位于

[23] 参见肖永平:《“长臂管辖权”的法理分析与对策研究》,载《中国法学》2019 年第 6 期。

[24] 2021 年《阻断外国法律与措施不当域外适用办法》第 11 条规定:“中国公民、法人或者其他组织根据禁令,未遵守有关外国法律与措施并因此受到重大损失的,政府有关部门可以根据具体情况给予必要的支持。”

美国境内的或由美国人所掌管的财产及财产性利益。[25] 另外,在特殊情况下美国政府也会采取冻结并没收资产的制裁措施。这类制裁措施针对财产性利益,主要对被制裁实体造成财产利益方面的损失。

第二类,切断获取美元和使用美元的途径、禁止金融交易。切断获取美元和使用美元的途径是指美国可以通过自身金融力量截断其他国家获取美元的渠道,也可以要求独立的国际金融组织停止对被制裁对象提供美元结算和其他服务。[26] 禁止金融交易是指美国可以禁止全球金融服务机构与被制裁者进行交易。因美国在国际金融体系中具有巨大影响力,此类金融制裁措施往往能够扰乱被制裁对象的资金流转,影响其正常运营。

第三类,进口管制和出口管制。进口管制是指禁止被制裁对象的产品、服务、技术直接或间接进入美国;出口管制是指美国实体不得将美国境内的任何产品、服务和技术直接或间接地出口或再出口给被制裁对象。进出口管制属于贸易制裁范畴,是美国经常会采取的制裁措施。美国《伊朗制裁法》即规定,针对在一年内向伊朗石油部门投资超过4000万美元的非美国公司,总统可以采取拒绝向运送至该非美国公司的产品发放出口许可证和批准书的制裁措施。[27] 进口管制会直接切断被制裁对象产品进入美国市场的渠道,而出口管制则会导致被制裁对象无法取得对其生存与发展至关重要的美国境内的产品、技术等。

第四类,禁止入境、逮捕。禁止入境和逮捕是针对被制裁个人的制裁措施。禁止入境将禁止被制裁对象进入美国,在美国境内的被制裁对象也将被驱逐出境。在更严重的情况下,美国政府甚至会逮捕被制裁对象。在"孟晚舟案件"中,美国即以孟晚舟与汇丰银行会面时就华为与星通(华为在伊朗开展业务的子公司)的关系说谎违反了美国制裁伊朗法案为由,要求加拿大逮捕孟晚舟。禁止入境仅限制被制裁实体进出美国的自由,而逮捕则会直接限制被制裁实体的人身自由。

不同性质的制裁对被制裁实体可能造成损害的严重程度也不同。第一类制裁措施所造成的损失主要是财产利益损失,如果被制裁实体的主要资产并非在美国境内,此类制裁措施就不会影响其生存。同时,被制裁实体往往可以通

---

〔25〕 参见王佳:《美国经济制裁立法、执行与救济》,载《上海对外经贸大学学报》2020年第5期。

〔26〕 参见徐以升、马鑫:《美国金融制裁的法律、执行、手段与特征》,载《国际经济评论》2015年第1期。

〔27〕 50 U.S.C. § 1701 (1996).

过其他补救措施,例如向银行贷款、向政府有关部门申请获得必要支持等减轻财产利益损失。当美国依据其强大的金融实力和科技实力对被制裁对象执行第二类和第三类制裁措施时,被制裁实体或许可以通过绕开美元结算系统、在他国另辟市场、自主研发技术等方式抵御美国次级制裁带来的风险,但这些抵御措施往往实现难度很大、进程较慢。因此当中国实体面对第二类、第三类制裁时可能难以进行正常的经营活动,生存和发展往往会遭受更严重的损害。第四类制裁措施针对个人,如果个人仅被禁止入境,则此种损害并不会影响个人的生存与一般活动。如果个人遵守禁令可能被外国逮捕,那么其人身自由将受到限制,其严重程度无疑高于被禁止入境的损害严重程度。

综上,制裁措施和损害的性质也是衡量损害严重性的重要因素。冻结或冻结并没收资产相比于切断获取美元和使用美元的途径、禁止金融交易、进口管制和出口管制,其对被制裁实体造成损害的严重程度一般来说会比较低。对于个人而言,逮捕的损害严重程度无疑要大大高于禁止入境的损害程度,往往更容易达到“严重损害”的基本标准。

(3)申请实体是否能够采取合理措施避免或减少损害。中国实体因外国次级制裁而将遭受损失时可以通过采取包括但不限于下列三种措施避免或减少自身利益损失:

第一,与外国相关部门协商,争取达成和解协议。被制裁实体遭受外国经济制裁时可以与外国有关部门进行协商以达成和解协议,将损失降到最低。中兴通讯受到美国商务部的制裁时,与美国相关部门签署了和解协议,并分别向美国商务部工业与安全局和美国财政部海外资产控制办公室(OFAC)支付了3.6亿美元和1亿美元的罚款。中国实体与外国相关部门达成和解协议是中国实体在遭受外国次级制裁时寻求的一种自我救济途径,并不代表中国承认了有关不当域外适用的外国法律或措施的域外效力。因此,中国实体可以积极寻求与外国相关部门和解,将可能遭受的金融制裁和贸易制裁转化为罚款,以减少损害。

第二,向外国提起豁免遵守外国法律或措施的抗辩。在次级制裁的背景下,被制裁实体已经进行过依据“外国主权强制理论”向美国法院抗辩的实践。在 United States v. Brodie 案(美国诉布罗迪案,以下简称布罗迪案)中,被告因通过中间渠道将离子交换树脂销售至古巴,被指违反美国《对敌贸易法》《古巴制裁管制条例》的相关规定而受到美国的次级制裁。被告提出其行为受到外国法律强制要求并发生在美国境外,与美国法院管辖之间不构成“最低联系”以抗辩。[28] 尽管最终能否被外国允许豁免遵守外国法律或措施不甚明朗,但中国实体应当积极向外国提起抗辩,以争取避免或减少损害。

第三,向政府有关部门申请获得必要支持。根据《阻断办法》第11条的规定,中国实体如果没有遵守不当域外适用的外国法律或措施而遭受严重损害时,政府有关部门可以给予必要的支持。因此,当中国实体遭受外国次级制裁而遭受严重损害时,向政府有关部门申请获得必要支持不失为一种减少损失的合理办法。

商务主管部门在认定“严重损害”时应当考虑中国实体是否可以,以及是否积极采取合理的措施避免和减少损害。若中国实体在采取合理的措施避免和减少损害后仍达到“严重损害”的基本标准,则商务主管部门可认定其遭受的损害为严重损害。

四、结　　语

《阻断办法》作为我国反制外国经济制裁法律制度的重要组成部分,为维护中国实体的合法权益提供了制度保障。但《阻断办法》并未就豁免条件作出规定,很可能导致其适用的不确定性,因此有必要将豁免条件予以明确。

我国可以在借鉴欧盟《阻断条例》的基础上明确《阻断办法》下的豁免条件:若不遵守外国法律与措施将使中国实体的合法权益遭受严重损害,商务主管部门可批准该中国实体全部或部分遵守外国法律与措施。同时,为提高豁免条件适用的准确性,应明确认定“严重损害”的基本标准和考虑因素:认定“严重损害”应当遵循比例原则和严格适用原则,只有中国实体不遵守外国法律与措施将遭受的损害大于外国次级制裁所造成的损害,且该损害直接危及其生存或阻碍其正常活动时,才可认定中国实体遭受的损害为“严重损害”。另外,商务主管部门可以考虑申请实体的性质、制裁措施和损害的性质、申请实体是否能够采取合理措施避免或减少损害等因素,以判断中国实体是否达到“严重损害”的基本标准。

随着《不可靠实体清单规定》《阻断办法》《反外国制裁法》等一系列反制外国经济制裁法律法规的出台,中国法域外规制体系逐步完善和成熟。但我国反制外国经济制裁的相关法律制度大多为原则性规定,其在落地实施过程中的操

---

[28] See U. S. v. Brodie, 174 F. Supp. 2d 299 (2001).

作性有待提升。[29] 因此,相关法律法规需及时修订和完善,以便于反制外国经济制裁法律体系的有效运作。明确《阻断办法》中的豁免条件对于形成一套强有力的反制外国经济制裁法律体系具有重要意义,其不仅可以提高《阻断办法》自身的可操作性,也可以为有关部门认定相关外国法律和措施的性质、决定是否采取反制措施提供参考。例如,其对有关部门根据《不可靠实体清单规定》决定是否将有关外国实体列入不可靠实体清单具有一定的借鉴意义。[30]

相信随着反制外国经济制裁法律法规的不断出台,有关部门若能够细化、明确其中的重要制度,并积极执行相关法律法规,我国一定能够强有力地反制外国经济制裁,以更好地维护我国国家利益和中国实体的合法权益。

责任编辑:苗子悦

---

〔29〕 例如,《对外贸易法》第 7 条规定:“任何国家或者地区在贸易方面对中华人民共和国采取歧视性的禁止、限制或者其他类似措施的,中华人民共和国可以根据实际情况对该国家或者该地区采取相应的措施。”《反外国制裁法》第 3 条第 2 款规定:“外国国家违反国际法和国际关系基本准则,以各种借口或者依据其本国法律对我国进行遏制、打压,对我国公民、组织采取歧视性限制措施,干涉我国内政的,我国有权采取相应反制措施。”《不可靠实体清单规定》第 2 条规定:“国家建立不可靠实体清单制度,对外国实体在国际经贸及相关活动中的下列行为采取相应措施:(一)危害中国国家主权、安全、发展利益;(二)违反正常的市场交易原则,中断与中国企业、其他组织或者个人的正常交易,或者对中国企业、其他组织或者个人采取歧视性措施,严重损害中国企业、其他组织或者个人合法权益。本规定所称外国实体,包括外国企业、其他组织或者个人。”

〔30〕 《不可靠实体清单规定》第 7 条规定:工作机制根据调查结果,综合考虑以下因素,作出是否将有关外国实体列入不可靠实体清单的决定,并予以公布:(1)对中国国家主权、安全、发展利益的危害程度;(2)对中国企业、其他组织或者个人合法权益的损害程度;(3)是否符合国际通行经贸规则;(4)其他应当考虑的因素。

数据可携带权本土化双重路径探析
——从数据确权视角切入

孟弋丁　韦涵兮*

摘要：

随着数字经济蓬勃发展，数据流动问题亟待规制，而欧盟数据可携带权为我国数据流动治理提供了范本。本文通过梳理国内外立法，明确数据可携带权内涵和价值取向，认为其对促进我国数据流动法治具有积极作用，但是直接进行制度移植也存在一定的风险与困境。鉴于此，本文分别从财产权视角和人格权视角提出两条数据可携带权本土化进路，以应对数据可携带权本土化所面临的困境。

关键词：

数据可携带权；数据权属；新型财产权；《个人信息保护法》

一、问题的提出

随着数字经济时代到来，数据流转成为一种不可回避的趋势。而数据一旦流转就必然会带来数据控制者、数据接收者、消费者三方权益冲突问题。在数据权属不明、对数据分类规制不健全的情况下，发生纠纷在所难免。在此背景下，如何妥善处理数据流转问题，平衡好数据控制者、数据接收者、消费者的关系，营造市场良好竞争环境，日益成为数据治理上的难题。

从平台间竞争角度看，现有平台常通过数据封锁阻碍新平台进入市场。如在著名的“头腾大战”中，腾讯认为抖音存在“超范围和违规使用来源于微信/QQ的用户头像、昵称等数据，并擅自将其提供给多闪产品使用”的情形，并以构成不正当竞争为由起诉抖音和多闪的运营公司。根据法院裁定，多闪在判决生

* 孟弋丁，中央民族大学法学学士；韦涵兮，中央民族大学法学学士。二人合作完成本文。指导教师：薛前强，天津滨海新区人，中央民族大学法学院讲师，硕士生导师。

效前不能使用来源于微信/QQ 开放平台的微信/QQ 用户头像、昵称。在该案中,腾讯禁止抖音将微信用户头像、昵称等数据转授权给多闪,进而达到阻止多闪利用微信的社交链获取更多用户的效果。目前部分法院判决数据控制者享有数据权益,但是学界担忧法院的判定会导致数据垄断的发生。

从消费者个人信息自决角度来看,目前消费者对数据的控制能力较弱,数据控制权主要掌握在企业手里。2017 年,中国科技巨头华为和互联网巨头腾讯爆发数据争夺战。[1] 腾讯方认为华为私自收取了腾讯的数据,侵犯了微信用户隐私;华为认为产品通过工信部检测且用户已在手机设置中进行授权,相关信息只在荣耀 Magic 手机上处理,不存在争议。可见双方对于数据权属产生分歧。同年,菜鸟网络与顺丰速运也上演了一场"数据争夺战",双方对于是否有超越权限查询用户数据产生争议,值得注意的是,该案中企业利用用户信息进行数据共享、交易并未经过用户授权。消费者对数据的控制权形同虚置。

为保证数据能够良好地迁移并加强消费者对数据的控制,欧盟的《通用数据保护条例》率先在个人数据保护领域以法律的形式确定了数据可携带权,随后各国纷纷跟进。对于这一新兴权利,我国学者研究较少,且大多集中于数据可携带权的理论分析。在本土化研究中,大部分学者持谨慎态度,如高富平、余超认为,数据可携带权有利有弊,固有缺陷如对正当竞争精神的破坏,在隐私以及数据安全上面临的巨大风险以及在实践中几乎无法操作的缺陷使得不能鲁莽地在中国制度中移植数据可携带权,在我国未来立法中应对其改进或舍弃。而对于具体的本土化方式,现有研究大致可以分为两条研究进路:一为"分阶段""分步骤"引进,如王珊珊、闫文军提出的"三阶段五步骤"规划;二为"分行业"试点,如邢会强以开放银行为视角论数据可携带权的引入,仲春、王政宇提出在医疗领域、电商领域开展试点的设想。通过梳理文献,笔者发现缺乏对中国现有法律的体系化梳理和利用,对于数据可携带权的权利性质、客体分类、数据权属的讨论尚不明晰,也未考虑引入数据可携带权在实践中可能引发的纠纷和对应解决措施。

针对以上问题,笔者试图提出数据可携带权本土化进路,尽可能降低数据可携带权引入风险。本文第二部分介绍了数据可携带权的缘起及立法情况,第三部分介绍数据可携带权的基本概念和制度构造,第四部分探析目前引入的困境及其成因,第五部分对面临的困境进行回应并提出数据可携带权的本土化践

---

〔1〕 参见贾晓燕、封延会:《网络平台行为的垄断性研究——基于大数据的使用展开》,载《科技与法律》2018 年第 4 期。

行构思。

二、正本清源:数据可携带权的兴起、演进及立法回应

(一)数据可携带权的缘起:理论与实践的双重演变进程

1. 数据可携带权缘起的理论之源:信息自决权

学界一般认为,数据可携带权产生的理论源于信息自决权,该理论主张个人对于一切具有识别性的个人信息(无论其是否重要,也无论其何时、何地、以何种方式被收集、处理和利用)享有决定权和控制权。[2] 信息自决权的确认始于1983年12月15日——德国联邦法院就"人口调查案"的裁决。

该判决将信息自决权确定为一种宪法权利,确认公民对具有识别性的个人信息是否被收集、处理、利用具有决定和控制权,并明确该权利的行使范围。公民享有信息自决权,法律保护公民个人信息安全,任何机构和个人不能随意收集、处理、利用,否则其行为将因违反宪法而被认定为无效。信息自决权的理论体现对数据权利的一种确定,给予作为数据主体的个人一定的权利保护,对个人数据收集、处理、利用进行了限制。因此进一步而言,信息自决权是数据可携带权的理论之源,为数据可携带权的产生和发展奠定基础。

2. 数据可携带权缘起的实践之基:号码携带

数据可携带相关规定最早可以追溯到2002年欧盟颁布的《普遍服务指令》(Universal Service Directive)陈述部分第40~42段和第30条关于电话号码可携带(number portability)的相关规定。1997年,新加坡最早引进了号码携带并确立了相关政策,随后,美国、日本等国家也确定了号码携带的服务。电话号码是一种具有人身专属性的个人数据。号码携带,是指一家移动电信运营商的用户无需改变自己的手机号码就能转网成为另一家运营商的用户。随着互联网的蓬勃发展,越来越多的用户希望把互联网上的相关数据跟随着号码从一个服务器转移到另一个服务器。2007年,一些人联名发表了《社交网络用户的权利法案》(A Bill ofRights for Users of the Social Web),虽然没有法律效力,但是其被认为是"数据可携权"权利思想的萌芽,数据可携带意味着在线用户可以通过传输和共享数据的方式来控制其数据,使得个人数据在不同的服务提供者之间的转移更容易实现。这也成为数据可携带权中数据转移

---

[2] See Fialovά E., Data Portability and Informational Self-determination, Masaryk University Journal of Law and Technology,2014,8(1):45-55.

权的来源。[3]

(二)数据可携带权的正式确立与立法演进

1. 数据可携带权的正式确立

数据可携带权的确立经过了欧盟委员会多次的商讨、建议、修正。2012 年 1 月由欧盟委员会颁布的《数据保护指令草案》第 18 条首次提出并详细地定义了数据可携带权,并在第 2 款进一步规定了数据可携带权权利行使基础、行使方式以及权利不受被撤回个人数据控制者的阻碍。而 2014 年 3 月欧洲议会的《一般数据保护条例(一读稿)》将第 18 条数据可携带权规定并纳入了第 15 条数据访问权,并将其修改为"数据主体访问和获取数据的权利"。几经斟酌,其最终在 2018 年通过的《通用数据保护条例》中得以正式确立——第 20 条将数据可携带权作为一项架构于数据权利体系之下的独立权利,但是增加了许多限制条件和例外规定。由此可以看出欧盟关于"数据可携带权"的立法考量和既欢迎又担忧的矛盾态度。

2. 数据可携带权的国内外法律实践

(1)国外法律理论与实践基础(见表 1)

表 1 国外相关立法实践

国家	法律法规名称	颁布时间	分析
美国	《加州消费者隐私权法》	2019 年	民众期待对隐私和个人信息的更多控制,加州消费者应当能够就其个人信息行使控制权
法国	《数据共和国法案》	2016 年	根据《消费者法典》的规定,增设了一条新规定(第 48 条),赋予消费者个人数据恢复权和便携权
新加坡	《个人数据保护法修正案》	2020 年	1. 设置了专章对"数据携带"问题进行了规定,对数据可携带权的立法目的、术语、具体内容进行了介绍。 2. 规定了数据传输请求权与数据传输义务,对数据传输的方式与条件进行了限制。 3. 设置了涉及第三方数据时的数据传输规则

[3] 参见卓力雄:《数据携带权:基本概念,问题与中国应对》,载《行政法学研究》2019 年第 6 期。

续表

国家	法律法规名称	颁布时间	分析
澳大利亚	《2019年财政法律修改案》(《消费者数据权利法》)	2019年	1. 该法引入消费者数据权。根据该法,消费者数据权是指消费者有权指示其供应商(如银行)与他人共享供应商所持有的消费者信息。一旦根据消费者数据权制度指定了一个部门,产品数据和消费者数据必须应客户的要求予以披露。 2. 澳大利亚政府承诺将消费者数据权制度应用于银行、能源和电信部门,并最终应用于整个经济
印度	《2019年个人数据保护法》	2019年	1. 第19条规定了数据可携带权。如果数据处理是采用自动化手段进行的,数据主体有权以结构化、通用化且机器可读的格式接收以下数据:数据主体向数据受托者提供的个人数据;在数据受托者提供服务或使用产品的过程中产生的数据;构成数据主体画像的一部分,或者数据受托者以其他方式获取的数据;将前述提到的数据以结构化、通用化且机器可读的格式转移给任何其他数据受托者。 2. 如果数据处理是履行联邦的职能或遵守法律或法院的命令所必要的,或披露会涉及数据受托者的商业秘密,或在技术上不可行时,不适用数据可携带权的规定

(2)国内法律理论与实践基础(见表2)

表2 国内相关立法实践

法律位阶	具体条文	意义
法律	《民法典》第1034、1035条	对个人信息进行了定义。 1.《民法典》在人格权编新增了对自然人的个人信息的规定和具体要求,重申了个人信息保护的定位,强调获取个人信息应"依法取得"并"确保信息安全",不得"非法收集、使用、加工、传输他人个人信息",不得"非法买卖、提供或者公开他人个人信息"。 2.《民法典》并没有明确个人信息是否构成民事权利,但从个人信息被规定于民事权利之下,说明《民法典》有意在民事权利保护的视野下来保护个人信息权益
	《数据安全法》第7条	作出原则性规定。国家对个人数据权益进行保护的同时,国家鼓励数据合理有效利用,保障数据依法有序自由流动,数据控制者有序竞争
	《个人信息保护法》第45条	第一次在法律中明确提出了个人信息可携带权的明确表述,为后续具体标准的制定提供了法律依据及指引

续表

法律位阶	具体条文	意义
行政法规	《网络数据安全管理条例(征求意见稿)》第24条	该条在《个人信息保护法》明确的个人享有数据可携带权的基础上,进一步对权利行使前提条件进行规定。 该条还对数据处理者的提示义务和收取费用的权利作出了规定

三、见微知著:数据可携带权的概念厘定与制度构造

(一)数据可携带权的基本概念与内涵构成

数据可携带权是《通用数据保护条例》中确立的一项新型数据权利,其确立伴随着广泛的争议与关注。《通用数据保护条例》第20条对数据可携带权进行定义,即数据可携带权是指数据主体有权以结构化、通用化和机器可读的格式接收他或她提供给控制者的有关他或她的个人数据,并有权将这些数据传输给另一个控制者,原控制者不得阻碍。[4] 基于使数据可携带权更好地被适用、理解的考量,第29条数据保护工作组(以下简称"数据保护工作组")于2016年12月制定并于2017年4月修改通过的《数据携带权指南》对数据可携带权问题作出全面的解读,以帮助数据控制者了解自身义务和规范数据主体对此权利的行使。[5] 从《数据携带权指南》对于数据可携带权的定义可以分析出,目前对于数据可携带权的认知主要包括以下四个方面:

第一,权利客体的范围限于与数据主体相关的个人数据,并且是由数据主体"提供"给数据控制者的数据。《通用数据保护条例》明确数据可携带权的对象是"其提供给控制者的有关他或她的个人数据"。就权利客体而言,包括两个层面:首先,权利客体是与数据主体相关的,并且限于数据主体本人的数据,不能涉及、包含第三人的。[6] 个人数据需要具有可识别性,能够指向数据主体。匿名数据或者无法反映其与数据主体关系的数据不能属于该权利范围,但是能

〔4〕 参见朱玥:《界分与补强:欧盟数据可携权与竞争法补救措施》,载《北京政法职业学院学报》2020年第1期。

〔5〕 参见卓力雄:《数据携带权:基本概念,问题与中国应对》,载《行政法学研究》2019年第6期。

〔6〕 参见温昱:《个人数据权利体系论纲——兼论〈芝麻服务协议〉的权利空白》,载《甘肃政法学院学报》2019年第2期。

够联结到数据主体的假名数据,比如网名也可以认为在该权利范围内——基于其能够指向数据主体。[7] 此外,也不包括间接数据。个人数据需要与数据主体具有直接关联性,不包括数据控制者基于算法分析,处理得出的衍生的间接数据。其次,需要是数据主体"提供"给数据控制者的数据,即个人数据是数据主体自己提供的。"提供"首先是数据主体自愿且积极的提供,是一种主动行为。数据控制者未经同意的收集或者并非数据主体主动提供的,不在此列。此外,该处的数据是依赖于对数据主体行为的观测,比如浏览记录、搜索历史、行程路线等。

第二,数据可携带权的权利边界具有限制。首先,数据可携带权的行使不能损害第三人的权利和自由。数据主体所选择传输的数据往往不仅与其有关,也和第三人有关。这种情况下,需要对第三人权利进行保护。数据控制者为了满足数据主体请求而对第三人数据进行处理需要纯粹基于个人或家庭需要。并且需要另行寻找处理的法律依据。其次,数据可携带权的行使不能侵犯商业秘密或知识产权。数据控制者在对数据主体的请求作出回应时,应考虑传输是否会侵犯商业秘密或知识产权,应在不侵犯知识产权、不泄露商业秘密的条件下进行传输,不能以行使数据可携带权为名侵犯其他合法权利。

第三,数据可携带权的行使需要满足特定条件,主要有以下几点:首先,《通用数据保护条例》要求数据控制者处理个人数据时具有明确的法律依据。以正面罗列的方式限定数据可携带权只适用于数据主体"同意"或在"合同"基础上且是"自动化方式"进行的个人数据处理。数据可携带权的主张有两种方式:一是由数据主体同意,由数据主体主张;二是根据该法第6条(1)款(b)项的规定,即"履行数据主体为一方当事人的合同或为数据订立合同所必要的数据处理"。处理行为必须基于数据主体同意或数据主体为缔约方的合同,针对不基于同意或以合同为依据处理个人数据的情形,《通用数据保护条例》并没有为其确立一般的数据可携带权。[8] 此外,还可以反面排除的方式对不适用情况进行罗列。反面排除情况共有四种:一是不得妨碍第17条关于擦除权(被遗忘权)的规定,二是公共利益排除,三是数据控制者依官方指令而进行的必要处理,四

〔7〕 De Hert P, Papakonstantinou V, Malgieri G, et al., *The Right to Data Portability in the GDPR: Towards User-centric Interoperability of Digital Services*, Computer Law & Security Review, 2018, 34(2): 193 - 203.

〔8〕 参见刁胜先、李絁芩:《欧盟数据可携权的困境与本土化思考》,载《重庆邮电大学学报(社会科学版)》2020年第2期。

是不能对他人权利或自由产生不利影响。其次,当涉及员工数据时,数据可携带权通常只适用于处理基于数据主体为缔约一方的合同的情况。最后,数据可携带权只适用于数据处理是“通过自动化方式进行的”,不包括纸质文件。数据传输格式也有具体要求,需要以“结构化”“通用化”“可机读”格式,意图统一标准以降低传输成本。

第四,规定了权利请求响应的方式、时间和收费标准。数据主体向数据控制者主张数据可携带权后,数据控制者应予以回应,无论其是否接受权利请求。数据控制者作出回应需要在受到数据主体请求后 1 个月内,如有特殊情况,最长可以延长至 3 个月,但必须向数据主体说明理由。一般情况下,数据控制者提供数据行为是无偿的,但数据控制者能举证数据主体滥用数据可携带权的除外。

(二)数据可携带权的制度构造

数据可携带权主要包括两项权能:一是数据获取权,二是数据转移权。除此之外,《数据携带权指南》中建议数据控制者在数据主体注销后保留有关数据可携带权的所有个人信息,以便于数据主体取回个人数据行使数据可携带权。

第一,数据获取权。数据获取权是指数据主体从数据控制者处获取其提供给数据控制者的个人数据的权利。根据《通用数据保护条例》第 20 条第 1 款前半部分,表述为,“数据主体有权以结构化、通用化和机器可读的形式接收他或她已提供给数据控制者的关于他或她的个人数据”。数据主体有权从数据控制者处下载关于他或她自己的个人数据,这种权利称为数据获取权,是数据可携带权的组成部分,也是行使数据转移权的基础。只有数据主体有权获取自己的个人数据,才能基于自由意志去转移数据到不同数据控制者处。该权利的行使有两个限制:一是对行使对象的限制,即只能为数据主体积极、主动提供给数据控制者的个人数据,并且是与数据主体具有关联性的数据。二是对行使方式的限制,即需要以结构化、通用化和机器可读的形式。

第二,数据转移权。《通用数据保护条例》第 20 条第 2 款对数据转移权的规定如下:“在依据第一款行使他或她的数据可携带权时,数据主体应有权在技术可行条件下,将个人数据直接从一方数据控制者转移至另一方数据控制者。”数据转移权有两层含义:一是数据主体有权将个人数据转移给第三方;二是数据主体有权请求数据控制者将其个人数据直接传输给第三方。这种传输是在技术可行性的条件之下的,根据第 1 款,即需要在结构化、通用化、机器可读的形式条件之下。欧盟虽然没有强制控制者之间采用相互兼容的数据处理系统,但是需要平台具有互操作性。这一平台互操作性的目标实际上使该条款得以建立以用户为中心的数字服务体系,以期实现统一的欧盟数字市场。但需要注意的是,各个不同平台之间的切换对于平台要求的责任很重要,这种转移需要技术支持,要求公司提供技术支持,成本较大,对于接收方公司特别是中小公司是不利的。[9]

(三)数据可携带权兴起的价值追求

1. 加强个人信息自决,促进个人数据隐私保护

欧盟数据可携带权的规定强调数据主体对于个人数据的控制权,用户作为数据主体,有权从数据控制者处获得专属于其的个人数据,并有权要求平台将数据移转给其他数据控制者。[10] 欧盟关于数据可携带权的规定对权利的客体进行了限制,行使此项权利不能够侵害第三方的隐私和自由。数据可携带权的制定强化了数据主体对于数据的控制权,同时,通过对权利客体的限制,加强了数据流动中的隐私保护。[11]

2. 保障数据流动自由,重构数据市场格局

数据可携带权的引入,有利于打破先进入市场的互联网企业的数据封锁。互联网企业以大数据为依托,先进入相关市场的企业积累了大量用户,成本较低,黏性较高。后进入市场的企业在吸引新用户方面将花费高额营销费用等成本。此外,具有优势的先进入市场的企业将会以各种方式提高行业准入门槛,进行数据封锁,提高用户转换数据控制者的费用让他们被迫留在原平台。此种做法不利于市场竞争,容易形成垄断,损害消费者的利益。数据可携带权的出现,将数据权利归属于数据主体,使得数据主体有了数据获取权和移转权,加强用户对于个人数据的控制同时降低转换数据控制者的费用,可以促进相关市场的竞争,保障数据流动的自由和有序。[12]

3. 消费者得以参加红利分配

大数据背景下,消费者付出提供数据的成本而获得免费的数据产品或服务,但是缺乏数据红利参与分配的机制。部分学者认为,数据可携带权的建构

---

〔9〕 参见尚海涛:《论我国数据可携权的和缓化路径》,载《科技与法律》2020 年第 1 期。

〔10〕 参见彭诚信、向秦:《“信息”与“数据”的私法界定》,载《河南社会科学》2019 年第 11 期。

〔11〕 参见张黎:《大数据视角下数据权的体系建构研究》,载《图书馆》2020 年第 4 期。

〔12〕 See Swire P. ,Lagos Y. , *Why the Right to Data Portability Likely Reduces Consumer Welfare: Antitrust and Privacy Critique*, Md. L. Rev. ,2012,72: 335.

会给企业带来巨大成本,而成本最终将转嫁给消费者,因此数据可携带权会损害消费者利益。单从数据竞争角度来看,数据可携带权的目的和市场竞争具有一致性。消费者能够通过数据合同的任意性改变弱势地位,通过数据可携带权实质受益,并促进市场竞争。

四、数据可携带权实践的多重困境与成因分析

(一)权利属性不明

1. 数据可携带权是否可以作为一种权利存在争议

支持的观点认为《通用数据保护条例》规定了一系列重要权利,是对传统数据权利的拓展。尽管基于传统数据权利并不能直接推出该权利,但是权利的内涵和外延是不断发展的,随着对个人数据保护的加强,数据保护不能仅局限于消极保护,更应谋求积极保护的方式。《民法典》虽然尚未将个人信息作为一种民事权利保护,但随着个人信息保护的强化以及对个人信息自决权的承认,其将会从权益向实证权利转变。进而,作为个人信息权的子权利的数据可携带权也将成为一种民事权利。

反对的观点认为,将数据可携带权上升为一种基本权利缺乏实践的可能。首先,可携带性能否作为个人数据的属性尚值得商榷。许多学者以财产权角度定性个人数据权,将数据可携带权作为数据权利的重要特征。但是数据具有独特性,个人数据依赖于一定的载体,并且数据携带权在数据控制者之间的流转需要相应技术支持,操作上具有一定难度。其次,数据可携带权可能会侵害其他权利。比如容易与他人合法个人权利竞合,或者数据可能同时涉及企业的商业秘密。并且难以避免用户被他人冒充的情形,容易导致大量个人数据泄露。最后,数据可携带权的权利边界难以界定。数据携带权界定为只是“数据主体有关的个人数据”,用户转移时更在意的是数据的自由下载和移植,部分用户想要转移一些无关个人信息但有转移价值的数据的无法被解释进去。此外,个人数据移植可能会侵犯企业数据库权益、商业秘密,当个人数据涉及第三人时可能会侵犯他人利益。[13]

数据可携带权能否成为一种权利,争议点主要集中于数据可携带权能否作为个人信息权的子权利。个人信息的性质存在争议,其究竟是一种权利还是权

---

〔13〕 参见丁晓东:《论数据携带权的属性、影响与中国应用》,载《法商研究》2020年第1期。

益,个人信息权与数据可携带权之间的关系如何,这个问题关系到数据可携带权能否作为一种权利。支持的观点认为,个人信息权是一种权利体系,个人信息权与数据可携带权是一种概括性权利和具体权利的关系。数据可携带权属于人格权范畴,构成了个人信息权的积极权能或子权利。数据可携带权赋予数据主体个人数据初始的所有权,对于个人数据本身有控制与支配的权利。反对观点认为,个人信息权是一种权能体系,数据可携带权并不能成为一种独立的民事权利。虽然欧盟数据可携带权一定程度上增强了数据主体对数据流通与利用的控制,但并不能据此认为其构成一项具有控制与支配的权利。[14] 将数据可携带权认为是个人信息权的一种积极权能与我国民法体系存在冲突。《民法典》尚未将个人信息权规定为一种权利,对于个人信息保护的规制道路尚存争议,由于并未明确规定个人信息权,因此更宜作为法益去保护。根据《民法典》规定,个人信息法益属于人格权范畴,而根据基础理论,人格权一般只具有消极权能,而不存在积极权能。涉及人格权财产利益则可以将人格权商品化而不必然需要设立一种积极权能保护。因此,数据可携带权认为是一种积极权能定位存在体系障碍。本文认为,根据拉伦茨的观点,法律关系所包含实施某种行为的权能能否作为权利取决于其是否具有相对独立意义。由于我国《民法典》尚未明确个人信息权是权利还是权益,也尚未建立像欧盟一样较为完善的个人信息权体系,对于个人信息权是权利体系还是权能体系的理论学界讨论还不够充分。因此,明确数据可携带权是否能够成为民事权利存在障碍。

2. 数据可携带权性质存在争议

目前,学界对于数据可携带权的性质存在以下三种学说:

第一,财产权说。支持这种观点的学者认为,个人数据具有财产性质,个人数据可携带权的核心在于数据的处理和流转,用户与数据控制者、数据控制者之间的数据交易主要涉及个人数据的财产权益。在数据确权方面,我国司法机关扮演了相对积极的角色和功能,通过新浪诉脉脉,淘宝诉美景等一系列具体案件确立了一些基本规则,法院对个人数据与增值数据进行区分。基于对大量案例分析,法院认为,用户对于个人数据拥有所有权,而企业对运营过程中收集、处理的数据的增值部分拥有相应权益。企业对这些数据进行了脱敏处理,抽离用户信息中具有人身属性的要素,而保留财产属性的要素。[15]

---

〔14〕 参见叶名怡:《论个人信息权的基本范畴》,载《清华法学》2018 年第 5 期。

〔15〕 参见汪庆华:《谁该享有个人信息数据法益?》,载《民主与法制时报》2019 年 3 月 28 日,第 7 版。

第二,人格权说。支持这种观点的学者认为,个人信息权是权利体系,数据可携带权是信息自决权的子权利,而信息自决权属于人格权,因此数据可携带权属于人格权。个人信息属于人格要素,能够成为民事权利的客体。有学者认为,承认个人信息权会阻碍数据流动,导致信息交流停滞。个人信息权虽然作为人格权但是其并非支配权而是绝对权,其兼含财产权益,并不会阻碍数据的流转。因此,同样的,虽然作为数据可携带权对象的个人数据具有财产价值,但是不能认为他是财产权,具有财产权益并不阻碍认定其为人格权。

第三,复合型权利性质说。此种学说认为数据可携带权兼具人格权属性和财产权属性,是一种新的复合型权利。

一方面,数据可携带权具有人格权的特质。规定数据可携带权的《通用数据保护条例》旨在更好地保护个人隐私和个人权利。数据可携带权的规定也旨在加强对于个人隐私的保护。其适用对象为与数据主体相关的具有可识别性的个人数据,具有人身性。因此,数据可携带权具有人格权的特质。

另一方面,数据可携带权具有财产权的特质。数据可携带权并非纯粹具有人格权属性,数据可携带权还涉及对个人数据的控制权,这体现一定的财产权特质。数据可携带权支持个人数据在不同的数据控制者之间流动,并增强数据管理者之间安全共享途径,以促进数据控制者之间的竞争;为了争取用户,提供更人性化服务,提供更多利益,促使数据主体继续将数据保留于该平台。

(二)法条衔接不畅

由于权属不明,盲目移植数据可携带权可能会导致制度异化,因此需要结合现有立法去讨论制度本土化可能的困境。我国现行立法并未直接规定数据可携带权。2017 年颁布的《信息安全技术　个人信息安全规范》第 7.9 条首次提出了数据可携带权,其规定类似于《通用数据保护条例》,也包含个人信息副本获取权与数据移转权,但是将个人信息作了限定,限定为个人基本资料、个人身份信息、个人健康生理信息、个人教育工作信息。2020 年版《信息安全技术　个人信息安全规范》第 8.6 条对此进行了修正,减轻了数据控制者的义务,将控制者对个人信息副本获取权从"应"提供修改为"宜"提供,传输第三方限定为"个人信息主体指定的"第三方。国家标准对数据可携带权的规范较为笼统,并没有进一步明确行使条件和法律基础,适用范围也非常局限,实务中操作具有一定难度。数据可携带权是实现数据要素市场化的重要手段,对于个人数据保护和促进数字经济发展都有重要意义。因此,我国需要借鉴国外立法经验,从个人信息保护、数据竞争、消费者权益保护等维度体系化构建规定。

(三)数据控制者、数据接收方、个人利益平衡难

数据流转的过程中可能会出现不同数据主体权利交叉问题。首先,数据主体与数据控制者之间可能存在利益冲突。在行使权利范围方面,若数据可携带权行使权利范围过于宽泛,将会加重数据控制者的义务,需要付出很高成本,并且实际的操作难度也更大。而若权利范围过窄,不利于实现数据可携带权便于数据主体自由下载和移植其提供个人数据的初衷。本文认为,我国《个人信息安全规范》限定的几类个人信息过于狭窄,而《通用数据保护条例》所规定"数据主体提供的数据"虽然具有一定合理性但是适用范围仍有局限性。因此,如何确定适中范围以平衡数据控制者与数据主体的利益需要进一步考量。

其次,数据控制者与数据接收方之间也可能存在利益冲突。数据可携带权的设立初衷是促进数据自由流动与数据要素市场化竞争,从而改善大型企业数据垄断现象。[16] 随着数据的财产属性越发受到重视,尚未完善相应条款情况下,企业可能利用现有法律漏洞,提高数据主体转移个人数据的成本,限制其转移,进而事实上达到维持数据垄断的目的。数据可携带权要求数据接收方提供相应的技术支持,需要很高的成本,不利于中小创新企业对数据的接收,可携带权应该平衡数据控制者和接收方的义务。

(四)数据可携带权客体难以清晰界分

数据依其不同属性、特征可以划分为不同种类,针对不同数据类型设置不同的数据流动标准具有必要性,但由于我国实践中对于数据类型的界分尚不明晰,贸然引进数据可携带权可能会引发一系列纠纷。笔者将通过分析我国实践情况指出直接引入数据可携带权可能存在的风险。

第一,涉他数据不可携可能违背数据流动和共享理念,不利于数据网络服务提供者之间的竞争和创新。对于涉他数据的内涵界定以及是否需要排除在数据可携带权客体范围之外均需要根据我国国情详细展开讨论。涉他数据是指数据主体提供的可能关涉第三人的个人数据。事实上,被用户广泛使用的社交网络即具有典型的涉他属性。如用户在微博上发布的以图片、视频等形式展示的个人动态很有可能会包含他人信息,平台的其他注册用户可以直接快速访问获取。若考虑移转涉他数据侵害他人隐私问题,显然应该将涉他数据排除在数据可携带权客体范围之外。但是涉他数据若不可携,会使数据可携带权客体

---

[16] Diker Vanberg A.,Ünver M B., *The Right to Data Portability in the GDPR and EU Competition Law*: *Odd Couple or Dynamic Duo*? European Journal of Law and Technology,2017,8(1).

范围过窄,不利于数据流动,所以对于涉他数据的再分类值得思考。

第二,如果衍生数据直接被归进数据可携带权客体范围内可能会导致数据主体、数据控制者及接收方三方利益失衡。衍生数据是指企业基于用户提供的原始数据进行整理、加工从而形成的企业数据。因企业投入了人力、物力等成本,企业对衍生数据可以享有财产性权益。如果仅基于用户授权就可以将衍生数据从数据控制者方移转至数据接收方,对于数据控制者不公。如在广受关注的"头腾之战"中,腾讯在"社会关系链数据及其背后的社会关系资本的扩大和增长"这一事宜上扮演重要的角色。腾讯在储存、管理关系链数据时,投入了营业成本、销售和市场推广费用以及管理费用、财物费用和税金,正因如此,数据的流动不仅是用户的一项重要利益期待,还关乎平台的商业利益,所以抖音主张基于用户授权就可以获取腾讯维护的好友关系网难以获得法院支持。〔17〕但是,一味限制衍生数据流动也是值得警惕的做法,正如上文所述,衍生数据基于用户提供的原始数据产生,用户也投入了一定成本,如果仅因企业投入了成本就限制用户行使数据可携带权,则削弱了消费者对数据的控制能力,不利于消费者权益保护,甚至可能助长企业垄断。所以,消费者的成本投入也应该纳入考虑范围。〔18〕

第三,欧盟没有规定死者的数据可携带权,但是笔者认为在我国存在适用空间。初步认为死者的数据可携带权的客体应包括涉死者的个人数据及死者的个人数据。对于涉死者的个人数据,由于数据主体无法取得死者授权,数据主体行使数据移转权时可能会遭到不必要的阻碍,需要进行规制。对于死者的个人数据,笔者认为也存在合理的数据流转的需求。试想,社交平台若留存有死者生前与亲人、朋友的合照、聊天记录,这些数据对于死者的亲属来说不仅是某种精神寄托,而且也具有财产属性,具有移转价值。

(五)法律责任难以设计

如要引入数据可携带权,相关法律责任也需要在立法中细化规定,否则数据可携带权将沦为"软性权利",无法得到有效保护,并会为司法执法机关带来困难。但是遗憾的是现有文献较少有学者讨论这一问题。笔者认为,明晰法律责任的前提是解决以下三个问题:(1)责任主体是谁;(2)责任承担方式;(3)违

〔17〕 参见包晓丽、熊丙万:《通讯录数据中的社会关系资本——数据要素产权配置的研究范式》,载《中国法律评论》2020 年第 2 期。

〔18〕 参见谌嘉妮:《我的数据谁做主?——基于"头腾之争"对个人数据可携带权与企业数据权边界的研究》,载《互联网天地》2019 年第 6 期。

法的具体情形。

首先,数据可携带权至少涉及了三方主体,即数据控制者、数据接收方和数据主体。这三方主体之间权利义务相交织,法律关系较为复杂,立法过程中需要为其分别预想违法情形,并规定相应的法律责任。其次,对于责任承担方式,国外为违反数据可携带权规定了高额罚金,具有可采性,但是如要引入我国需要考虑和我国现有立法体系相衔接的问题。我国的责任承担方式主要包括民事责任、刑事责任和行政责任,而若要具体设计数据可携带权的责任形式则需要结合数据可携带权的权利属性、违法具体情形来考虑,进行体系化思考,遵循必要性、合理性原则,制定出具有中国特色的数据可携带权法律责任形式。

五、数据可携带权本土化构建实现的双重路径

在信息技术与数字经济深度融合的背景下,数据作为"特殊物"兼具人格权和财产权双重权利属性。本文分别依托数据可携带权的财产权属性与人格权属性构建出两条不一样的本土化进路。

(一)对财产权进行扩张解释

根据中共中央、国务院 2020 年 3 月 30 日公布的《关于构建更加完善的要素市场化配置体制机制的意见》,数据作为一种新型生产要素被写入其中,与土地、劳动力、资本、技术共同构成我国五大生产要素。随着数字经济的发展,数据的财产价值日益彰显,已经成为一种新兴资产。大数据技术和产业的发展均以数据为基础,数据是数字经济发展的核心要素,因此数据可以成为财产权的客体。

数据可携带权是数据确权化的手段之一。我国司法实践中往往倾向于保护经营者的数据利益,对消费者的利益有所忽视,而数据可携带权确立的目的即在于促进数据流动,增强消费者对数据的控制,平衡数据资源提供者、持有者、管控者、利用者(经营者)乃至公权力机关支配者及其他相关主体的复杂利益关系。只有在确定数据权利归属的前提下,数据才能真正发挥财产价值,保障我国数字经济高速发展。所以笔者建议在完善数据财产权体系基础上,将数据可携带权纳入数据财产权体系中,对财产权进行扩张解释。在不改变现行法的情况下,此举既可以节约立法成本,也可以更好地与我国国情相适应。有学者提出了企业与个人的双重数据所有权结构的观点,其中包括个人的名义数据所有权和企业的实际数据所有权。然而,我国现行法并不能容纳所谓的双重所有权结构,且双重所有权不仅没有清晰的权利归属,反而会制造权利纷争,进而

影响数据效用的发挥。本文认为数据所有权与用益权二元结构值得借鉴,笔者在此基础上进一步完善。

1. 权能结构层面

新型数据财产权利体系应当建立在区分原始数据与衍生数据的基础之上,即针对用户(数据初始所有者)和企业(包括数据资源持有者、管控者、经营者等继受归属者)分别确认其数据财产权利法律关系上的地位。数据主体应当享有数据所有权,企业享有数据用益物权。

2. 权利内容层面

数据所有权是指数据主体个人或集体享有的占有、使用、收益、处分的权利。数据所有权包括个人数据所有权和集体数据所有权。需要明确的是:第一,数据所有权不完全等同于传统财产所有权,因为数据具有可复制性特点,进而不能被数据主体排他性占有。第二,由于涉他数据与个人数据较难界清,实践中如微信聊天记录、朋友圈合照等内容大量存在、具有较强的涉他性且具有流动的必要,一味限制其流动并不可取,所以笔者提出集体数据所有权这一概念来解决这一问题。[19] 集体数据所有权类似于我国财产权体系中共有的概念,是指涉他数据所涉及的所有数据主体对涉他数据享有共同所有权。引入集体数据所有权可以较好地解决涉他数据流动的问题。每个相关数据主体享有自由地下载涉他数据的权利,但是若集体中某个数据主体要处分涉他数据,如将某个平台的涉他数据移转到另一平台,则需要全体数据主体的同意。第三,数据主体的数据所有权与传统财产权相比要受到更多限制。该限制主要源于区分原始数据与衍生数据的必要性。笔者认为,数据主体对衍生数据行使处分权时还需要经过企业授权,有学者提出的三重授权原则具有可采性。“微博诉脉脉不正当竞争案”中法官实际上就适用了该原则,北京知识产权法院认为,互联网中第三方应用通过开放平台例如 Open API 模式获取用户信息时,应坚持“用户授权 + 平台授权 + 用户授权”的三重授权原则,即第三方应用基于商业合作模式利用用户信息时,除应取得数据提供方同意外,还应再次取得用户的同意,尊重用户的自由选择权。[20] 在三个主体之间,用户占据最终决定性地位,它既可以授权数据收集方,也可以授权数据接收方。根据该原则,在涉及衍生数据

---

〔19〕 See Ursic H., *Unfolding the New-born Right to Data Portability: Four Gateways to Data Subject Control*, SCRIPTed, 2018, 15: 42.

〔20〕 参见徐伟:《企业数据获取“三重授权原则”反思及类型化构建》,载《交大法学》2019 年第 4 期。

时,数据主体的数据所有权不能够完整行使,也即数据处分时受到限制,因为单独赋予个人以数据财产权会对企业的财产性权益造成冲击,而且会影响企业在合同法上的权利。[21] 数据企业不可能凭空收集到个人数据,它们需要付出研发和服务成本,按照公平原则,理应产生相应的民事权利。用户与企业之间应该对数据红利进行利益分配。

根据申卫星教授的观点,数据用益物权是由数据所有权派生而来的,因企业对数据采集、加工而享有或是通过数据原发者授权后而享有的对原始数据控制、开发、许可、转让的权利。数据用益物权的主体包括数据控制方和数据接收方。数据用益物权的取得方式包括对数据采集、加工等事实原因取得和通过共享交易继受取得。

3. 权利救济方式

由于数据财产权二元结构体系涉及三方主体:数据主体、数据控制方、数据接收方。三方权利义务交叉、利益需要平衡且可能出现第三人侵权的可能,所以亟待结合本土情况预想出可能的违法情形并进行法律规制。

对数据主体而言,存在数据控制者、数据接收方超越授权范围处分数据主体权利的情形,可以通过追究民事责任体系中的违约责任和侵权责任进行救济。

对数据控制者而言,由于衍生数据的财产权利益由数据主体与数据控制者共同享有,所以权利救济方式较为复杂。第一,个人与数据控制者之间。如果个人未经企业授权即移转衍生数据,泄露企业商业秘密,会使数据控制者遭受损失。但是在此种情形下本文认为不宜追究数据主体责任,因为相对于企业而言个人属于弱势群体,应当倾斜性保护,且个人不具有承担巨额赔偿的可行性。第二,数据接收方与数据控制者之间。针对上述情形,本人认为应当将责任转嫁到数据接收方和数据控制者上。数据接收方应当以公平竞争为原则,承担审核义务,如果用户移转数据的请求未经数据控制者授权,数据接收方应当拒绝接受用户的请求,否则构成侵权。如果数据接收方未经企业授权也未经用户授权而爬取数据控制者所支配的衍生数据,则需要对用户和数据控制者双方承担更重的侵权责任。第三,数据接收方与个人之间。数据接收方应当按照用户和平台的授权范围享有数据用益物权,如果超越权限,需要承担违约责任或侵权责任。第四,第三人情形。如果三方主体之外的企业或个人出于商业目的非法获取数据控制者所支配的衍生数据,需要追究侵

---

〔21〕 参见程啸:《区块链技术视野下的数据权属问题》,载《现代法学》2020年第2期。

权责任。当然从行政责任、刑事责任也有追究第三人责任的空间，但是本文主要论述新型数据财产权体系，属于民法范畴，暂且不谈刑事责任救济方式与行政责任救济方式。

对数据接收方而言，其与数据控制者的利益最难平衡。数据控制者可能为了保护竞争优势，故意为数据流转造成困难，形成“用户锁定”效应，以求形成垄断地位。对于该问题，除了从竞争法角度进行规制，在新型财产权体系下，数据接收方也可以主张违约或侵权责任来救济自己的权利。

（二）纳入《个人信息保护法》：优先实现人格利益保护

我国可以在《个人信息保护法》中对数据可携带权予以确立。数据可携带权本土化，首先需要明确《个人信息保护法》与《民法典》的关系，从而明确建构数据可携带权的立法技术协调。其次，欧盟与我国对于个人数据与个人信息的理解有区别，数据可携带权的本土化需要结合我国立法现状以及立法考量，防止盲目移植导致制度异化。最后，需要结合《民法典》《个人信息保护法》的规定，探讨可携带权与其他权利的关系以及建构相关监管机制以规避移植可能带来的困境。

1. 与《民法典》立法技术相协调

第一，与个人信息类型的规定之协调。《民法典》第 1034 条将个人信息保护客体区分为个人信息和私密信息，《个人信息保护法》则从规范性角度区分为敏感信息与一般信息。敏感信息的内涵较私密信息更为明确，敏感个人信息是指一旦泄露或者非法使用，可能导致个人受到歧视或者人身、财产安全受到严重危害的个人信息，包括种族、民族、宗教信仰、个人生物特征、医疗健康、金融账户、个人行踪等信息。而私密信息则是宽泛地包括所有尚未公开的数据。《个人信息保护法》对于个人信息类型的划分是对《民法典》的细化，因此，数据可携带权客体类型化区分宜依据《个人信息保护法》第 29 ~ 32 条相关规定，区分为敏感信息和一般信息。

第二，与个人信息处理原则规定之协调。《民法典》第 1035 条规定处理个人信息的，应当遵循合法、正当、必要原则，不得过度处理。《个人信息保护法》第 5 条规定，处理个人信息应当遵循合法、正当必要和诚信原则，紧接着的第 6 条规定处理个人信息应当具有明确、合理的目的，并应当限于实现处理目的所必要的最小范围、采取对个人权益影响最小的方式，不得进行与处理目的无关的个人信息处理。说明处理个人信息需要有合理目的，符合最少侵害原则，并且限定于必要性范围，此规定实质上是《民法典》第 1035 条确立要求的必要性原则的要求。因此，数据可携带权处理原则的设定需要符合合法性、正当性、必要性的要求。

第三,与公开信息处理规则之协调。《民法典》第1036条第2项规定,合理处理该自然人自行公开的或者其他已经合法公开的信息,但是该自然人明确拒绝或者处理该信息侵害其重大利益的除外,此种情况下数据处理者不承担责任。个人信息处理者处理已公开的个人信息,应当符合该个人信息被公开时的用途。超出与该用途相关的合理范围的,应当依照法律规定取得个人同意。此方面,《民法典》与《个人信息保护法》规定相同。因此,对于公开数据,数据控制者可以合理处理自然人自行公开或者其他已经合法公开的信息,而不承担民事责任,但自然人明确拒绝或者处理该信息会侵害个人重要利益的除外。

第四,与信息安全义务规定之协调。《民法典》第1038条规定,信息处理者应当采取技术措施和其他必要措施,确保其收集、存储的个人信息安全,防止信息泄露、篡改、丢失,并对数据泄露风险有补救措施义务以及告知义务。《个人信息保护法》第51条规定,个人信息处理者应当根据个人信息的处理目的、处理方式、个人信息的种类以及对个人权益的影响、可能存在的安全风险等,采取必要措施确保个人信息处理活动符合法律、行政法规的规定,并防止未经授权的访问以及个人信息泄露或者被窃取、篡改、删除。这对数据可携带权信息安全义务的规定有指导意义。

2. 数据可携带权本土化的立法考量

(1)区分个人数据和个人信息

欧盟《通用数据保护条例》在信息自决权能体系中设立了数据可携带权这种财产性权能,并未对个人数据和个人信息进行区分,这种设立模式会导致数据财产权的构建存在困难。而我国在立法中则对个人数据和个人信息进行了区分,采取了一种差序格局。《民法典》将数据作为一种财产,与虚拟财产等并列,具有财产属性。而个人信息规定于《民法典》人格权编中,并在《个人信息保护法》中进一步明确。根据体系解释,立法者是从人身权角度看待个人信息,个人信息具有人格属性。个人数据与个人信息进行区分处理是厘清数字权利体系的关键,个人信息属于人格权益的范畴,以人格权属性的内容作为保护对象;而个人数据则是将个人信息以电子化形式记录客观存在作为保护对象,属于财产权范畴。

我国对于数据可携带权的表述并未沿用欧盟数据可携带权,而是采取了个人信息携带权的表达。这是因为欧盟将个人信息与个人数据相等同的立法模式不利于数据财产权的构建,并且可携带权的引入需要与《民法典》所确立的个人信息数据的差序格局体系相契合。我国数据交易市场处于刚起步阶段,相关数据立法尚不完善,根据《民法典》所确立的个人信息保护精神,目前宜将个人信息保护作为重点,同时适当引入可携带权促进数据流通。随着信息产品与服务的不断涌现与价值变现,针对财产利益分配的所有权制度正在经历从"占有控制"到"利益支配"的转化,即将行使所有权产生的利益视为所有权承载的本质且核心的利益,形成"所有人实现利益"的制度理念。[22] 通过淘宝诉美景、OPPO 诉登先等一系列案例,我国法院开始承认企业对其经营的用户数据享有权益,通过梳理与解读相关司法案例中关于数据权属的划分思路,可概括为"谁收集与谁开发,谁收益"的数据权属规则。建立个人信息携带权意味着对于与个人信息密切相关的数据,数据主体具有绝对的控制权,而企业基于用户原始数据整理、加工获得的衍生数据,因其投入人力、物力等成本,因此对于该数据产品应享有竞争性财产权益。

(2)与《个人信息保护法》其他权利的关系

《个人信息保护法》规定用户拥有严格的个人数据权利,包括知情权,决定权,查阅、复制的权利,更正权,删除权等。对于数据可携带权需要在《个人信息保护法》所确定个人数据权利保护体系下讨论。

第一,与访问权的关系。数据访问权是数据可携带权的基础,数据可携带权是数据访问权的延伸和补充。[23] 如前所述,数据可携带权包括数据获取权,即数据主体有权从数据控制者处下载其个人数据,在这个层面,数据可携带权是数据访问权的延伸,使得数据主体不仅有权从数据控制者处访问自己的个人数据,还可以进一步下载和控制个人数据(以一种结构化、通用化、机器可读的形式)。数据可携带权丰富了访问权的内容,使得数据主体更为简单地管理和控制自己的权利。因此,建立数据可携带权首先需要完善数据访问权。《个人信息保护法》第 45 条规定,个人有权向个人信息处理者查阅、复制其个人信息。个人请求查阅、复制其个人信息的,个人信息处理者应当及时提供。查阅、复制权赋予数据主体查阅、复制数据的权利,强化了数据主体对于数据的控制权,也奠定了数据可携带权建构的基础。不过这种权利应受到第 19 条的限缩,法律、行政法规规定应当保密情形或者不需要告知的情形不在此权利适

---

〔22〕 参见商希雪:《政府数据开放中数据收益权制度的建构》,载《华东政法大学学报》2021 年第 4 期。

〔23〕 参见李蕾:《数据可携带权:结构、归类与属性》,载《中国科技论坛》2018 年第 6 期。

用范围之内。

第二,与删除权的关系。《通用数据保护条例》创设了被遗忘权和数据可携带权两项重要权利,但是当多个数据主体同时行使这两项权利时,可能造成冲突。比如一个数据主体的个人数据可能涉及另一个主体的隐私,当该主体想行使数据可携带权将该个人数据转移到另一个数据控制者时,另一个数据主体的被遗忘权可能受到侵害。[24] 因此,不同数据主体实现被遗忘权和数据可携带权可能存在冲突。《通用数据保护条例》对此做出了回应,设置相应制度,缓解不同数据主体行使数据可携带权和被遗忘权的内在紧张。该规则约束主要体现于第20条第3款和第4款,即数据可携权不得妨碍数据被遗忘权,数据可携权不适用于为履行公共利益或行使由数据控制者授权的官方权力为名的任务而实施的必要处理行为,数据可携权不得对其他人的权利和自由产生不利影响。[25]

《个人信息保护法》中规定,具有第47条情形之一,个人信息处理者应当主动删除个人信息。涉他数据中,不同数据主体行使权利可能会产生竞合,根据《民法典》强化个人信息保护为中心的价值取向,宜认为此种情况下,第三人个人信息保护优位于可携带权行使,即当发生权利竞合时使得删除权先得到行使。除此之外,建设个人数据保护法律体系时,应当平衡企业发展与个人隐私权。平衡不仅是被遗忘权与企业发展间的平衡,也是维护国家数据主权和推动互联网产业高速发展的平衡:不仅要为个人数据保护提供法律保护,也要重视互联网企业的法律保护和补贴机制建设,对个人数据权利和企业利益进行平衡,促进我国互联网行业健康持续发展。[26]

第三,与死者利益的关系。《民法典》赋予死者近亲属依法请求侵权行为人承担民事责任的权力。《个人信息保护法》延续这一规定,在第49条规定:自然人死亡的,其近亲属为了自身的合法、正当利益,可以行使其在个人信息处理活动中的权利。因此,死者的数据可携带权的客体应包括涉死者的个人数据及死

---

〔24〕 See Li W., *A Tale of Two Rights: Exploring the Potential Conflict Between Right to Data Portability and Right to be Forgotten under the General Data Protection Regulation*, International Data Privacy Law, 2018.

〔25〕 参见尚海涛:《论我国数据可携权的和缓化路径》,载《科技与法律》2020年第1期。

〔26〕 参见冉从敬、张沫:《欧盟GDPR中数据可携权对中国的借鉴研究》,载《信息资源管理学报》2019年第2期。

者的个人数据。此外，权利主体死亡后一定年限，应允许数据主体的近亲属行使此项权利。

3. 依托《个人信息保护法》制定更具体的实施标准

（1）明确权利客体范围

《个人信息保护法》对于权利主客体的规定较为模糊，具体在实践中如何落实需要进一步明确。《通用数据保护条例》关于数据可携带权的客体范围的规定和实践经验都具有较强的可操作性和先进性，我国可以借鉴欧盟经验适当限制客体范围。《个人信息保护法》第 45 条第 3 款仅笼统规定了个人信息处理者的个人信息类型，而数据可携带权的行使除了如上文所言，涉及涉他数据时应当使他人合法个人信息权利优先于可携带权，还应当受到商业秘密、知识产权的限制。数据可携带权的设立可能会使处理、分析个人数据投入大量成本，因此，基于平衡个人隐私权和企业发展的考量，数据可携带权的本土化需要规定行使权利时不能损害商业秘密和知识产权。除此之外，在跨境数据流动过程中，数据为重要的个人数据，需要根据《个人信息保护法》《数据安全法》进行评估，符合一定标准的个人数据才能参与数据流动。[27]

（2）明确适用情形

我国关于个人信息携带权适用情形的规定较为笼统，将个人信息携带权适用情形的细化规定权力授权给国家网信办。欧盟《通用数据保护条例》关于数据可携带权的丰富的法律实践可以给我们有利借鉴，国家网信办在制定进一步细化标准时，可以予以参考。比如，可以规定个人信息携带权基于个人同意或合同履行需要行使，并通过自动化方式处理个人信息；在处理过程中不能损害第三人利益，这主要涉及第三方个人数据、知识产权和商业秘密。

（3）各主体间权利义务的合理配置

我国并未明确规定个人信息移转的方式。域外实践中，数据控制者之间直接移转数据要求其实现系统之间的互通性，但这会给中小企业带来较重的合规成本和技术障碍，造成实际上的权利义务配置失衡。因此，我国可以从竞争法维度，对中小企业给予倾向性保护。网信办出台细化规定时可以考虑规定统一的个人信息移转技术标准和系统，降低中小企业合规成本，并予以中小企业倾向性帮助，平衡各主体间权利义务。

---

〔27〕 See Scudiero L. , *Bringing Your Data Everywhere: A Legal Reading of the Right to Portability*, Eur. Data Prot. L. Rev. ,2017,3: 119.

(三)双重路径对比

不改变现行法情况下通过对《民法典》进行解释与对《个人信息保护法》进行制度移植是数据可携带权本土化的两种路径。前者立法成本较低,通过法解释方法达到与引入相同的效果,又能维持现有法律体系的稳定性。后者立法成本较高,需要进行制度本土化构造以防止制度"水土不服",运行出现困难。但是后者相较于前者制度设计更为具体,更有利于制度落实。而前者具有一定模糊性,没有明确客体范围,实践中难以符合规范。两者在制度设计上都有各自的困难。前者将数据界定为一种所有权与用益物权二元结构,学界存在争议。部分学者认为,数据所有权的描述并不恰当,传统所有权是指向占有且控制的完整物权,而数据易于复制的属性导致他难以像传统物权一样实现排他性占有,前者对于数据权属的解释将对民法财产权的理解产生重大影响;后者引入路径同样面临着挑战。我国数据保护法律尚未形成完整的法律体系,数据可携带权需要访问权、监管条款等诸多法律条款进行保障,相关数据保护法律体系不完善将会给数据可携带权的引入带来挑战。并且,数据可携带权具有财产利益,其性质学界尚存争议,移植进入《个人信息保护法》可能会产生体系上的冲突。尽管两种路径存在差异,但是两者存在一定程度上目标的一致,两者各自互补,各有优势。今后建构数据可携带权需要进一步明确数据的性质,完善数据保护法律体系,促进个人信息权能体系构建以更好保护个人信息,同时平衡企业利益,促进数据流动。

六、结　语

本文通过梳理国内外数据可携带权相关立法并立足本国数据流动实践情况,认为数据可携带权因可以开拓我国数据流动治理新视野而具有本土化的必要性,但结合我国数据权利属性、权利归属不明等客观情况,直接进行制度移植可能引发制度异化,进而出现法条衔接不畅、纠纷审判等一系列问题。且数据可携带权客体难以界分、三方利益平衡难等问题都是制度移植难以回应的困境。鉴于此,本文基于数据可携带权具有财产权与人格权双重属性而提出两条本土化路径。一是通过对传统财产权扩张解释而构建出新型数据财产权体系,以实现在不引入数据可携带权的情况下通过新型财产权发挥同样的数据流动治理效果。该路径因没有制定新法而成本较小。二是借助《个人信息保护法》正式实施的契机,优先实现数据可携带权人格权属性。设置个人信息可携带权以实现数据流动中个人信息的保护,完善个人信息保护体系。本文认为两条路径可以并行实现，并不必然只能选择其一，从欧盟的法律体系来看，数据可携也不是《通用数据保护条例》专有规定，竞争法、消费者保护法以及自由流动法领域均出现了对数据可携的相关案例或规定。数字经济时代，数据流动治理已成为重大命题，数据可携也是国际发展趋势和未来发展方向。本文提出两条数据可携带权本土化路径来为数字经济法律规制建言献策。

责任编辑：田昕妍

学术视点

行政复议性质和功能定位的制度展开困境及场域优化

徐仁进*

摘要：

在“性质—功能—立法目的—制度设计”这一传导路径中，学界及实务界多认为，行政复议的性质具有行政司法性，行政复议的功能具有多元性。在“主渠道”的制度定位下，我国行政复议制度变革要求在制度设计之中实现行政复议的“行政性”和“司法性”、多元功能的协调。问题在于，在行政复议制度展开过程中应该如何实现协调尚且缺乏清晰的方法论。为实现行政复议制度多元功能的协调，在行政复议制度展开中，应基于行政复议运行中存在行政复议机关和被申请人，行政复议机关和复议申请人，以及行政复议机关、复议申请人和被申请人的三种关系场域的不同期待进行调适及制度优化。

关键词：

行政复议；“主渠道”；多元功能；场域优化

行政复议制度、行政诉讼制度和信访制度是我国化解行政纠纷的“三驾马车”，相较于行政诉讼制度，行政复议制度有着高效便捷、低成本等优势，而相较于信访制度，行政复议制度有着更强的程序保障和更加制度化的机制。然而，行政复议制度自20世纪90年代创立以来，实施效果不甚理想。有学者认为首要原因在于行政复议观念的落后和对行政复议制度法律性质的认识出现了偏差，使得行政复议体制安排和制度设计不合理。[1] 就一定程度而言，我国学界对于行政复议性质和功能的探讨是以直接服务于我国行政复议制度的构建和优化为指引的。行政复议制度的性质、功能定位和《行政复议法》的立法目的具

---

* 徐仁进，男，复旦大学法学院博士研究生，研究领域为宪法学与行政法学。

〔1〕 参见杨海坤、章志远：《中国行政法基本理论研究》，北京大学出版社2004年版，第536页。

有内在的一致性,三者指引着行政复议制度的变革方向和具体制度的设计。2020年11月24日,司法部发布了《行政复议法(修订)(征求意见稿)》,这标志着我国《行政复议法》的修改迈出了实质性的一步,但也再一次引发了学界关于行政复议制度性质、功能定位的探讨。目前,虽然学界基本认同行政复议的性质兼具"行政性"和"司法性",行政复议的功能具有多元复合特征,但在行政复议制度变革方向上仍然存在行政化和司法化之争。究其根本原因在于缺乏从行政复议的性质、功能定位到行政复议具体制度设计之间的系统方法论指引。笔者试图从行政复议性质和功能定位中的有关争论出发,指出现有主流观点中二者在制度化展开方面面临的方法论困境,并尝试性提出二者制度展开的判断基准。

一、行政复议的性质:何以行政,何以司法

行政复议性质和功能定位是行政复议制度设计及变革方向的理论基础,而对性质的界定又是功能定位的前提。大体而言,围绕着行政复议性质的探讨,学界主要有"行政说""司法说""行政司法说"三种观点。

"行政说"从行政复议机关与被申请人之间的上下级行政关系角度出发来界定行政复议的性质,认为行政复议制度是上级行政机关按照科层制的行政层级设计来监督下级行政机关所形成的制度,是行政机关直接、单方面行使行政权力的特殊形式,本质上是一种行政行为或者具体行政行为。[2] 根据是否要在行政性的基础上为行政复议植入某些具有司法性的制度设计,"行政说"可以进一步分为"旧行政说"和"新行政说"。"旧行政说"对此持否定态度,认为行政复议与其他的行政行为并没有本质性的区别。这种观点更多体现在我国现有的行政复议立法之中。而"新行政说"虽然仍然坚持行政复议的本质属性是一种行政行为,但不同于"旧行政说"极端"反司法化"的态度,即极端地反对一切与司法类似的制度,包括审查程序、证据制度、审查方式甚至于规范用语。新行政说试图在行政复议制度行政属性的基础上对行政复议制度进行改造,调和行政复议行政性与司法性之间的张力,包括为行政复议制度植入某些司法性特征。

"司法说"认为不能仅从行政复议的主体是行政机关从而判断行政复议具有行政性,而应该从行政复议权力的本质属性出发,即行政复议的过程是一个

〔2〕 参见张越:《行政复议法学》,中国法制出版社2007年版,第27~28页。

解决行政纠纷的过程,其从内容上而言是司法活动,在程序上具有司法活动的特点。〔3〕根据对行政复议司法化改造程度不同的区分,即是否设立一个完全独立于行政机关的复议机关,“司法说”又可以进一步区分为“温和的司法说”和“激进的司法说”。具体而言,“温和的司法说”主张在行政系统内部对行政复议制度进行司法化改造,强调在发挥行政系统内部层级监督、高效便捷优势的基础上,对行政复议制度进行司法化改造,吸收和借鉴司法程序中的某些制度设计,例如推动口头审理、公开审理,完善证据规则,在行政复议机关设立相对独立的行政复议机构等。这种改造使得行政复议的行政性优势与司法性优势相结合,而不是简单地把行政复议司法化理解为照搬司法的程序。〔4〕现行的大多数“司法说”观点都属于“温和的司法说”。〔5〕与之相对,“激进的司法说”主张建立一个完全独立的行政复议机关,采用司法化的审理模式,有关主张包括法国的行政法院模式〔6〕、在行政机关之外设置单独的行政复议体制等。〔7〕

“行政司法说”则强调行政复议兼具司法性与行政性。首先,该说肯定了行政复议本质上是解决纠纷的活动,因而是司法性的活动。其次,区别于由传统的司法机关行使的司法权,其认为行政复议与一般的司法活动具有主体上的差异性,即不能否定行使该权力的主体是行政主体,因而行政复议亦具有行政性。典型观点如应松年教授曾指出的,行政复议是行政机关居中裁决行政争议的活

---

〔3〕 参见江必新、李江编著:《行政复议法释评:兼与行政复议条例之比较》,中国人民公安大学出版社 1999 年版,第 28 页。

〔4〕 参见周汉华:《行政复议司法化》,载《环球法律评论》2004 年第 1 期。

〔5〕 参见黄红星:《对我国现行行政复议体制的两点反思》,载《法学研究》2004 年第 2 期;郑志耿、储厚冰:《我国行政复议制度缺失分析与完善思考》,载《法学研究》2004 年第 2 期。

〔6〕 有学者主张,基于行政复议和行政诉讼在法律救济和法律监督功能上的相同,可以将行政复议纳入到行政诉讼制度之中,仿效法国,设立隶属于中央政府、独立行使审判权的行政法院系统,由其来统一履行权利救济和行政监督职能。参见王学政:《建立统一的行政法律救济制度》,载《法学研究》2004 年第 2 期。

〔7〕 该种观点主张我国设置独立于行政机关之外的行政复议体制,主张我国应该打破行政复议机构内设于行政机关的局面,撤销各政府机关办理行政复议的制度,设立垂直管理模式的复议委员会,中央行政复议委员会为管理机关,仅对全国人大及其常委会负责,省以下的地方行政复议委员会对上级行政复议委员会负责,省级行政复议委员会向中央行政复议委员会和省级人大及其常委会负责。参见周婉玲:《我国行政复议组织与程序的改革》,载《法学研究》2004 年第 2 期。

动,是行政司法行为,其具有双重性质:(1)行政性,具体体现在是由上级行政机关对下级行政机关的行政行为进行审查,是一种监察制度,属于行政机关自我纠错的范畴;(2)准司法性,强调行政复议机关居中裁决复议申请人和被申请机关之间的行政争议,体现了一种三方关系,其必须遵守裁决的规则,但由于其裁决的主体又是行政机关,因而称之为准司法性。[8] 因而,行政司法说主张对行政复议的性质界定不宜将行政性与司法性对立而加以片面理解。仅仅强调行政性,会削弱行政复议的公正性和公信力;仅仅强调司法性,则可能会影响行政复议基于行政性所具有的特殊优势。将行政复议界定为行政司法行为可以比较科学地反映行政复议的行为特征,实现效率和公平的价值平衡。[9]

就上文关于行政复议性质的诸观点视之,"新行政说""温和的司法说""行政司法说"三种学说本质上是趋同的,只是其论证的逻辑出发点不同:"新行政说"针对"司法说"对行政复议司法化改造和行政复议行政化进行批判,主张要继续发挥好行政复议的行政性优势,在行政性的基础上增添司法性;而"温和的司法说"则认为我国行政复议制度实施效果不佳的原因在于行政化太强、公正性不足,主张增强行政复议的司法性,引入某些司法特征的规则,增强行政复议的公正性;"行政司法说"直接立足于肯定行政复议制度的"行政"和"司法"两种属性,并试图在制度设计中对行政性和司法性进行调和。这三种观点的共识在于实现行政复议制度的公正性和效率性的调和,即一方面实现行政复议程序的简捷性、行政期限的快捷性、行政复议争议解决的彻底性、行政复议的附带监督性和行政复议成本的经济性;另一方面通过对行政复议制度的司法改造,实现行政复议的公正性,提高行政复议制度的公信力。因而,学界关于行政复议性质探讨的争议主要可以概括为以下三个方面:(1)"旧行政说"与"新行政说""温和的司法说""行政司法说"三说之间关于是否需要对现行强行政性的行政复议制度进行某些司法化改造的分歧。例如,是恪守把行政内部监督功能作为行政复议的主导功能,恪守书面审理为原则等,还是主张实现行政内部监督与行政争议解决功能之间的调和,主张直接言词原则的适用等,调解及和解制度的适用。(2)"新行政说""温和的司法说""行政司法说"内部关于行政复议制度行政性与司法性如何调和的分歧。(3)"新行政说""温和的司法说""行政司

---

[8] 参见应松年:《中国行政复议制度的发展与面临的问题》,载《中国法律评论》2019年第5期。

[9] 参见徐运凯:《论新时代行政复议的功能定位及其评价体系》,载《行政法学研究》2019年第6期。

法说”三说与“激进的司法说”之间关于是否需要设立一个完全独立于行政机关的复议机关的分歧。

对于第一个争点，需要对现行强行政化的行政复议制度进行某些司法化的改造已经成为学界和实务界的基本共识。而对于第三个争点——是否需要设立一个完全独立于行政机关的复议机关，不构成我国行政复议制度重构的主要争点。主要理由有：(1)以行政争议解决为框架，实现行政内部监督与权利救济相统一是我国行政复议制度的功能定位；(2)设立完全独立于行政机关的复议机关，会造成行政复议与行政诉讼制度的功能混同；(3)域外相关制度，如英国行政裁判所和法国的行政法院虽然都走向了司法化的路径，但是其亦带来了处理争议效率降低的问题，该等域外国家为此又不可避免地发展出了新的行政系统内部救济制度。〔10〕 因而，从根本上而言，行政复议制度行政性与司法性如何调和是我国行政复议制度性质定性的核心问题。

行政复议“行政性”和“司法性”对行政复议制度设计提出了不同的要求。例如，“行政性”要求行政复议制度建立在行政自我控制、穷尽行政救济等理论基础之上，主张行政复议制度的运行应该遵循行政权运行的一般规律和要求，在制度设计中强调行政首长负责制，在程序设计中强调高效便捷，强调上下级行政机关之间的行政监督、行政执法责任制的落实等。〔11〕 而“司法性”更加强调行政复议制度的运行应该借鉴法院对于行政行为司法审查的一般规定和要求，强调在制度设计中增强行政复议机关和复议人员的中立性，注重复议申请人和被申请人的两者对抗，同时更加注重行政复议的程序正义，鼓励通过调解和和解制度解决行政争议等。“行政司法说”是我国行政复议制度性质界定的通说，该说看似解决了行政复议的性质定位难题。但值得进一步思考的问题是，如何将“行政性”与“司法性”合体系地嵌入行政复议制度的具体设置之中。若是无法解决“行政司法说”中司法与行政要素在整个制度如何配置的问题，则“行政司法说”看似解决了性质定位的问题，其实是回到了问题的原初之态。

---

〔10〕 参见梁凤云：《也谈行政复议“司法化”》，载《国家检察官学院学报》2013 年第 6 期；徐运凯：《论新时代行政复议的功能定位及其评价体系》，载《行政法学研究》2019 年第 6 期。

〔11〕 杨海坤、朱恒顺：《行政复议的理念调整与制度完善——事关我国〈行政复议法〉及相关法律的重要修改》，载《法学评论》2014 年第 4 期。

二、行政复议的功能:多元功能承载及其方法论危机

行政复议的性质与行政复议的制度设计之间遵循着“性质—功能—立法目的—制度设计”这一传导路径。为了实现“行政司法说”中司法与行政要素在整个行政复议制度中的合理配置,学界对行政复议的功能及各功能之间的逻辑关系问题进行了探讨。

对于行政复议的功能,学界主要有“二分法”〔12〕、“三分法”〔13〕、“四分法”〔14〕和“五分法”〔15〕等观点,其中,“三分法”是学界的主流观点。应松年教授指出:“经过10余年的理论研究和实践探索,应该说,现在的认识已经逐渐趋于一致。行政复议的功能应该是多元的,它既是一种监督制度,又是一种救济制度,还是一种解决行政争议的制度。”一定程度上而言,“行政说”“司法说”“行政司法说”均认同行政复议具有行政监督、行政救济和行政争议化解功能。因为无论强调行政复议的行政监督功能,还是行政救济功能,抑或行政争议化解功能,在客观的效果上,一定程度上均会造成其他两项功能的实现。诸功能的实现具有路径上的一致性、结果实现上的关联性。但是对行政复议诸功能之间关系的不同认定会直接影响到行政复议制度的设计。若是强调行政复议的主导功能在于行政监督,那么显然行政复议的制度设计应该遵循行政权运作的

---

〔12〕“二分法”把行政复议功能分为一般功能和特有功能,一般功能包括保障人民之权益、监督行政之运作和维护社会之秩序三个层面,而特有功能包括确保行政之合理行使、减轻法院之诉讼负担和满足人民之多元选择三个层面。参见樊华辉:《行政复议制度新论》,法律出版社2012年版,第48~50页。

〔13〕“三分法”把行政复议功能的体系化概括为行政监督功能、行政争议化解功能和行政救济功能。参见曹鎏:《中国特色行政复议制度的嬗变与演进》,法律出版社2020年版,第136~137页。

〔14〕“四分法”把行政复议的功能归纳为行政救济、行政监督、化解纠纷和诉讼减负四个方面。参见郜风涛主编:《行政复议法教程》,中国法制出版社2011年版,第69~77页。

〔15〕“五分法”把行政复议的功能归纳为救济与保护功能、监督与维护功能、提高效率功能、解决争议功能和维护稳定和秩序功能五个方面。参见张越:《行政复议法学》,中国法制出版社2007年版,第34~39页。也有采用“五分法”的学者将行政复议的功能归纳为防止和纠正违法的或不当的具体行政行为功能、保护相对人权益的功能、行政救济功能、保障和监督依法行政功能和解决争议功能五个方面。参见王青斌:《行政复议制度的变革与重构——兼论〈行政复议法〉的修改》,中国政法大学出版社2013年版,第21~25页。

机理,强调“行政性”作为制度设计的主导要素。若是强调行政复议的主导功能在于权利救济,行政复议的制度设计应该遵循“司法化”的变革方向,强调“司法性”作为制度设计的主导要素。因而,行政监督功能、行政争议化解功能和行政救济功能三功能之间的关系是行政复议制度功能定位研究的核心问题。

对于行政复议诸功能的关系,学界主要有主导论、并重论和阶梯论三种观点。〔16〕

主导论认为行政复议的三项功能在地位上有主次之分,三者之间应该有一种功能是主导功能。主导论具体又可以分为行政监督功能主导说、行政救济功能主导说和行政争议化解功能主导说三种观点。行政监督功能主导说契合了对行政复议“行政性”的强调,认为行政复议属于行政机关的内部监督机制,因而,从功能定位上来看,注重上级行政机关对下级行政机关的层级监督,以凸显行政复议高效便捷的制度价值。有学者主张应该以“为了加强上级行政机关对下级行政机关作出的行政行为的法律监督”替代“为了防止和纠正违法的或者不当的具体行政行为”的规定。〔17〕 行政救济功能主导说以行政复议的司法属性为基础,该观点认为行政复议制度的主导功能应当定位为对行政相对人的权利进行救济,以突出行政复议制度的公正性。学界主张行政救济功能主导说的理由主要有:(1)我国现行行政复议公正性不足,强化权利救济功能有助于增强行政相对人对行政复议制度的信任;(2)对公民、法人和其他组织的合法权益予以救济是《行政复议法》的重要立法目的之一;(3)行政复议具有行政司法性,基于其司法面向,行政复议制度应当将权利救济作为其主导功能;(4)尊重和维护人权这一最高价值目标的要求。〔18〕 行政争议化解功能主导说认为,应该将行政争议的化解定位为行政复议的首要功能。应松年教授认为,“解决行政争议是复议的基础功能,监督和保护是具体的目标,这次对行政复议法的修改,必须坚持这一功能定位,在此基础上构建整个行政复议制度,不能后

〔16〕 参见徐运凯:《论新时代行政复议的功能定位及其评价体系》,载《行政法学研究》2019 年第 6 期。

〔17〕 参见孙运山:《关于改革完善行政复议制度的几点思考》,载《中国司法》2020 年第 2 期。

〔18〕 参见甘臧春、柳泽华:《行政复议主导功能辨析》,载《行政法学研究》2017 年第 5 期;王青斌:《行政复议制度的变革与重构——兼论〈行政复议法〉的修改》,中国政法大学出版社 2013 年版,第 28 页等。

退”。[19] 学界主张行政争议化解功能主导说的理由主要有:(1)将解决行政争议作为行政复议的功能定位,可以使行政复议制度更好地反映“公平”、“公正”、“高效”、“廉价”、“救济”和“定分止争”等有关特性,发挥行政机关在行政复议中的多重角色,实现法律关系的顺畅;[20] (2)复议机关对行政机关的监督并非启动行政复议的直接原因,其直接原因在于行政争议的出现和有待解决,复议的启动主体在于行政相对人,其启动具有消极被动性,因而,复议活动就其内容而言应为解决争议的活动。[21]

并重论认为主导论中的三种观点都有其自身的优点与缺陷,三种功能并不是对立和冲突的,三种功能之间有着相通的价值追求,因而行政制度的功能应定位于行政监督、权利救济和行政争议解决的结合,实现三种功能在制度设计上的并重和协调。[22] 在并重论的视野下,行政复议制度三大功能之间应该具有高度的复合性。从逻辑上来看,这三大功能相互独立,但是又存在相互依托和支撑的关系。其运作模式在于通过行使行政监督权使行政争议得以解决,这样一种争议的解决又实现了对于行政相对人权利的救济。[23] 有学者将行政复议各功能运行的制度机理概括为行政复议基于复议申请人的申请,从而启动对于行政争议的解决,在这样的解决过程中实现对于行政的监督和权利的救济。[24] 因而,支持并重论的核心理由在于,行政复议三大功能各有其优势和劣势,且在内在价值目标上具有相通性,若是能够将这三个功能加以复合,则能够实现优势互补,使得行政复议制度功能的最大化。

阶梯论认为行政复议制度诸功能之间存在某种层级递进的关系,例如有学者认为我国行政复议的立法目的应定位于把行政争议的解决作为初级目的,把

[19] 应松年:《对〈行政复议法〉修改的意见》,载《行政法学研究》2019年第2期。

[20] 参见王周户:《行政复议的功能应当是解决行政纠纷》,载《行政管理改革》2011年第9期。

[21] 参见王万华:《行政复议法的修改与完善——以“实质性解决行政争议”为视角》,载《法学研究》2019年第5期。

[22] 参见柏杨:《“权利救济”与“内部监督”的复合——行政复议制度的功能分析》,载《行政法学研究》2007年第1期。

[23] 参见曹鎏:《作为化解行政争议主渠道的行政复议:功能反思及路径优化》,载《中国法学》2020年第2期。

[24] 参见赵大程:《打造新时代中国特色社会主义行政复议制度体系》,载《中国法律评论》2019年第5期。

对于行政的监督作为中级目的,而把权利的救济作为高级目的。[25] 阶梯论既肯定了行政复议制度所具有的多元功能,又试图凸显各功能之间的层级关系,本质上是试图对主导论和并重论进行调和。

学界对于行政复议制度的多元功能已经基本达成共识,出于论述角度的不同,行政复议的诸功能之间的逻辑关系均可以做到理论上的自圆其说,问题在于如何实现行政复议的诸功能定位有效地投射于行政复议制度的设计之中。就并重论和阶梯论而言,其难以解决在行政复议制度的具体设计中实现"监督"与"保权"之间的并重或者阶梯配置。而就主导论而言,行政争议化解功能主导说与行政监督功能主导说、行政救济功能主导说并不存在显著的对立,行政争议化解功能主导说试图在争议解决的主导下去调和"监督"和"保权"功能。有学者从手段与目的的角度出发,认为"解决行政争议"实际上充当了"监督"和"保权"功能实现的手段,即通过对行政争议的解决,来实现对"监督"和"保权"目的的实现。[26] 与之相类似地,有学者认为对行政争议的解决仅仅是结果,而在这样的结果达至过程中所体现的内部监督和权利救济才是行政复议所面临的本质选择。[27] 当然,也有学者在论述行政争议化解功能主导说时,把争议解决与权利救济这两种功能相结合,一方面论述实现行政争议的解决是建构和完善争议解决机制的首要任务,另一方面肯定争议解决的目的在于实现行政相对人的权利救济。[28] 就主导论下的三种观点来看,行政争议化解功能主导说并未解决"监督"与"保权"两个功能谁应该主导的问题,而争议解决的方法又多种多样,其具有不同的制度理念和功能。因而,主导论下的核心争论应该是行政救济功能主导说与行政监督功能主导说之争。而从行政复议制度所处的制度位置来看,就行政内部监督功能而言,存在党纪政纪有关制度履行行政内部监督功能;就权利救济功能而言,有着司法权运作的行政诉讼制度,行政复议在行政监督功能和权利救济功能之间平衡是其所处的制度地位决定的。因而,主导论、阶梯论和并重论虽然对制度功能的配置逻辑并不相同,但是其仍然面临着

---

〔25〕 参见孔繁华:《从性质透视我国行政复议立法目的定位——兼与行政诉讼之比较》,载《社会科学辑刊》2017 年第 4 期。

〔26〕 参见章剑生:《行政复议立法目的之重述——基于行政复议立法史所作的考察》,载《法学论坛》2011 年第 5 期。

〔27〕 参见甘臧春、柳泽华:《行政复议主导功能辨析》,载《行政法学研究》2017 年第 5 期。

〔28〕 参见刘莘:《行政复议的定位之争》,载《法学论坛》2011 年第 5 期。

三大功能的调适问题,并未解决"监督"与"保权"两个功能谁应该主导的问题,亦未为诸功能如何投射于行政复议制度设计中提供方法论。

三、行政复议性质和功能定位方法论危机在行政复议立法中的折射

如何在行政复议的制度设计中实现行政复议的"行政性"与"司法性"、"行政监督"与"权利救济"之间的平衡,以提升行政复议的实效,成为长期以来困扰我国行政复议立法的关键问题。正如有学者所指出的那样:"极难发现有哪一领域的法律制度像行政复议立法这样长期纠结于性质定位问题,而且因性质功能的不同理解而给制度设计和实务操作带来如此巨大的影响。"〔29〕遵循"性质—功能—立法目的—制度设计"这一传导路径,行政复议性质和功能定位的方法论危机造成了我国行政复议立法目的和制度设计中的徘徊。

在1990年《行政复议条例》颁布之前,我国并没有较为统一的行政复议制度法律规范,相关规定散见于各单行法律法规之中,对行政复议制度功能的直接表述也较少。根据1950年12月15日政务院第63次政务会议通过的《税务复议委员会组织通则》第1条规定,该通则的立法目的在于为各大城市人民政府贯彻国家公平合理的税收政策,调整税务工作中的公私关系。新中国成立初期,有关行政复议的相关规定多集中于公粮征收、农村粮食统购统销、国营企业管理、税收、海关以及卫生检疫等领域〔30〕,有着鲜明的政策导向,可以窥见此时行政复议制度建设的一个重要功能在于配合我国相关政策的施行。党的十一届三中全会之后,日益增多的法律规范对行政复议制度进行了规定,这些规定虽然对我国有效解决行政争议、加强对行政机关行政行为的监督有着重要的意义,但有关规定分散、不统一,关于行政复议制度功能的规定和探讨也较少。

1989年4月4日,第七届全国人民代表大会第二次会议通过了《行政诉讼法》,该法第17条、第22条、第37条和第38条对行政复议制度进行了规定。第17条和第22条主要解决的是涉及行政复议的行政诉讼案件法院管辖权问题。第37条和第38条具体内容包括以下三个方面:(1)行政复议与行政诉讼的衔

〔29〕 方军:《论行政复议的性质界定与功能定位——兼议我国行政复议立法宗旨的变动》,载《河南财经政法大学学报》2020年第6期。

〔30〕 值得注意的是并未形成较为统一的行政复议概念,申诉与复议概念混同。例如,各有关规范中出现了"复议""重新审核""申诉""复核""复查"等一系列表述。

接采选择主义。[31] (2)复议申请事项。此处的复议申请事项范围是指该法第11条项下属于法院行政诉讼受案范围的事项。[32] (3)复议申请和决定的期限。从《行政诉讼法》关于行政复议制度的规定,尤其是将复议申请事项限定在《行政诉讼法》第11条项下属于法院行政诉讼受案范围的事项来看,似乎立法者想要将行政复议与行政诉讼同构。根据1989年《行政诉讼法》第1条的规定,行政诉讼的立法目的在于保障人民法院正确、及时审理行政案件,保护公民、法人和其他组织的合法权益,维护和监督行政机关依法行使行政职权。

1990年颁布的《行政复议条例》第1条规定:“为了维护和监督行政机关依法行使职权,防止和纠正违法或者不当的具体行政行为,保护公民、法人和其他组织的合法权益,根据宪法和有关法律,制定本条例。”从该表述来看,似乎行政复议制度被期待的首要功能在于行政监督,强调行政复议是上级监督下级机关的方式之一。1999年《行政复议法》相较于1990年《行政复议条例》对立法目的的顺序进行了调整,将权利救济放置于保障和监督行政之前,但是“防止和纠正违法的或者不当的具体行政行为”被置于第一位。同时,1999年《关于〈中华人民共和国行政复议法(草案)〉的说明》中指出:“体现行政复议作为行政机关内部监督的特点,不宜、也不必搬用司法机关办案的程序,使行政复议‘司法’化。”[33] 其明确了行政复议所承载的作为行政内部监督机制的功能期待,但是对于立法目的的调整已经体现出立法者对于保护公民、法人和其他组织的合法权益功能重视程度的提升。

---

〔31〕 原则上,当事人既可以选择先进行行政复议,对行政复议不服再向法院提起诉讼,也可以径行向法院提起诉讼,但法律法规另有规定除外。

〔32〕 1989年《行政诉讼法》第11条:“人民法院受理公民、法人和其他组织对下列具体行政行为不服提起的诉讼:(一)对拘留、罚款、吊销许可证和执照、责令停产停业、没收财物等行政处罚不服的;(二)对限制人身自由或者对财产的查封、扣押、冻结等行政强制措施不服的;(三)认为行政机关侵犯法律规定的经营自主权的;(四)认为符合法定条件申请行政机关颁发许可证和执照,行政机关拒绝颁发或者不予答复的;(五)申请行政机关履行保护人身权、财产权的法定职责,行政机关拒绝履行或者不予答复的;(六)认为行政机关没有依法发给抚恤金的;(七)认为行政机关违法要求履行义务的;(八)认为行政机关侵犯其他人身权、财产权的。除前款规定外,人民法院受理法律、法规规定可以提起诉讼的其他行政案件。”

〔33〕 参见《关于〈中华人民共和国行政复议法(草案)〉的说明》,载中国人大网,http://www.npc.gov.cn/wxzl/gongbao/2000-12/06/content_5007101.htm,2021年12月22日访问。

为破解行政复议所面临的制度困境,2006年,中办与国办联合发布《关于预防和化解行政争议、健全行政争议解决机制的意见》(中办发〔2006〕27号)明确指出,行政复议是解决行政争议的重要渠道,是加快建设法治政府、构建和谐社会的重要环节。这标志着我国开始从国家治理层面来突出行政复议的行政争议解决功能面向。为落实中央对行政复议制度的功能期待,国务院随即于2007年制定了《行政复议法实施条例》,其第1条关于条例制定目的的规定进一步突出了行政复议制度的行政争议解决功能。《行政复议法实施条例》相较于1999年《行政复议法》进行了某种程度的司法化改造,例如突破复议以书面审为原则的规定,将言词原则引入部分复议案件审理中,以及关于调解制度及和解制度的规定等。

除了通过《行政复议法实施条例》对行政复议制度进行某种司法化改造之外,我国还开始了行政复议委员会的试点工作。2008年国务院法制办公室《关于在部分省、直辖市开展行政复议委员会试点工作的通知》(国法〔2008〕71号)指出,行政复议委员会试点的目的在于:进一步完善行政复议体制和工作机制,提高行政复议解决行政争议的质量和效率,增强行政复议制度的公信力,充分发挥行政复议制度在解决行政争议、建设法治政府、构建社会主义和谐社会中的重要作用。从对试点目的的论述中可以得知对于行政争议解决功能的期待和对于公正价值的强调。我国行政复议委员会试点开展的基本逻辑在于,引入行政机关体制外的高校教师、律师等人士参与行政复议案件的审理工作,以增加行政复议自身的中立性和公正性。但是值得注意的是,行政复议委员会的独立是相对的,并不是绝对的,行政复议委员会的组成仍然以政府为主导,需要妥善处理好行政复议委员会与行政复议机关首长负责制的关系。〔34〕可见,即使我国已经更加重视行政复议制度在行政争议解决中的作用,但是仍然在探索行政内部监督与行政相对人的救济、效率与公正之间的平衡,试图形成以行政争议解决为框架,行政监督功能与权利救济功能、行政复议的行政性和司法性调和的行政复议制度。

这样一种探索和纠结体现在我国关于《行政复议法》修改立法计划的长期

〔34〕 要求在充分探索的基础上,明确哪些案件可以由行政复议委员会办公室直接审理并以行政复议机关名义作出行政复议决定;哪些行政复议案件需要由行政复议委员会办公室审查后提出初步处理意见,经行政复议委员会审议后以行政复议机关名义作出行政复议决定;哪些行政复议案件在行政复议委员会审议的基础上还需要行政复议机关首长批准或者经集体讨论后以行政复议机关名义作出行政复议决定。

反复之中,《行政复议法》的修改曾被列入2010年国务院立法计划,2013年曾被作为立法预备项目列入全国人大常委会立法工作计划,在2014、2015年作为初次审议的法律案列入立法工作计划,2016年回到预备项目中,2017年修法安排被取消,而在2018年再次列入十三届全国人大常委会立法规划,属于本届人大常委会任期内拟提请审议的第一类法律草案项目,但是《行政复议法》修改工作至今仍然未完成。

随着行政复议"解决行政争议的主渠道"制度定位的确立,我国行政复议的性质和功能定位的争论相对缓和,而如何在制度设计中体现"解决行政争议的主渠道"的制度定位这一方法论的不足更加凸显。2011年,应松年教授指出,要把行政复议制度建设成为我国解决行政争议的主渠道。[35] 这一主张也逐渐成为了我国行政复议制度顶层设计的基础。2020年2月5日,中央全面依法治国委员会召开第三次会议,习近平总书记明确指出,要发挥行政复议公正高效、便民为民的制度优势和化解行政争议的主渠道作用。该论述为我国行政复议制度的司法化改造提供了空间,也为行政监督功能和权利救济功能之间平衡,行政化与司法化之间的平衡提供了框架,即行政复议的价值诉求在于公正高效、便民为民,公正高效是手段,为民是根本旨要,行政复议的功能定位在于作为化解行政争议的主渠道。"主渠道"的制度定位要求行政复议应当具有化解行政争议的"前哨站"和"隔离带"功能,而要实现"主渠道"的制度定位必须最大限度发挥出行政复议制度在解决行政争议中的制度优势,既要做到"公正高效",又要做到"便民为民"。将"主渠道""公正高效""便民为民"还原为学理上对于行政复议制度性质和功能的探讨,即肯定行政复议的行政司法性,在以人民为中心的根本旨要下,实现行政复议制度"行政性"与"司法性"的调适,调和行政复议的"行政性"优势与"司法性"优势。在行政纠纷化解的功能指引下,实现行政监督功能与权利救济功能的调适,以实现行政复议制度所承载的多元功能期待。遵循此种"解决行政争议的主渠道"目的定位,所需要迫切解决的问题在于如何实现目的定位投射于行政复议制度设计之中。2020年11月24日,司法部发布的《行政复议法(修订)(征求意见稿)》的根本精神在于立足于行政争议的解决来实现行政复议诸功能之间的协调,体现了鲜明的"司法化"变革方向,同时一定程度上体现了"行政性"与"司法性"、"行政监督"与"权利救济"之间的协调。但是,如果我们缺乏从行政复议性质、功能定位到具体制度设计的方

---

[35] 参见应松年:《把行政复议制度建设成为我国解决行政争议的主渠道》,载《法学论坛》2011年第5期。

法论指导,则难以实现行政复议制度体系上的自洽性和避免行政复议制度变革陷入“头痛医头、脚痛医脚”的循环之中。

四、我国行政复议制度设计的场域优化

(一)场域化的前提:行政复议机关的多重角色

如何实现行政复议性质中行政性与司法性、行政复议功能定位中行政监督与权利救济之间的平衡是行政复议制度设计的关键问题。对于平衡问题,有学者认为:“如果在制度设计上追求多种功能的并重,很可能导致所有功能都无法实现。而且,由于对何者为先、哪个功能应该作为行政复议的主导功能的判定不同,会导致对于行政复议具体制度设计应该如何进一步完善存在一定的分歧。”[36]一方面,刻意强调某一功能主导会导致行政复议制度设计的片面化,难以满足行政复议制度所承载的多元功能。正如有学者认为,行政复议的三大功能,任一方面都仅构成行政复议功能定位的单一切入点,若偏狭、局限地对行政复议进行功能定位不仅不符合行政复议的应然属性,更会极大削弱行政复议实质化解决行政争议的有效性和天然优势,甚至构成我国行政复议制度改革的源头性阻力,降低公民对该制度的信任和认同。[37] 另一方面,认为在制度设计上追求多种功能的并重会导致各功能在制度设计上的混同,这种看法显然是用单一的、非此即彼的眼光来看待行政复议制度,因难以探寻多元功能结合的边界而主张某一功能主导无疑是因噎废食。

值得注意的是,随着新公共管理运动的发展,以私法形式进行公权力行政的现象越来越普遍,人们亦产生了这种以私法形式进行的公权力究竟具有私法属性、受到私法的调整,还是具有公法属性、应该受到公法调整的疑惑。概言之,在公法私法化的语境下,公权力主体既有公法主体面向又有私法主体面向。同时,一方面,在现代行政国中,以私法形式进行公权力行政是良好行政的必然需要;而另一方面,人们又担心国家将假借作为自由法的私法逃脱依法行政原则的约束。双阶理论即是用于解决此类问题的一种理论学说。所谓双阶理论是指,将一个生活关系纵向拆解为不同阶段,分别适用不同性质

---

〔36〕 甘臧春、柳泽华:《行政复议主导功能辨析》,载《行政法学研究》2017年第5期。

〔37〕 参见曹鎏:《中国特色行政复议制度的嬗变与演进》,法律出版社2020年版,第241页。

的法规范的学说。[38] 双阶理论所要解决的问题虽然并不同于此处关于行政复议制度重构所要达至的行政化与司法化、行政监督功能与权利救济功能的平衡,但是其蕴含的避免用单一化的视角来看待问题,值得行政复议制度的多元功能体系建构加以借鉴。

虽然行政复议中直接体现的是“复议申请人—行政复议机关—复议被申请人”三方关系,但是在行政复议的制度中具体体现出三方主体之间关系的不同组合方式。对于行政复议机关而言,在行政复议过程中,行政复议机关与被申请人之间具有上下级监督关系,行政复议机关在整个行政争议解决中又处于居中裁决的地位,行政复议机关与复议申请人之间又是行政机关与行政相对人的关系。在整个过程中,行政复议机关有行政机关、被申请人的上级机关和居中裁判者三个不同角色,而这三个角色在行政复议各阶段中所处的主导地位并不是完全一致的。具体而言,在行政复议的全流程过程中,若是主要涉及上级行政机关与下级行政机关的关系场域,主要是复议机关与被申请人的场域,应该贯彻行政监督功能的定位,强调行政复议的行政性,复议机关扮演上级行政机关的角色,将高效的价值注入其中。若是主要涉及行政复议机关与复议申请人的场域,强调服务行政与行政相对人权利救济,复议机关应扮演服务者与救济者的角色,将便民为民的价值注入其中。若是涉及行政复议机关、被申请人和复议申请人三方关系的场域,则强调行政争议解决功能和权利救济功能,强调行政复议制度的司法性与公正价值,复议机关扮演居中裁判者的角色。

下面,本文将依据这个思路,对各场域下对应的行政复议制度设计进行简要说明。

(二)复议机关与被申请人关系场域

复议机关与被申请人关系场域指的是在行政复议案件处理过程中以复议机关和被申请人两方关系为主导的场域。在该关系场域下,复议机关扮演的是上级行政机关,被申请人扮演的是下级行政机关,二者之间的关系是上下级行政之间的关系。此种关系下行政复议的运行应该遵循行政层级监督运行逻辑,贯彻行政监督功能的定位,突出行政层级制度下的上下级行政关系中的领导与

---

〔38〕 参见严益州:《德国行政法上的双阶理论》,载《环球法律评论》2015 年第 1 期。双阶理论并非文本研究旨趣,有关研究可参见严益州:《德国行政法上的双阶理论》,载《环球法律评论》2015 年第 1 期;尹少成:《PPP 协议的法律性质及其救济——以德国双阶理论为视角》,载《政法论坛》2019 年第 1 期;程明修:《公私协力法律关系之双阶争讼困境》,载《行政法学研究》2015 年第 1 期;等等。

被领导、监督与被监督的关系,强调行政复议的“行政性”,以行政问责作为保证行政复议高效运行的关键,最大限度提升行政复议的效率和实效。

复议机关与被申请人关系场域所涉及的情况主要有:(1)行政复议体制机制、能力建设、经费保障、人员培训、执业规范、工作报告和表彰奖励等非复议行政性事务。此种情况主要涉及的是上下级行政机关之间的关系,在这些行政性事务中应强调上下级行政机关之间的监督与被监督关系,强调“行政性”,贯彻行政监督功能的定位,并以行政问责为保障。(2)行政复议的受案范围。行政诉讼受案范围的设定所关涉的是行政机关与司法机关之间职权的关系,而在行政复议中,行政复议的受案范围所设定的是上级行政机关与下级行政机关之间的关系,这也是行政复议管理范围厘定的关键。基于上下级行政机关的关系,应该尽可能扩大行政复议的受案范围,因而,行政复议的受案范围应该以完全列举为原则,并尽量限缩行政复议受案范围的否定事项,并适度将程序行为、规划行为和规制制定行为纳入行政复议受案范围,避免形式主义终局性立场对受案范围的限缩。(3)规范性文件附带审查的范围。目前,《行政复议法》对抽象行政行为审查的范围仅限于国务院部门,县级以上地方各级人民政府及其工作部门以及乡、镇人民政府的行政规范性文件,而不包括国务院部委规章和地方人民政府规章,这显然与层级监督的理念不符合。因而应该将国务院部委规章和地方人民政府规章纳入审查范围,并与相应的备案审查制度进行衔接。与此同时,将附带审查的行政规范性文件拓展至规章与行政诉讼中“人民法院审理行政案件,参照规章”的规定相契合。(4)行政复议机关的设置。坚持层级设计,即由上级行政机关负责对下级有关事项进行复议,坚持政府机关对行政复议机构的组成的主导地位。(5)行政复议机关不受理案件的情况下的监督措施。在行政复议机关不受理案件的情况下,上级行政机关应当责令其受理;必要时,上级行政机关也可以直接受理。对于上级行政机关认为行政复议机关驳回行政复议申请的理由不成立的,应当责令其恢复审理;必要时,上级行政机关也可以直接审理。若是上级机关责令下级机关受理,而下级机关不受理,则应该追究下级行政机关负责人或者工作人员的行政责任。(6)对被申请人参与行政复议活动的监督。例如,在被申请人负责人不出庭应诉和被申请人不出示相关证据的情况下,在相关规制制度设计中应突出行政内部监督功能,为这些行为配备相应的政务处分和问责机制。(7)复议机关行政复议决定的作出。应以复议机构所属的复议机关名义作出,并由复议机关首长对行政复议决定的作出负责。(8)行政复议决定的执行。应该凸显行政内部监督功能,增强行政复议决定的执行力,并起到“复议一件,纠正一片”的效果,例如在某些情况下责令被申请人在一定期限内重新作出行政行为，行政复议机构发现法律、法规、规章实施中带有普遍性的问题，可以制作行政复议建议书，向有关机关提出完善制度和改进行政执法的建议等。

(三)复议机关与复议申请人关系场域

复议机关与复议申请人关系场域指的是在行政复议案件处理过程中以复议机关和复议申请人两方主体关系为主导的场域。在该关系场域下，复议机关扮演的是行政机关角色，复议申请人扮演的是行政相对人的角色。二者之间的关系是服务者与被服务者的关系，强调服务行政与对公民合法权益的救济，复议机关应扮演好服务者与救济者的角色。相较于上级行政机关与下级行政机关场域的“严以律己”，这里应体现“宽以待人”，坚持以“为民便民”为价值指引，最大限度为复议申请人的复议申请提供便利和灵活处理的空间，避免陷入严格的形式主义之中。

复议机关与复议申请人关系场域所涉及的场域包括以下情形：(1)法律援助是公共服务供给的重要内容，因而对经济困难需要行政复议法律服务的公民，应该为其提供法律援助，以最大限度便利复议申请人提起行政诉讼。(2)行政复议申请的提起方式、行政复议审理过程中听取复议申请人意见、复议决定的送达等应该体现便民原则，强调良好行政。例如，对于申请方式的规定，应灵活设置包括网上申请、邮寄申请、现场书面申请等多种申请方式。(3)行政复议机关应提供行政复议申请的有关信息咨询服务，行政复议机关的信息应该加强对外公开，增强复议申请人对复议机关有关信息的可得性，清除行政复议申请背后的信息障碍。(4)不同于严格的不告不理的审理原则，申请人在申请行政复议时没有提出行政赔偿请求的，行政复议机关应该依照不同情况主动作出有关处理，以最大限度维护行政相对人的合法权益。(5)复议机关和复议申请人是行政机关与行政相对人的关系，对于行政复议机关逾期不做出是否受理决定或者逾期不作出复议决定的，应该允许复议申请人就行政复议机关的不作为行为提起诉讼。或者若是行政复议工作人员存在不履行法定职责、拖延履行法定职责、服务态度恶劣等情形，应当依据复议申请人的投诉举报予以调查处理。(6)行政复议依附于行政行为的作出，其本身也是一种具有公共性的行政服务供给，因而，行政复议应该坚持免费或者费用较低的制度设计，充分凸显行政复议维权成本低的制度优势。(7)对于行政复议的开展，应该赋予行政相对人更多的选择权，例如书面审理还是口头审理、是否需要听证、复议审查公开的范围等。

(四)行政复议机关、被申请人和复议申请人三方关系场域

行政复议机关、被申请人和复议申请人三方关系场域指的是在行政复议案件处理过程中行政复议机关、被申请人和复议申请人三方同时存在的场域。在该关系场域下,复议机关扮演的是居中裁判的角色,被申请人和复议申请人所扮演的是行政争议的两方当事人。此种场域以行政复议机关对申请人提出的行政争议进行实质审查,这部分应该体现行政复议"司法性",突出权利救济功能,是司法化改造的主要部分,即采纳某些带有司法性的制度设计增强行政复议制度的公正性和中立性,强调程序的价值。

行政复议机关、被申请人和复议申请人三方关系场域主要包括以下情形:(1)要求行政复议的启动具有被动性,而对抽象行政行为的审查请求只能附带提起。(2)复议申请人针对复议机关就原行政行为作出复议决定的场域下,行政复议机关扮演着居中裁决者的作用,其并不因为其复议行为而成为行政诉讼的被告。(3)在行政复议审理场域,基于行政复议机关居中裁判的角色和行政争议解决功能的强调,应该允许申请人、第三人可以委托一至两名代理人代为参加行政复议。(4)行政复议的审理应该注重口头审理、直接言词原则的运用,限缩书面审理的适用范围。(5)在遵循合法、自愿原则以及不损害国家利益、社会公共利益和他人合法权益的情况下,鼓励通过调解和和解制度解决行政争议。(6)需要对行政复议审理的举证规则和证据制度进行详尽的规定。(7)需要设置一个相对独立的行政复议机构,吸纳学者等专家参与其中,增强行政复议的公正性和中立性。

因而,通过上述三个关系场域的分析,通过行政复议不同阶段不同主导性功能的强调,才能更好地理解行政复议制度设计中如何实现行政监督功能和权利救济功能的平衡,理解行政复议的行政性和司法性的平衡,实现"公正高效"和"便民为民"的双向注入。2020年公布的《行政复议法(修订)(征求意见稿)》对行政复议制度的设计在一定程度上就体现了不同阶段对不同主导功能的强调。参照"双阶理论"的思考方式,借助场域化的方法,区分行政复议整个阶段中的不同场域,有助于理解行政复议制度的公正与效率如何协调,检验具体制度设计的科学性和体系性。试举两例进一步阐明:

其一,行政复议机构与行政复议机关首长负责制协调的问题。我国行政复议体制探索所需要处理的重要关系是行政复议机构与行政复议机关首长负责制的关系一般而言,强调行政复议机构相对独立负责行政复议的审理,作为行政复议机构,其发挥作用的场域更多是行政复议机关、被申请人和复议申请人三方关系的场域,扮演的是居中裁判者的角色,凸显行政复议的公正性。但是

行政复议的决定又必须以行政复议机关名义作出，并由行政复议机关负责人保留最终的决定权，就是要让行政复议机关发挥好行政内部层级监督的功能，实现行政复议的高效和“复议一件，纠正一片”的效果，只有通过场域划分才能更好地理解行政复议机关和行政复议机构二分的复议主体制度设计。

其二，行政复议制度中的“双被告”问题。行政复议决定的作出属于行政复议机关、被申请人和复议申请人三方关系的场域，行政复议机关扮演的是居中裁判者的角色，因而复议申请人对复议决定不服的，不宜起诉行政复议机关。而对于逾期不作出是否受理的答复或者逾期不作出复议决定的，则应该属于行政复议机关与复议申请人场域，属于行政不作为的范畴，应该肯定复议申请人申请上级行政机关救济乃至针对该行政不作为的行为提起诉讼的权利。对此，建议在《行政复议法》的修改中予以明确。

五、小　　结

学界对行政复议性质和功能经久不衰的探讨根本源于对行政复议制度运行不畅的反思，对性质和功能的不同选择决定着行政复议的立法目的，指引着行政复议具体制度的设计。“作为解决行政争议的主渠道”制度定位的提出为行政复议制度设计建构了相对明晰的政治共识和法学共识。这一制度定位要求在行政复议具体制度的设计上实现“行政性”与“司法性”、“行政监督”与“权利救济”之间的二元协调。在“性质—功能—立法目的—制度设计”这一传导路径下，析出如何将“行政性”与“司法性”、“行政监督”与“权利救济”落实于行政复议具体制度设计的方法论问题。对此，宜以行政复议所关涉的三方主体在制度运行中不同场域下的组合关系为基点，基于不同场域下各方主体之间的关系，实现不同的价值指引，最大实现行政复议的“公正高效、便民为民”的价值追求。当然，行政复议制度设计在不同关系场域下的优化还有待于深入论述诸关系场域中的微观制度，而本文仅仅是一个引子。

责任编辑：王瑞聪

论抽象危险犯的危险判断

宗绍昊*

摘要：

抽象危险犯处罚泛化现象源于司法层面对危险判断的错误理解，应寻求教义学解决路径。危险判断的内涵覆盖行为危险性的判断以及结果危险性的判断，对后者的判断也应在个案中被允许，原因在于：首先，抽象危险不成文的构成要件要素地位要求进行危险判断；其次，抽象危险应是法律推定的结果，在此基础上允许包括司法机关和被告人在内的司法判断；再次，具体或抽象危险犯之间应是量的差异，二者均需进行危险判断；最后，单一法益说下抽象危险犯的保护法益具备司法判断的可行性。在危险判断模式建构的问题上，行为危险性与结果危险性不可偏废，且结果危险性的判断具有独立的、更重要的价值。具体而言，行为危险性的判断应立足消极阻却视角，结合被允许的风险以及风险降低理论综合认定；结果危险性的判断应以行为人是否导致该罪的保护法益面临不可控制的危险状态为核心标准。

关键词：

抽象危险犯；保护法益；不成文的构成要件要素；行为的危险性；结果的危险性

一、问题的提出

进入风险社会，“随着各种社会风险的不断增长，风险预防在刑法层面逐步被改造为预防性的风险立法治理策略”。[1]《刑法修正案（十一）》就是积极预防性刑法观的生动体现，其通过增设新罪、增加行为方式等严密了法网，其间基

---

* 宗绍昊，男，东南大学法学院硕士研究生，研究领域为刑法教义学。

〔1〕 刘艳红：《积极预防性刑法观的中国实践发展——以〈刑法修正案（十一）〉为视角的分析》，载《比较法研究》2021年第1期。

本上仅对涉及集体法益的罪名进行了删、改、增操作，并在量刑上延续了重刑化的趋势，体现为死刑未减少而“生刑”增加。在积极预防性刑法观的过程中，大量设立危险犯，尤其是抽象危险犯是实现积极的一般预防的典型表现。《刑法修正案（十一）》在原有诸多抽象危险犯罪名的基础之上，再度新增了三个罪名，包括妨害安全驾驶罪、危险作业罪以及高空抛物罪。应当说，在设立抽象危险犯型规范条文的过程中，综合考虑必要性、类型性、明确性、协调性诸原则，〔2〕就可以创设出合理、妥当的刑罚法规，并在实现风险防控的目标上发挥重要意义。

刑事立法积极，刑事司法便要克制，才能在“维稳”与“维权”之间找到最佳平衡点。然而，在我国传统的重刑思维下，社会管控意义上的刑法借由抽象危险犯得以高效地实现，刑事司法现状呈现出扩张而非克制的状态。例如，醉驾入刑十年来，案发量逐年攀升，危险驾驶罪已替代盗窃罪成为刑法第一大罪。“无数的被告人因此种轻罪而留下前科，不但失业并且难以再就业，或因失业心情低落或因失业积累下对国家或社会的怨恨，成为再犯，国家与公民之间的关系受到损害。”〔3〕在此过程中，司法机关对实体法与程序法上一些规范的错误理解以及制度的不当使用等均为发生此种现象间接提供了助力。体现在实体法上，长期坚持“只要能肯定行为人实施了法定行为，就足以认定其构成犯罪”〔4〕的传统抽象危险犯定罪模式是根源。换言之，如果司法机关注意到刑事实质可罚性对于尊重和保障人权的重要意义并在案件审理过程中一以贯之，何至于遏制不住抽象危险犯的扩张趋势。由此可见，在比较法上普遍存在的抽象危险犯，其呈现出处罚范围泛化的原因并非来源于立法，而是由司法所致。那么，只有从教义学的立场出发，对抽象危险犯的认定模式正本清源，才能维护刑法的人权保障机能。基于上述原因，在实体法层面应否允许抽象危险判断以及判断法则如何建构这一涉及实质可罚性的问题成为值得研究的重点内容。

---

〔2〕 参见张明楷：《增设新罪的原则——对〈刑法修正案十一（草案）〉的修改意见》，载《政法论丛》2020年第6期。

〔3〕 刘艳红：《民刑共治：国家治理体系与治理能力现代化路径》，载《法学论坛》2021年第5期。

〔4〕 黎宏：《论抽象危险犯危险判断的经验法则之构建与适用——以抽象危险犯立法模式与传统法益侵害说的平衡和协调为目标》，载《政治与法律》2013年第8期。

二、个案危险判断应被允许

前已述及,传统抽象危险犯的认定模式重行为而轻结果,即仅仅关注行为的危险性,而忽略掉行为对法益所产生的抽象危险究竟要不要具备。而这显然不应被结果无价值论立场所采纳,也不利于保障公民自由人权。据此,笔者认为,危险判断应包括行为危险性的判断以及结果危险性的判断,由于前者已被理论与实践所普遍承认,因此本文主要讨论为何结果的危险性判断需要在个案中被允许。

(一)抽象危险的体系定位:不成文的构成要件要素之证成

在“行为犯—结果犯”二分框架下,界分行为犯与结果犯的标准是:“行为终了与结果发生之间是否存在时间上的间隔,即行为犯是行为与结果同时发生的犯罪,因果关系便不成其问题;结果犯则是行为与结果之间具有时间间隔的犯罪,需要认定行为与结果之间的因果关系。”〔5〕因此,结果并非区分二者的标准,行为犯及结果犯都有结果。而作为“实害犯—危险犯”二分框架中的一个子内容——抽象危险犯,其应当归入行为犯还是结果犯,存在一定的争议。理论上,较多学者将行为犯与抽象危险犯等同,〔6〕也有学者认为行为犯可能是侵害犯或者危险犯。〔7〕应当说,将抽象危险犯归入行为犯的观点很有力。但是,笔者认为,抽象危险犯与行为犯仍存在很大的差异。其一,在抽象危险犯场合内,行为人对特定犯罪的保护法益所产生的抽象危险状态具有与行为的分离属性,其行为实施与抽象危险的出现存在时间、空间上的分离,其间便会涉及结果归属的问题;〔8〕其二,根据当前预防化及前置性的立法特征,抽象危险犯所保护的

---

〔5〕 王永茜:《抽象危险犯立法技术探讨——以对传统“结果”概念的延伸解释为切入点》,载《政治与法律》2013年第8期。

〔6〕 参见黎宏:《〈刑法修正案(九)〉中有关恐怖主义、极端主义犯罪的刑事立法——从如何限缩抽象危险犯的成立范围的立场出发》,载《苏州大学学报(哲学社会科学版)》2015年第6期;李永升主编:《侵犯国家法益的犯罪研究》,知识产权出版社2012年版,第5页。

〔7〕 参见张明楷:《刑法学(上)》(第5版),法律出版社2016年版,第169页。

〔8〕 例如,《刑法修正案(十一)》新增妨害安全驾驶罪中便需要考虑结果归责的问题。参见夏朗:《妨害安全驾驶罪构成要件的教义学解读》,载《广西大学学报(哲学社会科学版)》2021年第3期。

法益应属重大性的集体性法益,所规制的行为应是具有重大风险性的行为,而行为犯则不以此为必要。据此,笔者提倡将抽象危险犯归入结果犯的范畴,并因设置了更多的成立要件而能达到更好的规制效果。但是,将抽象危险犯归入行为犯也好、结果犯也罢,都意味着抽象危险犯要有刑法意义上的结果,而这种结果也只能是抽象危险结果。

这种结论并不违反刑法中的结果概念。具体而言,抽象危险是一种状态,意指一种具有现实性〔9〕的、“客观存在的引起法益损害结果的高度盖然性”。〔10〕虽然传统观点认为,结果应是具体的、现实的、可测量的客观损害事实,故抽象危险状态不是结果。但是,从结果无价值论立场上来看,违法性的本质来源于不同样态的法益侵害后果,结果是对不同法益侵害样态的否定性评价,〔11〕抽象危险状态当然也是结果。在比较法上,德国刑法理论又将结果分为构成要件结果与违法结果。在实质的二阶层犯罪论体系中,无需另行构造出违法结果的概念,否则便使得违法性阶层承载了过多的内容,不利于维持构成要件的违法推定机能。如此一来,扩充传统的结果概念之范畴便成为一种可行且合理的举措。据此,刑法上的结果“不仅包括法益侵害这一现实的结果,还包括法益侵害(结果发生)的危险”。〔12〕

在风险刑法视域下,社会安全保障为先的理念又加剧了危险状态非构成要件化的趋势,抽象危险结果能否作为构成要件要素备受质疑。诚然,按照相关规范条文的表述,抽象危险犯的结构一般为“行为人+行为+刑罚”,没有明确规定结果要素。但是,综合各方面分析可知,抽象危险结果应作为不成文的构成要件要素,并允许司法机关在个案中予以危险判断。所谓不成文的构成要件

---

〔9〕 危险结果(包含具体危险结果以及抽象危险结果)具有现实性。具言之,即便是危险结果,也是具有现实的可能性的、能够产生实际危害后果的危险,而不是逻辑推理出来的或主观臆断的。危险结果之所以成为危害结果,是因为行为所造成的危险状态存在着侵害法益的实害结果发生的现实可能,没有发生实害结果只是因为时机不具备或外力介入的结果,如果时机具备或没有外力介入,危险就会合乎逻辑地转化为实害。参见刘艳红主编:《刑法学(上)》(第2版),北京大学出版社2016年版,第117~118页。

〔10〕 陈璇:《家庭暴力反抗案件中防御性紧急避险的适用——兼对正当防卫扩张论的否定》,载《政治与法律》2015年第9期。

〔11〕 参见[日]山口厚:《刑法总论》(第3版),付立庆译,中国人民大学出版社2018年版,第45页。

〔12〕 [日]前田雅英:《刑法总论讲义》(第6版),曾文科译,北京大学出版社2017年版,第60页。

要素,“是刑法表面上(文字上)没有明文规定,但根据刑法条文之间的相互关系、刑法条文对相关要素的描述所缺的,成立犯罪所必须具备的要素”。[13] 由于立法者不可能将犯罪成立的所有条件都完整地规定下来,一些未被刑罚法规明确规定但又对判断违法与有责是否达到可罚性标准有助益的要素便被纳入了不成文的构成要件要素的范围之内。

首先,抽象危险结果符合不成文的构成要件要素的内涵。“确定犯罪的‘不成文的构成要件要素,必须是表明违法性或者有责性的要素’”。[14] 违法性阶层需从形式与实质两个方面展开判断。其中,形式违法性是指依据已经明定的刑罚法规条文来认定违法性的有无;实质违法性是指在刑罚法规违反性的基础上考察行为本身的社会损害性(法益侵害性)内容。[15] 在实质的构成要件理论下,构成要件具有违法推定机能,符合构成要件的行为原则上即被推定为违法,除非存在相应的违法阻却事由。据此,构成要件要素可以表明行为的违法性,尤其是实质违法性。抽象危险结果属于对法益侵害的否定性评价之一,是判断法益侵害性的内容,直接与实质违法性相关联,影响违法性的有无及程度,理应属于构成要件要素的范畴。因此可以说,结果是所有犯罪所共通的构成要件要素,[16] 只不过抽象危险结果属于不成文的构成要件要素罢了。

其次,将抽象危险结果作为不成文的构成要件要素具有规制处罚范围的实效,并能合理区分行政不法与刑事不法。原因在于:其一,抽象危险结果填充了原先所欠缺的实质可罚性判断,相比于传统观点而言,实际上增加了一个犯罪成立的条件。显然,犯罪成立的条件越多,最终成立犯罪的行为数量就越少。醉酒型危险驾驶罪案发量增长如此迅猛,其中一个很重要的原因就是司法定罪已产生惯性,只要达到了80mg/100ml的形式标准就会入罪,而根本不考虑在当时的具体情境下,行为人的行为究竟是否已对公共安全产生了可罚的抽象危险进而具备了科处刑罚的必要性。例如,实践中行为人酒后(达到醉驾标准)为挪车给他人让路,挪动距离不足2米也被定罪等类似案件层出不穷。如果坚持本

---

〔13〕 张明楷:《犯罪构成体系与构成要件要素》,北京大学出版社2010年版,第120~121页。

〔14〕 刘艳红:《论法定犯的不成文构成要件要素》,载《中外法学》2019年第5期。

〔15〕 参见林钰雄:《新刑法总则》(第7版),台北,元照出版有限公司2019年版,第226~227页。

〔16〕 参见[日]山口厚:《刑法总论》(第3版),付立庆译,中国人民大学出版社2018年版,第45页。

文观点,这种缺乏处罚必要性、合理性的案件出现频率将得到很大程度的遏制。其二,行政不法与刑事不法的界限模糊化,是欠缺实质可罚性判断的另一弊端,并逐渐使得刑法沦为行政法的"附庸"。然而,刑法不是社会管理法,行政不法与刑事不法必须得到界分。我国刑法理论界区分二者的学说与德日刑法理论相关联,主要存在两种观点,即行政不法与刑事不法之间究竟是量的差异还是质的差异。由于刑罚与行政处罚在逻辑、本质上均存在差异,且对于法益保护的目的、内容等大相径庭,[17]因此以倡导质的差异说为宜。而质的差异说体现为"法益的差异说",即以是否(合质量地)侵犯刑法意义上的法益作为区分行政不法与刑事不法的方法。增加抽象危险结果作为构成要件要素,使得"法益的差异说"具备了实施条件,进而有利于合理区分行政不法与刑事不法。

最后,司法实践中也多次承认抽象危险结果的不成文的构成要件要素地位。以近年来最具争议的醉酒型危险驾驶罪的出罪问题为例,最高人民法院曾在2017年发布的《关于常见犯罪的量刑指导意见(二)(试行)》(法〔2017〕74号)中规定,对于醉酒驾驶机动车的被告人,应当综合考虑被告人的醉酒程度、机动车类型、车辆行驶道路、行车速度、是否造成实际损害以及认罪悔罪等情况,准确定罪量刑。对于情节显著轻微危害不大的,不予定罪处罚;犯罪情节轻微不需要判处刑罚的,可以免予刑事处罚。又如,上海地区法院审判观点中提及,如挪动车位型、救治病人型、睡觉休息型、隔时醉驾型、尚未驶出型、被醉驾追尾型,可通过援引《刑法》第13条"但书"的规定予以出罪。[18] 此外,最高人民法院2018年8月22日颁布的《关于虚开增值税专用发票定罪量刑标准有关问题的通知》(法〔2018〕226号)中将作为抽象危险犯的虚开增值税专用发票罪设定了入罪的数额限制。在此过程中,考虑个案实际情况、设定数额标准的过程就是抽象危险结果的判断过程,就是对其构成要件要素地位的承认过程。

---

〔17〕 参见张明楷:《避免将行政违法认定为刑事犯罪:理念、方法与路径》,载《中国法学》2017年第4期。

〔18〕 参见《上海危险驾驶(醉驾)审判观点汇编》,载微信公众号"上海审判研究"2016年第22期,https://mp.weixin.qq.com/s/6UqL_3maQUvtWXZxR2CXYQ,2022年6月16日访问。

表1 各地法院犯罪成立阶段考虑“醉驾”出罪情况统计

文 件	规 定
最高人民法院、最高人民检察院《关于常见犯罪的量刑指导意见(二)(试行)》(法〔2017〕74号)	对于醉酒驾驶机动车的被告人,应当综合考虑被告人的醉酒程度、机动车类型、车辆行驶道路、行车速度、是否造成实际损害以及认罪悔罪等情况,准确定罪量刑。对于情节显著轻微危害不大的,不予定罪处罚
浙江省高级人民法院、浙江省人民检察院、浙江省公安厅《关于办理“醉驾”案件若干问题的会议纪要》(浙高法〔2019〕151号)	惩治“醉驾”犯罪,要综合考虑究竟含量以及有无驾驶资格、驾驶的车辆种类、行驶的道路种类、实际损害后果等反应“醉驾”危险程度的各种因素
《上海危险驾驶(醉驾)审判观点汇编》	挪动车位型、救治病人型、睡觉休息型、隔时醉驾型、尚未驶出型、被醉驾追尾型,可通过援引刑法第13条“但书”的规定予以出罪
江苏省高级人民法院、江苏省人民检察院、江苏省公安厅《关于办理醉酒驾驶案件若干意见》(苏高法〔2013〕328号)	认定醉驾行为,应当严格把握危险驾驶罪的犯罪构成要件,判断行为人的醉驾行为是否已经或者足以危害公共安全以认定其是否构成危险驾驶罪
重庆市高级人民法院、重庆市人民检察院、重庆市公安局《关于办理危险驾驶犯罪案件法律适用及证据规范问题的座谈会综述》(渝检会〔2018〕15号)	人民法院、人民检察院、公安机关在办理危险驾驶案件时,应当根据法律、司法解释的相关规定,在考虑酒精含量的基础上,综合把握以下情节,切实贯彻宽产相济刑事政策,作出区别化的正确处理:(1)行为人醉酒程度;(2)醉酒后驾驶机动车的原因、目的;(3)机动车类型;(4)行驶道路、行驶时间、行驶速度、行驶距离;(5)是否造成实际损害、损害程度及事故责任划分情况;(6)行为人是否有危险驾驶前科;(7)是否存在自首、立功等法定从宽情节;(8)行为人是否认罪、悔罪,积极赔偿,以及取得被害人谅解情况;(9)其他影响定罪量刑的情节
广东省高级人民法院《关于常见犯罪的量刑指导意见(二)》实施细则(试行)(粤高法发〔2017〕7号)	对于醉酒驾驶机动车的被告人,应当综合考虑被告人的醉酒程度、机动车类型、车辆行驶道路、行车速度、是否造成实际损害以及认罪悔罪等情况,准确定罪量刑。对于情节显著轻微危害不大的,不子定罪处罚;犯罪情节轻微不需要判处刑罚的,可以免子刑事处罚
陕西省高级人民法院、陕西省人民检察院、陕西省公安厅《关于贯彻〈办理醉驾刑事案件适用法律若干问题的意见〉的实施细则》(陕高法〔2015〕85号)	以下情形可以认定为醉酒驾驶机动车情节轻微或者显著轻微,但应当从严掌握:(一)在深夜或凌晨人稀车少的时段或者偏僻路段驾驶的,醉驾持续的时间和行驶的距离较短的;(二)醉酒程度刚超过80毫克醉酒标准的;(三)醉驾摩托车的;(四)醉驾的目的是为了挪动车位或救治病人的;(五)饮酒后隔较长时间醉驾的;(六)醉驾尚未驶入道路的

续表

文　件	规　定
湖南省高级人民法院、湖南省人民检察院、湖南省公安厅《关于办理醉酒驾驶机动车刑事案件若干问题的会议纪要》(湘高法〔2022〕27号)	惩治醉酒驾驶机动车犯罪,应该坚持宽严相济刑事政策。办案时要综合考虑酒精含量以及有无驾驶资格、驾驶的车辆种类、行驶的道路种类、实际损害后果等反映醉酒驾驶机动车危险程度的各种因素,同时还要结合考虑犯罪嫌疑人、被告人的认罪悔罪态度、曾经酒后或者醉酒驾驶机动车被处罚的情况、其他交通违法情况等情节

(二)抽象危险的立法性质:法律推定说之提倡

立法者在创设抽象危险犯行为类型时,所采用的究竟是法律拟制还是法律推定方法存在争议,并直接影响到危险判断的采纳与否。

所谓法律拟制,形式上表现为"有意地将明知为不同者,等同视之",〔19〕具有不容置疑、不容反驳的特征。持此论者认为,只要行为人实施构成要件行为便存在相应的抽象危险。〔20〕在抽象危险犯领域内,这种可以大大降低司法机关证明负担的法律拟制说长期占据了主流地位。但是,其弊端亦尤为明显。从内涵上看,立法者所规定的抽象危险行为所附随的危险在大部分情况下均会直接产生可罚的危险结果,这意味着立法者并非将一种明显不同的东西规定其中,因而不符合拟制的本质特征;从实效上看,按照其逻辑,即便个案中行为人的行为客观上无法益侵害的可能性也同样具有可罚性,〔21〕与刑法客观主义立场相悖,易损害人权保障机能,威胁"犯罪人的大宪章"意义上的刑法。〔22〕因此,法律拟制说并不合理。

所谓法律推定,意为立法者根据经验法则,以一定的基础事实直接推导出另一特定的法律要件。〔23〕持此论者认为,立法者类型化的构成要件行为属通常

---

〔19〕 郑超:《论法律拟制思维在刑法中的重要性》,载《西南政法大学学报》2011年第6期。

〔20〕 参见杜小丽:《抽象危险犯形态法定犯的出罪机制——以生产销售假药罪和生产销售有毒有害食品罪为切入》,载《政治与法律》2016年第12期。

〔21〕 参见陈京春:《抽象危险犯的概念诠释与风险防控》,载《法律科学(西北政法大学学报)》2014年第3期。

〔22〕 有观点一方面认为妨害安全驾驶罪属于法律拟制的抽象危险犯,另一方面又认为需要在个案中具体判断危险的状态,这无疑是前后矛盾的。参见梅传强、胡雅岚:《妨害公共交通工具安全驾驶罪的理解与适用》,载《苏州大学学报(哲学社会科学版)》2021年第1期。

〔23〕 参见王雄飞:《论事实推定和法律推定》,载《河北法学》2008年第6期。

情况下会发生抽象危险的行为,但不排除例外情形,因此具有可被反驳性,属推定的危险。[24] 笔者认为,法律推定说对立法与司法的功能划分更为合理,并兼顾了特殊情形下处罚的妥当性、刑法适用的谦抑性,大致值得赞同,但仍有两个方面的内容需要进一步厘清。

首先,立法上的判断不能等同或代替司法上的判断。其一,立法上一般的危险性预设时刻面临着个案复杂、差异、特殊情形的冲击。"由于主观思维局限性,立法者的主观认识不可能绝对可靠正确,而相反是常常出现认识不足。"[25] 因此,为了实现全部案件的公平正义处理,就必须允许危险判断。换言之,在个案中,某行为是否对抽象危险犯的保护法益产生抽象危险处于一种或然、待证的状态,"司法上只要具有正当、足够充分的理由,就可以在具体个案中否定立法上关于危险的预判"。[26] 其二,如果将立法判断不加考虑地予以直接适用,则司法机关独立存在的意义便会受到质疑,会在一定程度上架空司法定罪功能,并导致无法体现司法判断在弥补法律推定天然性缺陷上的独特价值,即法律推定在依据经验法则,由基础事实至推定结果的过程中,因加入了法律价值和政策需要所导致的基础事实与推定事实间的或然性联系降低的问题。[27]

其次,采纳法律推定说与是否允许反证并无当然关联。前已述及,有相当一部分学者在选择法律推定说之后,便将推定危险的可反驳性与被告一方的反证相关联,而后引发了得否允许反证出罪的争论。[28] 在抽象危险判断的主体承认范围发展过程中,允许被告人反证出罪曾被视为规制道路上的里程碑事件。但是,事实证明,仅允许被告人反证出罪存在诸多弊端,如交予或许根本不熟悉

---

〔24〕 相关观点参见刘涛:《法益　责任　危险——抽象危险犯争议问题探究》,载《中国刑事法杂志》2012年第9期;付立庆:《应否允许抽象危险犯反证问题研究》,载《法商研究》2013年第6期;谢杰:《"但书"是对抽象危险犯进行适用性限制的唯一根据》,载《法学》2011年第7期。

〔25〕 李川:《适格犯的特征与机能初探——兼论危险犯第三类型的发展谱系》,载《政法论坛》2014年第5期。

〔26〕 王永茜:《论刑法上的危险及其判断——以抽象危险犯为中心》,载陈兴良主编:《刑事法评论》(第32卷),北京大学出版社2013年版,第362~363页。

〔27〕 参见王雄飞:《论事实推定和法律推定》,载《河北法学》2008年第6期。

〔28〕 参见刘涛:《法益　责任　危险——抽象危险犯争议问题探究》,载《中国刑事法杂志》2012年第9期。

法律的被告人及不同水平、质量的律师所产生的实效有限；因自身能力、客观条件等因素的限制搜集到利于己方的证据难度极大并相应地削减了司法机关在搜集证据方面中的巨大作用；在不同程度上影响法官自由心证，存在误差打击的风险等。实际上，上述观点错误地理解了“可反驳”的内涵。法律推定说中所称“可反驳”，其真意应是允许在司法中反驳立法预设，包含司法机关判断、司法机关反驳，以及被告人判断、被告人反驳，且应以前者为主导。这种解释结论也符合抽象危险作为不成文的构成要件要素的地位。

（三）具体或抽象危险犯的界分：量的区别说之确证

我国以往主流观点持质的区分说，[29]并以是否允许个案危险判断（是否作为构成要件要素）作为具体或抽象危险犯的界分标准。据此，在抽象危险犯场合下不需要进行个案危险判断。

后续随着学理研究的深入，发现在二分框架下一些危险犯无法绝对地包含于某一概念之内，相关联的学说如“法益的反证说”及“具体的抽象危险犯说”等。这些学说的共同点是：部分地承认抽象危险犯内应当存在允许危险判断的内容。具体而言：前者认为，应在区分不同法益类型的基础上，允许部分抽象危险犯可通过反证出罪，区分标准为抽象精神性法益有无具体对象及与具体性法益之间有无关联等；[30]后者则认为，“虽然法律条文上不要求‘危险’的发生，但是，为了认定已经实施了成为处罚对象的、符合构成要件的行为，与某种程度具体的、实质的危险的发生是必要的。这种危险……较之构成通常的抽象危险犯之处罚根据的危险（抽象的危险）而言，更加要求具有‘具体的’内容”。[31] 这种观点其实是受到 H. 施洛德等提出的“抽象的具体危险犯”（abstrakt-konkrete Gefährdungsdelikte）观点的影响，并试图以此将抽象危险犯进行内部的二分化。[32] 由此可以看出，质的区分说逐渐受到冲击，抽象危险犯绝对不允许危险判断的观点也逐渐被消解。

---

〔29〕 参见李川：《抽象危险犯自身谦抑机制研究——以醉驾案件具体危险犯化认定倾向为视角》，载《政治与法律》2013 年第 12 期。

〔30〕 参见李川：《抽象危险犯自身谦抑机制研究——以醉驾案件具体危险犯化认定倾向为视角》，载《政治与法律》2013 年第 12 期。

〔31〕 ［日］西原春夫：《犯罪构成要件行为论》，戴波、江溯译，北京大学出版社 2006 年版，第 110 页。

〔32〕 参见［日］西原春夫：《犯罪构成要件行为论》，戴波、江溯译，北京大学出版社 2006 年版，第 110 页。

与此同时,近年来部分学者如张明楷教授、周光权教授、黎宏教授等亦承认抽象危险犯中需要引入危险判断的方法,[33]即便在抽象危险犯的场合,亦要求发生某种程度的具体危险(抽象危险),且不应区分内部类型。这种观点逐渐成为一种有力说,并最终使得具体或抽象危险犯走向量的区分说。笔者赞同该观点。首先,在抽象危险犯内划分不同类型,如何确定判断标准本身就是困难的、模糊的,几乎难以实现;其次,承认抽象危险犯的全体危险判断具有现实必要性,是从规制犯罪成立范围、尊重与保障公民自由人权出发而进行的构造设计;最后,全体危险判断的观点是可行的,详见下文论述。以此为基础,区分具体或抽象危险犯应满足两个标准:从形式上看,具体危险犯在罪状内容表述上明确规定了危险状态为构成要件要素,而抽象危险犯的危险状态则作为不成文的构成要件要素出现;从实质上看,二者行为所具有的风险性及所产生的危险状态存在高低度之间的差异。虽然对抽象危险状态也要求达到实质可罚的程度,但其仍与具体危险状态存在差距,是一种一般的、较缓和的危险。[34]

(四)抽象危险犯的保护法益:单一法益说之提出

只有首先确定保护法益的内容,才可进一步论证其是否具备可判断的条件。对于抽象危险犯的保护法益,传统观点一般采用的是复杂法益立场。以两个最为典型的抽象危险犯罪名为例,其认为危险驾驶罪的保护法益是"公路交通运输安全及行人人身、车辆及其他公共设施的安全";[35]生产、销售假药罪的保护法益是"国家对药品的管理制度和不特定多数人的身体健康、生命安全"。[36] 该观点最直接的特点是将抽象危险犯可能侵犯的利益不加选择地加以综合,直接作为某罪的保护法益,由此导致的弊端有三:其一,法益概念兼具价值面和存在面的双重属性。价值面上,法益必须是满足个人自由发展、自我

---

[33] 参见王永茜:《论刑法上的危险及其判断——以抽象危险犯为中心》,载陈兴良主编:《刑事法评论》(第32卷),北京大学出版社2013年版,第372页;黎宏:《论抽象危险犯危险判断的经验法则之构建与适用——以抽象危险犯立法模式与传统法益侵害说的平衡和协调为目标》,载《政治与法律》2013年第8期。

[34] 参见[日]山口厚:《刑法总论》(第3版),付立庆译,中国人民大学出版社2018年版,第46页。

[35] 高铭暄、马克昌主编:《刑法学》(第9版),北京大学出版社、高等教育出版社2019年版,第357页。

[36] 高铭暄、马克昌主编:《刑法学》(第9版),北京大学出版社、高等教育出版社2019年版,第370页。

实现的最基本条件;存在面上,法益必须是真实存在、可被侵害的状态。[37] 创设行政管理制度在于实现国家管理目的,其自始是从不同于公民角度出发所进行的建构。制度并非对每个人都有利益,甚至在某些情况下还可能限制个体自由。同时,其也无法满足状态具备可现实侵害性以及清晰可把握的特征,因而其不是刑法意义上的法益。[38] 其二,该观点实际上是通过"和"或"及"的说法,将前后二者等同视之,并以前者作为后者的判断标准。换言之,是否违反行政管理制度或秩序对是否构成犯罪起着决定性的作用。据笔者统计,实践中大部分司法机关认为,只要行为人的行为违反了行政管理规范,就意味着侵犯了所谓的行政管理制度或秩序法益,就可以对其定罪。[39] 显然,按照此种观点,所有的抽象危险犯都是单纯的秩序犯,但是单纯的规范违反行为实际上"没有实质的犯罪要素(即侵害法益)",[40] 在此基础上极易造成处罚范围扩张化的局面。其三,按该观点,这两种法益理应是一种齐备关系,但个案出罪时却是在比较、衡量二者之后推导出结论,从而将二者陷入了彼此冲突的关系之内,进而产生了矛盾。[41]

在后续学说发展过程中,该立场逐渐失去了主流地位,主、次要法益说及阻挡层、背后层法益说的观点逐渐得到提倡。这两种学说具有同质性,均是对传统观点所具有的内容划定核心圈与外围,并区分其重要性。其认为,某种制度或秩序型法益是表层的保护法益(或称次要法益、阻挡层法益),单单侵犯该类

---

〔37〕 参见钟宏彬:《法益理论的宪法基础》,台北,元照出版有限公司2012年版,第176~177页。

〔38〕 即便认为制度法益可以被侵害,但这种侵害也无法被观测到,因为一次违法犯罪行为对庞大的制度复合体而言实在过于"渺小"。在累积犯的场合下,制度或秩序法益或许还能称得上被侵害,但抽象危险犯与累积犯存在差异。

〔39〕 笔者对其进行了实证考察,发现司法机关在裁判文书说理部分的内容中基本上均以制度违反作为定罪与否的决定性因素,部分典例如:四川省叙永县人民法院(2018)川0524刑初241号刑事判决书;福建省厦门市思明区人民法院(2013)思刑初字第308号刑事判决书;福建省霞浦县人民法院(2016)闽0921刑初193号刑事判决书;四川省井研县人民法院(2019)川1124刑初50号刑事判决书;河北省阜平县人民法院(2017)冀0624刑初26号刑事判决书等。

〔40〕 刘艳红:《"法益性的欠缺"与法定犯的出罪——以行政要素的双重限缩解释为路径》,载《比较法研究》2019年第1期。

〔41〕 参见杜宇:《〈刑法修正案(十一)〉中药品犯罪修订之得失》,载《法学》2021年第3期。

法益并不足以构成犯罪;公共安全、公众身体健康等是深层的保护法益(或称主要法益、背后层法益),是判断行为人是否成立犯罪的核心要素。[42] 正因其是对传统观点进行的内部调整,其也继承了传统观点的弊端,即将这些制度或秩序型的行政法益(典型的行政不法行为)也纳入了抽象危险犯保护法益的评价范围。虽然其构造地位较低,并不会决定犯罪是否最终成立,但据此可体现出该观点对于法益内容的认识错误,并可能在一定程度上影响犯罪成立,因而并非最优解。

为克服此种弊端,一元的个人法益学说在我国受到推崇。其认为,法益的保护内容是公众的核心生活利益以及可以还原或分解为此种利益的国家、社会利益。[43] 该观点在抽象危险犯领域内或许显得更加合理,因为抽象危险犯所保护的利益都是重要性、重大性、基础性的集体利益,与个人利益之间具有极强的关联性,属于"一荣俱荣,一损俱损",似乎表面上均符合还原或分解的条件。但是,该观点面临两种指责,并直接影响其立论基础:首先,其提倡的推导关系乃至位阶关系并不成立。虽然"超个人法益是间接地服务个人",但并非"透过在前阶段保护个人法益而间接地服务个人",[44]亦即不存在被直接还原为某种确切的个人法益的现象,而只能是在整体上间接地服务于个人。正如Kuhlen教授指出,"公共财(Gemeingüter)的典型特征是,任何人皆得(Darf)利用之,不可能被排除在外,个人在公共财上所享的利益便是这种利用可能性。因此,将公共财承认为公众法益,最终仍在追求个人利益,但并不表示这个法益是由个人法益推导出来,或者必须还原成个人法益"。[45] 其次,集体法益在社会国(Sozialstaat)发展背景下更加具有独立的自我目的及存在意义,显现出重要性、独特性以及提前保护的有效性的特征,[46]值得刑法单独保护,并与我国历史传统与保护现状相契合。因此,一元的个人法益观并不合理。

抽象危险犯应风险社会而生,其创设之初便为管控社会重大风险而生,以达成维护社会安全稳定之目标。在宪法价值秩序中,个人的生存、发展毋庸置疑地处于最核心的圈层,而安全则是实现个人自我发展、自我实现的外在最基

---

〔42〕 参见蓝学友:《规制抽象危险犯的新路径:双层法益与比例原则的融合》,载《法学研究》2019年第6期。

〔43〕 参见张明楷:《宪法与刑法的循环解释》,载《法学评论》2019年第1期。

〔44〕 钟宏彬:《法益理论的宪法基础》,台北,元照出版有限公司2012年版,第248页。

〔45〕 钟宏彬:《法益理论的宪法基础》,台北,元照出版有限公司2012年版,第244页。

〔46〕 参见王永茜:《论集体法益的刑法保护》,载《环球法律评论》2013年第4期。

本条件。据此,刑法保护安全利益在价值面上具有宪法正当性。在法益二元论的基础上,抽象危险犯的法益指向以安全法益为核心的单一法益说,如公共安全、国家(主权、财产等)安全、税收安全、经济安全等。在存在面上,这种安全法益具备可预测性、可现实侵害性的特征。因此,虽然抽象危险犯最集中体现于行政犯领域,[47]但相比于其他“普通行政犯”而言,其法益的稀薄性程度并不高,更不存在天然的法益性欠缺情形,理由在于:其一,绝大部分抽象危险犯与具体危险犯所保护的法益属同一类型,既然在具体危险犯中可对其进行危险判断,则同类型的抽象危险犯亦可;其二,受比例原则的制约,刑法的法益保护具有辅助性,是社会政策的最后手段。[48] 这意味着,并非所有的集体利益均为刑法的保护对象,典型例子如行政管理秩序等,只有其中具备重要性、基础性的集体利益才能纳入刑法的法益保护范围之内。更进一步讲,基于抽象危险犯的特殊立法目的,只有刑法领域中地位更加重要的集体法益才能由其保护。这样,安全法益便与其背后的个人利益建立起了高度的内在机能关联性,[49]属于不特定或多数个体重大性的实体性利益范畴。既然如此,对安全法益的侵害就具备了现实的衡量方法而脱离了精神化、概念化的指责,完全可以胜任实质可罚性判断的任务。[50] 例如,很难认为,将公共安全作为危险驾驶罪,生产、销售假药罪的保护法益会面临不可判断法益侵害性的局面。上述观点之所以(部分地)认为法益判断无法实现,很大程度上源于对抽象危险犯的保护法益内容理解失当。

---

〔47〕 参见姜涛:《社会风险的刑法调控及其模式改造》,载《中国社会科学》2019 年第 7 期。

〔48〕 参见[德]克劳斯·罗克辛:《德国刑法学 总论:犯罪原理的基础构造》(第 1 卷),王世洲译,法律出版社 2005 年版,第 23 页。

〔49〕 参见王永茜:《两大法系中抽象危险犯的违法性根据比较》,载《国家检察官学院学报》2013 年第 3 期。

〔50〕 或许有人会认为,坚持安全法益会以“维稳”为由借机扩张处罚范围。但实际上,安全法益既能“维稳”,也因与个人法益之间的强关联性而能实现“维权”目的。因此,只要坚持在个案中具体判断行为是否达到了值得科处刑罚的实质程度,就不会扩张处罚范围。担心安全法益会扩张处罚范围,毋宁说是在担心司法机关惯常的重刑思维和形式认定模式,何为原因可见一斑。同时,法益侵害性判断是传统抽象危险犯认定模式所未涉及的内容,既然增加了一个判断环节,就不会比原来的处罚范围更大。

三、危险判断的模式建构

承认抽象危险犯的可危险判断性之后,下一命题则应为如何具体展开危险判断。在此过程中,结果的危险性虽然允许对其危险判断,但其究竟是行为危险性的间接或辅助判断标准,[51]还是具有独立存在的价值仍然存在争议。[52]应当认为,既然抽象危险结果属于不成文的构成要件要素,且对其判断正当、合理且可行,在此基础上便必须承认结果危险性的独立存在意义。此外,行为的危险性与结果的危险性还在判断视角、涵摄标准上存在显著区别,并导致出罪范围大小以及人权保障高低上的不同。[53]那么,将结果危险性仅作为间接判断标准便不足以弥补这种差异。更进一步讲,基于结果无价值论立场,这种结果危险性应处于比行为危险性更加重要的地位,并与抽象危险犯的结果犯属性相契合。

(一)行为危险性的判断

一般情况下,实行行为是从积极证成的角度出发,判断其是否达到了一定程度以上、作为未遂的危险。[54]但这种方法在抽象危险犯场合下存在适用的困难,因为在抽象危险结果之前设置具体危险的判断是难以想象的。同时,既然抽象危险行为本身便可能附随一定程度的危险,且其危险性在一般情况下是可以成立的,只不过其时刻面临着个案客观环境差异情形的冲击进而具有司法危险判断的必要罢了。因此,笔者认为在司法认定中只需从消极阻却视角出发排除没有发生这种危险性的特殊情形即可。该做法既具有可操作性,也符合立法预设和个案差异情形之间的一般与特殊的关系。基于客观归责理论是实质的

---

[51] 参见黎宏:《论抽象危险犯危险判断的经验法则之构建与适用——以抽象危险犯立法模式与传统法益侵害说的平衡和协调为目标》,载《政治与法律》2013年第8期。

[52] 参见王永茜:《论刑法上的危险及其判断——以抽象危险犯为中心》,载陈兴良主编:《刑事法评论》(第32卷),北京大学出版社2013年版,第363页。

[53] 虽然行为危险性的出罪范围小,但既然同属构成要件要素的序列,则其地位便不能被否认,否则便是违背罪刑法定原则。同时,出罪范围小意味着其亦是能以自身功能实现出罪目的,且在特殊情况下还能将一些通过结果危险性无法出罪的情形予以出罪。另外需注意的是,通过本文所提出的行为危险性与结果危险性的差异及判断框架,可以实现二者的界分,不会出现无法区分的情形。

[54] 参见黎宏:《刑法学总论》(第2版),法律出版社2016年版,第79页。

构成要件理论的立场,[55]判断行为的危险性可部分借鉴"制造了不被容许的风险"(Schaffung eines unerlaubten Risikos)的内容。具体而言,若某行为属于被容许的风险,或实质上降低了风险,[56]即应被否定行为的危险性。

被容许的风险理论自 19 世纪末以来在德国开始流行。主流观点认为,其是以社会有用性为根据,允许诸如矿业、医疗、高速交通、体育运动等具有法益侵害危险的行为。[57] 但该种理论认知实际上混淆了刑事立法政策与刑法教义学的界限,而对刑法规范的理解与适用无效益。之所以被容许的风险可以不该当构成要件行为,原因在于其是"一个不会以意义重大的方式威胁法律所保护的法益的举止行为",[58]因而不值得处罚。就此而言,被容许的风险在故意犯内也有适用的空间,这也符合客观归责理论贯通故意犯与过失犯的特征。[59] 建构被容许的风险理论的行为危险性判断框架,需涉及判断素材、判断时间、判断基准和判断内容四个方面。在判断素材上,应当以行为时所存在的全部客观事实为基础,包括行为时所存在的以及事后所查明的客观事实,一般包括"法益的位阶关系、法益于具体生活情景中的价值、对法益的危险程度、手段的适当性、行为的合目的性以及行为举止的社会意义等"。[60] 换言之,我们不可能只调查行为时所存在的部分事实,因为"部分事实"本身无法被界定,其界限和标准是模糊的,而且也不符合刑事诉讼全面、真实、客观搜集证据的要求。在判断时间上,应当采取行为时标准,这符合行为不法判断的基本逻辑,并能与作为违法阻却事由之紧急避险理论事后判断型的特点相区分。[61] 在判断基准上,应当提倡

---

[55] Roxin 教授所提出的新客观归责理论,目前较通行的做法是将其视为实质的构成要件理论。参见张明楷:《也谈客观归责理论　兼与周光权、刘艳红教授商榷》,载《中外法学》2013 年第 2 期。其中,Frisch 等教授认为,其"制造了不被容许的风险"规则属于对构成要件行为的判断。该种论断得到了大多数学者的赞同。

[56] 参见张明楷:《刑法学(上)》(第 6 版),法律出版社 2021 年版,第 189 页。

[57] 参见[日]前田雅英:《刑法总论讲义》(第 6 版),曾文科译,北京大学出版社 2017 年版,第 181 ~ 182 页。

[58] [德]克劳斯·罗克辛:《德国刑法学　总论:犯罪原理的基础构造》(第 1 卷),王世洲译,法律出版社 2005 年版,第 249 页。

[59] 参见张明楷:《论被允许的危险的法理》,载《中国社会科学》2012 年第 11 期。

[60] 参见王俊:《允许风险的刑法教义学研究》,载陈兴良主编:《刑事法评论》(第 41 卷),北京大学出版社 2017 年版,第 432 页。

[61] 参见王俊:《允许风险的刑法教义学研究》,载陈兴良主编:《刑事法评论》(第 41 卷),北京大学出版社 2017 年版,第 433 页。

以科学认识为基础的一般人基准。[62] 详言之,如果完全根据事后的科学法则判断,则所有的危险均不可罚;如果完全根据一般人观念判断,则一些不可罚的危险可能因为“常识性误解”而变得可罚。因此,只有以前者作为后者的知识储备,并在二者产生矛盾时充分考虑处罚的必要性与合理性,才可在上述情形中得出最优解。同时,这也符合“违法是客观的”之基本论断。在判断内容上,对于行为意义是否重大的判断,需要利益衡量方法的介入,并在具体、动态地衡量保护利益、行为目的和社会价值等与所侵犯的利益之间是否具备优越性的基础上得出肯定或否定的结论。

风险降低否定行为危险性亦是出于价值判断的选择。刑法上所称行为之风险降低,大体上存在三种情形。其中,只有当具备结果发生可能性的行为降低了先在的结果风险(即纯正的风险降低)时,可否定行为的危险性;其他诸如风险替代(Risikoersetzung)或新风险的创设行为,如 Frisch 教授所言,由于其本质上契合了违法阻却事由机理(如阻却违法的紧急避险理论及推定的承诺理论),不属于构成要件该当性阶层中所应讨论的内容。[63]

以倪某生产、销售假药一案为例,倪某在十多年前偶获别人的祖传秘方,在此基础上,研制出了一种治疗晚期癌症的中草药秘方,救治了数百位晚期癌症病人,但其研制的中草药片剂并无生产许可证及药品管理部门批准文号。后其被浙江省金华市婺城区人民法院判处犯生产、销售假药罪,处以 10 年有期徒刑。[64] 笔者认为,该判决结论值得商榷。诚然,行为人未经审批的行为侵犯了药品相关的行政管理制度,但这种制度性行政利益并不属于刑法所保护的法益。与之相对的是,行为人研制药物的目的在于治疗癌症病人,并且经事后查证也取得了一定的治疗功效,具有正向的社会意义,在客观上有利于保护公众的健康安全法益。就此而言,综合上述情况,从以科学认识为基础的一般人的

---

〔62〕 当然,或许有人会认为,采纳一般人立场会使得一些行为人无法预料到的行为该当不法。然而,该当不法并不等于成立犯罪,行为人能有预料到某种情况属于主观故意或过失的探讨内容,不应被纳入不法的框架之内。换言之,即便不法阶层不能出罪,也可以在责任阶层予以出罪,不会扩大处罚范围。否则,一旦将行为人特殊认知纳入不法判断,作为教义学发展史上具有重要意义的不法与责任二分框架将崩塌。

〔63〕 参见沃尔夫冈·弗里希:《客观之结果归责——结果归责理论的发展、基本路线与未决之问题》,蔡圣伟译,载陈兴良主编:《刑事法评论》(第 30 卷),北京大学出版社 2012 年版,第 232 页。

〔64〕 参见刘艳红主编:《刑法学(下)》(第 2 版),北京大学出版社 2016 年版,第 84 页。

角度来看，其行为的危险性应当是被容许的，进而不应构成生产、销售假药罪。

（二）结果危险性的判断

构建抽象危险犯结果危险性的判断框架，仍然涉及判断素材、判断时间、判断基准和判断内容四个方面。

在判断素材上，亦应当以行为时所存在的全部客观事实为基础，包括行为时所存在的以及事后所查明的客观事实。在判断时间上，应当以事后裁判时为标准。原因在于：其一，事前与事后的判断差异是行为不法与结果不法之间的重要区别；〔65〕其二，如果对危险进行事前判断，则是将危险作为行为的一种“属性”，而非行为的“结果”，从而与本文的论断相割裂。〔66〕在判断基准上，亦应提倡以科学认识为基础的一般人基准。判断内容属于结果危险性判断框架的核心要素。基于抽象危险犯以保护安全法益为核心的论断，抽象危险应有一种引起安全法益侵害结果发生的高度盖然性。更进一步讲，只有行为人所支配的危险合因果地引起了结果发生的高概率，才可以将这种抽象危险结果归责于行为人。由于这种高概率无法被精确换算为50%等数据，因而本文提倡以一种更具有可操作性的不可控制的状态替换高概率的判断。具体而言，既然行为人所创设的危险已经不可控制，意味着危险已经在向不特定或多数人的安全法益迅速扩散，侵害安全法益也只不过是时间问题罢了，这时便足以称作“高概率”。因此，无论从“维稳”还是“维权”的角度来看，这种不可控制的状态都充足了实质可罚性，值得科处刑罚。就此而言，在判断内容上，应以是否对不特定或多数人的安全法益产生了一种不可控制的状态为标准。〔67〕

还有观点认为，结果的危险性判断必须参照比例原则中的适当性、必要性、均衡性原则进行审查。〔68〕但实际上，这三个标准的内容都已经被判断危险是否不可控制这一法益侵害性的过程所包含。具体而言，因刑法的目的是保护法益，适当性的审查即被替换为可罚的法益侵害性的审查；必要性所称处罚的最小损害性，与法益保护的辅助性、谦抑性原则的内容完全一致；均衡性又与法益

〔65〕参见王俊：《允许风险的刑法教义学研究》，载陈兴良主编：《刑事法评论》（第41卷），北京大学出版社2017年版，第433页。

〔66〕参见黎宏：《刑法学总论》（第2版），法律出版社2016年版，第244页。

〔67〕参见王永茜：《论刑法上的危险及其判断——以抽象危险犯为中心》，载陈兴良主编：《刑事法评论》（第32卷），北京大学出版社2013年版，第374页。

〔68〕参见蓝学友：《规制抽象危险犯的新路径：双层法益与比例原则的融合》，载《法学研究》2019年第6期。

保护原理中的法益衡量相匹配。[69] 因此,笔者认为,以四要素所支撑起的结果危险性判断框架足以实现妥当、合理的处罚。

以赵某华非法持有枪支一案为例,被告人赵某华在摆设射击摊位进行营利活动时,被公安机关发现并当场查获涉案枪形物9支及相关枪支配件、塑料弹。经天津市公安局物证鉴定中心鉴定,涉案9支枪形物中的6支为能正常发射以压缩气体为动力的枪支。据此,一审法院认为,被告人赵某华违反国家枪支管理制度,非法持有枪支,情节严重,其行为已构成非法持有枪支罪。后二审法院认为,以非法持有枪支罪定罪合理,并综合考虑到其经营目的,主观恶性、人身危险性相对等情节,最终判处赵某华有期徒刑3年,缓刑3年。[70] 该案件曾引起社会强烈反响,且无罪论者数量占优。虽然法院最终还是作出了有罪判决,但学界却从未停止寻求出罪路径的努力。在判断素材上,行为时所存在的全部客观事实包括:违法数量较少(仅6支正常使用的枪形物)、(潜在的)影响范围小(限于涉及摊位附近)、射击摊位用枪的危险度小且社会接受度高等。在具体判断上,综合判断素材并基于事后裁判时立场并采纳以科学认识为基础的一般人视角可知,行为人摆设射击摊位并未对公共安全法益产生一种不可控制的状态,因而不具备刑事处罚的必要性和合理性,应对行为人予以出罪,这也符合当下国民的一般法感情。[71]

四、结　　语

在实质法治国时代,刑法的后盾法地位及谦抑性品格应继续得到贯彻,不应受到风险社会的冲击而逐渐被放弃,从而使得刑法成为社会控制的手段。在积极预防性刑法观、风险刑法观盛行之际,倡导尊重与保障公民自由人权,合理限缩罪名处罚范围,改善处罚泛化现象尤其重要。抽象危险犯处罚范围扩张的原因并非来源于立法错误,而在于司法层面对实体法和程序法诸多理论构造的理解有误,体现在实体法上主要为缺乏实质可罚性步骤的判断。若欲遏制此种

---

〔69〕 参见张明楷:《法益保护与比例原则》,载《中国社会科学》2017年第7期。

〔70〕 参见天津市第一中级人民法院(2017)津01刑终41号刑事判决书。

〔71〕 或许有人会认为,按照本文的观点,所有的持有型犯罪均会得出无罪的结论。但实际上,即便行为人并未积极追求或放弃对危险源的控制,从以科学认知为基础的一般人视角出发,也可以认定在特定情形下其会产生不可控制的状态。换言之,不可控制的状态并不以危险源实际扩散为前提条件。

趋势，在抽象危险犯领域内允许对行为的危险性和结果的危险性的双重危险判断，并相应地建立起司法危险判断模式，是在客观上规制抽象危险犯处罚范围最核心的措施，并能从根本上纠正以往错误观念。除此之外，合理发挥犯罪阻却事由的功效，承认犯罪目的这一不成文的构成要件要素地位，同样可以起到个案出罪的效果。

责任编辑：罗　云

论国家责任法上反措施在网络空间的适用

陈世雄*

摘要：

网络空间并不因其技术的新颖性以及所产生前所未有的威胁而游离于国际法的规制范围之外，基于网络主权所产生的审慎义务以及反措施在其中仍可适用。换言之，网络反措施的合法性依旧取决于国际法相应的前提性、程序性以及实体性要求。通过审慎义务解决归因困境，在网络攻击构成国际不法行为的基础上，更值得关切的问题在于如何实施网络反措施。程序上，受害国应强调网络反措施的例外与补充属性。网络反措施不以第三方对网络攻击争端的客观裁决为必要前提。鉴于网络反措施的内在违法性，受害国在实施之前应通知领土国并充分协商，尝试解决国际争端的同时获取相关证据，增强对国际不法行为主观判断的合法性。在实体方面，受害国应恪守比例原则的要求，避免不断升级的循环报复。比例原则的存在为网络反措施的行使厘定边界，即不得侵害领土国国民的基本人权或违反禁止使用武力的国际法规则。对于强度而言，受害国应确保其相称于网络反措施的客观目的，避免构成对领土国的惩罚。

关键词：

网络攻击；网络反措施；国际不法行为；和平解决国际争端；比例原则

网络日益成为经济繁荣发展、国家治理能力提高、科学研究便利等的推动力量，在农业、金融、国防、交通、银行等领域发挥重要作用，业已成为现代社会的“神经系统”。[1] 可以预见，在未来通过无缝的全球连接，世界的任何地方都将可能被纳入网络中，网络正以一种前所未有的方式促进世界的联系。一方面，得益于网络的全球互连性，现代社会基本实现了商品和服务的全球流动，信

---

* 陈世雄，男，南京师范大学法学院硕士研究生，研究领域为国际公法。

[1] The White House, *The National Strategy to Secure Cyberspace*, p. 1 (2003).

息的广泛自由共享。另一方面,网络将世界紧密联系在一起也为对其他国家实施网络攻击提供便利,这种便利或将进一步加强,造成的后果也可能愈加严重。随着国家逐渐认识到网络的重要性与脆弱性,将彼此之间的冲突扩展至其中,开发网络技术作为战争和情报工具并为政治目的服务,网络安全的维护成为保障国家安全的努力中至关重要的一环。

鉴于国际社会权力下沉(decentralized)特性,国际秩序的维护、国际规范的执行很大程度取决于国家的自愿履行。现实之中,网络攻击构成武装冲突的可能性很小,[2]遭受攻击的国家(受害国)往往难以通过行使自卫权维护网络安全。低强度(low-intensity)的网络攻击尽管造成的损害较小但却更为频繁,反而构成对国家安全与国际和平最为紧迫和潜在的危险。[3] 因而,在缺乏强有力的法律执行机制的国际社会中,当行使自卫权与主张危急情况都力有不逮时,[4]反措施作为自救权对于维护网络安全、遏制网络攻击进而实现国际法治而言尤为重要。[5] 而且,承认反措施在网络空间的可适用性,有利于遏制受害国基于为其应对措施提供合法性依据的目的广泛地将网络攻击认定为武装攻击的想法。

《国家对国际不法行为的责任条款草案》(以下简称《草案》)[6]并没有对

---

[2] See Nicholas Tsagourias, *Law Applicable to Countermeasures against Low-Intensity Cyber Operations*, 14 The Baltic Yearbook of International Law 105, 105 (2014).

[3] See North Atlantic Treaty Organization, Active Engagement, Modern Defence, p. 11, para. 12 (2010).

[4] 援引危急情况以维护国家安全其门槛非常之高,仅在相关措施构成维护国家“基本利益”免遭“严重迫切危险”损害的“唯一办法”时得以主张。See GabCikovo-Nagymaros Project (Hungary v. Slovakia), Judgment, I. C. J. Reports 1997, p. 40, para. 51.

[5] See Michael N. Schmitt, *Below the Threshold Cyber Operations: The Countermeasures Response Option and International Law*, 54 Virginia Journal of International Law 697, 699 – 700 (2014).

[6] 《国家对国际不法行为的责任条款草案》(A/56/10)第 49 ~ 54 条对反措施的适用规定了诸多条件,如反措施的目的、相称、不得影响某些义务等。尽管该草案在形式上对主权国家并无拘束力,但其内容准确反应了国家责任习惯国际法的要求,权威性已为国际法院、世界贸易组织等机构所确认。截至 2012 年,草案已经被国际法院、世界贸易组织、国际投资争端解决中心等机构援引达 154 次。See United Nations, Materials on the Responsibility of States for Internationally Wrongful Acts, ST/LEG/SER. B/25, p. 365 – 410.

反措施的具体类型加以限制,[7]具体而言,受害国可以采取网络攻击作为反措施(网络反措施)应对网络攻击,也可以通过非网络反措施应对网络攻击。从实际效果来看,以网络反措施应对网络攻击往往会将违反国际法的风险降到最低,或可成为受害国的最优选择。近年来,中国遭受了大量的网络攻击(绝大部分源自美国),对包含网络安全在内的国家安全提出了严重的挑战。[8] 如何维护国家安全、遏制网络攻击、实现网络领域的国际法治,成为中国亟待解决的问题。因此,如何合理地适用网络反措施维护国家安全,对于中国而言具有一定的实践价值。鉴于网络反措施的内在违法性,不当使用可能会使得国际争端进一步加剧。对此,《草案》通过前提、程序性、实体性要件将对网络反措施适用的限制控制在普遍可接受的范围内。同时,对网络反措施的适用予以明确指引。

一、网络反措施的适用前提

在应对网络攻击中,网络反措施发挥的是敦促作用,即鼓励承担责任的国家恢复对其国际义务的遵守以及履行赔偿义务。当网络攻击已经实施并且未通过赔偿等方式加以消除,受害国即可采取网络反措施。网络攻击是否正在进行并不会对网络反措施的合法性产生影响。因此,网络反措施适用的前提是存在而非正在,即存在网络攻击行为可以归因于国家并且构成对国际义务的违反。具体而言,一方面,网络攻击行为可以归因于特定国家;另一方面,网络攻击行为构成对特定国家所承担国际义务的违反。

(一)国家对网络空间享有主权

网络空间与一般的陆地、海洋不同,其无法以传统的边界概念厘定国家主权的范围,但这并不意味着网络空间就不存在主权。网络空间并不因其技术的新奇性或对国家安全产生前所未有的威胁而游离于现行国际法的规制范围之外。相反地,其所具有的物理性与社会性奠定了主权原则的适用基础。首先,网络空间是人类所创设的信息环境中的全球领域,由相互连通的网络基础设施

---

〔7〕 See James Crawford, *The International Law Commission's Articles on State Responsibility: Introduction, Text and Commentaries*, Cambridge University Press, 2002, p. 282.

〔8〕 参见国家计算机网络应急技术处理协调中心:《2020年我国互联网网络安全态势综述》,2021年5月26日,第17~26页。

与数据构成，其中包括互联网、嵌入式处理器与控制器等。[9] 网络空间的存在以及数据的流动必须依赖于现实的网络基础设施，相关设施通常都位于国家的领土之上。不论网络基础设施为政府所拥有抑或是为私人所有，总是与国家电网相连通。[10] 在这种以国家领土为物理架构基础的网络空间中，网络基础设施已为其厘定了主权的边界，尽管各国将其所有的设施相互连通在一起以实现最大程度的数据自由流动，但这并不意味着其放弃主权的行使。其次，随着网络的普及，其承载了诸多的社会活动，如商业、工作、娱乐等，构成人类社会空间(social space)的重要组成部分，是人类利用科技对原有社会空间的进一步拓宽。对网络空间行使主权是国家对"群体生活的社会空间"[11]行使主权的必然结果，与人类随着科学技术与社会认知的发展，对主权原则认知的扩大化趋势相一致。

此外，以传统、可识别的边界概念为基础，主张网络空间构成"全球公地"(global common)独立于国家主权而存在的观点已经为广泛的国家实践所否定。[12] 国家在网络空间中享有国土安全、经济安全、科技信息等利益，承认对网络空间的主权并加以管辖、保护，是维护国家安全的重要组成部分。尽管网络空间的自由互通使得在其中行使主权存在困难，但是这种技术上的困难并不会真正对国家造成妨碍。事实上，各国已普遍对网络空间行使主权并将继续行使下去。

在国际关系中，主权意味着独立，独立则代表国家在其领土上排他性行使

---

[9] See Department of Defense Dictionary of Military and Associated Terms, Joint Publication 1 - 02, 8 November 2010, p. 89 (as amended through 15 August 2011).

[10] See Joshua E. Kastenberg, *Non-Intervention and Neutrality in Cyberspace: An Emerging Principle in the National Practice of International Law*, 64 Air Force Law Review 43, 63 (2009).

[11] Anne Buttimer, *Social Space in Interdisciplinary Perspective*, 59 Geographical Review 417, 420 (1969).

[12] 例如，中国《网络安全法》第1条开篇明义地指出，中国对于相应的网络空间享有主权。欧盟已与美国、加拿大、日本等国在2001年通过《网络犯罪公约》(ETS 185-Convention on Cybercrime, 23. XI. 2001)重申对网络空间的主权，并对网络领域的犯罪的管辖、国内措施以及国际合作等事项加以规定。美国同样认为其在网络空间中享有主权，应当通过在国内加强同私人公司、公民的合作，在国际上同其盟友维护网络安全免受来自恐怖主义、犯罪分子等的侵害。See The White House, *International Strategy for Cyberspace: Prosperity, Security, and Openness in a Networked World*, May 2011, p. 12 - 15.

权利、履行职能。主权原则适用于网络空间意味着国家可对其行使完全与排他性权利,具体表现为国家有义务保护领陆、领海等领土之上的网络基础设施免受外国的破坏。这种保护不仅仅局限于排除不正当干涉,同时也涵盖对使用武力、武装攻击的禁止。承认主权原则在网络空间的适用,同时也要求国家对其领土上的网络基础设施以及网络活动行使管辖权,即许可、限制、禁止进入其领土上的网络基础设施或对网络活动加以管理。

尽管国际社会对于网络攻击的定义尚未取得共识,但普遍认为其具体表现为未经许可、授权侵入其他国家领土上或控制下的网络基础设施。[13] 未经许可、授权侵入其他国家领土上或控制下的网络基础设施并不必然意味着对国际法的违反,构成国际不法行为。诸如网络监听、窃取商业秘密等网络间谍行为,游离于国际法的规制范围之外。在现有的国际法中,实施网络间谍行为并不因此产生国家责任。[14]

(二)网络攻击行为的归因

国家在网络空间之中享有主权并承担相应的义务。长期存在的国际法规范仍可以为国家在网络空间之中的行为提供指引,但这并不必然意味着现有国际法规范及其解释可以直接适用于其中。通常而言,归因是由事实判断与法律判断两个部分组成。首先,确定损害后果、不法行为与事实上不法行为者之间的关系,即是否是不法行为者实施不法行为造成损害后果,这一过程属于事实层面对因果关系的判断。随后,以事实归因为基础,判定不法行为者与国家之间是否存在足够紧密的联系以至将前者的行为归因于后者,即法律层面的归因。在网络空间中,匿名是非常容易实现和维持的,不仅在个人的意义上模糊了攻击实施者的个体差别,而且在技术的意义上也难以确定攻击发起设施的物理位置。即使通过识别定位技术可以确定具体的网络攻击发起设施及其物理位置,却也无法识别攻击实施者的具体信息。而且,通过技术手段确认攻击来源于某国的网络基础设施,并不构成归因于该国的充分证据。因此,以事实判断为基础的一般归因规则,因网络攻击的匿名性,无法建立精确的因果关系而

---

〔13〕 See Andrew M. Colarik, *Cyber Terrorism: Political and Economic Implications*, Idea Group Publishing, 2006, p. 84.

〔14〕 尽管在现有的国际法中,并不存在相应的规范对网络监听、盗窃商业、军事秘密等网络间谍的行为加以规制,但国际法的此种“沉默”并不产生国家实施该行为的权利基础。See Accordance with International Law of the Unilateral Declaration of Independence in Respect of Kosovo, Advisory Opinion, I. C. J. Reports 2010, p. 426, para. 56.

难以适用。但是,一般归因规则的存在并不排斥特殊规则的适用,网络攻击行为的归因问题或可通过特殊规则的适用得以解决。

主权,意味着国家对其领土上的各事项享有专属、排他性的管理、监督等权利,而这项权利也必然附带着义务,不得在知悉的情况下允许其领土被用以侵害其他国家的权利,即审慎义务(due diligence)。[15] 审慎义务源于主权,作为一项基本原则,在诸多国际法领域中均有体现,[16] 国家若在实践与法律确信中无排除适用的表示,则对其具有约束力。[17] 承认主权原则在网络空间的适用,若国家网络空间实践与法律确信并无排除适用的表示,代表其应当履行审慎义务。换言之,国家不应当在知悉的情况下,允许其领土上的网络基础设施被用以网络攻击侵害其他国家的权利。

客观存在的网络基础设施已为网络空间中主权的行使厘定边界,国家在其主权所及范围之内应对其他国家承担审慎义务。否则,即可将网络攻击行为归因于该国。但审慎义务本质上是一种转嫁责任,一定程度上降低了非国家行为者行为归因于国家的标准。网络的普遍可获取性使得网络空间中充斥着大量活跃的非国家行为者,而绝大部分的网络攻击是由非国家行为者所实施的。[18] 因此,若不对审慎义务的适用加以限制,则网络基础设施所在国或控制国(领土国)将承受过重的负担,受害国也可能会滥用网络反措施,与审慎义务维护国际秩序、促进国际友好交往的目的背道而驰。

首先,领土国承担审慎义务以其知悉损害的发生为限,即只有当国家知悉其领土上或控制下的网络基础设施被用以对其他国家实施网络攻击,方产生审慎义务的履行。知悉包括事实上知悉以及推定的知悉。推定的知悉以国家对设施及网络活动行使管辖权为基础。国家不可能对其领土上所发生的任何事情具有充分的认知,对网络空间行使主权并不意味着国家必然知悉或应当知悉

〔15〕 See Corfu Channel (United Kingdom of Great Britain and Northern Ireland v. Albania), Judgment, I. C. J. Reports 1949, p. 22.

〔16〕 例如,在国际责任法、国际人权法、国际投资法、国际刑法、国际海洋法以及国际环境法等国际规范中均有审慎义务的相关规定。See International Law Association, ILA Study Group on Due Diligence in International Law First Report, 7 March 2014.

〔17〕 See Michael N. Schmitt, *In Defense of Due Diligence in Cyberspace*, 125 Yale Law Journal Forum 68, 73 (2015).

〔18〕 See Michael N. Schmitt, *In Defense of Due Diligence in Cyberspace*, 125 Yale Law Journal Forum 68, 77 (2015).

其设施被用以实施网络攻击。换言之,网络攻击来自某一国家所控制的网络基础设施并不代表该国对此具有事实或推定的知悉。[19]

其次,网络攻击对受害国权利造成严重侵害是领土国履行审慎义务的必要条件。权利通常是通过国际法的适用得以实现,无论是条约法或是习惯法,权利遭受侵害即表明领土国未履行其对受害国的义务。当非国家行为者对受害国实施网络攻击,只有在此种攻击若由国家实施则违反领土国所承担义务的情况下,才构成对受害国权利的侵害。而且,只有当网络攻击对受害国权利的侵害达到严重程度时,才可能构成对审慎义务的违反。关于侵害的严重性,应当通过考量权利的重要性、受害国对网络基础设施的依赖性、受害国网络科技水平等相关因素,做个案判断。

最后,当领土国知悉源于其领土上或控制下的网络基础设施的网络攻击将对受害国权利造成严重损害,其应采取一切合理措施加以阻止。"合理措施"这一限制,为领土国承担不确定责任提供最大保护,只有当其未采取合理措施终止会对受害国权利造成严重侵害的网络攻击时,才构成对审慎义务的违反。设施的连通性往往使得网络攻击的结果难以预测,相应的合理措施是否能真正发挥作用对于领土国而言是难以掌握的。即便是领土国已采取合理措施,受害国权利可能依旧遭受严重损害。所以受害国权利遭受严重侵害,不必然意味着领土国违反审慎义务。审慎义务系行为义务而非结果义务,并不要求领土国成功消除网络攻击,而仅仅是要求其采取合理措施,即便这一合理措施被证明是不起作用的,也不意味着对审慎义务的违反。

审慎义务反映了现行习惯国际法中的预防义务,但其反映在网络空间中的范围是有限的。采取合理的措施,并不要求其实施纯粹的预防义务,如加强网络基础设施安全建设、国内立法对网络攻击加以规制,以消除可能的风险。审慎义务与不对其他国家实施网络攻击的"不伤害"(do not harm)之消极义务并不等同。在消极义务的基础上,审慎义务还要求领土国履行尽最大努力消除网络攻击的"做好事"(do some good)之积极义务。因此,完全否认合理措施中预防措施的存在,与审慎义务的性质不相符合。但在缺乏相应条约的情况下,仅

---

〔19〕 对于网络攻击来源于某国控制的网络基础设施与推定的知悉之间的关系,有观点认为,一旦确定网络攻击来自某个国家的领土,则推定该国知悉此次网络攻击并对之负责,但允许提供相反证据加以推翻。See Constantine Antonopoulos, *State responsibility in cyberspace*, in Nicholas Tsagourias & Russell Buchan eds., Research Handbook on International Law and Cyberspace, Edward Elgar Publishing, 2015, p. 64.

通过对国际法一般原则中审慎义务的解释,为领土国增设沉重的义务,恐构成对其主权的侵犯。预防义务应限制在合理的限度内,即当领土国知悉或应当知悉其设施很可能被用来实施网络攻击时,应采取合理的预防措施。

承认审慎义务在网络攻击行为归因中的适用,可为网络反措施的使用提供依据。但不加限制的审慎义务,在为领土国创设沉重负担的同时,也可能成为受害国滥用网络反措施的托词。通过对审慎义务的解释,而非相关领域条约法的制定,为领土国增设沉重预防义务以终止网络攻击,构成对国家主权的侵犯。主权应与审慎义务保持平衡,即当领土国知悉其网络基础设施被用以或很可能被用以进行网络攻击对受害国的权利造成严重损害时,有能力采取合理措施加以制止而未采取的,构成对审慎义务的违反,领土国应为此承担责任。

二、网络反措施适用的程序性要件

一方面,网络反措施的核心理念在于探索、构建一个和谐、稳定的国际社会。另一方面,网络反措施一定程度上的强制性以及网络攻击其本身所具有的不法性可能会使得受害国与领土国之间的争端进一步恶化。这种理念与现实的内在矛盾使得对网络反措施的适用进行合理限制成为必要。鉴于网络反措施的单边性、例外性以及网络攻击匿名的特性,缺乏必要的程序性限制会使得国际关系沦为弱肉强食的丛林法则的衍生物。程序性要件强调和平解决国际争端原则的适用,通过施加善意、透明度的价值要求,对受害国诉诸网络反措施的时间、情形做出必要限制,降低任意性、单边性对国际秩序的挑战。

(一)网络反措施的例外性

国际法的执行一直处于激烈的争论核心之中。与国内法执行的“垂直”模式不同,自上而下的执行机制通常与国际法精神、制度不相符合。[20] 权力下沉的“水平”模式执行机制是国际法执行的显著特征,也是网络反措施赖以存在的基础。“水平”模式反映国际法在执行方面仍处于初级阶段,[21] 在这种情况下,赋予国家以自救权是必要的。因此,网络反措施的实施不应以客观裁决为必要前提。构成国际不法行为的网络攻击仅仅是被宣称,而未经客观确证。一方

---

〔20〕 See David J. Bederman, *The Spirit of the Laws*, University of Georgia Press, 2002, p. 187.

〔21〕 See Hans Kelsen, *General Theory of Law And State*, Harvard University Press, 1949, p. 327.

面,在国际社会中,除了接受强制管辖的情况,对绝大部分争端的管辖必须基于双方的合意。此时,若将争端解决程序作为网络反措施的必要前提会对受害国保护网络安全的权利造成不当限制,与规范目的总是倾向于管理而不是限制国家积极维护其合法权利的国际法特征不相符合。[22] 另一方面,国际不法行为的主观判断与网络反措施私力救济的属性具有密切的联系,是在缺乏第三方争端解决程序的情况下,受害国可以自我判断与领土国之间法律关系的逻辑结果。[23] 将对网络攻击的客观裁决作为网络反措施的实施前提,意味着私力救济的终结。

然而,鉴于网络反措施的内在违法性,若缺乏对适用时间、情形的必要限制,允许受害国动辄即采取,因网络攻击所产生的国际争端将进一步恶化,产生适得其反的作用。对此,《草案》在网络反措施的适用中,通过时间要素的作用,对其例外性加以强调,主要涉及实施、中止与终止三个阶段。

首先,网络反措施的实施是对缺乏第三方强制性争端解决程序的客观现实的真实反映。因此,在网络反措施实施前存在第三方强制性争端解决程序,或是在实施过程中受害国与领土国就诉诸第三方争端解决程序达成一致意见,或将构成对实施的禁止或中止。这种对诉诸网络反措施的限制必须建立在不对受害国权利造成进一步损害的基础上,既保有网络反措施执行国际法的作用,又消除因网络攻击主观判断所产生的任意性。禁止对受害国造成进一步损害存在现时与未来维度的双重含义。一方面,领土国已采取合理措施停止网络攻击并确保不再继续产生损害。[24] 另一方面,避免减损受害国因国际法执行所产生的预期利益。第三方争端解决机构应具有采取临时保护措施的权力,[25] 以充分发挥执行国际法的职能,构成对反措施的有效替代。但是,即便是在第三方争端解决机构业已采取临时保护措施的情况下,避免受害国遭受进一步损害目的的实现仍然需要领土国善意合作。缺乏领土国的善意合作,将对受害国造成

---

〔22〕 See David J. Bederman, *The Spirit of the Laws*, University of Georgia Press, 2002, p. 190.

〔23〕 See Air Service Agreement of 27 March 1946 between the United States of America and France, 18 R. I. A. A, 9 December 1978, p. 443, para. 81.

〔24〕 See James Crawford, *Counter-Measures as Interim Measures*, 5 European Journal of International Law 65, 75 (1994).

〔25〕 See International Law Commission, *Yearbook of the International Law Commission 2001*, A/CN. 4/SER. A/2001/Add. 1 (Part 2), p. 136, para. 8.

进一步损害，此时限制基础则不复存在。受害国即可实施或恢复实施反措施。

其次，网络反措施作为构成国际不法行为的网络攻击的执行性结果，[26]并非国家责任的内容，而是受害国获得赔偿以及敦促领土国停止网络攻击的工具。因此，当领土国已履行其停止网络攻击、赔偿受害国的国际义务，网络反措施应立即停止，不应当有任何延迟。网络反措施的例外性源于其内在的违法性。网络反措施的正当性依据在于存在构成国际不法行为的网络攻击。当领土国通过赔偿从法律上消除网络攻击的存在，网络反措施的正当性依据则不复存在。在这种情况下，任何迟延都或将产生受害国对领土国的国家责任。

《草案》通过时间要素，对例外性的强调贯穿于网络反措施的全过程。受到第三方争端解决程序限制的客观事实表明，网络反措施并非解决网络攻击争端的首选方案。网络反措施的适用对于网络攻击争端而言，应是例外而非常态，是对争端解决程序的补充。

（二）通知、协商义务的善意履行

根据传统国际法，受害国在实施报复之前应向责任国主张赔偿，[27]这一前提条件在网络反措施的适用中也有所体现，即受害国在诉诸网络反措施前应通知领土国并与之协商。协商是通知的逻辑延伸，当领土国对通知予以回应时，双方的协商实质上已正式开始。[28] 在国际实践中，协商相较于其他争端解决程序使用得更为频繁。实际上，协商通常是唯一采用的方法，不仅是因为它往往是第一个得以考虑并经常成功运用的方法，也因为各国坚信，即使在通过协商达成解决方案机会渺茫的情况下，协商相较于其他争端解决程序而言也更具优越性。[29]

如前所述，在通常情况下，网络反措施的适用不以争端解决程序对争端的客观裁决为必要前提，网络攻击是否构成国际不法行为属于受害国主观判断的

---

〔26〕 See Gaetano Arangio-Ruiz, *Counter-measures and Amicable Dispute Settlement Means in the Implementation of State Responsibility: A Crucial Issue before the International Law Commission*, 5 European Journal of International Law 20, 21 (1994).

〔27〕 See Yuji Iwasawa & Naoki Iwatsuki, *Procedural Conditions*, in James Crawford et al. ed., The Law of International Responsibility, Oxford University Press, 2010, p. 1149.

〔28〕 See Mary Ellen O'Connell, *The Power and Purpose of International Law: Insights from the Theory and Practice of Enforcement*, Oxford University Press, 2008, p. 259.

〔29〕 See J. G. Merrills, *International Dispute Settlement*, Cambridge University Press, 2011, p. 2.

事项。换言之,领土国对于网络攻击是否知悉、网络攻击是否造成严重损害以及领土国是否采取合理措施等均属于受害国主观判断的事项。网络攻击所具有的特性很可能会使得受害国做出错误主观判断。

网络攻击来自某一国家领土之上的网络基础设施并不代表该国对此具有事实或推定的知悉。网络空间中,通过“匿名”“欺骗”等技术,利用其他国家的设施实施网络攻击并掩盖足迹的实例屡见不鲜。是否知悉的问题将最终演变为受害国的网络风险防范专家对领土国意图的评估,[30]为此需将网络攻击发生时的政治气候、受益者等事项均纳入评估的考量范围之中。在国际社会中,发展中国家显然无法与发达国家一般,即以类似的方式终止其领土上的网络攻击,这种国家实力的差距将会对审慎义务的履行产生巨大影响。因而,措施的合理性评估应以国家实力为基础,充分考虑领土国的网络技术、掌握的情报与资金、采取措施的协调与组织能力以及对设施的掌控能力。[31] 相应地,在是否构成国际不法行为的认定中,核心问题并不是将网络攻击行为归因于一国的法律程序,而是获取用以确定归因的证据。[32] 在网络空间的背景下,相关证据的收集相当程度上需要领土国的配合与协作。相反,若缺乏领土国的配合与协作,对网络攻击的认定将不得不严重依赖于情报。[33] 这种以大量情报为不法行为认定的证据基础,充满政治意味的归因,不啻于一场“疯狂的政治推理”。[34]

因此,协商不仅仅是一种可能解决争端的方法,还是一种获取证据的技术手段。受害国与领土国进行协商能够为争端的解决提供机会。在协商中,受害国或可发现领土国并不需要为网络攻击负责,或可与领土国就赔偿等事项达成协议,真正解决彼此之间的争端。即便是无法达成和解方案,协商的特殊价值

---

〔30〕 See W. Michael Reisman & Andrea Armstrong, *The Past and Future of the Claim of Preemptive Self-Defense*, 100 American Journal of International Law 525, 526 (2006).

〔31〕 See Michael N. Schmitt ed., *Tallinn Manual* 2.0 *on the International Law Applicable to Cyber Operations*, Cambridge University Press, 2017, p. 27.

〔32〕 See Military and Puramilitary Activities in and Against Nicaragua (Nicaragua v. United States of America), Judgment, I. C. J. Reports 1986, p. 39, para. 57.

〔33〕 例如,2017年1月11日,时任美国总统特朗普表示接受情报机构做出关于俄罗斯在2016年美国大选期间对民主党实施网络攻击的判断。参见《特朗普承认俄罗斯对美国实施网络攻击》,载环球网2017年1月12日,https://world.huanqiu.com/article/9CaKrnJZGP9,2021年7月9日访问。

〔34〕 See Nicholas Tsagourias, *Cyber Attacks, Self-Defence and the Problem of Attribution*, 17 Journal of Conflict and Security Law 229, 235 (2012).

在于它能在最合适的时机，即采取网络反措施之前，提供相关有价值的信息。[35]受害国通过协商或可获得确定领土国对网络攻击的认知、应对的能力等相关证据，结合收集的情报，做出合理的判断，努力实现以事实为依据，客观看待网络攻击的问题。

不论是解决争端，抑或是获取证据都必须建立在双方善意履行协商义务的基础上。善意并不是对协商义务提出新的要求，而是对其潜在真实含义的阐明。无论来源如何，义务创设与履行的基本原则之一都是善意原则，[36]在协商义务中具有核心地位。协商义务具有其内在的相互依赖性，需要受害国与领土国同时的善意，任何一方的不配合都会使得协商的目的落空。但在网络反措施的背景下，善意协商是受害国应承担的义务，领土国有权不予配合。换言之，善意协商要求受害国在适当的情况下寻求合适的时机与领土国进行协商，尽可能探明网络攻击的相关事实，充分理解对方的利益以及坚持不懈地寻求可接受的妥协，[37]其重点在于过程，而非结果。因此，当通过协商解决争端的可能性不复存在时，[38]具体表现为领土国拒绝协商、不合理中断、无端拖延、破坏双方商定的规则、系统性拒绝不利建议，[39]即可视为受害国已履行义务。在此之后，受害国即可采取网络反措施。

《草案》并没有对通知的具体形式、内容等做出要求，受害国对此享有广泛的自由。因此，基于通知会减损网络反措施效果的观点，[40]强调扩大紧急反措施的适用，是对该义务的错误解读。通知的作用在于提高反措施的透明度，同

---

〔35〕 See J. G. Merrills, *International Dispute Settlement*, Cambridge University Press, 2011, p. 3.

〔36〕 See Nuclear Tests (Australia v. France), Judgrnent, I. C. J. Reports 1974, p. 268, para. 46.

〔37〕 See Kuwait v. The American Independent Oil Company (AMINOIL), 21 ILM 976, Ad-Hoc-Award 1982, p. 1014.

〔38〕 See Application of the International Convention on the Elimination of All Forms of Racial Discrimination (Georgia v. Russian Federation), Preliminary Objections, Joint Dissenting Opinion of President Owada, Judges Simma, Abraham and Donoghue and Judge Ad Hoc Gaja, I. C. J. Reports 2011, p. 145.

〔39〕 See Affaire du lac Lanoux (Espagne, France), 12 R. I. A. A, 16 November 1957, p. 307, para. 11.

〔40〕 See Gary Corn & Eric Jensen, *The Use of Force and Cyber Countermeasures*, 32 Temple International & Comparative Law Journal 127, 131 (2018).

时又不消除任何和平解决争端的可能性。相应地,通知主要是对受害国将采取应对措施并寻求与领土国协商的意图的表达。受害国并不需要将反措施的具体形式、实施的时间通知领土国。加之,受害国对于反措施具体形式的选择同样享有广泛自由,领土国无法从通知的内容中获悉反措施的形式与时间并加以应对。因此,通知并不会因此减损网络反措施的效果。但是,这并不意味着通知义务是绝对的。在网络攻击正在持续等情况下,归因与争端的和平解决对于网络防御而言并不具有实际效用。此时,受害国并不需要通知领土国即可径行采取网络反措施,发挥对网络攻击积极防御的作用。

受害国在采取网络反措施前履行通知、协商义务,其实际效果并不是用一种和平解决争端的方式来代替另一种,相反地,是一系列和平解决争端的努力对单一解决方案的取代。[41] 换言之,《草案》并无意于通过协商完全终结网络反措施的适用,反而希望借由通知、协商与网络反措施的先后组合方案代替单一的网络反措施,尽可能以最少的成本解决受害国与领土国之间的争端。这一组合方案,反映国际法对于和平解决争端的首要关切采取多管齐下的渐进策略。

三、网络反措施适用的实体性要件

国际法正处于"比例原则的时代",[42] 几乎在每一个现行的法律体系中,比例原则都构成合规性的一个重要组成方面。虽然反措施相较于报复、使用武力更为温和,但与后者所共有的单边性同样会使其存在被滥用的可能性,进而对国际关系与合作造成影响。而《草案》中比例原则的存在,可协调反措施的单边性与合法性,避免不断升级的循环报复。根据《草案》的规定,反措施在方式和强度两个层面应当满足比例原则的要求。一方面,在方式层面,比例原则的存在赋予反措施以合法的外观,为其行使厘定行为的边界。反措施的行使应当恪守更高位阶的国际法规范、尊重国际法的基本价值以及实现国际社会的共同追求。另一方面,对于强度而言,反措施应相称于遭受的损害,并考虑国际不法行

---

〔41〕 See H. Lauterpacht, *The Absence of an International Legislature and the Compulsory Jurisdiction of International Tribunals*, 11 British Year Book of International Law 134, 138 (1930).

〔42〕 Aharon Barak, *Proportionality: Constitutional Rights and their Limitations*, Cambridge University Press, 2012, p. 457.

为的严重程度、侵害的权利等要素。反措施的强度应以其客观目的为限,同时考虑数量与性质要素,避免构成对领土国的惩罚。

(一)网络反措施的方式合比例

诚然,反措施具体方式的选择属于受害国酌处权的范围,受害国有权采取网络反措施应对网络攻击。但这并不代表受害国在具体方式的选择上享有绝对的自由。反措施作为一种和平的国际法律执行机制,所使用的手段不能破坏和平国际社会公认的基本价值。

首先,二战后,尊重与保障人权成为国际社会的普遍共识,对包含国家责任法在内的国际法各领域规则的制定与实施产生重大影响。因而,网络反措施的实施应尊重与保障领土国国民的人权。由于政府、私人通常情况下共同使用绝大多数的网络基础设施,无论是对领土国政府所有的抑或是私人所有的设施实施网络反措施,都可能对私人产生不利影响。现代社会中,网络在通信、商业等诸多领域发挥重要作用,承载了人类绝大部分的社会活动。网络反措施的实施很可能会对领土国国民的隐私权、通信权以及数据保护权等人权产生影响。但是,有必要区分对领土国实施网络反措施使其遵守国际法和获得赔偿的基本目标与国民所遭受的附带性影响。这种对人权的附带性影响,考虑到设施的互通性以及网络攻击的难以预测,在网络反措施的实施中是难以避免的。传统上完全无视领土国无辜国民人权,反而希望通过附带性影响产生国内压力改变领土国行为的做法已为国际法所禁止,[43] 网络反措施的附带性影响也应当符合尊重与保障人权的要求。

鉴于人权概念的广泛含义,除非对人权加以限定,否则受害国诉诸网络反措施的权利将受到严格限制。有鉴于此,《草案》通过“基本”(fundamental)一词对人权加以限定,即网络反措施不得影响领土国国民的基本人权。[44] 鉴于人

〔43〕 See Jean-Marc Thouvenin, *International Economic Sanctions and Fundamental Rights: Friend or Foe?*, in Norman Weiß & Jean-Marc Thouvenin eds., The Influence of Human Rights on International Law, Springer, 2015, p. 122.

〔44〕 参见《草案》第 50 条第 1 款第 2 项。尽管《草案》通过“基本”一词对人权加以限制,但却并未对“基本”一词加以解释。有观点认为,使用“基本人权”,确保“保护基本人权的义务”对反措施的限制足够灵活,以便在人权概念发展时仍有适用的余地。因为人权尤其是基本人权今后可能包括某些经济和社会权利,甚至包含干净和有益于健康的环境权利。See International Law Commission, Yearbook of the International Law Commission 1992, A/CN.4/SER. A/1992/Add. 1 (Part 2), p. 33, para. 233.

权义务的域外适用受到明确限制,相关人权条约所产生的义务并不适用于网络反措施对领土国上个人的影响。不得影响基本人权的要求很大程度上是出于人道主义关切,而不是对现有人权义务的法律分析与确认。[45] 这种对受害国道德义务的要求不应该高于领土国所承担的人权义务。领土国在紧急状态下人权保护的国内实践对于受害国道德义务的履行具有指引作用。国际社会普遍承认对人权的保护并不是绝对的,在必要的时候可以对部分人权做出适当的限制,即可克减的人权。此外,有一部分权利即便是在威胁国家生命的紧急状态期间也不得克减,即不容克减的人权。网络反措施不得影响基本人权,即意味着可对非基本人权造成影响。可见,"基本人权"正确区分了不容克减与可克减权利,将对网络反措施的禁止限制在前者的范围内,确保不会对这些人权造成任何损害。网络反措施不可避免会对领土国国民的隐私权、通信权等造成附带性影响,并不为国际法所禁止。但网络反措施不得对领土国国民的生命权、人格尊严等[46]造成任何影响,否则即构成对比例原则的违反。

同时,二战后,除行使自卫权外,在国际关系中不使用武力已成为国家交往的基本规则。相应地,在非武装攻击的情况下,反措施的具体方式也不得构成对武力的使用。网络攻击仅仅是武力的一种表现形式,所具有的非物理性并不构成将其认定为使用武力的障碍。当网络攻击的规模和效果与构成使用武力的非网络攻击相当时,如使用武装部队对人员与财产产生破坏性影响,即构成对武力的使用。网络攻击的规模和效果,应当通过网络攻击的紧迫性、攻击与结果之间的直接性、侵入性、所造成损害后果的严重性以及国家参与性等要素加以评定。[47] 其中,对于网络攻击与结果直接性而言,并非所有的武力使用都

---

[45] See Silvia Borelli, Simon Olleson, *Obligations Relating to Human Rights and Humanitarian Law*, in James Crawford et al. ed., The Law of International Responsibility, Oxford University Press, 2010, p. 1188.

[46] 不可克减的权利包括:生命权;免受酷刑、残忍的、不人道或有辱人格的待遇或处罚的权利;未经本人同意不接受医药和科学实验的权利;不沦为奴隶或不受非自愿奴役的权利;不因契约性债务而被拘禁的权利;不因追溯性刑事立法而被定罪或加重刑罚的权利;在法律面前人格受到承认的权利;思想、良心和宗教等自由。See United Nations, The Siracusa Principles on the Limitation and Derogation Provisions in the International Covenant on Civil and Political Rights, E/CN. 4/1985/4, 28 September 1984.

[47] See Michael N. Schmitt ed., *Tallinn Manual* 2. 0 *on the International Law Applicable to Cyber Operations*, Cambridge University Press, 2017, p. 334 – 336.

能直接产生结果。在某些情况下，为网络攻击提供装备或技术支持等非直接性的破坏性行动，也可能构成使用武力。[48] 侵入性，即侵入网络基础设施之中。但现实中，最为常见的网络攻击形式，分布式拒绝服务攻击，其并不侵入目标的设施之中，而是关闭进入设施的通道。然后，通过"僵尸计算机"等向目标设施发送洪水般的请求造成设施服务质量下降甚至是拒绝服务。并非所有的网络攻击都具有紧迫性，如"逻辑炸弹"，当其侵入设施之时并不会产生任何异常，直到预先编程的时间或讯息与实际达成共识，"炸弹"即被激活产生破坏性作用。因此，上述的所有要素均不具有决定性作用，并不存在可适用于所有网络攻击的判定标准，在具体的攻击中应有所甄别地加以考虑。通过对相关要素的综合考量，得出网络反措施构成对武力的使用，即表明该反措施违反比例原则，属于非法的反措施。

在合比例的评估中，受害国所承担的义务还包含遵守强行法等，例如禁止将散播种族灭绝言论作为网络反措施。在现实中，网络反措施最容易涉及尊重基本人权与禁止使用武力，尤其是前者。通过比例原则的适用，可以有效调控网络反措施的实施不会对国际法的重要价值，如尊重基本人权、禁止使用武力等造成影响。

（二）网络反措施的相称性

作为决策的基础与事后审查的标准，相称性可以指导国家评估应对不法行为的可用选择并提醒其潜在的法律责任，在反措施的适用中发挥必要的限制作用。相称性的适用是以国际不法行为为基础，通过对反措施的行使加以限制，确保反措施对不法行为国的损害不产生惩罚效果。换言之，引入相称性是为了确保反措施的目的仅限于敦促守法与获得赔偿。可见，相称性是对反措施强度与目的之间关系的描述，即反措施的强度应当符合其目的的要求。[49] 在反措施的实施中，目的包含两重含义，即受害国的目的与反措施本身的目的。一个国家可以自由决定其行为的目的。在现实中，受害国采取反措施不会仅仅是为了敦促不法行为国遵守国际法与履行赔偿义务。受害国通常还希望通过反措施实现其他目的，其中，惩罚不法行为国与保护本国最为可能。但受害国的惩罚

---

〔48〕 在尼加拉瓜诉美国一案中，国际法院认为，美国为尼加拉瓜境内和针对尼加拉瓜的军事和准军事行动提供培训、装配、资金、协助和指导等，已违反不使用武力的国际法规则。See Military and Puramilitary Activities in and Against Nicaragua (Nicaragua v. United States of America), Judgment, I. C. J. Reports 1986, p. 39, para. 228.

〔49〕 See Enzo Cannizzaro, *The Role of Proportionality in the Law of International Countermeasures*, 12 European Journal of International Law 889, 916 (2001).

目的,并不会与反措施不具惩罚性相矛盾。在反措施中,惩罚的概念仍具有一定的重要性,实际上也难以区分惩罚与补偿的问题。即便是承认反措施的目的仅限于敦促守法与获得赔偿,但不管在反措施实质性抑或是执行性后果中都可能存在惩罚的成分,[50]而解决这一问题的办法是通过相称性的限制防止客观上产生惩罚的效果,即反措施在客观上并不会对不法行为国产生惩罚效果,而不论受害国主观上是否具有惩罚的目的。因此,相称性的标准应是,在客观上满足敦促守法与获得赔偿的目的,即反措施本身的目的而非受害国的目的。但这种满足难以达到绝对精确的程度,最多只能通过近似来完成。[51]

概言之,网络反措施的相称性应以实现本身的目的为限,其强度应近似满足敦促领土国遵守国际法并提供赔偿所需要的程度。网络反措施的目的之一在于要求领土国提供赔偿。任何违反承诺的行为都涉及相应的赔偿义务,这一原则得到国际社会的承认。[52] 领土国应为归因于其的网络攻击向受害国就所造成的损害承担赔偿责任。损害与网络攻击之间应当具备因果关系,赔偿的事项应限于网络攻击所造成的损害。但因果关系是损害计算的必要非充分条件,当损害与网络攻击之间的联系过于松散或损害是网络攻击的间接性后果时,[53]就应排除在计算的范围之外。赔偿的事项应限于网络攻击所造成的直接损害。考虑到网络基础设施的连通性以及网络空间的社会性,归因于领土国的网络攻击可能会对受害国领土之上的商业活动、人员交流等产生间接附带性影响,但这种影响不包括在赔偿的范围之内。当领土国直接对受害国实施网络攻击时,遭受的损害即网络攻击所产生的直接后果。但当因未履行审慎义务而产生网络攻击的归因时,领土国未履行审慎义务构成国际不法行为,损害的计算应以领土国的不作为为基础,而非网络攻击的直接后果。[54]

---

〔50〕 See International Law Commission, Yearbook of the International Law Commission 1992, A/CN. 4/SER. A/1992/Add. 1 (Part 2), p. 27, para. 180.

〔51〕 See Air Service Agreement of 27 March 1946 between the United States of America and France, 18 R. I. A. A, 9 December 1978, p. 443, para. 83.

〔52〕 See Case Concerning the Factory at Chorzow (Germany v. Poland), Series A, No. 13, September 13 1928, p. 29.

〔53〕 See James Crawford, *The International Law Commission's Articles on State Responsibility: Introduction, Text and Commentaries*, Cambridge University Press, 2002, p. 204.

〔54〕 See Michael N. Schmitt ed., *Tallinn Manual* 2.0 *on the International Law Applicable to Cyber Operations*, Cambridge University Press, 2017, p. 130.

赔偿的目的在于实现事实或法律层面的受害国与领土国之间关系的再平衡,因此所获得的赔偿应相称于遭受的直接损害。以获得赔偿的目的为相称性标准之一,此时网络反措施的强度应相称于所遭受的直接损害,即反措施强度与不法行为之间纯粹的数量关系。考虑到网络基础设施的连通性以及网络科技能力的差异性,受害国在确定网络反措施强度与不法行为之间数量的相称性时,应以遭受的直接损害为基础,充分考量本国的网络攻击能力与领土国的网络防御能力。这种数量上的关系,为相称性的评估提供确定性指引,使得网络反措施至少可以相称于网络攻击所造成的直接损害。

网络反措施的另一个目的在于敦促领土国遵守国际法,或是尊重受害国的网络主权或是履行其审慎义务。因此,应当允许网络反措施强度以遭受直接损害为基础,在一定程度内升级,否则领土国难以相信受害国敦促其遵守国际法的决心。[55] 这种升级幅度的确定,则要充分考虑国际不法行为的违法性、网络反措施所保护利益的重要性等性质要素。[56] 升级的幅度很大程度上取决于所保护利益的重要性,当涉及普遍高度重视的利益时,如主权、国家安全等,存在更大的升级空间。但若所保护的是一些相对次要的利益,如贸易等,则可能援引严格的对等标准,几乎不存在升级的可能性。对于不法行为的违法性而言,领土国直接实施的网络攻击相较于未履行审慎义务,前者的违法性更为严重,更值得网络反措施强度的升级加以应对。

概言之,以网络反措施的目的为标准,其相称性的评估由两部分组成,即确定遭受的直接损害并以此为基础进行一定程度的升级,以及同时近似满足获得赔偿与敦促守法的目的。在这种情况下,网络反措施的强度通常会高于遭受的直接损害,两者呈现出一种不对称状态。但是,当相称于直接损害的网络反措施的强度同时也满足敦促守法的目的时,一定程度的升级是不被允许的。相称性所反映的并不是网络反措施强度与国际不法行为之间的一种数量上的等价关系,而是一种网络反措施强度与获得赔偿、敦促守法目的之间的适当性关系,即网络反措施的强度对于实现其目的而言是适当的。由于网络反措施与网络攻击的同质性,网络反措施目的与其强度之间的合理关系将主要体现在数量上。

---

〔55〕 See David J. Bederman, *Counterintuiting Countermeasures*, 96 American Journal of International Law 817, 829 (2002).

〔56〕 See James Crawford, *The International Law Commission's Articles on State Responsibility: Introduction, Text and Commentaries*, Cambridge University Press, 2002, p. 296.

四、结 语

国际社会已普遍认识到,网络空间并不游离于国际法的规制范围之外,各国对以网络基础设施为界限的网络空间享有各自的主权。但这并不必然意味着现有国际规范的现有解释能够直接适用于网络空间之中。网络空间与网络攻击所具有的特性,对现有归因框架的适用提出巨大的挑战。引入审慎义务或可解决网络攻击行为的归因困境,利于受害国通过网络反措施应对网络攻击、维护其国家利益。诚然,对于网络反措施的适用,还存在必要与否的争论。[57]但不可否认的是,这种解释是在现有国际法框架内运作。对于受害国而言,可供其选择的应对策略越多,并且其能以适当的方式加以实施,因网络攻击所造成的国际关系紧张局面或许不会进一步恶化。

面对频繁的低强度网络攻击,当通过审视义务的适用解决归因困境。对于中国而言,更为关切的问题在于如何适用网络反措施以维护国家安全。一方面,坚持网络反措施的补充性。网络反措施并非解决网络攻击争端的首选方案。相反,在权力下沉的国际社会中,网络反措施构成对现行争端解决制度的必要补充。因此,受害国在采取网络反措施之前应与领土国进行善意协商,努力尝试解决网络攻击的国际争端。在网络反措施的实施过程中,受害国应密切关注诉诸第三方争端解决程序的可能性。当领土国在面对压力时,与受害国就网络攻击争端提交第三方争端解决程序加以裁决达成一致意见的,网络反措施应立即中止不得有任何拖延。另一方面,确保网络反措施的合比例性。比例原则的要求贯穿于网络反措施的形式与强度。比例原则在形式层面的适用为网络反措施的行使厘定边界,即不得侵犯领土国国民的基本人权以及不得构成对禁止使用武力规则的违反。同时,比例原则要求网络反措施的强度应相称于其客观目的,避免形成对领土国的惩罚。

责任编辑:罗 云

---

〔57〕 在2017年召开的联合国信息安全政府专家组会议上,以古巴为代表的部分发展中国家反对将自卫权和反措施适用于网络空间。See Anders Henriksen, *The End of the Road for the UN GGE Process: The Future Regulation of Cyberspace*, 5 Journal of Cybersecurity 1,3 (2019).

法学译评

法学需要形而上学吗？
——读黄裕生《权利的形而上学》

高 宇*

摘要：

法学的形而上学基础一直处于自然法理论与实证主义争论的理论乱象之中，二者在根本上却都无法摆脱从事实推不出应当的“休谟难题”，《权利的形而上学》乃是走出这一困境的新尝试。该书论证了形而上学对于法学的必要性，指出唯有从自由意志演绎出道德法则的康德先验哲学才能为普遍权利奠定厚实的形而上学基础。尤为重要的是，《权利的形而上学》还从存在哲学的终极视域论证自由意志，夯实了康德的自由理论。然而，作为《权利的形而上学》基石的自由意志概念晚近以来却受到了质疑，无论是基于康德哲学还是基于存在哲学对自由意志的论证均遭到自然主义思潮的严肃挑战。这样，法学的形而上学基础仍处于悬而未决当中。

关键词：

权利；康德；形而上学；自由；自由意志

一、引 言

黄裕生教授多年来笔耕不辍地钻研“自由”这一根本性的哲学问题，深入剖析了自由问题在西方哲学史上的嬗变，《权利的形而上学》一书就是系统总结其自由与权利思想的实践哲学代表作。该书的基本观点可以概括如下：现代法权源于普遍权利，普遍权利的形而上学基础是人的自由意志，康德的先验哲学则对此给出了最强有力的论证。特别值得注意的是，该书不是简单地重述了康德的道德哲学，而是给出了新的诠释，从而展现了一种更加完善的康德式自由理论，而这也正是本书的一大亮点。详言之，作者不仅从实践哲学方面，还从存在

---

* 高宇，男，清华大学法学院博士研究生，研究领域为法哲学、政治哲学。

哲学层面论证了人的自由意志,将人的自由意志置于意识现象学的视域之中,有力地补强了康德的论证,从而将自由奠定于坚实的理论哲学的基础上,也给出了从自由演绎出权利的新的方式。

《权利的形而上学》对法学具有不容忽视的启发意义,告诫我们不仅不能回避形而上学问题,还应当努力夯实法学的形而上学基础,确立法治精神的深层哲学根据。在黄裕生教授看来,由康德开创的德国古典哲学从形而上学层面对自由问题做了最充分的哲学论证,为人类伦理法律秩序提供了坚实的形而上学基础,而这恰恰是德国超验哲学对法学的一个特别贡献。遗憾的是,康德哲学阐发的自由理论却并没有得到哲学与法学学术界的充分理解与吸收,这就导致我们的道德与法权在哲学层面还缺乏稳固的理论根基。自由如何确立,如何从自由中演绎出权利,这些基础性问题的解决对于法学作为一门真正的"自由科学"是不可或缺的。[1] 长期以来,法学的形而上学基础乃至法学与形而上学的关系一直笼罩在迷思之中,不同的理论进路始终争执不下,可以说《权利的形而上学》对这一问题做出了一次有益探索,也给出了一种基于康德哲学的可能的理论方案。通过《权利的形而上学》的分析,我们能够理解,康德的自由哲学在何种意义上可能奠定现代法学的形而上学基础。然而,《权利的形而上学》的方案并非尽善尽美,它同样面临康德哲学晚近遭遇的来自自然主义思潮的严肃挑战。这样,法学的形而上学基础仍然处在悬而未决当中。

二、法学的形而上学迷思

法学需要形而上学吗?众所周知,法学一直被视为一门实践科学,而形而上学则被当作纯理论的思辨学问,法学似乎无需形而上学。事实上,19世纪以来的法学始终有一股强劲的反形而上学倾向。古典法学与西方其他学问一样,直接依附于形而上学,即古代的自然法学说。早期现代法学同样依附于新的形

---

〔1〕"因为真正的法治不是简单的尊重法律,甚至也不是仅仅以法律来治理一个共同体,而是首先要寻找并确立普遍法,并依这种普遍法进行治理;但是当且仅当基于人类成员的普遍自由并为了维护这种普遍自由,才可能确立并制订出普遍法,也只有这种普遍法才能得到人类成员的普遍尊重,也才有理由要求人们的尊重。因此,是否成为一门能够基于自由去演绎、确立人间关系法则的自由科学,是法学能否成为确立法治精神并守护这种精神的现代法学的关键所在。"参见黄裕生:《德国哲学论证自由的三个向度——论德国哲学在论证自由问题上的贡献》,载《陕西师范大学学报(哲学社会科学版)》2020年第1期。

而上学，即启蒙时期的自然法理论，也因此，有人说西方法学史就是一部自然法学史。法学中最早大规模地抨击形而上学的人当属边沁，边沁秉承英国经验主义哲学精神对“神秘莫测”的普通法与自然法发起了猛烈的攻击，成为法学的“除魔师”而为人称颂。在《法理学的范围》这本标志现代法学作为一门独立科学的著作中，奥斯丁把法学的研究对象限定于国家实证法，拒斥了古往今来各路自然法学说。反形而上学也是20世纪法哲学的主流倾向，凯尔森的规范法学、法律现实主义、后现代法学莫不如此。就连秉承启蒙思想的当代自由主义法哲学也认为多元主义时代不同共同体可能拥有不同的形而上学，因而形而上学本身无法成为普遍权利的根基，取代形而上学位置的是更具经验性的所谓“重叠共识”。〔2〕罗尔斯与哈贝马斯一样，都认为我们如今处在所谓“后形而上学”的时代，已经难以凭靠超验的形而上学理论为普遍权利奠基，只能靠假想的契约或共识来为其奠基。然而，这种契约或共识要具有效力必然还是要以先在的普遍的道德权利与法则为前提，因为它们归根结底只是一种经验性的规范，须以先验条件为其存在依据。

真正说来，撇开对形而上学的误解与偏见，拒斥形而上学是不可能的。因为形而上学是对一切领域根本前提的追问，是对使经验世界得以可能的先验根据与条件的探究，在实践领域也就是对人类的行动理由与生活原则的终极追问，是对人类行动的正当性的最高原则的探究。〔3〕人们可以拒绝特定的形而上学理论，却不可能拒绝必然存在的形而上学领域与思维。法律实证主义者当然可以拒绝自然法理论，但却不可能回避对法律的终极根据或最高原则的形而上学探究，在这个意义上，他们也的确提出了各种不同的法律形而上学理论。现代政治与法律的根本目标在于保护公民权利，正是公民权利提供了现代法体系的正当性，而权利无疑也是型构现代法学的核心概念。然而法律所平等保护的这种公民的个人权利究竟来源于何处，其本身的正当性何在，其终极根据或最高原则又是什么？个人权利根源于宪法吗？可宪法本身的最后根据又是什么？这就是无法回避的法律形而上学研究的核心问题。

---

〔2〕 对于罗尔斯这种“政治的而非形而上学的”正义观念，法理学家拉兹总结了四个特征：(1)有限适用性，即只适用于当代民主社会；(2)浅陋的根基，即不寻求信念的深层根基；(3)理论自主性，即独立于任何一般性的道德形而上学；(4)认知节制，即拒绝主张这种正义观表达的是真理。这些特征提示我们处在“后形而上学”时代。参见[英]约瑟夫·拉兹：《公共领域中的伦理学》，葛四友主译，江苏人民出版社2013年版，第72~73页。

〔3〕 参见黄裕生：《权利的形而上学》，商务印书馆2019年版，第8页。

无论表面上看法学如何排斥形而上学,法学事实上也必然或明或暗地承诺某种形而上学。遗憾的是,自然法学与实证主义的主流法理争论并没有真正奠定法律的形而上学基础,反而使法权的终极根据处于迷思当中,法学家对于法律的形而上学基础本身亦处在模糊与矛盾之中。在法律实证主义兴起之前,自然法是唯一正统的法律形而上学基础。近代自然法理论认为,人类个体在自然状态下就拥有依其本性而存在的普遍自由权,每个人都平等地享有这种不可剥夺的神圣的自然权利。这种自然权利作为一种天赋权利优先于一切契约性权利,是法律契约得以可能的先天根据,也是一切衍生性权利的最终来源,构建国家秩序的根本目的就是维护每一个体的普遍自由权。自然法理论对普遍自由权的承认与维护,看起来的确提供了一种奠定法律形而上学基础的颇有前景的可能道路,但还是遭到了法律实证主义者的严厉批判。"自然法"本身似乎就是个模糊的概念,奥斯丁认为它仅仅是"隐喻意义上的法",应当将之从法学中剔除出去。[4] 边沁更是对自然权利论与人权论做了猛烈的攻击,他认为"自然权利"是个自相矛盾的术语,"权利和法律权利是一回事"。特别是,"自然权利"并不存在一个客观的可识别与适用的标准,最终只能陷于主观主义,导致无法解决的争端。[5] 不过,边沁与奥斯丁把法律权利归于主权者的意志的做法被认为违反了休谟定律,因为主权者的意志作为一种心理事实无法产生严格意义上的"应当"。为避免这一缺陷,当代实证主义者一般认为法律权利的最终来源是作为法体系基石的具有最高法律效力的终极法律规范,也即所谓"基础规范"(凯尔森)或"承认规则"(哈特)。但是,这一终极规范自身的效力又如何解释呢?为避免回到自然法的窠臼,凯尔森认为其效力乃是法律人的假定,是法体系得以可能的先验条件,哈特则主张其效力源于法律人之间的约定,本质上是一种以事实为基础的社会规则。当代实证主义的这种规范主义进路属于意志论与自然法理论之间的第三条道路,被许多法学家视为确立法学基础的最佳进路,因为它看起来同时摆脱了意志论与自然法理论的基本缺陷。[6]

---

〔4〕 参见[英]约翰·奥斯丁:《法理学的范围》(中译本第2版),刘星译,北京大学出版社2013年版,第220~223页。

〔5〕 参见[英]H. L. A. 哈特:《哈特论边沁——法理学与政治理论研究》,谌洪果译,法律出版社2015年版,第87页。

〔6〕 See Aldo Schiavello, *Rules, Conventionalism and Normativity: Some Remarks Starting from Hart*, in Micha Araszkiewicz eds., Problems of Normativity, Rules and Rule-Following, Springer International Publishing, 2015.

不过，实证主义并没有真的战胜自然法理论，因为实证主义者对自然法理论的批判还不够彻底，还没有触及自然法理论的根基。此外，当代实证主义本身并没有真的克服意志论的缺陷，因为如果终极规范说到底只是依托于一种经验共识，无论它是假定还是约定，它就还是一种社会事实，而社会事实并不能产生真正意义上的“应当”。[7] 事实上，它不仅无法在根本上建立法权与普遍权利的联系，反倒容易滋生道德主观主义乃至虚无主义立场。由于这些原因，在实践中，法律的形而上学基础问题始终处于摇摆不定的状态。一方面，当法学家试图强调法律的自治性时，往往倾向于凯尔森或哈特的实证主义理论，排除道德对法律运作的干扰；另一方面，当法学家遭遇某些疑难案件时，又会不自觉地援引近代自然法理论，突出自然权利对法律约定的优先性。问题在于，不仅实证主义与自然法理论本身处在对立与矛盾之中，而且这两种立场均存在难以克服的障碍，这就使得法律的形而上学基础实际上潜伏着危机。

三、从自然法到自由法

在确立法权的哲学基础这一目标上，近代启蒙思想家提出的自然法理论究竟存在哪些问题？包括实证主义者在内的批评者都注意到，首先，自然状态本身仅仅是个理论设定，且启蒙哲学家对自然状态本身的描绘就存在分歧；其次，自然法本身的具体内容亦存在模糊，而自然法的来源与根据问题更未能获得令人满意的解释。但是，这些批评者往往没有看到，最重要的是，启蒙思想家虽然都将自然法与理性联系起来，视其为“理性法”，从而支撑了自然法的普遍性，然而他们并没有超越近代哲学的理性观，仍然把理性主要视为一种规定并演算概念的能力，也就是康德哲学里的“知性”。问题在于，作为知性的理性只能给出事实世界的因果法则与知识，却无法给出价值领域的伦理规范与行动，给不出包含应当与不应当的普遍的实践法则。试图根据知性来为人类行动提供正当性根据，最终必然会将行动规范化约为因果法则，导致自然法沦为功利主义原则。正是这最后一点，也即理性观层面的问题，是近代自然法理论存在的最根本的缺陷，也是《权利的形而上学》提供的一个重要洞见。

这一缺陷是英国启蒙哲学家无法靠经验主义哲学加以克服的，对这一缺陷

---

〔7〕 See Gerald Postema, *Legal Philosophy in the Twentieth Century: The Common Law World*, Springer, 2011, p. 560.

的真正克服只能依靠德国的先验主义哲学。尽管欧洲大陆在政治实践中曲曲折折,甚至付出巨大代价,但恰恰是欧陆哲学家才真正解决了英国启蒙哲学家弥留的难题。卢梭是第一个把意志与法则直接联系起来的哲学家,因为正是在卢梭这里,"普遍意志"是万法之源,卢梭这一关键的理论行动为康德通过自由意志演绎出道德法则铺平了道路。"康德发现,当且仅当意志是自由的,真正无条件的绝对法则,也即作为绝对命令的道德法则才是可能的。这样的自由意志因此也才不仅是一切正当法则之源,而且是最高理性本身,也就是他所说的'纯粹实践理性'。"[8]这样,理性就既包括知性,也包括自由意志,前者通过给出概念与命题而给出知识,后者通过给出法则而给出行动,而恰恰后一方面才是理性的最高能力。也因此,康德的理性观在西方思想史上实现了一次真正的突破。希腊哲学的理性观实际上仍是一种逻辑主义的知性观,只是在奥古斯丁分析恶的起源问题之后自由意志作为一个根本问题才被引入,可以说,康德正是借助希伯来文明的自由意志思想丰富并提升了希腊人的理性概念。然而康德的这一突破性工作并没有被后世充分理解,导致权利的形而上学基础处于迷雾之中。[9]

每个公民个体之所以拥有平等的不可侵犯的权利,"唯一的答案只能是:每个个人的绝对权利就来自他是自由的理性存在者"。[10] 正因为人本质上是自由的,他就必须被允许根据自己的意志行动与生活,否则就是对他的自由进而对他作为人本身的否定。严格说来,英国启蒙哲学也都承认人是自由的理性存在者,但却将此视为无需追问的前提,从而将理论重心置于制度安排层面,康德的先验哲学就是对这一基本前提的形而上学论证,将其在学理上确立为普遍原则。康德的先验论证以不证自明的事实为出发点,往后追溯这一事实得以可能的在先条件与逻辑根据。依康德所论,人类总是要生活在某种有序的共同体或社会之中,而有序的共同体必然要以规定行为标准的道德原则为根本前提。由于人类事实上的确生活在各种包含相互性要求、相互性期待与相互性应许的道德原则的共同体之中,这些道德原则对每一人类个体就都是有效的,或至少是被视为有效的。又由于道德原则总是表现为"应当"或"禁止"的命令,受道德命令约束的理性存在者就必然具备自由意志,因为向一个缺乏自由意志的不自由的对象——一个无法根据自己的意志去行动的对象——发布命令是没有意

[8] 黄裕生:《权利的形而上学》,商务印书馆2019年版,第9页。

[9] 参见黄裕生:《权利的形而上学》,商务印书馆2019年版,第22页。

[10] 黄裕生:《权利的形而上学》,商务印书馆2019年版,第10页。

义的，就像向纯粹受因果必然性决定的动物发布命令毫无意义一样。在康德看来，道德命令的存在是一个先天给予的客观事实，理性存在者的道德感同样不容置疑，而唯当人是自由的，所有这些才得以可能，所以“自由必须被预设为一切理性存在者的意志的属性”。[11] 自由意志不仅是道德法则的先验根据，而且是一切道德法则的唯一来源。因为假如自由意志不是道德法则的唯一来源，那么道德法则就还依赖于自由意志以外的其他外部因素，道德法则在根本上就仍然受制于自然必然性的因果法则，而唯当自由意志是道德法则的唯一终极因，道德法则才成为独立于自然世界的自由法则。

作为理性存在者，人与动物的根本区别不在于人具有知性，而在于人具有作为自由意志的纯粹实践理性。许多动物同样具有认知能力，但人之外的动物却无一不受制于因果必然性，只有人才是自由的，才能够根据自由法则而非因果法则行动与生活。正是这无条件的内在的自由使人成为人，赋予每一个体平等的尊严与权利。但这内在的自由是一种真正理性的自由而非任性的自由，因为任性意味着让自己受到外在环境因素的支配，这在本质上仍然是服从因果法则。理性的自由不仅要求我们主张自身的尊严与权利，同时要求我们把与我们具有相同的内在自由的他者作为平等主体对待，这意味着自由赋予我们的权利之中内在地也包含着义务，我们有义务尊重并承认他人根据自己的自由意志去行动与生活的权利。要实现这种相互尊重与承认，每个个体的行动准则就必须在任何时候都同时能够普遍化，也就是说，当所有人都根据这条准则行动时彼此不会陷入冲突与矛盾。这就是康德的“绝对命令”，一条出自自由意志并且旨在维护自由的自由者之间的基本法则。可见，真正的自由并非无拘无束或为所欲为，而是内在地与法则联系在一起，自由意志颁布的普遍法则也正是为了自由本身。绝对命令不仅允许每个人按照自己的意志去行动，同时设定了这一行动空间的边界，即每个人被允许的只能是一切可普遍化的行动，这一行动空间事实上就是每个人平等地享有的权利。“因此，权利并非仅仅是一种自然权利，也并非仅仅是基于人的自然本性的权利，因而也不仅是为了人的自然本性的权利，而是基于超越了人的自然本性的自由意志的权利。所以在康德这里，权利乃是一种超越的道德权利。”[12] 权利的道德属性意味着自由意志设定的行动空间同时是一个道德空间，是一个存在道德价值序列的立体空间，而非自由主义

---

〔11〕 黄裕生：《权利的形而上学》，商务印书馆 2019 年版，第 455 页。

〔12〕 参见黄裕生：《德国哲学论证自由的三个向度——论德国哲学在论证自由问题上的贡献》，载《陕西师范大学学报（哲学社会科学版）》2020 年第 1 期。

者主张的那种主观主义的平面空间,这就有效克服了对自由理论导致道德虚无主义的指责。

四、自由法的存在论基础

人是自由的。启蒙思想家虽然主张这一点,却同时否定人的社会性,认为自然状态下的人类个体就像一个个封闭的原子。究其根本,还是因为对人之自由的理解流于片面,没看到人的存在论层面的自由,而从存在哲学角度论述人的自由恰恰是《权利的形而上学》的一大亮点,进而从新的也是更为根本的方面诠释、补充并延伸了康德的论证。[13] 从存在论说,人之所以是自由的,根本上是因为意识的自由,自由意志其实是自由意识的一种开显。意识之所以是自由的,不仅因为意识可以自由地意向任何事物,也因为意识本身是一种有所觉识的存在,它总是能够"知道"自己的存在,人正是因为被这样的意识所居有才真正地成为"万物之灵"。更重要的是,意识还是任何存在者显示自身存在的根本前提,这意味着它的开启只源于它自身,它独立于一切其他存在者。作为这种绝对的独立自主的存在,我们甚至可以说,意识是一个无,它什么也不是,也因此才具有绝对的自由。意识的自由性意味着被意识所居有的人是本原的自由存在者,这种自由存在者的存在本身就是目的。[14] 由于被意识所居有,人向来就在自由之中。这种自由不是任何社会角色在某种社会关系中享有的"自由权",而是本原的存在论意义上的自由或自由存在。这种本原的自由存在身份乃是人进入一切社会身份的前提,因而也就构成一切社会自由权的基础,因为正是每个人那不可替代、不可让渡的绝对的本原存在才是一切契约关系的根本前提。这种本原身份当然基于人具有自由意志,而自由意志本质上就是人具有的一种能够突破因果必然性并自行决断的纯粹理性,能够以意志本身作为绝对的第一出发点的打破本能约束而自由行动的能力。正因为自由意志能够摆脱种种外部因素的制约,它才能够仅仅根据自身就颁布自我约束的普遍法则,而这普遍法则也就是人类普遍的道德法则,它在根本上决定着拥有自由意志的人所必然具有的社会性。

---

〔13〕 参见刘作:《为什么需要权利的形而上学?》,载《社会科学报》2020年7月20日,第8版。

〔14〕 参见黄裕生:《本相与角色的存在论区分——普遍伦理学的起点》,载《复旦哲学评论》2004年第1期。

更重要的是，从存在与时间的终极哲学视域可以看到，与动物不同，人不仅有当下，既有过去，也有未来，能够打开整体时间。他是真正在时间之中存在的自由者，因而总能够打开过去与未来的可能性，而能够打开整体时间也意味着能够打开所有可能性，因为所有可能性都是在过去、现在与未来的时间之流中延展。因此，人与动物最根本的区别也可以说正在于他永远处在可能性之中。人永远是未完成的存在而非现成的存在，永远向着新的可能性敞开自身。这意味着，人向来都不是一个封闭的原子般的存在，他在打开自我可能性的同时也必定能够将他人带入整体时间之中进而打开他人的可能性。一个能够向他人敞开自身可能性的自由存在者必定能够同时将他人也视为向自己敞开的自由存在者，自由存在者之间的这种相互承认与对待展现的实际上就是一种普遍之爱的能力。所以，真正的自由存在者不仅不是自然法设想的那种离群索居的孤独个体，而且必定总是相互共在于时间与可能性之中，共同“在世界之中存在”。真正的自由并不是在不伤害他人的条件下的任性妄为，因为后者仅仅是一种外在的自由，内在自由所要求的不仅是不伤害他人，更是要把他人当作与自己一样的自由者来承认与对待，把他人当作另一个自己。就此而言，自由者必定拥有爱的能力，自由者之间首先就处在这种互爱的伦理关系之中，这种伦理关系作为自由存在者的本相关系乃是一切社会角色间伦理法律关系的基础。这就是说，人首先就是社会性存在、伦理性存在，首先就生活在伦理共同体而非契约共同体当中。

正是基于对人之自由的深层机制的揭示，黄裕生教授认为法律权利的基础在于道德权利，道德权利的基础在于自由意志，自由意志在本质上则是居有人之意识的行动能力的开显。这样，黄裕生教授就从存在哲学的高度对道德与法权的终极根据给出了强有力的先验论证，这一努力无疑为走出法律的形而上学困境开辟了一条可能的道路。如前所述，法律的形而上学困境主要表现为实证主义与自然法理论之间的争执，但双方却都不能切实地奠定法律的形而上学基础。实证主义把法律权利的根据归结为人为的假定或约定，这在根本上违反了从“是”推不出“应当”的“休谟定律”，这种经验进路也根本无法保证法律权利基础的普遍性与绝对性，法律权利与道德权利的分离最终导致法律体系处在无根基的状态。事实上实证主义者并非要否定人的自由，相反，许多实证主义者都是自由主义者，他们主要是担心道德的介入会混淆法律的识别标准并干扰法体系的稳定运作。然而，实证主义者没有看到的是，我们完全可以在承认“恶法亦法”的前提下同时承认法律权利的基础在于道德权利，也就是说，实证主义者混淆了法律的效力判准与法律的规范性来源这两个不同的问题。[15] 从维护法律的自治性的角度出发,我们可以支持实证主义立场,承认法律规范的道德优劣并不影响它作为法律规范的效力或身份。但从奠定法律的形而上学基础的角度看,试图根据人为假定或约定来说明法权的规范性来源注定会失败,因为一旦脱离普遍的道德法则,所有法体系的地基都是不牢靠的并且无法在根本上获得证成。实证主义试图调和自由主义与法律规范性问题的经验主义进路,最终只会导致自相矛盾。

自然法同样问题重重,它之所以仍然在法学界占有一席之地,固然部分是因为实证主义没能令人满意地解决法权的形而上学基础的问题,但更多是因为自然法理论本身的比较优势,即它已经洞见到法权的基础必须是道德。但自然法理论对道德的理解却陷入困境,没有揭示出道德法则的深层根据。自然法理论甚至也注意到人是自由的理性存在者,并试图根据自然权利为自由主义奠基,但它对自由的理解流于片面,使得它允诺的是一个纯粹满足个体任性私欲的权利空间,一个国家不得介入的无关美德的主观空间,这也导致自由主义允诺的社会世界始终面对相对主义与虚无主义的指责。[16] 自由主义在面对当代各种保守主义思潮的挑战时之所以显得乏力,在根本上正是因为它从自然权利的角度理解自由,一旦自由完全基于经验层面的人的自然本性,自由法则所设定的权利空间就只能是一个缺乏美德维度的利己主义空间,从而引发一系列广受批判的现代性问题。

康德哲学能够同时避免二者的缺陷,且运用康德哲学为法学奠基的努力早已有之。[17] 但法学界对康德哲学却做了传统的自由主义理解,没有看到康德哲学的自由观与自由主义自由观之间的根本区别。也就是说,法学在法权问题上整体上依托的其实就是传统的自由主义哲学,这种自由主义被黄裕生教授称为“薄的自由理论”。[18] “薄的自由理论”根据人的自然本性来论证权利,得出的权利空间必然是一个分离了德性与神性的纯私人领域,因为行动者只要不伤害他人就可以为所欲为。更可怕的是,“薄的自由理论”由于看不到人作为自由存

---

〔15〕 See Mark Murphy, *Natural Law Jurisprudence*, 9 Legal Theory 241 - 267(2003).

〔16〕 参见黄裕生:《权利的形而上学》,商务印书馆2019年版,第44页。

〔17〕 参见[美]威廉·B.埃瓦尔德:《比较法哲学》,于庆生、郭宪功译,中国法制出版社2016年版,第四章。

〔18〕 参见黄裕生:《德国哲学论证自由的三个向度——论德国哲学在论证自由问题上的贡献》,载《陕西师范大学学报(哲学社会科学版)》2020年第1期。

在者的真正根基，从而确立的仅仅是一种外在的自由，而只要内在自由还未曾进入视野，在国家层面外在自由就很容易成为“自由国家”入侵非自由国家的口实，然而入侵行为本身事实上也同时意味着入侵者本人也已违背了内在自由的根本法则从而丧失了自由。康德哲学之所以是“厚的自由理论”，其厚实性就在于对自然法的超越，根据超验的道德法来确立权利空间，从而打开的是一个道德价值引导的行动空间。

五、自由法的自然主义挑战

根据《权利的形而上学》，法权的根据在于普遍的自由法则，自由法则的根据在于自由意志，因此，只有从自由意志中演绎出权利的先验哲学才真正奠定了法学的形而上学基础。事实上，现代法学概念体系的基础的确是自由意志。法律上的人所假定的正是具有自由意志的人，也正因为法律主体具有自由意志，法律行为才有法律意义，法律责任的认定与归结也才得以可能。可见，看起来只有对作为纯粹实践理性的自由意志进行充分揭示与论证的哲学才能真正充当法学的形而上学基础。如此，《权利的形而上学》通过康德哲学并基于存在哲学所阐发的自由理论似乎已经实现了这一目标。然而，问题却没有这样简单。康德哲学对自由意志的论证，以及《权利的形而上学》基于存在哲学的论证，甚至把自由意志设定为责任的唯一根据的观念，事实上都已经受到了来自自然主义思潮的挑战。

首先，康德对自由意志的论证有循环论证之嫌。康德认为，正如人的身体受自然规律支配，人的精神活动则受道德命令规范，道德的有效性意味着自由意志是必然存在的。且不说道德是否公认有效在元伦理学层面尚有争议，康德试图通过道德有效性论证自由意志，问题在于他的道德观念本身就已经预设了自由意志，这就导致了循环论证。要追问的是，道德责任必然需要自由意志吗？或者说，自由意志是道德归责的必要条件吗？自由意志论者显然认为，如果没有自由意志，一切就都处在自然的因果链条之中，既然一切行为都被自身之外的客观原因所决定，追究行为者的道德责任也就缺乏根据与意义了。然而，这种责任观却没有看到，我们并不是只能出于对行为者基于自由意志的行为的道义非难才要追责，我们还可以从社会与功利的角度出发进行追责。也就是说，我们之所以对一个行为追责，不是出于道义非难，而是为了纠正、维护被该行为破坏的社会秩序，为了威慑他人，同时也是为了对行为者进行再社会化使其能够正常适应既有的社会规范与秩序。[19] 将道德与自由意志绑定的做法在哲学上预设了规范性与因果性或事实性的二元鸿沟,认为规范性作为关涉“应当”的属性永远无法根据自然属性加以解释与还原。换言之,既然规范性在根本上就是一种超自然的特殊属性,那么对此种特殊属性的把握也就只能依托于完全独立于因果链的拥有自由意志的先验主体。然而晚近的进化伦理学已经充分表明,道德在本质上不过就是进化“设计”的促进人类基因保存与繁荣的众多适应器的一种,道德行为的出现体现的是一种基于博弈论的投资回报策略,而规范性本身也没有任何神秘之处,仅仅是漫长进化形成的复杂的因果控制回路。因此,道德规范性似乎完全可以根据进化论做自然化处理,其中并没有自由意志的特殊位置。[20]

其次,《权利的形而上学》从存在哲学角度对自由意志的论证在根本上依托于对人的意识及其意向性的超验理解。意识总是关于某物的意识,具有意向性的基本结构。但意识具有内在的、绝对的(也即无条件的)自由,因为意识可以自由地意指或指涉任何事物,意识的这种自由不仅独立于、超脱于任何因果链条,意识与事物的这种表示关系也即意向性本身也并非因果关系。然而从神经科学的角度看,这种超验的意识观却具有难以解释的神秘主义因素。这种独立于自然属性的绝对自由的意识究竟是如何产生的呢,又如何具体作用于人的身体从而发动行为呢?这些问题如果难以在现代生物学框架内获得因果解释就会危及超验意识的正当性与必要性。根据神经科学,意识不过是人类大脑的功能与属性,如果大脑本身不过是基因遗传与个体发育的自然产物,我们也就很难想象大脑会具备某种无法根据自然机制进行解释的超自然属性。超验意识观在根本上预设的就是笛卡尔意义上的“身心二元论”,仿佛在身体机器之中还隐藏着一个自由操纵的“幽灵”或“小矮人”。然而神经科学研究在人类大脑的结构中找不到供幽灵藏身其中的“房间”,意识并不是以某种超验实体的存在为前提,而就是神经元结构的一系列化学反应。人类的概念、思想与观念实际上都是神经元的产物,原则上也就都可以根据神经元之间的自然规律进行解释。既然意识是神经元这种物理存在的属性,那么思想与外在世界的表征关系也就

---

〔19〕 根据因果链条进行追责的可能性与哲学依据。参见苏德超:《激进意志论的困难与无意志的道德责任——兼与聂敏里、黄裕生二先生商榷》,载《哲学研究》2019 年第 4 期。

〔20〕 See Fitz Patrick, William, *Morality and Evolutionary Biology*, The Stanford Encyclopedia of Philosophy (Spring 2021 Edition), in Edward N. Zalta ed., forthcoming URL = <https://plato.stanford.edu/archives/spr2021/entries/morality-biology/>.

是物理因果关系，尽管是一种高级的、复杂的因果关系。这意味着，意向性在本质上仍然受制于因果律，不存在那种绝对的、内在的自由意向性。

此外，晚近越来越多的神经科学家在大量实验的基础上坚持认为自由意志就是一种幻觉。[21] 在他们看来，大脑实际上就是一台由进化“设计”的自动化决策设备，大脑无时无刻不在从外部环境中采集并计算信息，做出决策，只是在每个决策完成之后我们才有了意识体验感。换言之，总是先有大脑的机械运转，然后人才能获得意识，意识总是事后体验。许多神经科学实验对此给出了强力支持，尤其是在引入功能核磁共振成像技术之后，有实验发现大脑活动对某种行为倾向结果的编码竟然可以长达十分钟，然后才让它进入意识。甚至，通过对扫描图像的观察可以预测被试接下来的行为。[22] 这也意味着，黄裕生教授所说的意识的自识性（自我意识）不仅没有证明意识的绝对自由，反而可能是人类长期进化形成的自我欺骗机制，因而表明的恰恰是意识的不自由。面对自由意志的危机，进化心理学家罗伯特·赖特指出，我们能做的要么是重新定义自由意志，恢复其坚固性，要么是放弃这一概念并支持功利主义惩罚观。[23] 法学的确面临着两难。一方面，如何重新界定自由意志以使其能够与决定论相容，并不是一件容易的事情，存在许多富有争议的理论空间，而这却又是法学不得不去关注的基础性任务；另一方面，抛弃自由意志概念不仅会改变主流的归责方式，还意味着要在根本上置换现代法学的概念架构，而如何构建新的架构同样令人费解。更重要的是，一旦否定了自由意志，我们要如何论证普遍权利呢？在实证主义与自然法问题重重的情况下，脱离自由意志，普遍权利就丧失了绝对的、牢不可破的根基，人也就随时可能被奴役，事实上，连内在自由都没有的人甚至谈不上被奴役，因为他本就是一架自然机器。自然主义者似乎只能从功利主义角度论证普遍权利，但是，如黄裕生教授担忧的，基于计算理性的功利主义最终恰恰可能导致对个体权利的侵犯进而否定了普遍权利。当然，必须指出的是，自然主义对自由意志的挑战并不是要消解法律的形而上学基础，而是要使之自然化，它拒绝的是超验的形而上学。换言之，它承认法律需要形而

---

〔21〕 参见刘作：《为什么需要权利的形而上学？》，载《社会科学报》2020 年 7 月 20 日，第 8 版。

〔22〕 参见［美］迈克尔·加扎尼加：《谁说了算？自由意志的心理学解读》，闾佳译，浙江人民出版社 2013 年版，第 120～121 页。

〔23〕 参见［美］罗伯特·赖特：《道德动物》，周晓林译，中信出版社 2013 年版，第 405 页。

上学基础,问题在于,它究竟需要何种形而上学,是关于人性的超验形而上学还是自然化了的形而上学?两种形而上学之间的争执与各自的难题迫使法学直面这个科学主义的时代,法学唯有通过深度的理论反思与概念重构才能真正回应时代向它提出的根本问题,因此,法学的两难困境同样也蕴含着深刻的历史机遇。

责任编辑:苗子悦

反腐败与发展议程的协调
——基于《联合国反腐败公约》的催化作用*

Nikos Passas** 著　黄曼庭***译

译者按：

自《联合国反腐败公约》(UNCAC)谈判成功以来，我国学界已从不同方面对UNCAC开展研究，但迄今为止，研究基本限于与刑事诉讼法、刑法的衔接，反腐败国际合作和资产追回的分析等角度，鲜有学者聚焦UNCAC的技术援助议题(第6章)和实施机制(第7章)，从公约实施与可持续发展之间的关系的角度开展研究。值得注意的是，UNCAC所提"应全面且根本性地扭转腐败局势"的目标，为各缔约国都"统一"设立了先进的反腐败标准——这意味着发展中国家的履约工作将(比发达国家)更为艰巨，其在法律、体制、文化和技术层面所需的可能不仅是简单的小型调整，而有可能是近乎革命性的重大修正。实践表明，在许多情况下，技术援助不仅涉及技术咨询和技术转让，还包括对结构改革和文化转变提供支持。对此，如何使得技术援助的请求国与提供国之间的切实需求和重点事项相一致、如何对技术援助工作进行履约审查、如何真正发挥援助实效等都是公约在实施过程中的实质性问题。本文基于这些实质性问题，结合《蒙特雷共识》《约翰内斯堡可持续发展宣言》《欧洲发展共识》《巴黎宣言》

---

* Nikos Passas, *The Alignment of the Anti-Corruption and Development Agendas: The UN Convention against Corruption as a Catalyst.* In Marilda Rosado de Sa Ribeiro & Ely Caetano Xavier Junior (eds.), *Direito Internacional dos Investimentos* (*International Investments Law*), 2014, p. 363 – 391. Rio de Janeiro: Renovar. 翻译已获得作者授权。

** Nikos Passas，美国东北大学犯罪学和刑事司法教授，安全和公共政策研究所联合所长，日内瓦大学反腐败学院(GENACA)指导委员会联合主席，研究内容包括腐败、非法金融、非正式资金转移及汇款、恐怖主义、白领犯罪、金融监管、有组织犯罪和国际犯罪。曾协助联合国毒品和犯罪问题办公室(UNODC)设计《联合国反腐败公约》的审查机制和厘清相关的国家法规等。

*** 黄曼庭，北京师范大学法学院刑法学硕士研究生。

《彼得堡公报》等一系列与UNCAC相关的法律文件,对公约的技术援助与实施机制条款的内容、缘起、变迁以及其与公约内其他条文的联系等进行了详尽的阐述和分析,可以充实我国对UNCAC第6章和第7章方面的研究,以资当前该领域的理论与实践工作借鉴研究。

一、介绍与背景

2003年《联合国反腐败公约》(UNCAC)的谈判成功,被誉为近年来国际社会反腐行动中最重要的成就。对于国际社会而言,UNCAC不仅是真正具备全球性、全面性,深远性和开创性的国际法律文件;而且是诞生于广泛、透明和包容流程中的兼具充分性、缜密性和审慎性的作品;更是凝聚了政治家、极具多边事务谈判经验的外交官以及专业技术顾问(即在UNCAC所涵盖的各领域内具有专业知识和经验的从业者)等共同智慧的成果。此外,UNCAC还不忘借鉴另一重要的国际法律文书《联合国打击跨国有组织犯罪公约》(UNTOC)的成功经验。

谈判是一项艰苦甚至有时非常复杂的工作,它意味着对问题或概念的彻底分析和相互理解,对某些根深蒂固的观念或既有恐惧的消解和克服。随着一个新颖的群体——发展从业者(development practitioners)开始参与协商工作,并引起各发展机构代表的注意和兴趣,谈判工作开始变得越发复杂和充实。对此,谈判工作将蕴含于发展从业者重新评估在过往实践中具有特别重要性的方法和概念的过程中。与此同时,能力、善治和援助实效等概念的重要性日益提升,吸引人们的关注之余也在各个领域内引发了激烈的探讨,而这些探讨已经超越了传统的发展援助议题。由此观之,上述概念和与之相关的辩论正在成为制定并重塑协定、响应国内政治势力和国际多边机构呼吁的驱动因素,并由此加强了全世界对发展议题的关注。

大会为开展UNCAC的谈判工作设立了特设委员会,对该特设委员会,各发展机构基于自身所面临的不同挑战和不同考量提出了新的思考和意见,以使该委员会更好地实现其目标和使命。与此同时,经与协商小组其他专家交流,大会重新注意到了UNCAC某些关键条款的重要性和潜力。故此,为更好地实现UNCAC的目标,促进和加强国家和国际各级的协调与合作工作,大会立足于UNCAC的谈判背景,成立了反腐败国际协调小组(IGAC)。依据该平台,各谈判方决议在UNCAC中加入具体条款,以联结以下两项需求:(1)在国内和国际范围内都厉行消除腐败恶害;(2)将腐败恶害作为发展议题下的一项急需清除的障碍。

UNCAC 是全球第二大的明确技术援助重要性和具体细则的法律文书；关于该问题的第一大法律文书是《联合国打击跨国有组织犯罪公约》。虽然二者在关于技术援助方面的规定与表述基本相同，但前者有更深的进步意义——UNCAC 各条款间的联系性、活力性和体系性都更强。这一优势促使 UNCAC 拥有更为显著的开拓力与前沿性。

UNCAC 已在序言中明晰：腐败是对可持续发展和法治社会的严重危害。尤其是涉及巨额资产的腐败案件——这类资产可能占据很大比例的国家资源，可对政治稳定和可持续发展构成更为深远的严重威胁。此外，UNCAC 还在序言中明晰了妥善管理公共事务和公共财产原则、公平原则、问责制原则、法律面前人人平等原则、廉正原则和反腐文化原则。这些序言中的声明体现了民主和善治元素，这些元素贯穿于 UNCAC 全文，是该公约整体结构的重要基础。

UNCAC 第 1 条所载的三大目标之一是“提倡廉正、问责制和对公共事务和公共财产的妥善管理”。为实现这一目标，UNCAC 设有预防举措的专章*，该章提供了得到公认的一系列先进预防举措。此外，UNCAC 还将资产追回作为其基本原则之一，并就此注重建立第五章资产追回中各创新举措与 UNCAC 其他有关条款之间的联系，以有效促进资产追回的国际合作。更重要的是，UNCAC 强调向发展中国家和经济转型国家提供技术援助以支持上述国家实施 UNCAC。这在大会和经济与社会理事会的几项决议中得到了印证，这些决议已规定了若干应开展技术合作的特定领域，并要求加强国际组织间的协调与合作。[1]

即使是粗略浏览 UNCAC 所提的应全面且根本性地扭转腐败局势的目标，已有感这一目标对各缔约国的艰巨性。尤其对发展中国家和经济落后国家而言，其在法律、体制、文化和技术层面所需的不仅是小型调整，而有可能是近乎革命性的重大修正。对此，当这些国家决心超越强制性规定，认真实施 UNCAC 中有利于增强预防腐败和有效执法、提高社会参与、促进国际合作和加强公共

---

* 此处指 UNCAC 第二章“预防措施”。——译者注

〔1〕 参见大会决议第 A/RES/58/4 号，第 A/RES/59/155 号和第 60/175，60/207 号，以及经社理事会决议第 2006/24 号和第 2005/18 号。联合国大会和经社理事会高度重视犯罪预防和刑事司法领域内的针对预防和控制腐败的技术合作、咨询服务和其他形式的援助。大会和经社理事会还呼吁联合国的其他相关机构，加强与毒品和犯罪问题办公室的交流以最大限度地发挥协同作用和提升工作效率。

和私营部门透明度的举措时,其所面临的反腐挑战将更为艰巨。在盛行诸多国际标准的大背景下(如关于治理跨国犯罪、恐怖主义、洗钱和保护环境等的国际标准),要求各国皆达到先进的国际标准时,无疑对资源匮乏的经济落后国家更为艰巨,故其需得到更多的支持。

关于技术援助和交换信息章节的三个条文(第60~62条),涵盖了目前发展援助议题中发达国家和发展中国家伙伴关系的三个关键方面:(1)注重技能发展的能力建设;(2)以(充分的)信息支撑形势分析,政策制定和进度评估工作;(3)开展知识的交流转化和有利于实现UNCAC目标的物质援助。

在这方面,第62条特别重要——它肯定了治理腐败和实施UNCAC对可持续发展的重要性,并针对发展中国家设置了有助于提升其反腐能力的各种举措,包括:呼吁发达国家及各国际和地区组织与发展中国家建立广泛的伙伴关系,且强调有效协调在上述关系中的重要性;开展有助于实施UNCAC的能力建设;重视金融机构对反腐工作的参与。与此同时,该条还指出,在实施UNCAC的过程中,不可损害现有的外国援助承诺,也不可损害双边的、区域的或国际一级的其他金融合作安排。

除此之外,第62条的后半部分还突出了进行专门技术援助以支持反腐议程的必要性,而反腐议程现已毫无疑问地为发达国家和发展中国家[2]所认同。同时,该条后半部分还指出,实施UNCAC与预防、发现和控制腐败间的联系。因此,如何贯彻落实UNCAC将成为发展援助工作的核心部分。

值得注意的是,UNCAC的另一个特征在于其与技术援助密不可分,且与促进增长和推动发展密不可分。故此,在谈判过程中,规定技术援助细则的第6章节技术援助和信息交换与UNCAC内的实施机制条款建立了强有力的联系。规定实施机制的第七章节实施机制则认真平衡了下列关系:在建立足以有效审查各国实施UNCAC情况的机制之余,保留UNCAC的积极性和鼓励性意味,同时维护诸如尊重国家主权等基本原则。令人欣慰的是,在上述平衡过程中,与技术援助密切相关的UNCAC实施及审查机制没有受到挑战。而前文所述的强有力联系,则是通过提升各缔约国实现UNCAC目标的能力来建立的——这是缔约国会议的主要目的之一。缔约国会议负有审查UNCAC实施的职责,为实现该职责,UNCAC第60条和第62条保留了各缔约国开展活动的特殊地位,如鼓励各国调动资源和自愿提供援助等;UNCAC第63条(4)款则规定了缔约

〔2〕 必须指出的是,众多发展中国家批准UNCAC的举动为UNCAC的迅速生效作出了重要贡献,这表明UNCAC已成为连接各援助者和合作伙伴愿望和目标的桥梁。

国会议需积极开展活动、设立程序或提供方法，促使各缔约国为实现 UNCAC 目标开展自身能力与合作能力建设，具体如“注意到缔约国在实施本公约方面的技术援助要求，并就其可能认为有必要在这方面采取的行动，提出建议”[第 63 条(4)款 g 项]。

意料之中地，技术援助事项在本次议程中具有最高地位，并成为缔约国会议首届会议的三个优先议题之一——另外两个议题分别是资产回收与 UNCAC 实施的审查机制。这三个议题的共同点在于，三者的实施都需要进行仔细地协调与调整，以取得同步和切实的成果。缔约国会议首届会议吸引了不同行业的从业人员和决策者。各发展机构和多边组织的代表的出席，为各方重塑 UNCAC 谈判时期所达成的共识提供了契机。

然而，这一次，这一重塑过程受到以下关键因素的制约：第一，UNCAC 以前所未有的速度生效，成效显著——提高了人们对其创新性的认识之余，还突出了其作为全球反腐领域核心法律文书的地位。相应地，这也加强了支持 UNCAC 和研究 UNCAC 实施的势头。第二，发展中国家的大力支持——迅速加入和批准 UNCAC，引发了对“实施公约所需的技术援助”这一问题的强烈呼吁。第三，发展中国家的举动对发达国家造成了紧迫感，促使发达国家必须加快其普遍复杂细致的法律批准程序，以成为 UNCAC 的缔约国。第四，UNCAC 的缔结及生效进度，可以很大程度地影响有关援助的效率、影响力和协调性事项的讨论和进展。

这些因素在缔约国会议的对话过程中发挥了重要作用。一方面，援助机构和发达国家政府代表非常乐于分享他们在发展过程中所汲取的经验，并不忘结合发展中国家的经历来充实这些经验。另一方面，发展中国家虽然迫切地把技术援助作为优先事项对待，但却未就该兼具重要性和复杂性议题开展讨论，而这一议题，还属于一个未曾探索的领域。更微妙的是，这一问题因时间限制，难以进行非正式讨论——非正式讨论可以较为充分地分析和解释那些看上去比实际问题更关键的问题。故此，时间限制可能导致发展援助和腐败问题无法得到应有的充分协商。目前，与会者所达成的共识是：必须具备更多的知识和时间来仔细考量该问题的各个方面。

缔约国会议通过了第 1/6 号决议[3]，确认实施 UNCAC 和打击腐败是实现可持续发展的基本要素之一。会议提醒所有参与技术援助的缔约国必须保

[3] 参见 https://www.unodc.org/unodc/en/corruption/COSP/session6-resolutions.html，2021 年 12 月 22 日访问。

持协调合作精神,并使技术援助的请求国与提供国之间的切实需求和重点事项相一致。此外,会议还指出,推动技术援助的最佳方式是授权组织讲习班,以汇集关于发展方面和法律方面的反腐政策知识,使专家间就实践和协调问题展开讨论和协商,并(最终)达成共识。

第1/6号决议并不是关于实施UNCAC技术援助问题的唯一决议。就该问题,大会还通过了第1/4号决议——设立了一个不限成员名额的政府间技术援助专家组。该专家组的任务是审查发展中国家和经济转型期国家向会议提供的为实施UNCAC所需的技术援助请求,从而明确(各国)技术援助的优先次序,并研究以何种方式方法向请求国提供相应的技术援助。该专家组于2007年10月1日至2日在维也纳举行其第一次会议,并在缔约国会议第二届大会期间继续其工作——促使缔约国会议就"如何落实发展中国家和经济转型期国家所需的技术援助请求"问题,作出明智决定,以推动UNCAC的全面实施。

第1/6号决议和第1/4号决议提供了许多路径以使大会全方位地审查技术援助这一核心问题,这与UNCAC本身所采取的为此设立专门条款的做法相一致。在缔约国会议第二届会议的筹备工作中,技术援助议题仍然占据重要地位,因此,前文所述的讲习班可以为政府间技术援助专家组和缔约国会议提供启发。讲习班的潜在优势在于,其提供了一个非正式场合以便各方讨论复杂的问题,例如:如何处理联结发展援助与反腐行动之间的关系——这需要一个有相关领域专家出席的场合,且该场合不会被议程内的其他话题分散注意力。在负责审查UNCAC实施情况的缔约国会议中,则可能包含诸多发展援助事项以外的其他议题。

讲习班和政府间工作组的工作通常会在未来的某个时期走向一致。在这种情况下,确保发展方面的专家和负责UNCAC实施方面的人员继续留驻并参与协商过程是极为必要的。以外,建立并维持上述两组人士之间对话和理解的坚实基础也是极为必要的——这可能是讲习班的最大价值所在。

二、UNCAC对发展努力的关联性

任何国家,无论其发展状况如何,都无法革除供给侧或需求侧的腐败。尽管如此,腐败在脆弱国家和发展中国家的不良影响更具破坏性——这些国家因腐败而遭受的损害和付出的代价往往要高得多。目前,腐败逐渐被认为是加剧贫困和制约发展的最重要因素之一。多边机构和援助者就此已达成共识,即腐败是阻碍增长和制约发展的最大障碍——它在健康、教育、环境、自然资源管理、和平、正义、种族、民族和性别平等、保护儿童、基础设施、商业环境、民主和所有的公共机构等诸多领域内都滋生负面影响。越来越多的证据表明,一个到处充斥着偏袒、裙带关系、大小腐败、对不公正现象或犯罪行为特别是严重罪行视而不见的社会,是无法取得任何实质性进步的。长此以往,惯常的腐败行为会在公众心中根深蒂固,侵蚀社会文化价值观,并形成一个需要耗费大量且长期努力才能破除的恶性循环。这种高风险环境下,私人从业者将不愿意实施投资或者作出其他贡献,民间团体(CSOs)将疲软甚至无法发挥实效,援助者则可能出现滥用权力等丑闻,以至于严重破坏具备必要性和有效性的项目的公众和政府支持。

尽管发展共同体的成员对发展的具体任务、观点、优先次序和目标方面的认识存在分歧,但对治理与发展二者之间的因果关系和必要联系上,已经取得了共识。近年来,经一系列重大会议、宣言、经验累积和工作思路交换等,一种将腐败、善治和发展问题联系起来的共同语言已逐渐形成。

治理被广泛理解为系制定和实施决策的过程。进一步说,治理可被定义为社会群体管理其经济、政治和社会事务的一套价值观、政策、程序和体制,其中包括国家、民间团体和私营部门之间的相互作用。

"善治"具有以下特点:参与性、透明度、成效与效率、响应性、问责性、共识性、公平性和包容性以及法治性。[4] 我们可以看到,UNCAC 的许多条款业已涵盖了上述各个要素。

从一般意义上讲,腐败(的影响)包含对公众信任[5]的破坏和社会治理的失败。它破坏经济增长、减少政府收入、造成有限资源的错误分配、使规则和条例失效、造就不平等现象长期存在、破坏公众对法治的信心,并最终消解政府的合法性以阻碍发展。因此,腐败可以被作为良善治理的对立面(来理解),而非仅视为导致不良治理的原因。正如发展委员会所指出的,腐败被归结为是疲软和病态社会治理的表现或结果。病态的社会治理可影响政治稳定,引发贫困、发展、安全、冲突、人权、法治、公共卫生和环境等方面的问题——腐败与上述全球政策挑战的联系既包含理论维度,也涉及实践问题。自 20 世纪 90 年代中期以来,联合国大会一直对腐败问题所引发的社会稳定和社会安全方面的威胁表示严正关切;腐败破坏民主体制和价值、侵害伦理道德和正义,危及可持续发展

---

〔4〕 参见教科文组织网站,http://www.ibe.unesco.org/en/geqaf/technical-notes/concept-governance,2021 年 12 月 22 日访问。

〔5〕 或私人信托、私人间的腐败情形等,都属于 UNCAC 第 21 条所涵盖的范围。

和法治。[6] 这些问题相互交织,只有通过以战略远景和长期规划为指导的协调性和全局性政策才能得到有效解决。

上述认识在今天的许多观察人士看来,似乎是显而易见的,但这种认识实质上是长期不断探索的结果。在冷战结束之前,发展共同体对腐败问题没有过多探讨——腐败是一个敏感的问题,其被划归为一国之内部事务。在后冷战时期,全力支持某国或某项目的政治动机已有所减弱;相反,对有效性、积极性和量化成果的探讨增加,有关良善治理及其各个组成部分的重要性不断提升。由此腐败问题才逐步得到重视。

例如,联合国开发计划署(UNDP)在1998年编制了一份题为《打击腐败以改善治理》的共同性政策文件——指出把腐败问题作为发展议题看待的重要性。自1997年,联合国开发计划署便致力于提升民主治理的"问责制、透明度和廉洁性"(ATI)项目。[7] 当时的世界银行(World Bank)行长詹姆斯·沃尔芬森(James Wolfensohn)在1996年世界银行–国际货币基金组织(IMF)年会上发表的题为"腐败之癌"的演讲,以及1997年出版的《帮助各国打击腐败:世界银行的作用》(*Helping Countries Combat corruption: The Role of The World Bank*)一书,都阐述了善治与反腐之间的重要联系。世界银行1998年的出版物《援助评估》一书也指出,除非各国政府决心严惩腐败与不良治理,否则贫困问题难以得到有效解决。[8]

要特别指出的是,关于腐败问题的最重要的里程碑,是2000年9月8日联合国大会第55/2号决议《联合国千年宣言》(以下简称《千年宣言》)。尽管《千年宣言》和千年发展目标(MDGs)都没有具体提到腐败问题,但千年发展目标是许多反腐败项目的重要基础。

《千年宣言》指出,(人类所面临的)主要挑战是确保全球化成为一股惠全世界所有人民的积极力量,并使这一过程所涉的惠益分配和代价承担更为均衡(第5段)。《千年宣言》承认发展中国家和经济转型国家应对这一挑战所面临的特殊困难,因此,《千年宣言》要求采取全球性的和协商性的方法,即在发展中国家的有效参与下,来制定和实施能切实反映和弥补发展中国家需求的政策和

---

〔6〕 参见决议第A/RES/51/59号,第A/RES/52/87号,第A/RES/53/176号,第A/RES/54/128号,第A/RES/58/4号和第A/RES/59/155号。

〔7〕 参见2004年2月联合国开发计划署的反腐败实践说明。

〔8〕 参见http://documents1.worldbank.org/curated/en/612481468764422935/pdf/multi-page.pdf,2021年12月22日访问。

措施。

支撑上述全球性努力的基本价值观是自由、平等、团结、容忍、尊重大自然、共同承担管理全球经济和社会发展的责任,和共同应对危及国际和平与安全的威胁。关于“自由”这一基本价值的描述是这样的:“人们不分男女,有权在享有尊严、免于饥饿和不担心暴力、压迫或不公正对待的情况下过自己的生活,养育自己的儿女。以民心为本的参与性民主施政是这些权利的最佳保障”(第6段,笔者重点强调之)。[9]

千年发展目标包含八大愿景、18个目标和48项指标。显然,在充斥着客户名单(熟人名单)和腐败行为的不良治理环境下,无法实现减少贫困、改善健康、提升环境可持续性和平等。特别是愿景八(建立全球发展伙伴关系)中的目标12:“在国家和国际两级,进一步发展开放的、有章可循的、可预测的、非歧视性的贸易和金融体系(其中包括致力于善治、发展和减贫)。”

---

〔9〕《联合国千年宣言》还提到,“我们决心在国际和国家事务中加强尊重法制”;“加强努力打击所有方面的跨国犯罪,包括贩卖和偷运人口以及洗钱行为”(第9段)。这表现在《联合国打击跨国有组织犯罪公约》中——腐败犯罪是首要犯罪之一,且该犯罪将由《联合国反腐败公约》专门规制。参见 https://www.unodc.org/unodc/en/treaties/CTOC/legislative-guide.html,2021年12月22日访问。《联合国千年宣言》在关于“发展与消除贫穷”一节中指出,“我们将不遗余力地帮助我们十亿多男女老少同胞摆脱目前凄苦可怜和毫无尊严的极端贫穷状况。我们决心使每一个人实现发展权并使全人类免于匮乏”(第11段)。《联合国千年宣言》还意识到,“上述目标能否成功实现,除其他外,取决于每个国家内部施行善治,这也取决于国际一级的善治,并取决于金融、货币和贸易体制的透明度。我们承诺建立一个开放的、公平的、有章可循的、可预测的和非歧视性的多边贸易和金融体制”(第13段)。环境不当行为、破坏和不可持续的做法往往与腐败相关联。《联合国千年宣言》指出,“我们必须不遗余力,使全人类,尤其是我们的子孙后代不致生活在一个被人类活动造成不可挽回的破坏、资源已不足以满足他们的需要的地球”。在人权,民主和善治部分,各会员国强调,“我们将不遗余力,促进民主和加强法治,并尊重一切国际公认的人权和基本自由,包括发展权”(第24段)。除此以外,还决心“作出集体努力,以促进更具包容性的政治进程,让我们所有国家的全体公民都能够真正参与”,并“确保新闻媒体有发挥其重要作用的自由,也确保公众有获取信息的权利”(第25段)。对此,《联合国反腐败公约》中对社会参与治理,媒体和信息获取等也作出了许多规定。最后,《联合国千年宣言》还特别关注到了下列问题:帮助非洲消除贫困,支持新兴民主政体,防止冲突和促进政治稳定,确保可靠的资源流入量,增加外国直接投资的流入量和注重可持续发展(第七章)。以上问题显然与善治和建立透明的贸易、金融和反腐败项目相关。

这为许多援助者的反贫困战略提供了支持,这些战略包含反腐项目:如果穷人是腐败和专横的最大受害者,那么支持善治将不仅有利于穷人,且有利于整个社会。世界银行的研究表明,当各国加强腐败治理和重视法治时,长此以往,人均收入将增长四倍。〔10〕这一点常常被用来支持反贫困战略应包含反腐项目。

为了响应许多发展中国家要求改变国际金融关系的呼吁,2002 年在墨西哥蒙特雷举行的一次由联合国赞助的发展筹资问题会议得出结论:公共和私营部门之间必须加强合作,以克服发展资金短缺的问题,并实现千年发展目标。《蒙特雷共识》是国际社会为实现千年发展目标而探索如何调动一切必要资源的宝贵框架。它载有涵盖六个基本领域的原则、指导方针、政策和行动,这六个领域分别依次是:筹集国内金融资源促进发展;筹集国际资源促进发展(外国直接投资和其他私人资本流动);国际贸易作为发展的动力;加强国际金融和技术合作以促进发展;外债举措;解决系统性问题(加强国际货币、金融和贸易系统的统一和一致性以促进发展)。《蒙特雷共识》还规定了进度审查和评估程序。该公约指出,需要在国家和国际两级对贸易和金融问题采取全面的、注重善治的和协调性的方法;明确发展中国家的有效且公平参与的重要性;强调国家有权进行官方发展援助(官援*)。除此以外,该会议的另一个重要主题是能力建设的必要性,同时明确谈到了腐败问题和 UNCAC(UNCAC 在达成《蒙特雷共识》时即将出台):

"在各个层面打击腐败是优先事项。腐败是制约有效动员和分配资源的一大障碍,且将资源从重要的消除贫穷和经济可持续发展活动中盗走。"(第 13 段)

"我们决心尽快谈判并最后商定一个联合国反对一切形式腐败的公约,其中包括将非法获取的资金返还来源国的问题,并推动进一步合作以根除洗钱。我们鼓励那些尚未签署和批准《联合国打击跨国有组织犯罪公约》的国家考虑这样做。"(第 65 段)

---

〔10〕 声明载于 http://www.un.org/webcast/merida/statements/world031209en.htm,2021 年 12 月 28 日访问。

* 《蒙特雷共识》阐明官方发展援助可协助一国在适当的时间、空间内实现筹集国内资源的适当水平,同时亦可提高人力资本、生产和出口能力。……官方发展援助仍然是最大的外来资金供应来源,而且对于实现《千年宣言》中的发展目标和指标及其他国际商定的发展指标至关重要。——译者注

2002 年 9 月 4 日,《约翰内斯堡可持续发展宣言》(以下简称《可持续发展宣言》)强调了促进经济发展、社会发展和环境保护的共同责任(第 5 段),以及需要制定一项关于消除贫困和实现人类发展的切实可行的计划(第 7 段)。《可持续发展宣言》意识到发展议题与刑事司法问题之间的重要联系,注意到"人类社会贫富群体不可跨越的鸿沟,以及发达国家与发展中国家之间日益扩大的差距,对全球的繁荣、安全和稳定构成了重大威胁"(第 12 段)。

《可持续发展宣言》还列举了具体的隐患,其中包括腐败:"我们再次誓言,将特别重视并优先处理在全球范围内对世界人民可持续发展构成严重威胁的各种问题,其中包括:长期饥饿;营养不良;外国占领;武装冲突;非法贩毒问题;有组织犯罪;腐败;自然灾害、非法武器贩运、人口贩运;恐怖主义、不容忍、煽动种族、族裔、宗教和其他仇恨;仇外心理;以及地方病、传染性疾病和慢性病,特别是艾滋病毒/艾滋病、疟疾和结核病"(第 19 段)。

该宣言还呼吁私营部门为可持续发展作出贡献(第 27 段),并"在一个透明和稳定的制度环境中"(第 28 段)*加强公司问责制。与会代表们也承诺,将"加强和改善各级政府的管理工作,以有效执行《21 世纪议程》、《千年发展目标》和《首脑会议执行计划》"(第 30 段)。并重申为实现可持续发展目标,需要有"更讲究实效、更加民主和更加负责的国际和多边机构"(第 31 段)。最后,它延续了对进度评估和成果量化作出承诺的趋势,"我们还承诺定期监测在实现可持续发展目标方面所取得的进展"(第 33 段)。

2005 年 3 月 2 日的《关于援助实效的巴黎宣言》(以下简称《巴黎宣言》),各发达国家和发展中国家的部长们在《蒙特雷共识》的基础上,重申了援助方和合作伙伴皆承诺实施更多有效援助,以支持合作伙伴国家在加强治理和提升发展方面的工作。为此,《巴黎宣言》概述了五项主要承诺(自主、协调、统一、成果管理和相互问责),并提出了进度指标、各期目标和监测细则。[11]

---

* 此处应为作者笔误,"在一个透明和稳定的制度环境下加强公司问责制"应属于《约翰内斯堡可持续发展宣言》的第 29 段。——译者注

〔11〕 援助行动的研究结果表明这一声明以及后来关于援助实效声明的重要性:"未将援助对准最贫穷的国家;国际顾问提供的技术援助价格过高;支出失控;援助工作与捐助国内公司的采购挂钩;规划、执行、监测和报告要求繁琐且协调不佳;行政费用过高;迟付或仅部分支付款项;债务减免的双重计算;移民服务方面的援助支出;上述不良行为都将使援助工作的价值缩水。"(参见 www.actionaid.org/assets/pdf%5Creal_aid_192005_153541.pdf,2021 年 12 月 28 日访问。)

部长们特别承诺:“采取具体和有效的行动以应对其余挑战,挑战之一便是腐败和缺乏透明度问题——腐败导致公众支持减弱;资源有效调配受阻,并使资源无法用于对减贫和可持续经济发展至关重要的活动;破坏援助者对伙伴国家系统的信任。”(第4段第5节)

2005年理事会与参加理事会会议的成员国政府代表,携同欧洲议会和欧洲联盟委员会作出了一则联合声明,即《欧洲发展共识》——提供了指导欧洲联盟及其成员国发展合作的愿景。

这则声明与《千年宣言》相一致,阐述了发展合作的目标和原则,重申了欧盟致力于消除贫穷、维护各国主权、建立伙伴关系、提供更多优质的援助和发展政策。同时,该声明还列举了具体的方法,使各项目标切实可行且具有明确的优先次序;强调对执行情况进行监测和评估;重申“可持续发展包括善治、人权以及政治、经济、社会和环境方面”(第7段)。

《欧洲发展共识》指出,“《千年发展目标》议程和可持续发展意义之上的消除贫困,包含在经济、社会和环境层面开展诸多发展活动:如民主治理;政治、经济、社会改革;冲突预防;社会正义;人权保护和公平获得公共服务;教育;文化;保健(包括性健康和生殖健康权利……);环境和自然资源的可持续管理;有利于穷人的经济增长;贸易和发展;移民与发展;粮食安全;儿童权利;性别平等;社会凝聚力和工作体面性提升”(第12段)。

《欧洲发展共识》一直强调欧盟与其他国家通过对话达成共识的重要性:“欧盟与第三国的伙伴关系和对话将促进以下共同价值观的形成:尊重人权、基本自由、和平、民主、善治、性别平等、法治、团结和正义。欧盟坚决致力于有效的多边主义,使世界各国共同承担发展责任。”(第13段;笔者强调之)

《欧洲发展共识》也明确提到了腐败和其他刑事司法问题:“政治对话是推进发展目标的重要途径。在成员国和欧洲联盟机构的政治对话框架下,各国关于善治、民主、法治和保障人权的实施情况将被定期评估,以确保各国贯彻上述理念并形成共同理解。各国的政治对话在预防腐败方面具有重要意义,其有利于维护上述理念,并解决腐败、非法的移民和人口贩运问题。”(第17段)

《欧洲发展共识》还意识到民间团体参与和支持以下项目的重要性,具体为:伙伴国家和欧盟国家,有效援助,国家主权,援助方协调,以及注重结果和长期发展的项目。这使欧盟承诺重视“民主、人权、善治,尊重国际法方面的提升,且需特别关注反腐工作和增强透明度。欧盟委员会在促进民主、人权和国家建设方面的经验是丰富的,这些经验将得到进一步充实”(第53段;笔者强调之)。

《欧洲发展共识》还重申了“在保护人权、善治和民主化方面取得进展是促进减少贫困和实现可持续发展的关键因素。善治需根据每个国家的具体情况采取实事求是的做法。欧洲共同体将在反腐败、公共部门改革、司法救助和司法系统改革等领域内,积极促进关于治理主题的参与式国内对话。在问责制和民主、法治与保障人权的体制环境下,这种模式的对话对建立国家驱动型改革方案至关重要"(第 86 段)。

《欧洲发展共识》出台后,欧盟亦于 2007 年的《彼得堡公报》重申道:发展本身就是一个目标,可持续发展包括善治、人权以及政治、经济、社会和环境等方面。《彼得堡公报》将性别平等、保护儿童(包括健康和教育)和永久和平与可持续发展联系起来,并确认其将执行《蒙特雷共识》和《巴黎宣言》的承诺(第 5 和第 7 段)。《彼得堡公报》还呼应了以往关于建立伙伴国家的倡议、需求和自主权的声明,并再次强调民间团体参与会议的重要性,以及重视发挥会议本身的作用(第 6 段)。

《彼得堡公报》还将这些问题与能源、气候变化和其他环境挑战以及移民问题联系起来:"欧洲发展政策将对解决以下问题作出重要贡献:一则如何根除移民问题;二则如何确保伙伴国家的男子和妇女不必因经济原因而离开其祖国的问题。"(第 9 段)这一内容强调了其他类型的跨国犯罪如何与腐败相关,以及不良治理如何在腐败的推波助澜下,助长了非法货物和非法服务之需。[12]

欧洲议会随后的一份报告[13]补充道,有必要更加具体注重发展项目的透明度和问责制问题。该报告反映了 UNCAC 的许多具体规定,且特别强调了民间团体、自由媒体、强有力的法律制度和独立监督机构的作用。该报告还表示支持"公布支付信息"(Publish What You Pay),以呼吁跨国公司主动向政府披露其资金流向信息(第 8 段)。[14]《采掘业透明度倡议法案》即旨在披露发展中国家政府与跨国公司之间的资助支付信息(第 25 段)。

欧洲议会最近的一份报告[15]则再次呼吁私营部门遵守公司行为守则,并监测自身执行《欧洲企业在发展中国家的经营行为守则》的情况,特别是执行可

---

〔12〕 公报注意到:"体面工作"系摆脱贫困的关键(第 10 段);非法企业和跨国公司的白领犯罪与腐败问题息息相关。过去的例子已表明:官方和私人腐败与劳动剥削不无关联;高级别官员的不当作为,会默许并助长此类侵犯人权行为。

〔13〕 参见文件 A6 -0048 2006。

〔14〕 参见 http://www. publishwhatyoupay. org/wp-content/uploads/2014/09/PWYP-fact-sheet-on-EU-Accounting-and-Transparency-Directives. pdf,2021 年 12 月 28 日访问。

〔15〕 参见文件 A6 -0474 2006。

持续发展要求的情况(第44段)。该报告还强调,在能源资源的获取和分配上应更加公平;呼吁实施禁止非法倾倒有毒废物和禁止进口非法来源木材的规则;鼓励直接向国家预算处提供与援助有关的信托风险评估,并在评估中分析腐败问题;敦促能够找到腐败所涉资产的国家采取必要的资产追回举措。

联合国开发计划署2004年的《反腐败实践说明》指出:腐败对发展的负面影响已不言自明。来自世界各地的证据证明,腐败对贫困问题的影响尤为严重。腐败阻碍经济发展,减少社会服务,转移对基础设施、机构和社会服务的投资。不仅如此,腐败还助长反民主环境,导致不确定性和不可预测性攀升、道德价值下降和对宪法机构和权威的不尊重;破坏实现千年发展目标的努力。因此,腐败问题已反映出民主、人权和治理方面的不足,对贫困问题和人类安全产生不良影响。(第1段)

联合国开发计划署与一系列国家利益攸关方开展合作,以促进采取综合办法打击腐败,并在若干优先领域内提供高质量的支持举措和咨询服务:(1)启动、制定、实施国家和地方反腐败战略;(2)改善内部问责制;(3)问责、透明和廉洁机构的能力建设(简称ATI建设);(4)注重在冲突后情况下加强ATI建设;(5)让民间团体参与拟定ATI建设的方案和政策;(6)协调国家一级的反腐败举措;(7)执行和监测UNCAC;(8)编纂反腐知识和评估反腐表现。

2003年,经济合作与发展组织的发展援助委员会(以下简称发援会)启动了一个议程,为成员方在其发展合作框架内防止腐败制定方法与准则。至少自1990年代初以来,该发援会通过其《有效援助原则》(1992年),持续地促进了援助各方的协调工作,提升了援助实效。

与发援会紧密联系的是政府治理网络(GOVNET)——一个有利于双边和多边组织从业人员交流观点、意见和看法的平台,该平台有利于提升各方的发展合作关系。

发援会一直非常积极地开展反腐败活动,并出版了一系列详细的相关文件。最新的文件为《反腐败政策文件:为集体行动设定议程》[16],该文件认为,在反腐工作不断变化的复杂环境中,易滋生碎片化和不协调治理的风险。故此,该文件力求通过集体行动,以将援助方的反腐战略纳入一个连贯的一致的议程中,并为世界银行的反腐战略提供补充(见下文)。

《反腐败政策文件:为集体行动设定议程》指出,“为了与《巴黎宣言》与政府治理网络(GOVNET)的《反腐败援助者行动原则草案》的精神保持一致,反

〔16〕 参见文件DCD/DAC/GOVNET(2006)3/REV2。

腐败行动需要在国家层面上更为全面地展开”。这意味着对于反腐败问题,需要立足于更为广泛的政治经济学背景视野,结合各国的公共部门设置来看待。”(第3页)对此,该文件提出,应首先在选定的国家进行试点工作,开展快速的反腐联合评估以推进反腐标准和目标的实现;其次在援助方之间达成分工安排,以最大限度地提升协作效率。除此以外,该文件还在既有的协调机制和进度评估机制的基础之上,提出了一项调整计划——以便在未能成功实现指标和目标的情形下,对反腐行动作出相应的必要调整或改变。

发援会的文件认识到,发达国家也需要采取反腐行动并遵循 UNCAC,同时提倡(反腐行动)需在国际和国家两级发挥协同作用。[17]

这一关切与推动第二十二届政府间反腐败会议的关切相类似:后者专门致力于改进国家和国际各级反腐败工作的合作与协调。[18] 反腐败国际咨询理事会(IGAC)由包括非政府组织在内的各种组织组成,其积极与其他反腐败协调机构互动,提供了一个交流意见、经验和最佳做法的平台。

如前所述,世界银行长期以来一直将其减少贫困的使命与“治理和反腐败”(GAC)工作相挂钩。为此,世界银行一直在制定更为详尽的战略和原则。在其最新的版本中,这些原则如下表所示:

---

〔17〕 以下是发展援助委员会(DAC)建议举措的摘要:“在国家一级促进以协调一致的方法开展反腐工作……建议 DAC:1. 与其他组织密切合作,以促进对高风险国家的腐败和更广泛的治理情况进行联合评估,并率先在选定的国家,在现有工作基础上开展试点工作。2. 支持捐助方和合作伙伴在国家一级共同商定反腐的基准和目标,并用于监测反腐进度。3. 认可在国家一级深化协调捐助者治理和反腐工作为良好做法。4. 制定一系列良好实践原则(“自愿行为准则”),供部长们认可并在国家/地区推广,以协调各捐助者对日益严重的腐败状况的反应。解决全球腐败的激励机制……建议 DAC:a. 鼓励其成员在本国政府内,提倡以更加协调和系统的方法实施国际公约,以解决腐败的源头问题(如私营部门行贿)。b. 支持联合国主导的议程及工作,鼓励各成员国批准和实施《联合国反腐败公约》;同时,鼓励发展援助委员会的成员国,将其联合反腐法案与其他正在进行的工作结合起来,以切实地实施和监督《联合国反腐败公约》。c. 强调对捐助界在 2006 年 12 月的《联合国反腐败公约》缔约国会议所提议案感兴趣,以收集有关技术援助实施细则的资料。d. 支持拟议的全球诚信联盟等国际倡议,并将这些倡议作为提升诚信与善治的国际激励环境的积极途径”(DCD/DAC/GOVNET(2006)3/REV2:5)。

〔18〕 参见 IGAC 第 2、3 次会议报告,https://www.unodc.org/pdf/corruption/6th_interagency_meeting.pdf and https://www.unodc.org/pdf/corruption/5th_interagency_meeting.pdf,2021 年 12 月 29 日访问。

1	世界银行集团(以下简称世行集团)对"治理和反腐败"的关注源于其减少贫困的使命——一个有能力和负责任的国家为穷人创造机会,并提供更好的服务,以提升发展成效
2	国家对改善治理负有首要责任——国家所有权和领导权是善治的关键,世行集团致力于支持一个国家的优先发展事项,而一国之政府则是世行集团的主要关注对象
3	世行集团致力于持续履行减少贫困的使命,并寻求创造性方法以向治理不善的国家提供(更大的)支持——"不要让穷人付第二次的钱。"
4	世行集团参与"治理和反腐败"工作的形式将因国家而异。尽管没有"一体通用"的工作形式,但世行集团对于各国的操作决策将采取一种始终如一的和体系性的做法——以世行集团国家援助战略(CASs)提供的国家战略作为基础,并保持国际开发协会国家基于绩效的分配制度或国际复兴开发银行资源分配制度不变
5	系统性地与广泛的政府、企业和民间社会利益相关者进行合作是"治理和反腐败"改革和发展的关键——据此,世界银行将加强现有良好做法,在其运营工作中与多个利益攸关方开展合作,包括提升自身运营的透明度、参与度和加强第三方监督建设
6	世行集团非但不规避国家体系,而且会努力加强国家体系建设,以形成更好的国家机构应对治理问题和腐败挑战——这才是更为有效和长期的解决办法,也是降低包括世界银行在内的所有公共资金信托风险的办法
7	世行集团将与援助方、国际机构以及国内、国际一级的其他组织或人员合作,确保各方采取协调一致的做法或形成发挥各自职责和优势的合作——"世行集团不会孤立行事。"同时,在治理和反腐败工作中,以及与其他合作伙伴的互动中,世行集团的各机构必须在条款所设的一般限制范围内行事,即不得干涉成员政治事务或根据成员的政治性质或非经济考虑作出决定。按照现行做法,作为合作总体框架的一部分,在开展涉及多个利益攸关方参与的工作时,世行集团将与政府协商以确保在各国的宪法和立法框架内开展工作,即在各国政府的业务政策和程序要求下寻求批准,避免不符合 UNCAC 条款框架的参与工作或合作行为发生"〔19〕

前联合国秘书长科菲·安南很好地总结了上述许多观点,他说:"腐败是一场潜伏的瘟疫,对社会有广泛的腐蚀作用。它破坏民主和法治、侵犯人权、扭曲市场、降低生活质量,加剧有组织犯罪、恐怖主义和危及人类安全的其他威胁产生。"

在所有国家——无论大国和小国,富国和穷国——都存在这一邪恶的现象,但是在发展中世界,腐败的影响最具破坏性。腐败对穷人造成更大的伤害,

---

〔19〕 加强世界银行集团在治理和反腐方面的参与度,参见 https://documents.worldbank.org/en/publication/documents-reports/documentdetail/426381468340863478/main-report,2021 年 12 月 29 日访问。

因为腐败转移本来用于发展的资金,破坏政府提供基本服务的能力,助长不平等和不公正现象,以及阻碍外国投资和援助。腐败是经济表现不佳的主要因素,并且是减贫和发展的主要障碍。[20]

三、UNCAC 和发展议题有待进一步探索

(一)发展援助的范围

有关发展援助与腐败关系的任何探讨都必须置于适当的语境下进行。塑造这一适当语境的关键要素之一,是从根本上理解并认识发展援助工作的紧迫性和必要性。要特别指出的是,决定发展援助成为(发展议题中的)首要优先事项的原因,可能缘于一些与具体的发展援助工作内容关联不大,甚至是毫无关联的广泛因素:其中,政治优先事项和广泛的地缘政治危机即经常作为有力的影响因素。因此,试图仅以"治理和腐败"的维度——缩小看待发展援助问题的视角并就此分析其所涉范围时,势必会得出错误且扭曲的结论和引发讨论偏题的风险。不仅如此,在讨论如何作出更广泛的发展援助决定以及何为这些决定的影响因素时,可能会导致难以对以下核心问题的集中范围进行考察,即人们无法厘清发展援助工作中治理和反腐行动的适当位置。对此,重新回顾 UNCAC 第 62 条对发展援助及其相关问题的规定是极为有益的:该条指出,通过经济发展和技术援助实施公约的措施,应当尽量不影响现有对外援助承诺或者其他双边、区域或者国际一级的金融合作安排。因此,为了实现讲习班及其审议工作的目的,鉴于发展援助工作现已经由 UNCAC 规定且实施之对此至关重要,故对发展援助问题的探讨应以其与反腐行动之间的联系为基础。

(二)技术援助的提供

UNCAC 的出现催生了许多非常有趣的发展:

第一,在技术援助领域,一些技术援助提供者已经开始调整其现有机制,考虑如何调整以使其体现或者符合新的法律文件要求(指 UNCAC)。一些提供广泛发展援助的国家认为,UNCAC 开辟了一个新的业务领域,引发各国争相进入——资产追回即是一个典型例子:各国对此积极颁布举措,一些"雄心壮志"

---

[20] 联合国秘书长于 2003 年 10 月 31 日在纽约作出的关于大会通过《联合国反腐败公约》的声明,参见 https://www. un. org/sg/en/content/sg/statement/2003 - 10 - 31/secretary-generals-statement-adoption-general-assembly-united,2021 年 12 月 29 日访问。

的援助方甚至开始争夺资产追回“业务”和资源。[21]

第二,随着UNCAC生效和发展中国家缔约数量的迅速增加,通过技术援助实施UNCAC成了一项新的需求。与此同时,该需求也反过来增添了各援助国和机构协调一致且高效有力地开展工作的难度——这项工作本已十分艰巨。

第三,有许多双边发展援助提供者以谨慎且怀疑的眼光看待“要求联合国等机构加大通过经济发展和技术援助实施UNCAC”的呼吁。但其中绝大部分援助提供者已积极地制定了广泛的发展援助方案,以促进和支持其伙伴国家的治理改革——这些主体甚至在新公约的谈判结束及生效之前,就已经将一定的注意力和资源用于反腐败行动。至于他们缘何持谨慎且怀疑的态度,根本原因在于他们担忧——当多边组织机构参与到发展援助工作中时(如联合国),是否会影响或损害其与伙伴国家双边关系下的决策权和执行特权。

第四,UNCAC的出台及有效实施的要求,使人们意识到,以技术援助推进治理和反腐的工作,在当下可能缺乏有利环境和连贯性与长期可持续性。对UNCAC所载的广泛措施进行审查后也可以得出相似的结论,即发展援助工作的开展,应采取一种更为连贯的、持续的和全面的方法。相应地,这一结论反过来将要求援助国和伙伴国制定一项明确且载有优先次序事项的长期战略,并作出相应承诺;坚持在深化改革和治理方面发挥UNCAC的应有作用,以及明确实施这些工作所需的资源。

第五,UNCAC的全面性特征对于深化发展议程的概念和方法提出了挑战,尤其是哪些机构拥有发展资质。在以往,“治理”(governance)或“法治”(rule of law)常被发展援助提供者用于保持自己舒适度的广泛术语——他们不愿面对刑事司法系统处于发展支柱的核心地位这一现实。这种不情愿有其历史原因:刑事司法系统虽被视为一套重要的机构,但与较为传统意义上的发展没有直接关联;且更关键的是,对刑事司法制度至关重要的机构如执法机构提供援助时,易引起人们对保障和发展人权的关切。这造就一种局面:许多年来,相当一部分发展援助提供者把关于刑事司法系统的援助纳入名为“治理”或“法治”的相关方案中(以减轻关于人权保障的关切)。虽然这些方案取得了重大成就,但为真正解决这种局面,应是正视上述问题。UNCAC已着重表明,必须加快对刑事司法系统的建设,以一种全面的、长期的和持续的方式,对刑事司法系统发

---

〔21〕 IGAC会议报告就技术援助的各个方面如何合作进行了讨论,并在约旦安曼缔约国会议之后召开的第9次会议的报告中概述了下一步工作,参见https://web.archive.org/web/20100322213557/https://www.igac.net/publications.html,2021年12月29日访问。

展作出部署和投入。

第六,就发展援助问题,UNCAC 所列举措范围广泛,且不乏具有创新性质,这意味着世界各国在这一领域缺乏(同步的)专门知识。不仅发展中国家如此,发达国家亦然——这种缺乏专门知识的局面对发达国家来说也许更为严重。这是因为,发达国家的目标和承诺之一,就是在 UNCAC 所要求的广泛伙伴关系中向发展中国家提供专门知识——这是技术援助的重要组成部分。各国皆希望迅速参与援助,并希望在总体上增强发展援助量和具体地开展技术援助,故此各国缺乏专门知识的局面亟须解决。在许多情况下,这种发达国家和发展中国家的结合表现为(前者向后者)提供咨询意见和解决办法,但这些举措仍然与 UNCAC 要求相去甚远。

(三)以 UNCAC 为号召点

UNCAC 已成为发展中国家和发达国家之间统一目标的工具。UNCAC 是一个基于公开、透明和全面进程的产物,是结合参与其发展工作的广大支持者的利益并凝聚各方共识的结果。这种凝聚共识的协商性质反映在 UNCAC 的实施过程中。就此而言,UNCAC 作为各国共同性和一致性目标的潜力势必能得到充分的实现和开发。据此,各国在确定联合目标和优先事项以及解决方案时,应以 UNCAC 作为共同的商定标准。在不影响既定决策过程的情况下,将 UNCAC 作为明晰应然目标和实然目标及其实现方法的共同基础,必定有利于(各国)形成更好的理解或共识,克服先入为主的观念,重视评估量化成果。毫无疑问,发达国家和发展中国家都有深入推进反腐败斗争并实现显著反腐成效的总目标。如今,人们都已意识到,显著的反腐成效是实现发展和推动进步的必要条件;并且,在确定发展议题的优先事项时必须包含相关的发展中国家的参与。UNCAC 已被确定为推进反腐败斗争进展的有力工具,其有助于确定未来目标,并通过评估实施情况和措施影响等方式监测反腐进展。

此外,各发展伙伴已就共同投资实施 UNCAC 达成一致意见。因 UNCAC 涵盖范围广泛,其全面实施需在人力资源和财政资源方面进行大量投资,且这些投资必须保持长期性、连贯性和一致性,故理想的做法是就此设计并建立相关机制,以使各发展伙伴能够商定 UNCAC 实施的优先事项和进度安排。与此同时,这些机制也将有助于技术援助优先事项及工作评估方法的明确,并汲取在合作和努力中所获的经验教训。

为了实现上述目标,各发展伙伴之间需要进行对话,以判断并明确实施 UNCAC 所要求的举措在发展援助工作中的适当作用。更重要的是,各发展伙伴需确定用于基础设施发展和机构建设提升的投资,并努力保持这些投资的可持续性和最佳效应。此外,各发展伙伴共同商定这些投资在广泛的发展援助项目和工作中所占的比例也极为重要。在许多情况下,这种对话可能导致发现需要增拨额外资源——为了满足长期的结构改革目标,有时这种资源增拨是必要的。因为对体制和结构改革的投资不容忽视,故相关的资源投入必须长期明确和稳固。

为实施 UNCAC 和将 UNCAC 纳入追求发展和实现增长的主要议题中,所进行的相关长期投资必须对专业技能和专门知识的提升给予高度重视。这需要:首先,以 UNCAC 广泛且全面规定的责任感和敏感性来对待 UNCAC 的实施工作;其次,作出有意识的努力以确保各国在策略、手段和应对举措上的一致性和准确性,并使这些方式方法符合各国的具体特点、要求和传统。目前,各国的首要优先事项是培养一批专家以负责在国内开展和推进改革工作;并对教育投入充分的资源,以便在一定时间内培养出新一代的专家和从业者实施 UNCAC 规定的举措。

(四)利益攸关方的参与

多年来,发展援助提供者得出的结论是:工作的成功很大程度上取决于利益攸关方的确定与参与。事实上,许多发展援助方案的制定和实施,都是出于加强各利益攸关方发挥其应有能力的考虑,这在治理和反腐领域亦如是。由于问题的多面性,各利益攸关方的积极参与将是发展援助工作成功的必要条件。如果没有多个利益攸关方的参与,将 UNCAC 纳入追求发展和实现增长的主要议题中的工作,以及专门致力于实施 UNCAC 的技术援助工作,都将是不完整的。与此同时,以有意识的努力确定利益攸关方团队的最佳组合,并确定其每个成员发挥的应有作用也是极为必要的。虽然大多数国家的腐败问题的表现形式和严重程度有共同之处,但基于各国法律制度、文化传统和体制发展状况的不同,各自的反腐方案势必也因“国”而异。因此,采用“标准办法”来确定利益攸关方及其各自的作用是不利于取得成效的。为此,UNCAC 规定,多种利益攸关方的参与是发展援助工作的重要组成部分;同时,在详细描述各利益攸关方的角色时,UNCAC 采取了审慎的立场——摒除先入为主的观念和“一体通用”的解决办法。这种审慎且周到的做法有助于加强 UNCAC 发展援助工作的贯彻落实,并使其在通往成功的道路上走得更远。

如前所述,因确保利益攸关方最佳组合的工作越发复杂,故各方对 UNCAC 的关注程度也有所增加,并认为该文书开辟了一个新的潜在业务领域。就此而言,设立“特殊目的”实体以便提出关于反腐的要求和吸收相关援助的举措就不足为奇了。建立这类实体对于总体发展而言不无欢迎,但(对该类实体的)相关的质量管控举措和明确的优势评估办法仍然十分重要。

在确定适当的利益攸关方及其各自的作用时,必须注重私营部门的有效介入与积极参与。对此,需要认真开展的工作是:在把 UNCAC 纳入追求发展和实现增长这一主要议题的工作中,明确建立公私伙伴关系(的必要性和重要性),并确定和提供二者所需的专门技术援助以加强 UNCAC 的贯彻落实。此外,这项工作还必须侧重于鼓励私营部门:一则以长远的发展眼光看待其自身作用,积极对发展中国家的能力建设提供投资;二则意识到并主动承担自身的职责,而非沉迷于鼓吹"能力建设和公共部门改革是政府的专属领域"的观点;三则作出切实努力,使非营利实体和基金会参与到发展援助的工作中——非营利实体和基金会都具有很强的能力,且业已成为足以对发展议程上的许多关键目标产生重要影响和贡献的利益攸关方。就此而言,需要鼓励这些非营利性质的实体,采取远见卓识的态度,通过实施 UNCAC 来开展刑事司法系统和反腐领域内的机构建设和能力提升工作;并鼓励这些实体,避免选择仅仅局限于专业性的、缺乏深思熟虑的优先事项——这种优先事项可能带来很高的(短期)发展红利,但可能会阻碍实现长期可持续发展的成效。

(五)缔约国会议的作用之确保连贯性和一致性

在过去几年中,随着 UNCAC 生效,发展援助提供者已日益认识到在治理和反腐领域内所面临的挑战,故为此作出了重大努力:在设计和提供发展援助方案时,注重秉持新的一致性和连贯性理念。这些努力在经合组织的发展援助委员会,特别是该委员会的治理网络部门(GOVNET)的工作中尤为突出,对此下文将另行予以详述。治理网络部门的艰巨工作需要得到支持和鼓励以推进其实现自身所设的宏伟计划。与此同时,该项工作还可以进一步加强,具体是:确保发援会及其治理网络部门成为缔约国会议的正式伙伴,并确保后者有机会充分履行 UNCAC 赋予它的一致性和连贯性职能。

鉴于缔约国会议的性质及其全面和广泛的任务,它具有独特的地位,可以成为发展伙伴之间积极对话的论坛。这一论坛有助于各发展伙伴相互协商和交换信息,如听取各方所发现的问题和所汲取的经验;在确定和审查优先事项和推进工作方面达成共识,且为上述事项共同努力以确保取得成效。此外,缔约国会议还提供了另一个优势,即它有助于援助界内较为保守的成员与新兴成员(即非既定机制内成员如发展援助委员会)间,开展沟通并进行有效对话。这种对话是 UNCAC 共同和协商一致框架下,建立并实现各方业已明确的实用性协调目标的关键一步。这具有很大的额外价值,有效对话对消解发展界在现有机制下为协调工作而进行长期艰苦努力的挫败感大有裨益。目前,这些努力的成效因现有机制外确立优先事项的新兴援助者的行动而有所减弱。

确保连贯性和一致性的另一重要组成部分是内部协调。缔约国会议十分有助于实现内部协调:会议所涉范围广泛,必然使政府各部门的代表聚集在一起,各部门相互依存和相互影响,并不可避免地需要达成协调一致的官方立场以开展工作,故十分有利于避免或消解同一政府内不同部门对待问题时“各说各话”的局面。此外,会议还可以鼓励各方就发展援助的优先事项和奋斗目标达成全国层面的协商一致意见。

缔约国会议还有助于发挥其作为双边和多边援助者们的汇聚点的作用,并协助他们建立共同的行动纲领。在可预见的未来,缔约国会议的优先事项将以审查 UNCAC 实施情况和开展技术援助为主,结合缔约国会议自身的协商性质,(这些元素)将共同致力于搭建一个旨在明确和商议共同目标的公用平台,并确保有效地输送必要的资源和开展切实的工作以实现所达成的共同目标。

最后,在缔约国会议范围内,不同专家间的有效互动和积极对话有助于研发出各种方案,使发展界摆脱过去盛行的“鼠目寸光”(tunnel vision),以使在广泛的发展项目中有效识别出反腐元素或反腐措施的潜在影响,并由必要的专业知识进行全面的记录和处理。

(六)优先事项的持续性

贯彻落实 UNCAC 并将其纳入到发展援助这一主要议题中是一个长期的过程。因此,相应的持续性努力和长期承诺至关重要。为此,保持反腐事项占据国内和国际议程的政治优先事项地位十分关键。这对援助者而言,意味着其应努力建立适当的机制和保护举措,确保出现问题时,关于反腐事项的相关承诺和资源投入及共享不会因此失效;对发展伙伴而言,则意味着应确保自身的体制和结构改革工作获得广泛的政治和社会认同,以及达成有效减少腐败的总体共识。

(七)实施 UNCAC 的期望和风险

简单来说,发展中国家和发达国家全面贯彻落实 UNCAC 有助于改善国家层面和全球层面的治理问题,并为私营部门间的竞争营造更为公平的环境。随着各国批准并实际执行 UNCAC 条款,进一步深入执行 UNCAC(包括其非强制性规定)的协同作用和激励举措将增加。

UNCAC 第1条概述了任何实施者和技术援助提供者所面临的挑战,其中说明了公约的宗旨和今后工作的范围:

(a)促进和加强各项措施,以便更加高效而有力地预防和打击腐败;

(b)促进、便利和支持预防和打击包括资产追回方面的腐败问题的国际合作和技术援助;(c)提倡廉正、问责制和对公共事务和公共财产的妥善管理。

UNCAC反映了多年来从反腐行动中所汲取的一些最佳做法和经验教训:如果没有国际社会、援助组织、政府各部门、私营部门和社会的全面投入,反腐任务是无法完成的。许多国家的(反腐)项目需对公共部门和私营部门的管理进行根本性变革或重新组织(以提升其治理能力)。若没有良好的治理能力,即使某一国家恰好设有良好的洗钱法律制度或有效的没收财产机制,其腐败问题也将依然严峻。

实施UNCAC所面临的挑战在公开的声明和相关文件中已得到了充分认识,但实践中却尚未如此——尽管在UNCAC宗旨下,技术援助需求已得到广泛认可,但当前和预期的需求仍高于既有的技术援助能力。然而,高质量的技术援助和对各国特殊性的充分理解是反腐工程成功的先决条件。

在许多情况下,技术援助不仅涉及技术咨询和技术转让,还包括对结构改革和文化转变提供支持。其中,改革事项的战略考量和优先次序,改革工作的实施顺序与时间安排,都必须以当地具体情况为基础,经深思熟虑后有条理地进行。对此,相关知识、经验和信息的分享将比以往任何时候都更为重要:将全球南北方的愿景和目标结合起来的机会并不多(此处机会指技术援助——译者注)。这种背景下,非国家行为者、民间团体、学者和智库的作用不容忽视:其通过在全球范围内开展工作,帮助人们打开思维,使人们不再局限于考量自身的现实情况,而是能以共识性的知识、应用和参与来理解和联系问题,并寻求可持续的解决方案。为此,学者们需要(在理论上)阐明问题,并(在实际行动上)激励和教育他们的“学生”向发展从业者学习,以支持治理和反腐工作。

发展中国家可以同时向多个组织寻求技术援助,但要特别注意的是,一个成功的技术援助必须进行良好的协调和严格的质量把控。否则,可能引发下列风险:如导致反腐项目失去动力、令严重违法者享有豁免权、产生资源浪费、使公众对公共和私营部门的期待落空、宪法权威受到挑战、法律需进一步修订、机构功能失调、国际协调或合作无力等。因此,处理好有关预防、立法、程序、体制和国际合作方面的问题,实施发挥私营部门、民间团体,资产追回和其他社会力量的条款,将有利于营造一个良好的环境,以促使各国进行有利于善治、尊重法治和正义、经济增长和民主的广泛改革。但值得注意的是,处理不当造就收效甚微之余,还可能导致上述方面的严重衰败。因此,限制实施UNCAC的资源或低估其重要性都可能引发适得其反的效果。

此外,当一个政府越来越依赖(外国)援助者时,那么,关于减少贫困的政策议程可能会缺乏国家主导性,继而缺乏政府的民主授权。若是如此,关于善治的合法性问题和相关承诺,便只能由地方支持和社会倡议来联合解决和落实。

最后,审查正在进行的工作是极为重要的,且审查工作应超越常规的勾选式和问卷式调查方法,朝着建立协商原则和营造动态环境的方向发展,如此,各方参与者才能够更好地投身于实施 UNCAC 的工作中。

责任编辑:夏　可

新冠肺炎疫情下西方各国的民事司法*

David Bamford** 等著 张东妮*** 译

前言:不期而遇,只争朝夕——新冠肺炎疫情与民事司法[1]

民事司法格局倏忽变化,新冠肺炎疫情(以下简称新冠疫情)对全球范围内民事案件的影响史无前例。世界各国都面临着如何让法院妥善应对值此特殊时期发生的民事案件的问题。法院是否照常运转?如若不然,又有哪些案件需要特殊处理,该如何处理?或者说,既有情况能否于后疫情时代带给我们一丝启迪?

每个国家受到疫情影响的严重程度与政府所采取的应对措施都不尽相同。这种影响的多样性不仅体现在不同国家的民事司法活动中,也体现在同一国家不同时期内的民事司法活动中。基于疫情的社会影响以及防疫的阶段性效果,一些在当时看起来十分合适的措施可能在短短一周之后便已过时。

---

* Bart Krans, Anna Nylund, David Bamford, Laura Ervo, Frédérique Ferrand, Aleš Galič, Wolfgang Hau, Jordi Nieva Fenoll, Clement Salung Petersen, Catherine Piché, Piotr Rylski, Elisabetta Silvestri, John Sorabji, Vigita Vėbraitė, and Hermes Zaneti Jr., (2020) Civil Justice and Covid – 19, Septentrio Reports 5. 翻译已获得作者授权。

** 本文作者(按国家字母顺序):David Bamford(澳大利亚)、Hermes Zaneti Jr.(巴西)、Catherine Piché(加拿大)、Clement Salung Petersen(丹麦)、John Sorabji(英格兰)、Laura Ervo(芬兰)、Frédérique Ferrand(法国)、Wolfgang Hau(德国)、Elisabetta Silvestri(意大利)、Vigita Vébraité(立陶宛)、Piotr Rylski(波兰)、Aleš Galič(斯洛文尼亚)和 Jordi Nieva Fenoll(西班牙)。每一位作者都撰写了有关自己国家的内容。本文的前言及后记由 Bart Krans 和 Anna Nylund 撰写。因体例需要,译者对原文部分内容进行了删改,仅保留澳大利亚、英国、法国、德国、意大利部分。

*** 张东妮,中山大学法学院诉讼法学硕士研究生。

[1] 前言及结语作者:Bart Krans,莱顿大学民法与民事诉讼法教授;Anna Nylund,挪威特罗姆瑟大学法学院教授。

我们咨询了来自不同国家的同仁,总结出了一份关于疫情带给民事案件的影响的综述。我们并没有给他们提出具体问题或内容要求,而是请他们简单描述在自己国家所切实感受到的新冠疫情给民事司法带来的变化。同时,如果他们认为对他国人民有帮助,也可以探讨其他任何有益话题。

我们非常感激同仁们在第一时间反馈了对其所在国家情况的总结。在疫情防控特殊时期,许多高校转向线上授课,而受此影响的教育工作者们(包括本文的一些作者)仍然坚守在教学岗位上。在法律问题上的国际合作能够如此高效,这令我们感到非常欣慰。

由于各国情况在持续变化,本文关于各国的总结皆为在特定时间节点的记录。绝大部分的文章完成于2020年4月中上旬。[2] 考虑到稿件接收及总结整理的时间,一些国家的现况很可能已不再是文章中所提及的那样,或者会在不久后发生改变。

一、疫情时代的澳大利亚法院[3]

疫情暴发至今(2020年4月),澳大利亚获益颇丰——澳大利亚较快地引入了边境控制和物理隔离,这意味着新冠疫情的传播范围非常有限。在澳大利亚约2700万的人口中,只有不到7000例病例,不到70人死亡;大约90%的病例来自海外返澳者;超过80%的病例仅发生在三个州:新南威尔士州、昆士兰州和维多利亚州。

澳大利亚有9个不同的司法管辖区(1个联邦、6个州和2个领地法院系统)行使民事司法权,因此,不同司法管辖区对新冠疫情的反应不同也就不足为奇了。在某种程度上,这反映了在澳大利亚,不同地区受到新冠疫情的影响程度是不同的。即使在同一个司法管辖区内,为应对疫情而采取的措施也在不断变化,因此,目前来看这种变化是持续的。尽管如此,随着应对疫情的经验不断丰富和应急措施的不断更新,各个法院出现了一些共同点,本文简要概括为以下四个方面。

第一,最显著的一个特征是加快对电子通信设施的应用以及减少"面对面"审理。大多数法庭工作是程序性的——在审理过程中对案件不断进行监督和管理。过去,这些工作是在司法工作人员面前当面进行的。如今,口头审理越来越多地通过语音或视频会议进行。

与此相关的是第二个特征——口头陈述的比重下降。越来越多的程序事

[2] 一些作者在下文中提到了完作时间。

[3] 作者 David Bamford,弗林德斯大学荣耀教授,收稿时间2020年4月20日。

项申请根据“书面”材料，即当事人提供的书面陈述和书面证据来确定。一些上诉法院已经决定，除非有其他规定，否则他们只会受理书面的上诉。

第三个特征是书面审理的“无纸化”。澳大利亚法院现在不鼓励使用纸质文件，并要求当事人以电子方式提交和处理文件。

第四个特征是，在许多法院，大多数案件的审判都已中止，直到疫情情况好转为止。这种中止预计将持续数月。然而，在新冠疫情控制情况相对较好的司法管辖区，如南澳大利亚州，民事审判已经恢复，但与此同时仍然要遵守相关防疫规定。

在疫情之前，澳大利亚的许多法院便已准备好采取上述各类措施，而新冠疫情恰好加快了这一进程。这带来的结果是，一些法院在使用信息与通信技术方面取得了很好的进展，而其他法院则并没那般迅速。因此，一些法院没有足够的信息技术资源来应对疫情对司法工作提出的新要求，所以，直到这些法院提升他们的互联网技术系统前，他们不得不使用电子邮件和其他第三方软件系统（如 Microsoft、Zoom 等），而这也带来了急需解决的效率和安全问题。

概言之，亟待引入变革意味着法院有时需要在没有法律规定的情况下进行诉讼。以昆士兰最高法院为例，其在《实践指南》中规定系统内的地方法院都要制定本院关于案件处理的指导方针。《实践指南》还规定，地方法院制定的指导方针可以突破最高法院的《实践指南》。这些文件的法律地位并未明晰。有趣的是，两周后，上述《实践指南》被废除，取而代之的是新的实践指南，其中包含更详细的关于疫情时期法院业务行为的规定（包括所有案件均暂停审理，仅法院需适时处理的少数具体类型的民事和刑事案件除外）。在南澳大利亚州，一些改革措施是由首席法官和高级法官决定的，并通过法院网站进行了公示。

二、疫情时代的英格兰和威尔士法院〔4〕

新冠疫情使英格兰和威尔士的民事司法程序发生了一系列飞速的变化。自 2016 年以来，英格兰和威尔士法院一直在实施一项改革计划，该计划旨在通过数字化进程逐步转变其诉讼流程。该计划已于 2020 年年初提交并将继续推进，目前在线索赔程序和视频开庭正在进行试点。这些试点项目的发展迅速，视频开庭在其中只是最基础的一环。疫情几乎在一夜之间改变了整个司法格局，法院现在几乎默认通过使用 Skype for Business、Microsoft Teams 等应用程序远程运作案件管理会议，并在可能的情况下通过视频技术进行审判。与正式的视频试点计划形成鲜明对比的是，这些远程庭审已众所周知，变得司空见惯。

---

〔4〕 作者 John Sorabji，伦敦大学学院高级教学研究员，收稿时间 2020 年 4 月 21 日。

民事司法程序的主要变化概述如下。

(一)远程庭审——立法

2017年,《监狱和法院法案》引入了一项权力:允许通过广播、视频或音频录制远程进行民事诉讼。因此,它将允许诉讼程序通过视频链接进行,例如通过 Skype for Business 或其他同等技术手段。[5] 这些诉讼程序可以现场直播,也可以嗣后在法院里播出。基于这种方式,这些条款实现了确保司法公开的宪法原则之目的。然而,随着该法案在当年的大选中被否决,这些条款也被取消了。这项法案后来未被重新提出。然而,它们通过临时的《2020年新冠疫情法案》被引入法律。[6] 这些规定允许法院直接决定民事诉讼远程进行,这样,即便相关人员没有在法院大楼里直接参与诉讼,诉讼也可以基于完全在线的过程进行。2020年3月27日,民事诉讼程序首次在互联网上直播,[7]案件直播不再仅限于上诉法院的诉讼程序。[8] 在《2020年新冠疫情法案》颁布之前,根据《1925年刑事诉讼法》第41条,这种做法属于刑事犯罪,因为该法案禁止对法庭程序进行拍摄和录像。[9]

(二)远程庭审——法庭规则的变化

《民事诉讼规则》的修改对立法进行了补充。由于《民事诉讼规则》是二级立法,因此修正案一般必须通过法律规定才能生效。而鉴于可用时间十分有限,所以必须采取其他方法。《民事诉讼法》第51条规定了通过《程序指南》修改或细化法院规则的权力。《程序指南》由案卷主事官、英格兰和威尔士民事司法负责人、最资深的民事法官和大法官批准后发布。由于它们不是法定文件,因此无需通过适用于二级立法的议会程序。但是,第51条只能用于旨在测试新程序的试点计划。在制定试点计划的权力之外,《程序指南》还临时增

---

[5] 见2017年《监狱和法院法案》第34条及附表5。

[6] 见《2020年新冠疫情法案》第34条及附表25,上述条款相较于《2003年法院法案》新增了85A到85D的部分。该法案有效期为2020年3月25日起两年,见该法案第87条至第90条。

[7] National Bank of Kazakhstan v. The Bank of New York Mellon (Claim No FL – 2018 – 000007) in the Financial List (QBD) on 27 March 2020.

[8] 根据《2013年上诉法院(录音和广播)令》,自2013年起,上诉法院程序直播已获授权。

[9] R. (on the application of Spurrier) v. Secretary of State for Transport [2019] E. M. L. R. 16.

设了一款:《程序指南》第51条Y款——新冠疫情期间进行视频或音频庭审的试点计划。[10] 该规定自2020年3月17日起生效,至2020年10月30日止。

基于程序测试的缘由,《程序指南》得以引入,它补充了《2020年新冠疫情法案》所引入的权力,以提供远程庭审的正当依据。值得注意的是,这些权力的行使必须确保尽可能符合司法公开的要求。因此,它清楚地表明,完全通过线上进行的庭审,即根据《2020年新冠疫情法案》授权的那些没有人参与出庭的庭审,将公开进行。因此,司法公开的一般原则必然会得到严格遵循。为确保这一原则,在可行的情况下,法院应向民众提供参加此类庭审的机会,尤其是媒体。媒体既是公众的一员,又是公众参与诉讼的一种途径。[11] 在远程审判的情况下,《诉讼指南》明确指出,只有在通过普遍适用的"减损司法公开测试"(这样做是为司法利益所必需的)前提下,法院才可以私下举行庭审。它还进一步规定,在切实可行的情况下,此类审判必须通过视频或音频进行记录。此后,公众可以向法院要求访问这些信息,即收听或观看这些诉讼程序。虽然后者不能替代公众旁听庭审的要求,但这是为了提供第二种审查形式,从而对远程庭审进行民主监督。

(三)远程庭审——指南

高级司法机构、高等法院王座法庭及审裁处事务局发布的一系列指导意见也对通过《诉讼指南》作出的立法和规则更改进行了补充。前者即高级司法机构发布的各种指南向法院和当事人提供了有关远程诉讼方法的详细指导。[12] 其中最重要的是为当事人提供有关如何在大数据时代进行诉讼活动的指引,侧重于确保当事人有效地诉诸司法以及进行远程庭审。[13] 该指南主要强调了司法部门确保法院继续运作并进行审判的能力和意愿。正如首席大法官在即将发布的第一份指导文件中所说:

> 民事法庭和家事法庭的规则都足够灵活,几乎可以对所有事项进行电话和视频审理。任何法律障碍都会得到解决……现在所有司法管辖区都

[10] 见 Practice Direction 51Y-Video or Audio Hearings during Coronavirus Pandemic。

[11] 见 R(Mohamed) v. SoS for Foreign & Commonwealth Affairs[2011] QB 218 at [38]。

[12] Coronavirus (COVID – 19) advice and guidance (Sept. 30, 2021), https://www.judiciary.uk/coronavirus-covid – 19 – advice-and-guidance/.

[13] Civil Justice In Englandand Wales Protocol Regarding Remote Hearings (Sept. 30, 2021), https://www.judiciary.uk/wp-content/uploads/2020/03/Remote-hearings.Protocol.Civil_.GenerallyApplicableVersion.f-amend – 26_03_20 – 1.pdf.

默认,庭审必须由一名、多名或所有当事人远程参加。[14]

至于后者,即高等法院王座法庭及审裁处事务局(HMCTS)指南,每天都在更新且注重对诉讼当事人的实际操作进行指导,例如如何提出诉讼请求、支付诉讼费用以及告知哪些法院是开放的。[15] 律师学院(ICCA)也发布了指南,以协助大律师和辩护律师在远程庭审中进行辩护。[16]

(四)诉讼程序管理措施

除了采取措施促进远程庭审外,法院还采取了一系列措施来管理诉讼程序,以最大限度地减少对法官、法院工作人员、诉讼当事人和公众的健康造成伤害的风险,同时在程序管理上也考虑到疫情导致的人数减少。这类普遍适用的命令在从前的英格兰和威尔士几乎闻所未闻,它们已被发布,用以暂停某些类型的诉讼程序,例如与跨辖区取证有关的程序。[17] 此外,案卷主事官根据《民事诉讼法》第51条发布了三个进一步推行试点计划的实践指南,除个别例外情形,该指南使所有的占有诉讼从3月25日起暂停90天,以保障公共卫生并进而确保有效的司法行政。[18] 它还调整了《民事诉讼法》的适用,使当事人能够按

---

〔14〕 Coronavirus(Covid - 19): Message from the Lord Chief Justice to judges in the Civil and Family Court (Sept. 30, 2021), https://www. judiciary. uk/announcements/coronavirus-covid - 19 - message-from-the-lord-chief-justice-to-judges-in-the-civil-and-family-courts/.

〔15〕 HMCTS Weekly Operational Summary (Oct. 1, 2021), see https://www. gov. uk/guidance/hmcts-daily-operational-summary-on-courts-and-tribunals-during-coronavirus-covid - 19 - outbreak. https://www. gov. uk/guidance/coronavirus-covid - 19 - courts-and-tribunals-planning-and-preparation; https://www. gov. uk/guidance/hmcts-telephone-and-video-hearings-during-coronavirus-outbreak.

〔16〕 Principles of Remote Advocacy (Oct. 1, 2021), https://www. icca. ac. uk/wp-content/uploads/2020/04/Principles-for-Remote-Advocacy - 1. pdf.

〔17〕 英国最高法院院长于2020年3月25日在《1975年证据问题(其他司法管辖区的诉讼)法案》和《取证条例》(理事会条例EC 1206/2001)和《2020年冠状病毒问题法案》中发出的命令。

〔18〕 Practice Direction 51ZA-Stay of Possession Proceedings and Extension of Time Limits—Coronavirus-Pilot Scheme(Oct. 1,2021), http://www. justice. gov. uk/courts/procedure-rules/civil/rules/part51/practice-direction - 51z-stay-of-possession-proceedings, - coronavirus, as amended by Practice Direction - 120th Update (Oct. 1, 2021), http://www. justice. gov. uk/courts/procedure-rules/civil/pdf/update/civil - 120 - pd-making. pdf.

照案件管理指示,通过延长 56 天的方式改变程序期限,而无需获得法院的批准。[19]

(五)结论

英格兰和威尔士法院对新冠疫情做出了迅速反应。在此过程中,通过高级司法机关、司法部和女王陛下法院及审裁处事务局(由司法部门和政府合作运营)采取的行动,它们(英格兰和威尔士法院)接受了可行的在线技术的使用。改革的速度很快,毫无疑问,人们将会在一段时间内对疫情期间和疫情之后的改革进行批判性的反思和审查。现在所做的事情很可能会成为我们汲取经验教训、应对更持久的变化的基础,并利于我们塑造持续的、长期的数字化计划。虽然,其中所采取的一些措施肯定会受到批评,尽管这些批评是一种"事后诸葛亮"的批判性分析,而在紧急情况下也并非总能有反思的时间,然而可以肯定的是,目前的疫情将对英格兰和威尔士民事司法制度的未来演变产生深远和持久的影响。

三、疫情时代的法国民事司法[20]

新冠疫情使得法国颁布了许多与民事司法有关的特殊法律条款。2020 年 3 月 23 日第 2020 - 290 号法律法案——《应对新冠疫情紧急法案》允许政府宣布公共卫生状态的紧急情况。政府还被授予在通常由议会处理的事项中通过法令(条例)的权力。[21]

几天后,法国通过了第一个与民事司法有关的法令[22](2020 年 3 月 25 日

---

〔19〕 Practice Direction 51ZA-Extension of Time Limits and Clarification of Practice Direction 51Y-Coronavirus(Oct. 1,2021),http://www.justice.gov.uk/courts/procedure-rules/civil/rules/practice-direction - 51za-extension-of-time-limits-and-clarification-of-practice-direction - 51y-coronavirus.

〔20〕 作者 Frédérique Ferrand,里昂大学比较法研究所所长,收稿时间 2020 年 4 月 20 日。

〔21〕 关于行政、刑事和民事法院的运作,请参见 2020 年 3 月 23 日第 2020 - 290 号法律法案,第 1 条。11,2°,c.

〔22〕 对于行政法院,请参阅 2020 年 4 月 8 日第 2020 - 405 号法令,其中关于适用于行政法院的规则的各种修改。对于刑事法庭,请参阅 2020 年 3 月 25 日第 2020 - 303 号法令,修改刑事诉讼规则,2020 年 3 月 26 日官方公报。

第2020 -304号法令)。[23] 同一天,法国通过了第二项法令(2020年3月25日第2020-306号法令)[24]以处理诉讼时限的延长。三周后,又通过了第三项处理时限相关问题的法令(2020年4月15日第2020-427号法令)。[25] 所有这些法律文本都创设了一种例外情形;一些规定在最高行政法院(Conseil d'État)受到了质疑,但原告并没有胜诉。[26]

民事司法的主要调整包含在2020年3月25日的第2020-304号法令中,该法令仅自2020年3月12日起至政府宣布的公共卫生紧急状态结束后一个月的期间之内适用。[27] 因此,无法准确确定这些减损措施的适用期限。

上述关于在公共卫生紧急情况(période d'urgence sanitaire)下延长时限的法令[28]指的是同一天通过的第二项法令(第2020-306号法令)。

2020年3月25日第2020-304号法令涉及三个主要主题:(1)紧急状态下的法院组织;(2)诉讼过程;(3)法院判决。

(一)法院组织

司法部(对于民事法院、民事与登记司)制订了一项延续性的业务计划,该计划意在确认疫情下仍应处理的紧急案件(紧急临时救济程序称为référés,对于弱势人群的保护,特别是在家庭暴力的情况下,可能会让家事法官尽快发布保护令)。

---

[23] 2020年3月25日第2020-304号法令修改适用于非刑事事项司法命令法院裁决的规则和共同所有权物业管理合同,官方公报2020年3月26日。另见通函CIV/02/司法部长2020年3月26日第20日发布并评论该法令(C3/DP/2020030000319/FC,BOMJ compl. 27 March 2020)。另见Loïc Cadiet,"针对冠状病毒的民事诉讼的例外状态",JCPG 2020年4月14日,第471期。

[24] 2020年3月25日第2020-306号法令,关于延长在紧急状况下的期限以及在同一时期调整程序,JournalOfficiel26Marc2020。该法令处理在公共卫生期间到期的截止日期在此期间的紧急情况和程序调整。

[25] 2020年4月15日第2020-427号法令对处理covid-19流行病的最后期限作出了各种规定,2020年4月16日官方公报。

[26] 国务委员会收到了几项旨在保障基本自由的紧急诉求,见CE, ord. réf. ,10avr. 2020, n° 439883et439892, CNB etautres, SAF etautres (claims brought by several lawyers'associations);另见《世界报》,2020年4月16日,第11页。

[27] 这段时期在司法部长的通告中被描述为"法定保护期"(période juridiquement protégée)。

[28] Art. 2 Ord. no 2020-304.

当法院全部或部分无法运作时,[29]第2020－304号法令允许上诉法院院长[30]将全部或部分案件移交给上诉法院管辖范围内的另一个同级法院。这种案件分配制度仅在紧急状态期间适用,在紧急状态结束时,案件(以及未决案件)将被送回具有管辖权的法院。法院需要采取相应措施[31]告知所有法院工作人员和当事人。

在法院内部,审判组织也可以根据可用法官的数量进行调整。即使普遍规定需要由三名法官组成合议庭,一审民事法院(tribunal judiciaire)和上诉法院也可以由一名法官(juge unique)[32]对所有事项作出裁决。这种调整是由法院院长决定的,其中独任法官必须是全职专业法官。[33] 在商事法庭(tribunal de commerce)开庭之前,法院院长可以决定由一名属于法院合议庭的法官主持公开审理,该法官应向合议庭报告。劳动法庭(conseils de prud'hommes)适用特定的解决方案:合议庭可以仅由两名法官(一名雇员代表,一名雇主代表)组成,而不是四名法官(两名雇员代表,两名雇主代表)组成。所有这些变化都不需要当事人的同意。然而,虽然该条例旨在促进司法活动的维持,但似乎大多数法院在某种程度上处于停摆状态,除非常紧急的案件外,大多数案件没有得到处理。

(二)时限延长

诉讼活动时限的延长在2020年3月25日第2020－306号法令和2020年4月15日第2020－427号法令中得到了规定:法律保护期从2020年3月12日开始,直到政府宣布紧急状态结束后一个月。

2020年3月25日的第2020－306号法令规定,延长在卫生紧急情况持续期间(即法律保护期)内截止的所有期限。但是,它在一些紧急事务中规定了该规则的一些例外情况:(1)对于人身自由和监护案件以及上诉法院上诉案件的诉讼程序,如果法院的活动继续进行,程序截止日期保持不变(情况并非总是如此,最终取决于法院、可用的法官及法院书记员);(2)对于少年法庭的诉讼程序,适用2020－304号法令规定的具体措施;[34](3)对于与不动产(扣押不动

---

[29] 因为可用的书记员及法官的数量是不够的。

[30] 在发布此类命令(法令)之前,总统必须咨询上诉法院的司法部长以及可能受该措施影响的法院院长和登记处主任。

[31] Art. 3 Ord. no. 2020－304.

[32] Art. 5 para1 Ord. no. 2020－3064.

[33] 不能是名誉法官,Art. 5 para2。

[34] Chapter III of Ord. no. 2020－304 提供了适用于少年法庭和提交给他们的案件的规定。

产)有关的强制执行程序,截止日期被中断。[35]

在法律保护期内截止的期限将被中断,并将在紧急状态结束时重新开始计算,最长持续时间为两个月。例如:(1)上诉人自法院判决送达之日起有一个月的时间提出上诉。如果到了截止日期,例如2020年4月20日到期,他将在紧急状态结束后再次拥有一个月的上诉期限。(2)上诉人必须将其诉状递交至法院,并在其上诉后三个月内送达被告。如果三个月的期限在法律保护期内截止,例如4月16日,则上诉人将在紧急状态结束后拥有两个月的期限递交和送达其诉状。

第2020-306号法令第3条还规定,在法律保护期内到期的诉讼措施,如保护令、指令、和解、调解等,将自动延长至该期限结束后的两个月内。[36]

2020年4月15日第2020-427号第二项法令也与截止日期和期限有关,在某些方面补充了第一项法令。

这些例外规则是必要的,因为民事和商事法庭大多处于停顿状态。[37] 律师与法院之间的电子通信被阻断,庭前会议和正式庭审都被取消了。[38]

(三)诉讼程序

当事人之间的书状和书面证据交换现在可以通过"任何方式"(tousmoyens)进行,前提是法院可以确保程序的对抗性得到尊重(Article 6 Ord. no 2020-304)。那么,有哪些方式可以被采用?常见的方式——réseau privé virtuel des avocats(RPVA,律师用来与法院沟通的安全网络)在其依然可以正常运作的情况下仍被接受,或者带有回执的挂号信、普通信函、电子邮件……但

---

〔35〕 Ord. no2020-304, Art. 2, II., 3°.

〔36〕 根据Article 3最后一段(经2020年4月15日第2020-427号法令修订),这些规定不妨碍法院或主管当局在有正当理由的情况下修改或终止措施,或从在考虑到卫生紧急状态的限制的同时,在规定的期限内下令采取新措施。

〔37〕 见Le Monde 15 April 2020, p. 13,例如,在2020年4月9日,拥有102名法官的一审法院(tribal judiciaire) Pontoise只有15名法官在场。在巴黎的法庭上,125名检察官中只有20人在场。在马赛,法庭司法人员的家庭部门有7名法官和大约15名书记员;法庭大楼里只有一两个人。

〔38〕 见Romain Laffly/Matthieu Boccon-Gibod, 'L'enfer commence avecL', Club desjuristes, blog du coronavirus (Oct. 2, 2021), https://www.leclubdesjuristes.com/blog-du-coronavirus/categories/coronavirus/。

是,对于一审民事法院(tribal judiciaire)[39]和上诉法院的某些程序,司法部长在2020年3月26日的通告(CIV/02/20)中指出,只有电子传输是被允许的;这一点在法令中并没有被提及,而且通告没有任何约束力,因为它只能解释和澄清法令。然而,该通告在几个方面却突破法令增设了规则,这可能会受到质疑。

法院可以决定推迟(renvoyer)庭审;如果是这样,他们必须通知当事人及其律师(第2020-304号法令第4条)。通知的方式取决于案件的程序特征。如果当事人得到律师的协助或代理,或者如果他们同意在名为Portail du justiciable的国家电子平台上接收程序,他们可以通过任何方式(主要是电子方式)从法院登记处接收信息。如果当事人没有得到律师的协助或代理,或者不同意使用电子通信,他们将通过其他方式如简单的信件或电话得到通知。[40]

庭审(听众)也受到了疫情的影响。因此,第2020-304号法令允许法院在紧急情况下背离公开原则。该命令的第6条至第8条提到了几种可能性:首先,法院院长可以在开庭前决定"限制"公开(第6条),无论这意味着什么。[41] 如果无法确保旁听庭审人员的健康情况,[42]庭审就不应公开进行,而应在庭内(chambre du conseil)举行。其次,法官或庭长可以决定庭审通过视频会议进行(第7条第1款)。[43] 如果此类技术不可用(某些法院或当事人尚未配备),法院可以决定通过任何电子方式(也可通过电话)联系当事人及其律师进行审理(第7条第3款)。在使用此类技术时,法官应指导诉讼进行并确保双方的权利和诉讼的对抗性得到保障。再次,在当事人必须由律师代理或获得律师协助的案件中,法官或庭长可以决定诉讼程序应以书面形式进行,而不当面进行,虽然这不是强制性的。尽管庭审在家事案件中尤为重要,但这一规定也同样适用于家事案件。最后,以"任何方式"获悉该决定的各方当事人可在两周内提出异议(第8条)。

---

[39] 这些是普通的书面程序和紧急情况下的特定程序(procédure à jour fixe)。在这些程序中以及在上诉法院中,当事人必须由律师代表。

[40] 为保护未出庭且未亲自收到传票的被告,第2020-304号法令规定,即使上诉可以受理,也应默认作出判决,这违背了法国的民事诉讼规则。

[41] 例如,法院院长可以限制亲自出庭的人数。

[42] 一项专门针对记者的特定条款允许他们在法庭庭长规定的条件下参加庭审,即使庭审是秘密进行的。这当然只适用于庭审通常是公开的情况(如家庭事务)。

[43] 在这种情况下,应当查明当事人的身份,保证传输质量和保密性。

(四)法院判决

3月25日的第2020－304号法令第9条[44]包含了一项令人震惊的减损规则——适用于民事案件中的紧急临时救济程序(procedures de référé)。如果诉讼请求不被受理或者没有紧急临时救济的需要,法院可以在开庭前通过非抗辩命令驳回该请求。这是对当事人诉诸法院和接受审判的严格限制。

根据第10条,法院判决应当以"任何方式"通知当事人,但这并不排除一方当事人通过执达主任将判决送达另一方的义务,因为只有这种送达才会触发上诉的时间限制并使判决具有执行力。司法部长的通知中解释了"任何方式":使用RPVA(律师的私人网络)、向律师的工作地址发送邮件等。如果当事人未聘请律师,则判决通知可以通过信件、电子邮件甚至是当事人的电话送达给他们。

(五)结论

可以想象,所有这些例外规则使得法国民事司法至少可以维持一部分重要功能的运作。但情况似乎并非如此。大多数庭审被取消和推迟,许多审议工作也被推迟。技术问题使一些法官无法在家中访问法院的安全网络;并且登记处的工作人员没有这样的访问权限,因此诉讼程序和判决会被延误。几乎所有的法院都会为紧急事项组织一些法庭开庭审理(例如,在巴黎,每周两次的上午开庭保证了紧急家事案件的顺利进行)。[45] 紧急状态解除后,所有法院都将面临未决案件和新案件积压的超负荷运转,尤其是法院的立案庭将超负荷工作。

对于其中一些案件,电子调解或和解可能是一种选择。[46] 许多调解员现在可以在线工作,视频会议使其成为可能。巴黎的律师协会在其平台上通过视频会议创造了一种可能的调解方式及其他的一些措施。[47] 实际上,疫情可能会衍

---

[44] 类似的规定在行政诉讼中早已存在,见 Art. L. 522－3 *Code de la justice administrative*。

[45] 见 The functioning of the family sections of the courts,Mélanie Courmont-Jamet,"Le fonctionnement dupôle famille des juridictions pendant cette période dite juridiquement protégée... et après?",Club des juristes, blog du coronavirus (Oct. 4, 2021), https://www.leclubdesjuristes.com/blog-du-coronavirus/categories/coronavirus/。

[46] 见 Natalie Fricero,"Médiation en période de crise sanitaire: maintenir le lien social, résoudre les conflits, envers et contre tout",Club des juristes, blog du coronavirus (Oct. 4, 2021), https://www.leclubdesjuristes.com/blog-du-coronavirus/categories/coronavirus。

[47] 对于紧急的家事纠纷,律师调解员可以在被任命后的一两天内组织第一次虚拟会议,见 Natalie Fricero, ibid。

生意想不到的纠纷解决效果:将替代性争议解决方法(ADR)扩展为一种简单、易掌握的方式,可用于解决那些因法院关闭而悬而未决的案件。

四、疫情时代的诉讼:基于德国视角[48]

如果要分析疫情对德国民事诉讼法的影响,不妨先一窥德国司法系统的现状。原则上,《民事诉讼法》(CPC)要求在法院就民事或商事案件作出裁判之前,必须对案件进行公开的口头审理。书面审理仅在当事人约定或小额索赔(不超过600欧元)的情况下才被允许。但是,还有一个重要的替代方案:债权人可以通过督促程序(Mahnverfahren),在没有开庭审理的情况下获得支付令。2018年法院启动了约850万起简易程序审理的案件,而在地方和区域法院进行的普通程序案件不到200万起。

即使必须进行口头审理,也不一定需要当事人亲自到场和进行面对面互动:自2001年以来,《民事诉讼法》已经为当事人提供了视频和音频传输的选择。新规则允许当事人、他们的律师和代理人、证人和专家辅助人线上参与庭审。[49] 德国法院有着比较先进的互联网技术,并不断提供相关培训课程。尽管如此,德国法官仍非常不愿意使用此类互联网技术工具。当事人并不能自行选择视频或音频进行诉讼,而是由法官酌情决定。虽然长期以来,互联网技术一直是日常生活中几乎所有年龄段人群通用的工具,但在司法工作场所,它通常被认为是复杂、神秘和不可靠的。每个法官和律师都听说过各种因为运用互联网技术导致出错的事件,却没有多少人有自己的实践经验。因此,迄今为止,实际应用新规则的案例非常少见。

---

〔48〕 作者Wolfgang Hau,慕尼黑大学教授,慕尼黑高等地方法院法官,收稿时间2020年4月22日。

〔49〕 根据CPC第128条之a款:(1)法院可以允许当事人、他们的律师和代理人在提交相应的申请或法院依职权(ex officio)要求后,在审判期间在另一个地点进行口头辩论(oral argument),并在该地点进行诉讼活动。在这种情况下,庭审的场景和声音应实时广播到该地点和法庭。(2)法院可以准许证人、专家或者当事人在提出相应申请的情况下在其他地点进行质证。质证的场景和声音应实时向该地点和法庭播放。如果根据第(1)款第一句让当事人、律师及代理人留在不同的地点,则质证的场景和声音也应向该地点广播。(3)广播的场景和声音将不会被录制。根据第(1)款第一句和第(2)款第一句作出的裁判是无可争议的。

人们可能会认为新冠疫情从根本上改变了这种情况,但目前几周还没有迹象表明法院会深入使用互联网技术。反之,到现在为止的一切都一定程度上与往常相同:显然,大多数法官更倾向于简单地推迟并非特别紧急的口头审理,而不是接受常规程序的巨大改变。在德国,除联邦最高法院外,大多数法院处理的都是各州的事务。在率先抗击疫情的巴伐利亚州,司法部于2020年3月19日宣布:"是否开庭审理由法官决定……此外,取消或推迟庭审的决定完全由法院做出,司法部只能提出建议……鉴于疫情的恶化,法院需要专注于核心任务,确定优先案件并将开庭审理尽可能减少,以保障健康安全……在民事诉讼和非讼事项中,庭审只应在紧急情况下举行。例如,在家庭和儿童权益保障事务中,紧急情况适用于涉及防止暴力、威胁儿童福祉或强迫安置的案件。"

这里似乎有两个方面特别值得注意:首先,官方建议并未具体提及或宣传电子诉讼的好处;其次,法院是开放还是关闭的问题不由法律部门或政府部门决定,而是由每一位(主审)法官决定。实际上,法院会遵循官方建议,并且显然已经适应了这种情况。幸运的是,最初对新冠疫情将使司法行政停顿的顾虑〔50〕并没有成为现实。虽然越来越多关于新冠危机的法律后果的学术文章正在发表,〔51〕但实践中情况似乎并没有恶化太多,特别是至少从目前来看,"因为疫情导致进入法院的新案件大量减少"的担忧并没有成真。翻看如今法律工作者处理民事诉讼问题的一些博客,可以看出,大多数讨论主要涉及案件管理的技术性问题(例如,延长期限或延迟开庭)。许多法官正在家庭远程办公处理他们负责的案件,但口头审理依然预计会在不久的将来正常举行。甚至,在封城期间公众无法诉诸司法的事实也不被认为是一个特殊问题——至少在民事案件中是这样:可以为了公众健康利益而减损言词原则、限制公众进入法院。

所有这些都可以解释为什么德国立法者迄今没有采取进一步的行动。为

---

〔50〕 CPC第245条:如果由于战争或任何其他事件的后果,法院停止其活动,则在这种情况下,诉讼程序应中止。

〔51〕 与此同时,甚至还有一本关于"疫情与法"的新期刊("COVuR", Verlag C. H. Beck)被创立。第一期将于2020年5月出版,其中包括Thomas Rauscher关于"Covid – 19 and civil procedure"的长篇文章。普通期刊上也有越来越多的最新文章,尤其是阅读量很高的"Neue Juristische Wochenschrift": von der Heide, NJW 2020, 1023 (Prozessrecht in Zeiten der Corona-Pandemie); Kulhanek, NJW 2020, 1183 (Saalöffentlichkeit unter dem Infektionsschutzgesetz); Vorwerk, NJW 2020, 1196 (Corona/Covid – 19 – Wiedereinsetzung oder Unterbrechung?)。

了在疫情期间保护债务人(尤其是租户),新规则的实施速度出人意料般迅速。[52] 但新规则并没有对《民事诉讼法》作出修改。就目前来看,新的程序规则目前仅针对劳动和社会保障法庭进行讨论。[53] 这可以通过以下事实来解释:劳动案件涉及非专业法官,如果雇员想在法庭上为自己维权,必须在被解雇后的很短时间内提起诉讼。

最后,有两点让人感到十分惊讶。首先,各州及律协刚刚同意增加律师费,同时诉讼费也上涨了。其次,一些经营多年的大型律师事务所,在疫情发生后立即开始裁员。但这就是生活:那些没有太多顾虑的人可以从每一次危机中获利。

五、意大利民事司法针对新冠疫情所采取的特别措施[54]

由于新冠疫情迅速且不受控制地传播,意大利政府出台了一系列法律文件,以执行世界卫生组织发布的建议,遏制新冠疫情的不利影响。这些法律文件涉及各种主题,但其中有一些规则特别地影响了司法行政管理,无论是民事、刑事还是行政案件。

浏览最新、最全面的法律文件(2020 年 3 月 17 日第 18 号法令),可以找到许多有关民事司法的规定。法律文件为两个不同的时间范围制定了不同的规则。第一个时间范围从 3 月 9 日持续到 4 月 15 日。在此期间:(1)所有庭审均依职权推迟至 4 月 15 日之后。(2)现行法律规定的所有与审判有关的活动的执行都将中止。如果执行的截止期限设置在中止期内,则最后期限将改为自中止期结束之日开始计算。(3)同样,所有有关庭外调解和协助谈判(如果它们具有强制性并且应该在特定期限内进行)的最后期限都将中止。

这些规则也有例外:例如当它们涉及紧急事项,诸如赡养费和子女抚养案件,以及保护基本权利需采取的临时措施。还有一个一般条款规定:如果主审法官对待决案件的情况作出评估后,认为延迟可能对案件当事人造成"严重损

---

[52] Act of 27 March 2020 to soften the consequences of the Covid – 19 Pandemic under private law, insolvency law and criminal procedure law, *Federal Law Gazette*, part I of 27 March 2020, p. 569.

[53] 草案确保疫情期间劳动和社保庭的正常运作,并修改了 2020 年 4 月 9 日的其他法律。

[54] Elisabetta Silvestri,意大利帕维亚大学法学院副教授,收稿时间 2020 年 4 月 14 日。

害”,那么就不应当中止诉讼程序。

第二个时间范围是4月16日至6月30日。在此期间,法院可以采取其他措施:特别是司法机关负责人能够采取其认为必要的措施,以确保符合卫生部规定的所有卫生要求。例如,可以限制公众进入法院,并且可以公布新的诉讼管理指南。

在线庭审方面,通过法律文件可以推断,它们只能在4月10日之后获得授权,也就是说在第二个时间范围内才能授权适用。但事实上,在线庭审似乎已经在适用,至少在紧急情况下和在要求采取临时措施时是这样。根据相关规则,只有在保证各方当事人诉讼进行能力平等,并不需要其亲自出席的前提下,才能进行在线庭审。根据司法部发布的技术规定,用于线上庭审的应用程序是商业版和团队版的Skype,但这两个程序都必须使用司法部所限定的基础设施和数据中心区域。

最近的一项法律文件(于2020年4月8日发布)规定,所有关于民事、刑事和行政程序的截止日期均延长至2020年5月11日。几项有关破产和破产程序的法规的生效日期推迟至2021年9月1日。

就民事案件的庭审而言,如果案件属于紧急而不能拖延的事项之一,可以通过远程连线进行审理,只要当事人的代理人出席即可(这意味着无需当事人亲自出席)。在其他的案件中(假设始终只要求当事人的律师出庭),将由在线交换书面摘要代替庭审,书面摘要的内容仅限于当事人提出的诉讼请求和法律结论。负责案件的法官随后会提出命令,这一步骤也在庭审之外。

高级司法委员会制定了许多规约以供法院和地方律师委员会签署,这些协议约定了适用于线上庭审的规则,以及代替庭审的线上书状交换的规则。一审法院的主审法官起草了更多的协议来管理案件。其基本思想是,至少在情况紧急和强制保持社交距离的时期内,裁决将越来越依赖于通过网络交换的书面摘要和申请,因为应用软件使通过远程连接进行庭审成为可能,口头陈述将仅限于律师和法官出席的案件。当然,更广泛地适用规则处理在线民事案件的前提是,律师、陪审员、法院书记员和法官掌握这些规则,但情况并非总是如此。此外,全国电缆的状况,尤其是光纤线路布线的状况,在一些地区并不理想,尤其是南部。当紧急情况结束时,有必要重新考虑所有信息技术创新领域的国家政策,加强对支撑在线审判和调解、智能工作、远程办公、远程教育等的互联网技术设备和系统的完善,以便在未来出现类似新冠疫情带来的紧急情况时做好适当的准备。

结　语

全球的抗疫斗争并非一成不变,相反地,变化每天都在发生。本文中的简短文稿是即时性的,可能很快就会过时。但是,它们提供了一个有趣的概览。这些来自各国的文稿中提出了几个有价值的问题,其中一些是普遍存在的,另一些则是在特定背景下产生的。由于我们选择了一种开放性、探索性的方法,我们更感兴趣的是获得对世界各地民事司法系统面临的挑战(和意想不到的可能性)的广泛洞察,而不是对某些措施的普遍性的量化。作者们所研究的各国民事司法制度在一些问题上趋于一致,同时也有一些不同之处,其中一些可能归因于每个国家和地区受疫情影响的严重程度以及总体封锁的强度不同,其他方面可能取决于法律制度的某些差异。

我们已经确定了一些一般性的话题,涉及立法变化、全面(或部分)关闭法院、向在线或远程诉讼的过渡、书面审理的使用以及对法律成本和司法质量的影响。

尽管缺乏高速互联网、适当的硬件(摄像头、麦克风)和适当的软件(案件管理程序、视频会议程序等),但新冠疫情可能会增强民事诉讼和法院的数字化。即便如此,技术问题并非最值得深究的问题,至少对于本文来说是这样。至少从程序的角度来看,与新冠疫情相关,短时间内向在线或者远程诉讼的过渡会产生更复杂的问题或其他问题。

(一)立法的变化

各文中提出的第一个话题是立法变化。新规则的颁布在各国存在显著的国别差异。一些国家,如德国、立陶宛、北欧国家和斯洛文尼亚,对其民事诉讼规则作出的改变非常有限,因为这些既有的规则早已规定了电子通信和视频会议的使用。至少在德国和挪威,主要的问题是如何引导法官实现现有规则所蕴含的价值。这可能与各国的诉讼文化有关。

在其他国家,临时规定已经不同程度地实施。在新冠疫情期间,澳大利亚和英国频繁地修订规则。这些国家经常修订可能是由于其需要根据实践情况来规范民事诉讼。在澳大利亚,紧急规则的法律依据受到了质疑。在联邦制国家,联邦政府、州政府和地方政府之间的权力分配可能是个问题。临时和紧急规则的质量也引发了一些问题,例如在一些国家,诉讼实践明显挑战着制度的有效性,而波兰和巴西正是其中之一。

(二)限制诉诸司法和法院运作

第二个问题是如何解决在不同程度上关闭法院的后果。大多数法院已经正式或事实上对公众关闭了至少几周。澳大利亚、加拿大和芬兰部分地区的法院继续在法庭上开庭审理,前提是至少要保持一定程度的社交距离。在其他许多国家,除紧急案件外,几乎所有的庭审都被推迟了,即使是在法院高度数字化的国家(如丹麦)。如果法院继续对紧急案件召开庭审,那么如何确定"紧急"的标准就会产生问题。

显然,电子通信对解决这个问题是至关重要的。有些国家延长了程序上的、实体上的或两者均包含在内的时间限制。如果不仔细考虑影响,延长时限是有问题的,因为延长一个时限可能需要延长其他时限,以使法院能够伸张正义,波兰的情况就是如此。

为了使法院能够高效地运作,法国和波兰制定了一些规则,使法庭之间能够移送案件。法国还制定了一些规则,将审判组织形式从合议制转变为独任制。

(三)适应在线和远程诉讼

在线或远程诉讼显然是应对当前挑战的解决方案。一些国家和地区,如英格兰、荷兰和巴西部分地区,在新冠疫情之前就已经朝这一方向迈进,他们可以利用现有的立法、草案或以往的经验。在一些国家和地区,民事诉讼规则早已规定了在线诉讼,但技术尚不到位(如巴西部分地区、立陶宛、挪威和波兰)。拥有现行立法或立法草案可能是有利的,因为紧急立法很可能只包含了问题的解决办法,而不是作为永久规则的可持续性解决方案。此外,意大利法院已经采取了数字化通信,尽管目前的立法尚未规定,但特殊时期需要实用主义,而不是形式主义。

就在线或远程诉讼而言,技术和监管问题是重要的,但还有另一个方面或许更重要,其在实践中带来的改变可能是一个严峻的挑战:在线庭审需要对庭审活动进行调整。至少在某些国家,一些法官可能会发现使用新技术是一个不可逾越的障碍。此外,许多法官发现,当当事人和证人(以及专家辅助人)不在法庭上时,庭审也必须进行调整。法官必须学会以新颖的方式开展和组织庭审,确保充分进行事实和法律的辩论以及充分审查证据。并且,法官和当事人(包括他们的律师)以有益和有意义的方式互动可能是一个比安装必要基础设施更复杂的过程,正如来自德国、意大利和挪威等国的例子所证明的那样;与之相反,芬兰的法官似乎更乐意接受技术。一些法院和法官已经开始使用在线诉讼,但另一些法院和法官仍在继续延迟审理,这一事实导致许多国家在诉诸司法方面存在差异。如果你在某个法院立案,或者你的案件被指定给某个特定的法官,将会相对迅速地安排在线诉讼。而如果你在另一个法院提起诉讼,或者它被分配给另一个法官,你可能需要等待更长的时间来解决问题。

另一个问题是如何使公众能够访问在线庭审。英国的部分法院会播放其诉讼程序,其他部分法院会对诉讼程序进行录音录像并于庭后在网上公布。挪威法院已经找到了多种播放庭审的方法。相比之下,法国法院选择暂时停止公开庭审。

(四)书面诉讼程序和程序规则的适用

在民事诉讼中引入更多的书面因素,甚至完全采用书面诉讼程序,可以使法院继续伸张正义,在德国和西班牙正是如此。然而,在口头诉讼文化盛行的国家,如澳大利亚和挪威,书面诉讼程序可能会挑战基本的公平审判权利。在澳大利亚和挪威等口头诉讼文化高度盛行的国家中,更多地使用书面内容无异于一种文化转变,但是这种转变也可能是有益的。在这方面,法官之间和法院之间的实践差异也可能是个问题。民事诉讼规则的其他修改也可能是必要的,加拿大安大略省颁布了一项规定,使法院能够“在公正或公平的情况下,合理且……需要在诉讼当事人之间伸张正义……或为确保司法工作的便利、迅速和效率所必需的情况下,不遵守诉讼程序规则”。要在程序性权利和维持民事司法系统运作的需要之间取得平衡是具有挑战性的,在这方面,具有较灵活的诉讼程序规则以使法官能够行使自由裁量权的国家具有优势,因为较僵化的做法可能妨碍法官调整程序以适应目前的情况。

(五)对法律费用和司法质量的影响

新冠疫情还对法律职业和法律费用产生了影响。加拿大魁北克省设立了新冠疫情相关的法律诊所。德国和斯洛文尼亚则传来了令人沮丧的消息:德国可能会增加诉讼费和律师费,而斯洛文尼亚可能会减少法官的薪水。这两种措施都有可能降低司法质量。其中一些措施可能会削弱人们对司法部门的信任,削弱司法权作为第三种国家权力的地位。

在这些文章中,有一个内容没有被提出——民事诉讼法的全球化。我们认为,对这个话题的沉默一点也不令人惊讶。新冠疫情可能是一场全球危机,但世界各地的司法系统是不同的,疫情对每个国家的影响是不同的,每个国家对疫情的反应也不同。尽管这可能会增加国际案件的复杂性,但我们认为在国内找到解决办法是有意义的,我们也必须就地解决问题。此外,司法合作也取决于各国法院能否正常运作。

(六)对民事司法的长期影响

目前,评估新冠疫情对民事司法系统的长期影响是不可能的。至少在未来几个月,处理大量延迟的庭审和激增的新冠疫情相关案例将成为一大挑战。

一个问题是,在例外情况期间内颁布的紧急立法是否将是永久性的。许多已制定的解决方案都是仓促起草的,这可能会挑战公平审判的基本原则。封锁造成的例外情况和财政紧缩可能会导致法院资金的减少和诉讼费用的增加,以及律师薪酬的变动。

在线庭审的流行是否会推动一场颠覆性的文化变革?那些目前拒绝改变自己做法的法官,是否将会适应并实施新的做法——无论是深层次的还是表面的改变?又或许,一旦情况结束他们便会恢复旧习惯?

当前的情况是否表明了诉讼程序改革的必要性,并让人们更容易接受这些变化?当前的情况是否会激发诉讼程序创新,还是会导致调解和其他形式的替代性争议解决方式增加,就像诸如法国和挪威的情况那样?

现在指出当前形势的长期影响还为时过早。实体法上得出关于新冠疫情相关问题的最终答案(不可抗力、情势变更、集体诉讼等)也可能需要一段时间。也许,现在期待实体法给程序法领域带来一些积极因素的时机尚未成熟。但可以预见的是,只要疫情还存在,全球各地的法律体系就会继续寻找一种或可接受的方式来适应和调整它。

责任编辑:苏　秘

《中山大学青年法律评论》稿约

一、《中山大学青年法律评论》简介

《中山大学青年法律评论》是由中山大学法学院学生独立运作的,由法律出版社公开出版的法学学术性出版物,创立于2017年。本评论致力于为青年法学人才搭建一个学术成果的交流平台,活跃学术研究氛围,开阔法学研究视野。

二、征稿对象及范围

1. 本评论面向国内外知名法学院校在校学生征稿。

2. 本评论奉行一切从学术出发的宗旨,对来稿不限制主题和体裁。来稿篇幅以1万~1.5万字为宜,原则上不超过2万字。

3. 本评论尤其欢迎细致的制度分析和案例研究,亦欢迎选题良好的翻译稿件,不接受无问题意识的空泛议论或简单介绍,也不接受无深度的表面化评论。

4. 若为翻译稿件,请译者于投稿时附上原文及作者授权证明。

5. 本评论欢迎专稿专投,反对一稿多投、一稿多发。

三、格式体例

1. 来稿请在正文前加列"目次"、"摘要"和"关键词",无需英文标题和英文摘要。"摘要"为稿件核心观点的凝练,字数不超过300字。"关键词"不超过5个。

2. 来稿须符合学术规范,注释体例参照《法学研究》,推荐使用《法学引注手册》进行引注。注释是否符合本评论体例要求不影响稿件评价,但注释是否符合学术规范将影响稿件采用。

四、选稿评审规则

为公正选稿,本评论实行匿名三审制。一审为学科编辑独立审稿;二审为文章责任编辑独立审稿与审稿委员会集体表决审稿相结合;三审为知名法学院校专家审稿,采末位淘汰制。

为加快稿件处理速度,本评论实行快速审稿和审稿意见及时反馈制度。自投稿起一个月内未获任何通知,请作者主动联系编辑部,以免遗漏或耽误用稿。

五、投稿方式

1. 本评论唯一工作邮箱:sysuyouthlaw@ 163. com。来稿请勿发送至包括主编在内的任何工作人员。

2. 投稿请以 Word 文档形式通过附件发送。Word 文档标题只需填写论文题目,无需填写作者信息,Word 文档正文内亦无需包含作者个人信息,保证匿名审稿。

3. 作者个人信息及论文题目请在邮件正文中列明,建议投稿邮件标题格式为“投稿 + 作者姓名 + 论文题目”,以便编辑部及时准确回复邮件。

六、特别提醒

本评论不以任何形式向作者收取审稿费、版面费等费用,也从未授权任何机构或个人代理投稿事宜。所有投稿事宜仅在工作邮箱处理。未尽事宜,请直接通过本评论编辑部工作邮箱进行联系。

更多信息可关注本评论微信公众号“青年法律评论”(微信号为:sysuyouthlaw),或查阅中山大学法学院官网:http://law. sysu. edu. cn/。

《中山大学青年法律评论》编辑部

2022 年 1 月